JN107640

関東難関

私大

今泉 博・濱野勇介・増元良英 編

世界

史問題集

山川出版社

本書を利用する方々へ

　本書は，好評をいただいていた『新版関東難関私大入試対策用　世界史問題集』を，全面的に改訂したものである。

　掲載問題は，旧版と同様に，多くの高校生諸君が受験する首都圏（都内）の私立大学のなかでトップレベル校（難関校）と目される，**青山学院大学・学習院大学・慶應義塾大学・上智大学・中央大学・津田塾大学・東京女子大学・日本女子大学・法政大学・明治大学・立教大学・早稲田大学**の，12大学の世界史入試問題から選び，編集している。

　21世紀も20年以上をすぎ，グローバリゼーションが進んだ現在，国際関係・経済問題・民族問題・環境問題などは，地球規模で解決すべき人類共通の課題としての比重をいっそう大きくしている。こうした国際情勢の変化は，世界史教科書において改訂のたびごとに現代史の記述に反映されているだけでなく，世界史入試問題のテーマ構成や内容にも直接的・間接的に影響をもたらしている。こうした傾向は，本書が対象とする上記12の「関東難関私大」の入試問題で顕著である。

　以上の点を踏まえて，本書の構成・特色および利用法を述べておく。

【本書の構成・特色および利用法】

1. **掲載問題は2016〜20年のものからセレクト**。上記12大学の全学部の入試問題のなかから，教科書内容の変化や国際情勢の動きを考慮して良問を選び，「世界史の流れ」を把握できるように編集している。

2. **関東難関私大の出題傾向を反映したⅠ〜Ⅳ部構成**。まず教科書の学習内容を整理・確認できるよう，**第Ⅰ部は通史編**とした。これは原則的には山川出版社の世界史Ｂ教科書『詳説世界史　改訂版』の章立てにあわせて編集している（ただし中国史の場合，諸制度や儒学などに関するテーマ別の出題が特色の一つでもあるため，それらは第Ⅲ部のテーマ史編に組み入れてある）。**第Ⅱ部は地域史・各国史編**としている。関東難関私大の場合，「ヨーロッパ主要国や諸地域，中国の隣接諸国や隣接地域」を，長い時系列から出題する傾向がみられる。そのため，受験生諸君にとって見落としがちになる主要国・地域に隣接する地域を整理できるよう考慮して編集した。**第Ⅲ部はテーマ史編**とした。関東難関私大の入試問題の大きな特色の一つに，大きくかつさまざまなテーマに基づいて広範な時代・地域にまたがる出題があげられる。第Ⅰ部や第Ⅱ部に組み込むことができない問題をセレクトして編集し，受験生

諸君がテーマ別の視点から整理できるようにしている。**第Ⅳ部は論述問題編**とした。関東難関私大の入試問題のもう一つの特色に，論述問題があげられる。それらは字数的には，30〜50字程度，70〜90字程度，100〜150字程度，200字程度，250〜300字程度，300〜400字程度に分けられる。この第Ⅳ部では，**100〜150字程度以上の論述問題**をとりあげており，その多くは近代史・現代史関係である。なお，論述問題への対応は，国公立大学の2次試験対策としても有効である。

3．**できるかぎり実際の入試問題をそのまま掲載**。関東難関私大でも"説明文による4択の正誤判定形式"が数多く見られ，そのため問題文や設問文の分量が膨大になっている。しかし，本書では受験生諸君が学習しやすいページ数のなかで「精選された内容」を整理・確認できることを第一と考え，"実際の入試問題"に触れられるように編集している。なお，問題文末尾の出典に「改」と表記されている問題は，マークシートによる解答形式を記号記述式に変更するなどしたものを示している。ただし，**問題文の用語や人名の表記は，教科書『詳説世界史　改訂版』にあわせて訂正したものがあること**をことわっておく。

4．**見やすい解答と丁寧な解説・補足**。別冊の「解答・解説」では，記号選択の場合は見やすいように，できるかぎり2段組みの形式を採用している。解説においては，重要なポイントをゴチック体で示すとともに，特殊な用語・人名にも適切な説明を加えてある。また，正誤判定問題の場合は「誤り」の箇所を明確に指摘し，さらに判定が困難な箇所には正解を導き出す方法や説明を付している。

世界史学習のポイントは，「**世界史の流れを把握し，そのうえで精選された内容をくり返して学習すること**」につきる。本書を活用し，受験生のみなさんが目標に到達できることを強く願っている。

編者一同

目　次

第Ⅰ部　通史

第1章　古代オリエントと地中海世界

1 古代メソポタミアとオリエント統一[法政大(経済・社会)]‥‥‥‥‥‥‥‥‥‥*10*

2 アテネ民主政の推移[学習院大(法, 改)]‥‥‥‥‥‥‥‥‥‥‥‥‥‥‥‥*12*

3 ペルシア戦争とペロポネソス戦争[法政大(文・経営)]‥‥‥‥‥‥‥‥‥*14*

4 共和政ローマ[津田塾大(英文)]‥‥‥‥‥‥‥‥‥‥‥‥‥‥‥‥‥‥‥*16*

5 古代ローマにおけるキリスト教関連史[早稲田大(法)]‥‥‥‥‥‥‥‥‥*17*

第2章　アジア・アメリカの古代文明

6 インダス文明〜ヴァルダナ朝[中央大(法)]‥‥‥‥‥‥‥‥‥‥‥‥‥‥*21*

7 仏教の成立と周辺地域への伝播[日本女子大(文)]‥‥‥‥‥‥‥‥‥‥‥*23*

8 黄河文明〜秦代[法政大(経済・社会)]‥‥‥‥‥‥‥‥‥‥‥‥‥‥‥‥*25*

9 周〜漢代[中央大(法)]‥‥‥‥‥‥‥‥‥‥‥‥‥‥‥‥‥‥‥‥‥‥‥*27*

10 古代アメリカ文明[明治大(法)]‥‥‥‥‥‥‥‥‥‥‥‥‥‥‥‥‥‥‥*30*

第3章　内陸アジア世界・東アジア世界の形成

11 突厥時代までの騎馬遊牧民[立教大(異文化コミュニケーション・経済・法,
改)]‥‥‥‥‥‥‥‥‥‥‥‥‥‥‥‥‥‥‥‥‥‥‥‥‥‥‥‥‥‥‥‥*32*

12 魏晋南北朝〜隋の滅亡[東京女子大(現代教養)]‥‥‥‥‥‥‥‥‥‥‥‥*33*

13 唐の建国〜滅亡[青山学院大(全学部)]‥‥‥‥‥‥‥‥‥‥‥‥‥‥‥‥*35*

14 唐の滅亡と周辺諸民族の動き[学習院大(経済)]‥‥‥‥‥‥‥‥‥‥‥‥*37*

第4章　イスラーム世界の形成と発展

15 イスラームの成立と発展[上智大(総合人間科学・外国語)]‥‥‥‥‥‥‥*39*

16 7世紀〜18世紀初めのイスラーム世界[慶應義塾大(商, 改)]‥‥‥‥‥‥*42*

17 ムスリム商人の交易活動とアフリカ[上智大(総合人間科学・文・法, 改)]‥‥‥*44*

18 中世イスラームの学問[明治大(法)]‥‥‥‥‥‥‥‥‥‥‥‥‥‥‥‥‥*46*

第5章　ヨーロッパ世界の形成と発展

19 ノルマン人の活動[日本女子大(文)]‥‥‥‥‥‥‥‥‥‥‥‥‥‥‥‥‥*49*

20 ビザンツ帝国の歴史[慶應義塾大(法, 改)]‥‥‥‥‥‥‥‥‥‥‥‥‥‥*51*

21 中世ヨーロッパの戦争・紛争関連史[上智大(総合人間科学・文・法, 改)]‥‥‥*53*

22 十字軍とヨーロッパ世界の拡大[日本女子大(文)]‥‥‥‥‥‥‥‥‥‥‥*56*

23 中世ヨーロッパのキリスト教と学問[学習院大(法・国際社会科学，改)]‥‥‥‥58

第6章　内陸アジア世界・東アジア世界の展開

24 8世紀〜13世紀の内陸アジア[津田塾大(英文)]‥‥‥‥60
25 五代〜宋と遼・金[法政大(経済・社会・現代福祉)]‥‥‥‥61
26 モンゴル帝国[慶應義塾大(法，改)]‥‥‥‥63

第7章　アジア諸地域の繁栄

27 明の建国〜滅亡[法政大(文・経営)]‥‥‥‥68
28 清の建国〜滅亡[法政大(法・文)]‥‥‥‥71
29 建国〜18世紀のオスマン帝国[学習院大(経済，改)]‥‥‥‥75
30 インドのイスラーム化〜ムガル帝国[明治大(文)]‥‥‥‥76

第8章　近世ヨーロッパ世界の形成

31 大航海時代とポルトガル[慶応義塾大(法，改)]‥‥‥‥80
32 ルネサンスと宗教改革[早稲田大(教育，改)]‥‥‥‥82
33 ドイツにおける宗教改革[青山学院大(法)]‥‥‥‥83
34 フランス王家とハプスブルク家の対立[中央大(経済)]‥‥‥‥85

第9章　近世ヨーロッパ世界の展開

35 中世後期〜近代の北欧・東欧[上智大(総合人間科学・外国語)]‥‥‥‥89
36 18世紀〜19世紀の英仏植民地戦争[日本女子大(文)]‥‥‥‥91
37 17世紀〜18世紀ヨーロッパの文化[青山学院大(国際政治経済・法)]‥‥‥‥93

第10章　近代ヨーロッパ・アメリカ世界の成立

38 産業革命[学習院大(経済)]‥‥‥‥95
39 アメリカ独立革命[青山学院大(国際政治経済)]‥‥‥‥97
40 フランス革命とナポレオン時代[上智大(総合人間科学・外国語)]‥‥‥‥99

第11章　欧米における近代国民国家の発展

41 ウィーン体制の成立とその崩壊[明治大(商)]‥‥‥‥104
42 ウィーン体制とドイツ・イタリアの統一[青山学院大(文・教育人間科学)]‥‥‥‥106
43 「諸国民の春」とイタリア統一[法政大(経済・社会，改)]‥‥‥‥109
44 19世紀後半のヨーロッパの国際的協力[明治大(法)]‥‥‥‥112
45 19世紀のラテンアメリカ諸国[法政大(経済，改)]‥‥‥‥114
46 西部開拓と南北戦争[青山学院大(国際政治経済・法)]‥‥‥‥117
47 ルネサンス〜19世紀のヨーロッパ文化[青山学院大(文・教育人間科学)]‥‥‥‥119

第12章　アジア諸地域の動揺

48　ムハンマド゠アリー時代のエジプト[日本女子大(文)]・・・・・・・・・・・・・・・・・・・122

49　ロシア・オスマン帝国の近代化政策[青山学院大(全学部)]・・・・・・・・・・・・・・124

50　イギリスのインド支配関連史[早稲田大(法)]・・・・・・・・・・・・・・・・・・・・・・127

51　東南アジアの植民地化[上智大(総合人間科学・外国語，改)]・・・・・・・・・・・129

52　アヘン戦争～辛亥革命期の中国[学習院大(文，改)]・・・・・・・・・・・・・・・・131

53　19世紀後半～辛亥革命期の中国・朝鮮[津田塾大(国際関係)]・・・・・・・・・133

第13章　帝国主義とアジアの民族運動

54　19世紀後半の世界各地の動向[慶応義塾大(経済，改)]・・・・・・・・・・・・・・135

55　帝国主義時代の列強による併合[学習院大(法，改)]・・・・・・・・・・・・・・・・139

56　アメリカ合衆国の拡大とメキシコ革命[中央大(法，改)]・・・・・・・・・・・・・・140

57　仇教運動と義和団事件[学習院大(法，改)]・・・・・・・・・・・・・・・・・・・・・142

58　19世紀後半～20世紀前半の中国・朝鮮[早稲田大(教育，改)]・・・・・・・・・143

第14章　二つの世界大戦

59　第一次世界大戦[立教大(社会・コミュニティ福祉・現代心理)]・・・・・・・・・146

60　ロシア革命とその後のソ連[法政大(文)]・・・・・・・・・・・・・・・・・・・・・・・149

61　1920年代の欧米諸国[法政大(法・文)]・・・・・・・・・・・・・・・・・・・・・・・152

62　戦間期のアメリカ合衆国とソ連[日本女子大(文)]・・・・・・・・・・・・・・・・・156

63　中国の国共合作[上智大(総合人間科学・文・法，改)]・・・・・・・・・・・・・・・158

64　20世紀前半～半ばのインドの民族運動[上智大(総合人間科学・文・法，改)]・・・159

65　19世紀末～世界恐慌期のアメリカ合衆国[慶応義塾大(商，改)]・・・・・・・・・161

66　戦間期のヨーロッパ[法政大(経済・社会)]・・・・・・・・・・・・・・・・・・・・164

67　第二次世界大戦前後のドイツと日本[早稲田大(法)]・・・・・・・・・・・・・・・・167

第15章　冷戦と第三世界の成立

68　1950～60年代の世界[学習院大(法)]・・・・・・・・・・・・・・・・・・・・・・・170

69　第二次世界大戦後の東アジアと東南アジアの独立[早稲田大(法)]・・・・・・・172

70　冷戦体制下の欧米諸国(雪どけまで)[青山学院大(国際政治経済)]・・・・・・174

71　ヨーロッパ統合史[中央大(法)]・・・・・・・・・・・・・・・・・・・・・・・・・・・176

72　第二次世界大戦と戦後の核軍縮[立教大(異文化コミュニケーション・経済・
　法)]・・・178

73　第二次世界大戦後の二つの中国[青山学院大(国際政治経済・法)]・・・・・・・180

74　第三勢力の形成とその後の展開[日本女子大(文)]・・・・・・・・・・・・・・・・182

75　第二次世界大戦後の世界経済の動き[青山学院大(国際政治経済・法)]・・・・・・184

第16章　現在の世界

76　ペレストロイカとソ連の解体[津田塾大(国際関係)]‥‥‥‥‥‥‥‥‥‥‥‥‥*189*

77　20世紀後半のアジア諸国の経済成長[慶應義塾大(商，改)]‥‥‥‥‥‥‥‥‥*190*

78　現代の食糧飢饉関連史[東京女子大(現代教養，改)]‥‥‥‥‥‥‥‥‥‥‥‥*192*

79　20世紀の科学技術と環境問題[青山学院大(法・経済など，改)]‥‥‥‥‥‥‥*193*

第Ⅱ部　地域史・各国史

1　香港の歴史[東京女子大(現代教養)]‥‥‥‥‥‥‥‥‥‥‥‥‥‥‥‥‥‥‥*198*

2　朝鮮史(古代〜19世紀末)[明治大(文)]‥‥‥‥‥‥‥‥‥‥‥‥‥‥‥‥‥*200*

3　東南アジア史(古代〜20世紀初め)[明治大(文)]‥‥‥‥‥‥‥‥‥‥‥‥‥*202*

4　ベトナム史(ドンソン文化〜ドイモイ)[中央大(文)]‥‥‥‥‥‥‥‥‥‥‥*204*

5　イラン史(7世紀〜20世紀)[日本女子大(文)]‥‥‥‥‥‥‥‥‥‥‥‥‥‥*207*

6　エジプト史(前4世紀〜20世紀)[津田塾大(英文)]‥‥‥‥‥‥‥‥‥‥‥‥*209*

7　南アフリカ史(17世紀〜20世紀末)[上智大(総合人間科学・外国語)]‥‥‥‥*210*

8　ポーランド史(10世紀〜20世紀末)[慶応義塾大(法，改)]‥‥‥‥‥‥‥‥‥*213*

9　中世〜現代のバルト海沿岸の国家と都市[早稲田大(教育)]‥‥‥‥‥‥‥‥*216*

10　シチリア史(前8世紀〜19世紀後半)[早稲田大(法)]‥‥‥‥‥‥‥‥‥‥‥*218*

11　オセアニア関連史(18世紀〜1950年代)[立教大(全学部)]‥‥‥‥‥‥‥‥‥*221*

第Ⅲ部　テーマ史

中国史関係

1　中国史上の分裂期と統一期[上智大(外国語・文)]‥‥‥‥‥‥‥‥‥‥‥‥*224*

2　唐〜清の朝貢体制[日本女子大(文)]‥‥‥‥‥‥‥‥‥‥‥‥‥‥‥‥‥‥*226*

3　中国と騎馬遊牧民の対立・融合[明治大(文)]‥‥‥‥‥‥‥‥‥‥‥‥‥‥*228*

4　諸子百家と儒教の形成〜朱子学の成立[青山学院大(文・教育人間科学)]‥‥‥*231*

5　ユーラシアの遊牧民と定住民[立教大(異文化コミュニケーション・経済・法)]

‥‥‥‥‥‥‥‥‥‥‥‥‥‥‥‥‥‥‥‥‥‥‥‥‥‥‥‥‥‥‥‥‥‥‥‥‥*232*

アジア諸地域関係

6　古代〜中世のインド洋海域史[中央大(文)]‥‥‥‥‥‥‥‥‥‥‥‥‥‥‥*234*

7　16世紀〜20世紀インドの政治・経済[早稲田大(商)]‥‥‥‥‥‥‥‥‥‥‥*236*

8 13世紀〜20世紀のマレー半島・ジャワ島[法政大(経済・社会)]・・・・・・・・・・・・*237*

ヨーロッパ・アメリカ地域関係

9 ユダヤ人関連史(前1500年頃〜19世紀末)[法政大(法・文)]・・・・・・・・・・・・・・・・*241*

10 キリスト教史(成立期〜宗教改革)[早稲田大(法)]・・・・・・・・・・・・・・・・・・・・・・・*245*

11 16世紀〜19世紀ヨーロッパの社会と経済[慶応義塾大(商,改)]・・・・・・・*248*

12 アメリカ合衆国の大統領[中央大(法)]・・・・・・・・・・・・・・・・・・・・・・・・・・・・・・・*250*

13 アメリカ合衆国におけるマイノリティ問題[慶応義塾大(法,改)]・・・・・・*253*

14 アメリカ合衆国における経済格差[早稲田大(商)]・・・・・・・・・・・・・・・・・・・・*256*

政治・社会・経済的テーマ関係

15 混合政体論と後代への影響[早稲田大(法)]・・・・・・・・・・・・・・・・・・・・・・・・・・*258*

16 「基本的人権」の歴史[東京女子大(現代教養)]・・・・・・・・・・・・・・・・・・・・・・・・*261*

17 近世〜現代のグローバリゼーション[明治大(文)]・・・・・・・・・・・・・・・・・・・・*263*

18 近代以降のアフリカ人・アジア人の移住[中央大(経済)]・・・・・・・・・・・・・*266*

19 19世紀の移民・難民関連史[立教大(異文化コミュニケーション・経済・法)]・・・*269*

20 大西洋における奴隷売買・奴隷交易[明治大(文)]・・・・・・・・・・・・・・・・・・・・*271*

21 貨幣の歴史[立教大(異文化コミュニケーション・経済・法)]・・・・・・・・・・・*272*

学問・文化・宗教的テーマ関係

22 近世〜現代の情報伝達手段の発展[慶応義塾大(商,改)]・・・・・・・・・・・・・・・*275*

23 感染症関連史[立教大(文)]・・・・・・・・・・・・・・・・・・・・・・・・・・・・・・・・・・・・・・・*277*

24 世界の文化遺産関連史[上智大(外国語・文)]・・・・・・・・・・・・・・・・・・・・・・・・*280*

25 アラム文字・漢字の伝播と受容[明治大(文)]・・・・・・・・・・・・・・・・・・・・・・・・*284*

第Ⅳ部　論述問題

1 唐〜宋代の社会経済上の変化[学習院大(文,改)]・・・・・・・・・・・・・・・・・・・・・*288*

2 明・清代の税制[津田塾大(英文)]・・・・・・・・・・・・・・・・・・・・・・・・・・・・・・・・・*288*

3 洋務運動〜辛亥革命期の中国[学習院大(文,改)]・・・・・・・・・・・・・・・・・・・・*288*

4 共和政ローマの変質[学習院大(文,改)]・・・・・・・・・・・・・・・・・・・・・・・・・・・・*288*

5 中世ドイツにおける聖職叙任権闘争[早稲田大(法)]・・・・・・・・・・・・・・・・・*288*

6 14世紀〜15世紀の百年戦争[明治大(商)]・・・・・・・・・・・・・・・・・・・・・・・・・・*289*

7 啓蒙専制主義[明治大(商)]・・・・・・・・・・・・・・・・・・・・・・・・・・・・・・・・・・・・・・*289*

8 大西洋の三角貿易[津田塾大(英文,改)]・・・・・・・・・・・・・・・・・・・・・・・・・・・・*289*

9 神聖ローマ帝国の解体〜ドイツ帝国の成立[早稲田大(法)]・・・・・・・・・・・*289*

10 ロシアの南下政策の経緯と東アジア進出[早稲田大(法)]・・・・・・・・・・・・・・・・・・・*289*

11 19世紀～20世紀のメキシコ・アメリカ関係[早稲田大(法)]・・・・・・・・・・・・・・・・・*289*

12 ヴェルサイユ体制とヨーロッパの覇権[上智大(TEAP 利用型, 改)]・・・・・・・・・・・*290*

13 スペイン内戦期のイタリアと枢軸国[津田塾大(英文, 多文化・国際協力, 改)]
・・*293*

14 20世紀半ばの核開発と核軍縮[津田塾大(国際関係, 改)]・・・・・・・・・・・・・・・・・・*293*

15 ヨーロッパ統合とイギリスの EU 離脱[上智大(TEAP 利用型, 改)]・・・・・・・・・・・*293*

第  部

第 Ⅰ 部

通 史

1 古代メソポタミアとオリエント統一

　古代メソポタミアは，現在のイラクとほぼ重なり，その開放的な地形のため，周辺地域から多くの民族が侵入し，王国や王朝の興亡がくりかえされた。

　メソポタミア南部には，前2700年頃までに　A　人が数多くの都市国家を形成し，また(1)高度な文化をうんだ。しかし　B　人が前24世紀頃の　1　のときに，　A　人の都市国家群を征服し，最初の統一国家を建てた。だがこの王国もすぐに衰え，再び　A　人が王朝をたてた。この王朝が崩壊した後，前19世紀初めに　C　人がバビロン第1王朝をおこし，(2)ハンムラビ王の時代に全メソポタミアを支配した。その後，現在のトルコ共和国とほぼ重なるアナトリアに，　D　人が前17世紀半ば頃に強大な国を形成し，前16世紀にはメソポタミアに侵入してバビロン第1王朝を滅ぼした。さらに　D　人はシリアに進出し，　E　を追放して成立した(3)エジプトの新王国とシリアをめぐってたたかった。バビロン第1王朝滅亡後のメソポタミアには，ザグロス山脈方面から　F　人が侵入して南部を支配した。一方，北部は　G　王国によって支配され，この王国はシリアへと領土を広げたが，その後，　D　に服属した。このように前15から前14世紀にかけてのオリエントでは，エジプト新王国，　D　人の王国，　F　人の王朝，　G　王国といった諸王国が割拠する状況がうまれた。

　前2千年紀初めにメソポタミア北部におこった　H　王国は，前7世紀前半，メソポタミアだけでなく，オリエント全体を征服した。(4)このオリエントを初めて統一した王国の統治が前612年に崩壊すると，オリエントには4つの王国が分立することになった。メソポタミアを支配したのは，　I　人がたてた新バビロニアであり，この王国は　2　の時代にユダ王国を滅ぼすなど，最盛期をむかえた。しかし前6世紀半ば，　J　人の　3　が(5)アケメネス朝をおこし，この4王国のうち3王国を征服した。そして次の王が(6)4王国の最後の国を前525年に征服したことで，オリエント全体が再び統一された。オリエント統一後にその領土を最大に広げたのは，第3代の王　4　であり，エーゲ海北岸からインダス川にいたる領土を築いた。しかし前4世紀には，この大帝国もマケドニアのアレクサンドロスの遠征によって滅ぼされた。

問1　空欄　A　～　J　に当てはまるもっとも適切な語句を以下の語群から一つ選べ。

a．アカイア	b．アッカド	c．アッシリア	d．アムル
e．アラム	f．エフタル	g．エラム	h．カッシート
i．カナーン	j．カルデア	k．ギリシア	l．クレタ
m．シュメール	n．スキタイ	o．大月氏	p．バクトリア

q．パルティア   **r**．ヒクソス   **s**．ヒッタイト   **t**．フェニキア

u．フルリ   **v**．ヘブライ   **w**．ペリシテ

x．ペルシア(イラン)   **y**．ミタンニ   **z**．リビア

問2　空欄　1　～　4　に当てはまるもっとも適切な語句を以下の語群から一つ選べ。

a．アメンホテプ４世   **b**．アルダシール１世   **c**．ウルナンム

d．カンビュセス２世   **e**．キュロス２世   **f**．ギルガメシュ

g．サルゴン１世   **h**．シャープール１世   **i**．ダレイオス１世

j．ネブカドネザル２世   **k**．ホスロー１世   **l**．ラメス２世

問3　下線部(1)の文化を含めた，古代メソポタミアにおける文化の説明として**誤って**いるものを次の**ア〜エ**から一つ選べ。すべて正しい場合は**オ**を選べ。

　ア．１週７日制が開始された。　　**イ**．楔形文字が作られた。

　ウ．「死者の書」が記された。　　**エ**．ジッグラト(聖塔)が建設された。

問4　下線部(2)によって発布されたハンムラビ法典に関する説明として**誤っているも**のを次の**ア〜エ**から一つ選べ。すべて正しい場合は**オ**を選べ。

　ア．法典の原文が刻まれた石碑が残っている。

　イ．王は神の代理として統治するとされた。

　ウ．同害復讐の原則にたっていた。

　エ．被害者の身分によって刑罰にちがいはなかった。

問5　下線部(3)にかかわる出来事の説明として**誤っているもの**を次の**ア〜エ**から一つ選べ。すべて正しい場合は**オ**を選べ。

　ア．前16世紀に成立した。

　イ．トトメス３世の時代に最大領土となった。

　ウ．アマルナ美術がうみ出された。

　エ．巨大なピラミッドを盛んにつくった。

問6　下線部(4)の王国の統治についての説明として**誤っているもの**を次の**ア〜エ**から一つ選べ。すべて正しい場合は**オ**を選べ。

　ア．広大な領土を州に分けた。

　イ．各州にサトラップ(知事)をおいた。

　ウ．前８世紀より新たにニネヴェを首都とした。

　エ．征服地の住民の強制移住をおこなった。

問7　下線部(5)の統治についての説明として**誤っているもの**を次の**ア〜エ**から一つ選べ。すべて正しい場合は**オ**を選べ。

　ア．金貨・銀貨を発行した。

　イ．フェニキア人やアラム人の貿易活動を保護した。

　ウ．スサからサルディスにいたる「王の道」とよばれる国道を設けた。

　エ．街道に宿駅を設け，物資や情報を運び伝える駅伝制をしいた。

問8　下線部(6)の王国に当てはまるもっとも適切な王国名を以下の語群から一つ選べ。
ア．エジプト　　　**イ**．新バビロニア　　　**ウ**．メディア　　　**エ**．リディア

（法政大〈経済・社会〉）

2 〔アテネ民主政の推移 ▊▊▊▊▊▊▊▊▊▊▊▊▊▊▊▊▊▊▊▊▊▊▊▊▊▊

次の文章を読み，(1)～(10)の設問について〔　　　　〕内の語句から最も適切と思われるものを選びなさい。

　アテネの哲学者プラトンは民主政には批判的であった。プラトンは全ギリシアを二分したペロポネソス戦争がはじまってすぐの前429年頃の生まれとされる。ペロポネソス戦争は前431年から前404年にかけて行われたとされるが，プラトンは幼少期から青年期をその戦争の中で過ごしたと言えよう。その若きプラトンが見たものは正に民主政が，後に彼が書いたように「秩序も必然性もなく」うろうろとして混迷を極めていった姿であった。

　プラトンが生まれる70年ほど前にアテネが(1)〔①サルデス　②デルフォイ　③ミレトス　④テーベ〕を中心としたイオニアの諸都市の反乱に加担したのをきっかけとして，ペルシア大王がギリシアに差し向けた大遠征軍を撃退したのがペルシア戦争であった。その勝利後，エーゲ海周辺の多くのポリスはペルシアの復讐に備えて(2)〔①隣保同盟　②コリントス同盟　③ハンザ同盟　④デロス同盟〕という軍事同盟を結んだ。アテネは，ペルシア戦争時に(3)〔①テミストクレス　②ドラコン　③ソロン　④クレイステネス〕の指導により拡充していた強大な海軍力を背景に，その同盟の盟主として国際的威信を高めていく。アクロポリスの聖域が整えられ，そこに荘厳で力強いドーリア式によるパルテノン神殿が建設されたのもこの頃の事である。また，軍艦の漕ぎ手として戦争に参加する(4)〔①無産市民　②有産市民　③第三身分　④ヘイロータイ〕の発言力が高まり，これを背景に将軍(5)〔①ペイシストラトス　②フィリッポス　③ペリクレス　④リュクルゴス〕の指導の下でアテネの民主政は完成したとされている。

　(5)の提案で決められた法により参政権は両親ともにアテネの生まれである18歳以上の男子に平等に与えられた。その全体集会である(6)〔①アゴラ　②五百人評議会　③民会　④模範議会〕が多数決で国家の政策を決定し，将軍も選挙で選んだ。行政の担当をする役人は任期1年で抽選によって選ばれた。また同じく抽選で選ばれた陪審員が(7)〔①平民会　②陶片追放　③民衆裁判所　④宗教裁判所〕で多数決によって判決を下した。

　さて，(2)によりさらに勢力を拡大したアテネに脅威を感じたのはペロポネソス同盟の盟主スパルタであった。アテネとコリントスの紛争を発端とし，全ギリシアをアテネ側とスパルタ側に二分して戦ったペロポネソス戦争がはじまった。ここにはアテ

の民主政とスパルタの貴族政のイデオロギー対決があったとも評される。

　当初優勢であったアテネだが，疫病の流行で(5)は戦争の二年目に病死してしまう。また，この疫病でアテネは約3分の1の市民を失ったが，その後，スパルタ軍との陸戦は籠城をもって避け，海軍でペロポネソスをつくという(5)の考えた戦略が功を奏し，前425年にはペロポネソス半島西岸のスファクテリア島の戦いでアテネは大勝利をおさめ，スパルタは島の陥落前にアテネに和議を申し入れる使者を送った。しかし，この有利に終戦を迎えることのできた大チャンスをアテネは逃してしまう。(5)亡き後，無責任な言動で民衆に迎合する(8)〔①ペリオイコイ　②デマゴーゴス　③ソフィスト　④ディクタトル〕と後に評されることになるクレオンは，スファクテリア島の戦いで活躍していたこともあり，民衆の支持を得て主戦論を唱え，スパルタからの和議の申し入れをはねつけてしまうのである。やがてクレオンも戦死し，和平が成立するが，その和平を破ったのもまた，民衆の人気に後押しされた主戦派のアルキビアデスの主導による無謀なシチリア島遠征であった。その後，(2)からの離反も相次ぎ，前404年にアテネは包囲され，降伏することになる。

　その流れの中でアテネの政治体制も揺れ動いた。戦争終盤では一度民主政が倒れ「400人寡頭制」と呼ばれる体制に移るが，すぐに民主政に復帰し，敗戦後は親スパルタの「30人寡頭制」が成立した。しかし，この体制も激しい内戦の末，民主政支持勢力に倒されてしまう。

　再開された民主政下において，プラトンの師(9)〔①タレス　②ピュタゴラス　③ソクラテス　④ソフォクレス〕が若者を堕落させた罪で告発され死刑に処せられた。アルキビアデスや「30人寡頭制」のリーダーであったクリティアスは(9)の弟子だとされており，背景にはそうした事情があった。敵の友は敵といった感情的な判断が(9)の悲劇を生んだとも言えよう。

　プラトンは民主政を批判し，哲学者や少数の優秀な選ばれた人間が政治をするべきだと説いた。またその弟子で，マケドニアのアレクサンドロス大王の教育係も務めた(10)〔①アリストファネス　②アリストテレス　③アリスタルコス　④セネカ〕は，どの国政にしろ最善の人々が治める国政が最善であると書いた。民衆は一時の感情に左右されがちで，時として好戦的にもなりうる。果たして平等な参政権を持つ民主政が本当に理想的な政治制度なのだろうか。

（学習院大〈法〉　改）

3 ペルシア戦争とペロポネソス戦争

次の文章を読み，下記の問いに答えよ。（ただし，下記の文中のポリスAはどこかを答えることを求める設問はない。）

日本で，自由という言葉がおおよそ現在解されているような意味で使われるようになったのは明治維新以降のことだと言われている。日本が開国して西洋世界の文化を受け入れたころのことであった。そのころ西洋世界は自由という概念に強いこだわりを持っていたようにみえる。19世紀イギリスの思想家ジョン＝スチュアート＝ミルは，(1)マラトンの戦いが英国史上の事件としてさえも，ヘースティングズの戦いより重要な意味を持ったという趣旨の記述を残している。

(1)マラトンの戦いは，東方の(a)専制君主国家によって前5世紀初頭から起こされた西方世界への侵攻と，それに抵抗した諸ポリスによる一連の戦闘のうちの一つであった。(a)専制君主国家とのこの大戦争についての記述を残し，「歴史の父」とも呼ばれる，紀元前5世紀の歴史家 あ もまた，諸ポリスの戦いを自由のための戦いと見ていた形跡があることが指摘されている。(1)マラトンの戦いから10年を経て(b) イ の海戦が起こる。この戦いでも，諸ポリスが急ごしらえで集めた連合艦隊の主力となったのはポリスAの軍船であった。この時，クセルクセス自らが率いた遠征軍は，惨憺たる敗北を喫している。このポリスAについて， あ は，ポリスAが(2)僭主に支配されていた間には，軍事的にさしたる強国ではなかったが，(c)前6世紀末に行われた改革以降，他に抜きんでた強国となったと述べている。

やがてこのポリスAは，(d) ロ 同盟を通じてエーゲ海一帯をその支配圏に収めて(3)繁栄を誇ることとなる。そしてそのことに対する反発が原因の一つとなって，(4)ギリシア世界のほぼ全域を巻き込んださらなる大戦争が生じる。この前431年に始まって27年の長きにわたった大戦争については，歴史家 い の残した記述が基本的な史料とされている。 あ はイオニアにあったハリカルナッソス出身であったが， い はポリスAの市民であった。 い が語る(d) ロ 同盟結成に至るまでの経緯を あ の記述と比べると，両者の筆の運びの違いから，立場の違いが浮かび上ってくるようにも思われる。

問1　空欄 あ ， い に入るべき人名を答えよ。

問2　空欄 イ ， ロ に入るべき地名を答えよ。

問3　下線部(1)について，ポリスAへの侵攻を命じて，マラトンの戦いを引き起こした時の，東方の専制君主国家の王の事績が，イラン西部の崖に彫られた碑文として残されている。後にローリンソンは，この碑文を研究して楔形文字の解読に成功したと言われる。この碑文を何と呼ぶか，その呼称を答えよ。

問4　下線部(2)について，ポリスAにおいて初めて僭主政を樹立したのはだれか。そ

の人物名を答えよ。

問5 下線部(3)について，パルテノン神殿は，そのころのポリスＡの繁栄を如実に示す建造物として知られている。この神殿の再建工事を担当し，黄金と象牙を使用した巨大なアテナ女神像を製作したことでも知られる彫刻家はだれか。その人物名を答えよ。

問6 下線部(4)について，以下の問いに答えよ。

(1) この大戦争のさなかに，『女の平和』という反戦劇を著した劇詩人はだれか。その人物名を答えよ。

(2) 下記の説明文のうちから明らかに誤っているものを一つ選び，その番号を答えよ。

1．この大戦争開始直後から蔓延した疫病により有力な指導者を失ったポリスＡには，デマゴーゴスと呼ばれる好戦的な指導者が多数現れた。

2．『オイディプス』の作者ソフォクレスや，『メディア』の作者エウリピデスは，いずれもこの大戦争の終焉を見る前に相次いで世を去った。

3．ソクラテスは，この大戦争中のポリスＡにおける民主政治を衆愚政治として批判し，スパルタの国制を賛美したため，この戦争中に死刑判決を受けて死んだ。

4．27年の長きにわたった，この大戦争について記述した ｜ い ｜ の著作は，未完のままに残されている。

問7 下線部(a)について，下記の説明文のうちから正しいものを一つ選び，その番号を答えよ。

1．この国が滅びた後，オリエント世界は，リディア，メディア，新バビロニア，エジプトの4王国が分立する時代に入った。

2．ダレイオス2世がアルベラの戦いに敗れて滅亡した。

3．カンビュセス2世がエジプトを征服して，オリエント世界を統一した最初の世界帝国となった。

4．キュロス2世が，メディアを滅ぼして建国の祖となった。

問8 下線部(b)について，下記の選択肢のうちから ｜ イ ｜ の海戦と同じ年に起こった戦闘を一つ選び，その番号を答えよ。

1．イッソスの戦い **2**．イプソスの戦い **3**．テルモピレーの戦い

4．プラタイアイの戦い

問9 下線部(c)について，下記の説明文のうちから正しいものを一つ選び，その番号を答えよ。

1．この改革の時に導入されたオストラキスモス(陶片追放)の制度によって最初に追放されたのはテミストクレスであった。

2．デーモスと呼ばれる行政区を基底に据えて，市民が所属する区を複雑に組み合わせて，市民団を再編成する部族制改革を断行した。

３．市民を財産の多寡によって４等級に分け，それぞれに権利義務を配分する国制
　　　改革を行った。

　　４．従来の10部族制を４部族制に改め，各部族100人からなる400人評議会を創設し
　　　た。

問10　下線部(d)について，下記の説明文のうちから正しいものを一つ選び，その番号
　を答えよ。

　　１．この同盟に対抗するために，スパルタはペロポネソス同盟を結成して，全ギリ
　　　シア世界を巻き込む大戦争を引き起こした。

　　２．この同盟は，マラトンの戦いの直後に結成され，前480年に起こったペルシア
　　　との海戦におけるギリシア側の勝利に多大な貢献をした。

　　３．この同盟に加盟した諸ポリスは，三段櫂船と呼ばれる古代の軍船に兵員を載せ
　　　て供出する義務があったが，多くのポリスはそれに見合う資金を拠出する道を選
　　　んだ。

　　４．この同盟に寄せられた巨額の資金は，はじめポリスＡの金庫に置かれていたが，
　　　前454年以降はこの同盟の名称になっている島のアポロン神殿に移された。

（法政大〈文・経営〉）

4 〔共和政ローマ〕

次の文を読み，空欄　１　～　18　に最も適当と思われる語を入れなさい。

　イタリア半島中部のティベル川周辺に定住を開始したラテン人は，ティベル川の河
畔に都市国家を形成する。その中の一つがローマの起源である。ローマは先住民であ
った　１　人の王に支配されたともいわれるが，紀元前６世紀に王を追放し，共和政
を開始する。

　彼らは最高官職である２名の　２　（任期は１年）を選出して政治・軍事を主導させ，
非常時には臨時職として　３　が任命（任期は６か月。１名）されて全権を委任された。
しかし，政治の実権は貴族（パトリキ）の会議である　４　院（セナートゥス）が握って
いた。

　これに対して，中小農民は重装歩兵として軍事的に重要な役割を果たしており，彼
らのような平民（プレブス）は権利の拡大を主張して貴族と対立した。前５世紀初めに
は平民の権利を守る　５　官が設置され，平民だけの民会である平民会も設置された。
さらに，前367年の　６　法では，　２　のうち１名は平民から選出することが定めら
れ，前287年の　７　法では，平民会の決議も国法となることが定められた。かく
して，社会的地位を上昇させた平民の中から，貴族とともに　８　と呼ばれる新しい
貴族階層を構成するものが出現した。

　前272年，ローマはイタリア南部のギリシア人植民市であったタレントゥムを征服

してイタリア半島に勢力を拡張していった。ローマは西地中海への進出をもくろんでアフリカ北岸にあったフェニキア人の植民市 9 と対立し，三度に及ぶ 10 戦争が起こった。 9 の将軍 11 の前に一時ローマは危機に瀕するが， 12 率いるローマ軍はザマの戦いで 11 を打ち破った。こうしてローマは地中海を広範囲にわたって支配下に収めていった。

だが，この間，重装歩兵として戦った中小農民は長期にわたる戦争への出征などの影響で農地が荒廃するなど疲弊し，没落して無産市民になってしまう者もあらわれた。これに危機感を抱いた 13 兄弟は，兄ティベリウスが前133年，弟ガイウスが前123年・前122年にそれぞれ 5 官に就任して中小農民の没落を改革で食い止めようと試みたものの失敗に終わった。こうして軍事力が弱体化する中，ユグルタ戦争などで功績をあげた政治家・軍人の 14 は従来の軍制を改め，無産市民を私兵として育成し利用した。

軍隊は有力者が無産市民を集めて作る私兵となり， 14 のような平民派と， 4 院の権威を守ろうとするスラのような 15 派がそれぞれ私兵を率いて抗争を繰り広げた。さらにはローマ市民権を要求する同盟諸都市が前91年に反乱を起こしたり，剣闘士（剣奴） 16 も前73年に反乱を起こしたりするなど，ローマの混乱は深刻なものとなった。

この混乱を見た軍人・政治家の 17 は，地中海の海賊討伐やミトリダテス戦争に功績のあった 18 ， 16 の反乱鎮圧に功績があり財力を持ったクラッススと結び国政を掌握し，ここに第一回三頭政治が成立した。

〈津田塾大〈英文〉〉

5 古代ローマにおけるキリスト教関連史

キリスト教は属州ユダヤとしてローマに支配されていた①パレスチナの地に生まれた。イエスはローマの支配に苦しむ民衆に神の救済を説いた。彼の処刑後，イエスとその活動にたいする信仰が生まれ，教団が形成された。②その教えはパレスチナを越えてローマ帝国各地に広まった。しかし，ローマ在来の宗教との軋轢からローマの一般民衆はキリスト教に反感を抱き，それは例えばタキトゥスの（　③　）にも示されている。

けれども，この段階ではローマ皇帝が積極的にキリスト教を弾圧することはなかった。例えば，④五賢帝の一人トラヤヌス帝が『博物誌』を著した（　⑤　）の甥に宛てた書簡では，国家の役人がキリスト教徒を捜し出すことはない，と述べられている。問題は，死後に神となるローマ皇帝が存命中から神に擬せられて崇拝されるローマ皇帝崇拝と一神教であるキリスト教の教義との相克だった。とりわけ，2世紀後半にローマ帝国の衰退の兆候が現れると，皇帝を含めた神々に帝国の安寧を願う一般民衆とそれにしたがわないキリスト教徒の対立が顕著になった。しかし，⑥サ サン朝等の外部

からの侵攻が激しくなった230年代には、帝国の存立を祈ってローマ古来の神々と共にキリストの像も皇帝の宮殿の祭壇に建てられていたと伝わる。

235年から始まる軍人皇帝時代にローマ帝国の国力は地に落ち、その回復に向けて帝国はローマ古来の神々への供犠を命じたが、キリスト教徒はこれを拒否した。こうして、帝国の積極的なキリスト教弾圧が始まる。最も苛烈で長期の弾圧は⑦ディオクレティアヌス帝の統治下で生じた。けれども、それは帝国による最後のキリスト教弾圧となった。

313年、⑧コンスタンティヌス帝はミラノ勅令を発しキリスト教を公認した。やがて、ローマ皇帝とりわけコンスタンティヌス帝はキリスト教神学でキリストに準じる位置を与えられた。こうして、キリスト教の教義とローマ皇帝崇拝の矛盾が除かれた。キリスト教は4世紀前半には実質的なローマ国教となった。そして、⑨キリスト教の正統教義の決定に帝国も大きく関わり、ついにテオドシウス帝の下でキリスト教は正式にローマ国教となった。

設問1 下線部①のパレスチナについて、明白な誤りを含む文章を以下の**ア～エ**から一つ選びなさい。
ア．古くはカナーンと呼ばれ、パレスチナという名称はペリシテ人に由来する。
イ．ヘブライ人はこの地に前1000年頃にイスラエル王国を建設したが、前920年頃にイスラエル王国とユダ王国に分裂した。
ウ．イスラエル王国とユダ王国を滅ぼした新バビロニアによってユダヤ人はパレスチナからの移住を強制され、パレスチナは新バビロニアの支配に服した。
エ．アケメネス（アカイメネス）朝がパレスチナの支配を実現すると、アケメネス（アカイメネス）朝はパレスチナへのユダヤ人の帰還を許した。

設問2 下線部②に関連して、初期キリスト教の伝道活動について明白な誤りを含む文章を以下の**ア～エ**から一つ選びなさい。
ア．イエスが福音を伝えるために選んだ弟子を使徒といい、その一人であるユダがイエスを裏切り敵対者に引き渡した。
イ．使徒の伝道活動を記す『使徒行伝』がイエスの存命中に編纂された。
ウ．ペテロは十二使徒の筆頭としてイエスの処刑後にもキリスト教の教義の普及に大きな役割を果たした。
エ．パウロはローマ市民権を持つパリサイ派のユダヤ教徒だったが、回心してキリスト教徒になり、使徒の一人に加えられた。

設問3 （　③　）に入る適切な作品名を以下の**ア～エ**から一つ選びなさい。
ア．『国家論』　　**イ**．『年代記』　　**ウ**．『対比列伝』　　**エ**．『地理誌』

設問4 下線部④の五賢帝について、正しい内容の文章を以下の**ア～エ**から一つ選びなさい。
ア．ネルウァ帝から、ハドリアヌス帝、トラヤヌス帝、アントニヌス＝ピウス帝、

マルクス＝アウレリウス＝アントニヌス帝へと続く5人の皇帝が統治した時代を五賢帝時代という。

イ．ハドリアヌス帝はローマ帝国の最大領土を実現し，ブリタニアに長城を築いた。

ウ．トラヤヌス帝は初の属州出身の皇帝で，ダキアを属州とし，メソポタミアの征服に一時は成功した。

エ．マルクス＝アウレリウス＝アントニヌス帝はエピクロス派の哲学者で『自省録』を著し，『後漢書』では大秦王安敦とされている。

設問5　（　⑤　）に入る適切な人名を以下の**ア～エ**から一つ選びなさい。

ア．オウィディウス　　　**イ**．セネカ　　　**ウ**．ホラティウス

エ．プリニウス

設問6　下線部⑥のササン朝について，明白な誤りを含む文章を以下の**ア～エ**から一つ選びなさい。

ア．アルダシール1世がアルサケス朝パルティアを破り，クテシフォンを都として建国した。

イ．ササン朝第2代の王シャープール1世はローマ皇帝ウァレリアヌスを戦闘で破り捕虜とした。

ウ．ホスロー1世はササン朝の最盛期を実現し，東ローマ皇帝ユスティニアヌス1世と戦った。

エ．ササン朝美術は日本にも伝わり，法隆寺蔵の漆胡瓶がその代表である。

設問7　下線部⑦のディオクレティアヌス帝について，正しい内容の文章を以下の**ア～エ**から一つ選びなさい。

ア．軍人皇帝時代の混乱を収拾するために共和政的な権威の復興に努めた。

イ．広大な帝国の統治のために四帝分治制（テトラルキア）を導入し，二人の正帝と二人の副帝で帝国を分担して統治した。

ウ．官僚制を実現するための税収入増加をめざして，帝国に居住するすべての自由人にローマ市民権を付与した。

エ．産業の育成に努め，内陸アジアから養蚕技術を導入した。

設問8　下線部⑧のコンスタンティヌス帝について，明白な誤りを含む文章を以下の**ア～エ**から一つ選びなさい。

ア．ディオクレティアヌス帝退位後に生じた混乱を収拾して帝国を再統一し，324年に単独皇帝となった。

イ．税収入の確保を目的としてコロヌスの移動を禁じる法令を発した。

ウ．ローマ古来の神々をまつる神殿が多数あるローマを離れ，ビザンティウムをコンスタンティノープルと改名し，帝国の新しい首都とした。

エ．ソリドゥス金貨（ノミスマ）を鋳造して交易の安定化を図ったが，この貨幣はコンスタンティヌス帝の死後には用いられなくなった。

設問9　下線部⑨に関連して，異端とされた教義について正しい内容の文章を以下の

ア～エから一つ選びなさい。

ア．アリウス派はニケーア公会議で異端とされ，アリウス派を復興しようとしたユリアヌス帝は「背教者」と呼ばれた。

イ．アリウス派は，東ゴート，西ゴート，ヴァンダルなどのゲルマン諸部族に伝播し，中世南フランスではアルビジョワ派と呼ばれた。

ウ．エフェソス公会議やカルケドン公会議で異端とされたネストリウス派は，中国に伝わり祆教と呼ばれた。

エ．カルケドン公会議で異端とされた単性論は，今日でもコプト教会，シリア正教会等で信奉されている。

（早稲田大〈法〉）

6 インダス文明〜ヴァルダナ朝

つぎの文章（A〜C）はインドの歴史について述べたものである。よく読んで，下記の設問に答えなさい。

A 南アジアは現在のインドを中心とする地域で，ヒマラヤ山脈以南のインド亜大陸とインド洋の島々からなる。大部分はモンスーン気候帯に属しており，インダス川流域は小麦，ガンジス川流域では米を主要穀物とし，古代から穀倉地域をなすもっとも人口の稠密する地域である。人々は，大きくインド・ヨーロッパ語系に属するアーリヤ人と，それにさきだってインドに進出していた（　1　）人にわかれる。

南アジアでもっとも古い文明は，前2600年ごろから前1900年ごろまでつづいたインダス文明である。前2500年ごろ，インダス川流域を中心にハラッパーやモヘンジョ＝ダロ（モエンジョ＝ダーロ）などの都市文明が栄えた。(a)これらの都市では，城塞内に会議場や宗教目的の大沐浴場，穀物倉庫などの公共施設があり，市街地には道路や下水道が計画的にととのえられていた。しかし，宮殿や陵墓は発見されず，強大な支配者のいない社会と思われる。遺跡からは彩文土器や青銅器などが発見され，出土した印章には現在も未解読のインダス文字がしるされている。前2000年ごろ以降都市は秩序を失い，前1800年ごろには，インダス川の度重なる洪水あるいは乾燥化・砂漠化などにより，中央アジアで牧畜生活をおくっていたアーリヤ人は，カイバル峠をこえて（　2　）地方に来住した。そして，司祭階層のバラモンによって神々への賛歌が集められ，インド最古の聖典とされる『（　3　）』が編纂された。

B 前7世紀ごろ，ガンジス川流域は稲作農業や手工業が発展し，商業活動が活発になり，城壁のある都市を持つ国家が数多くつくられた。前6世紀ごろにはマガダ国や（　4　）国が勢力をのばし，それにともない武士階層のクシャトリヤや商業に従事するヴァイシャの支持を背景に新しい宗教がうまれた。なかでもガウタマ＝シッダールタは仏教，(b)ヴァルダマーナはジャイナ教を開いた。前4世紀になると，マケドニアの（　5　）大王がアケメネス朝を滅ぼし，さらに西北インドにまで進出した。前4世紀の終わりには，マガダ国の武将チャンドラグプタが都（　6　）を奪って(c)マウリヤ朝をたてた。第3代(d)アショーカ王の時代に，マウリヤ朝は最盛期に達し，王は征服活動の際に多くの犠牲者を出したことを悔い，しだいに仏教に帰依するようになった。しかし，アショーカ王の死後，非仏教勢力の反発もあり，マウリヤ朝は衰退した。その後，西北インドにはバクトリアのギリシア人が進入し，ヘレニズム文化をもたらした。つづいてイラン系遊牧民が西北インドに進出し，紀元後1世紀になると今度はバクトリア地方からクシャーン人がインダス川流域にはい

ってクシャーナ朝をたてた。この時代には，出家者の解脱を中心とする仏教教団に対抗し，在家者をふくむ万人の救済を目的とする大乗仏教がおこった。大乗仏教では衆生救済のために修行にはげむ者を広く菩薩として信仰した。クシャーナ朝の保護をうけた大乗仏教は，ガンダーラを中心とする仏教美術とともに各地に伝えられ，中央アジアから中国・日本にまで影響を与えた。こうした大乗仏教の教理は，2世紀ごろ（　7　）によって体系化され，(e)カニシカ王は大乗仏教を厚く保護した。クシャーナ朝はササン朝ペルシアの圧迫により3世紀に衰亡した。

C　4世紀はじめ，マガダ地方でチャンドラグプタ1世が(f)グプタ朝をたてた。グプタ朝は，チャンドラグプタ2世のときに最盛期を迎え，北インドの統一に成功した。バラモン教からヒンドゥー教への展開がすすんだころ，バラモンをおもな担い手とする諸学問も発展した。グプタ朝は，中央アジアの遊牧民（　8　）の進出により西方との交易が打撃をうけたことや，地方勢力の自立が強まったことにより衰退し，6世紀半ばに滅亡した。7世紀前半にハルシャ＝ヴァルダナがカナウジを都として，一時，北インドの大部分を統一したが，彼の死後帝国は瓦解した。以後，デリーにイスラーム政権が樹立されるまでの約600年間のインドでは，小王国の群雄割拠がつづいた。その王にはクシャトリヤ身分の王の子を称する者が多かったので，この時代は（　9　）時代とよばれる。しかし，実際には，これらの王国の多くは，外来の民族や山地の部民族の出身者が樹立したものである。

　グプタ朝時代以降，ヴァルナ制度の枠のなかで，職業の世襲化・固定化がすすみ，ヒンドゥー教とむすびついたカースト制度が確立した。なお，「カースト」は，ポルトガル語の「カスタ」に由来する語である。一方，仏教は都市の商工業者の没落によって経済的支援を失い，やがて(g)ヒンドゥー教のなかに吸収されていった。こうして，政治的にも文化的にも独自性が強い諸地域からなり，ヒンドゥー教とカースト制度を共通の特徴とするインド社会の原型が形成された。

設問1　空欄（1～9）に入るもっとも適切な語句を答えなさい。なお，（5）（7）には人名が入る。

設問2　下線部(a)について。グジャラート地方で発掘された，インダス文明の大規模な都市遺跡は何か。その名称を答えなさい。

設問3　下線部(b)について。ジャイナ教に関するつぎの記述（あ～う）は正しいか。それぞれについて，正しければ①を，誤っていれば②を，答えなさい。

あ．禁欲的な苦行の実践と不殺生を強調した。

い．シヴァやヴィシュヌといった主神のもとにまとめられた多神教である。

う．保守的なバラモンの支配に不満を持つ商人層に信者が広がった。

設問4　下線部(c)について。マウリヤ朝が巨大な帝国を形成した，その領域として正しい組み合わせはどれか。1つ選びなさい。

①　東はガンジス川上流域，南はデカン高原

② 東はガンジス川中流域, 北はチベット高原

③ 東はガンジス川中流域, 南はデカン高原

④ 東はガンジス川下流域, 北はチベット高原

⑤ 東はガンジス川下流域, 南はデカン高原

設問5 下線部(d)について。アショーカ王の時代にかかげられた, 人間として守るべき倫理規範は何というか。その名称を答えなさい。

設問6 下線部(e)について。この時代において, インドに大量の金をもたらした貿易の相手国はどこか。その名前を答えなさい。

設問7 下線部(f)について。グプタ朝で公用語として使われていた言語は何か。1つ選びなさい。

① アヴェスター語　　② ケチュア語　　③ サンスクリット語

④ ソグド語　　　　⑤ トカラ語

設問8 下線部(g)について。7世紀ごろ, 仏教やジャイナ教に対する攻撃をおこない, ヒンドゥー教の神々への絶対的帰依を説いた宗教運動が広がった。その運動の名称を答えなさい。

(中央大〈法〉)

7 仏教の成立と周辺地域への伝播

仏教の展開について述べた次の文章を読み, 問1, 問2の設問に答えなさい。

仏教は前5世紀のインドにおいて, バラモン教の祭式主義に対する批判の中から現れた。前3世紀に全インドをほぼ統一した〔　1　〕朝の王が帰依したことから, その教えはインド各地へと広まった。紀元前後には新たに大乗仏教が起こり, 北インドから中央アジアを支配した〔　2　〕朝の保護を受けた。この王朝が東西交易の要衝を抑えていたため, 大乗仏教は(A)北インドで起こった新たな仏教美術とともに, その交易路に乗って中国にまで広がった。

中国に伝わった仏教は4世紀後半より急速に普及した。(B)華北では西域出身の僧侶が布教に努め, また, 甘粛地方のオアシス都市敦煌や(C)北魏が都を遷した洛陽の郊外には, 壮麗な石窟寺院が造営された。一方, 中国人僧侶の中には初期の翻訳仏典に飽き足らず, 新たな経典を求めてインドに赴く者も現れた。東晋の法顕は〔　3　〕朝時代のインドを訪れ, 唐の玄奘は〔　4　〕朝の王の厚い保護の下, 仏教を学んだ。仏教は魏晋南北朝時代を経て中国に定着し, 隋唐時代には浄土宗や禅宗など中国独特の宗派を生み出した。特に禅宗は(D)宋学の形成にも寄与したとされる。

仏教は東アジアばかりでなく, 北アジアや東北アジアの諸勢力にも広まった。そのうち, 契丹や(E)金が中国仏教の影響を強く受けたのに対し, モンゴルや清の支配層の信仰を集めたのはチベット仏教であった。チベット仏教はチベット最初の統一王国吐

蕃の下で生まれた。のち，16世紀後半に(F)モンゴルを支配していた指導者が帰依したことをきっかけに，チベット仏教はモンゴルから満洲にかけて急速に拡大した。17世紀末に清の皇帝は自ら外モンゴルに遠征して(G)オイラト系の遊牧部族を破ったが，これはチベット仏教保護者の座をめぐる争いでもあった。

　仏教はまた，海上交易によって開かれた「海の道」を通じ，東南アジア諸地域にも広がった。島嶼部では，7世紀半ばにスマトラ島で成立した〔　5　〕王国に，唐の(H)義浄が滞在し，仏教が盛んな様子を記している。少し遅れて8世紀のジャワ島に生まれた〔　6　〕朝は，仏教遺跡ボロブドゥールの建造で名高い。一方，大陸部にはセイロン島を介して上座部仏教が伝播し，イラワディ川中流域のビルマ人やチャオプラヤ川中流域のタイ人に広まった。ビルマ人は11世紀中頃に〔　7　〕朝を建国し，その見事な仏教寺院群は世界遺産への登録が待望されている。

問1　文章中の〔　1　〕～〔　7　〕に入れる最も適切な語句を下記の語群の中から選びなさい。

　a．アユタヤ　　　　　　**b**．ヴァルダナ　　　　　**c**．ヴィジャヤナガル

　d．クシャーナ　　　　　**e**．グプタ　　　　　　　**f**．コーサラ

　g．サータヴァーハナ　　**h**．シャイレンドラ　　　**i**．シュリーヴィジャヤ

　j．スコータイ　　　　　**k**．チャンパー　　　　　**l**．チョーラ

　m．パガン　　　　　　　**n**．バクトリア　　　　　**o**．パーンディヤ

　p．マウリヤ　　　　　　**q**．マジャパヒト

問2　文章中の下線部(A)～(H)に関する次の問いの答えを解答欄に記入しなさい。

　(A)　仏像制作を中心とするこの美術を何と呼ぶか。答えなさい。

　(B)　5世紀初めに長安に迎えられ経典の翻訳に努めた西域僧は誰か。漢字で答えなさい。

　(C)　この遷都を実行した皇帝を漢字で答えなさい。

　(D)　この学問を北宋でおこした人物の名前を漢字で答えなさい。

　(E)　この王朝でとられた二重統治体制について45字以内で説明しなさい。なお，句読点も一字として数える。

　(F)　この人物の名前を答えなさい。

　(G)　この遊牧部族の名称を答えなさい。

　(H)　この人物が著した書物の題名を漢字で答えなさい。

（日本女子大〈文〉）

　歴史の始まりというものは事柄の存在証明が難しく，その多くは神話や伝説をよりどころとしたり，考古学，古生物学，地質学的な発見によって裏付けされ，確認されることになる。中国古代の歴史をみても，司馬遷のあらわした『史記』には，古く中国には夏・ A ・周の三大王朝があったと書かれており，そこには夏王朝の世系表や治水事業に功績があった B の偉業などが詳細に書かれている。しかし，その実在を示すものはないため夏王朝は未だ文献上の伝説となっている。夏王朝が滅び，それにかわった A 王朝からは確実に歴史時代に入るといわれ，これが中国最古の王朝とされている。それは1899年の亀甲や獣骨に刻まれた甲骨文字の発見にはじまり，以後 A の遺跡から巨大墓跡や神殿跡，青銅器，象牙細工品などが発掘され，その実在が証明されたからである。

　一方，それよりさらに遡る前5000年から前3000年頃におこった黄河文明の出発点である あ 文化は，(1)竜骨を集めていたスウェーデンの地質学者アンダーソンによってその遺跡が発見された。この文化は明るい彩陶を特色とする。前2500年から前2000年頃黄河下流域を中心に発展した い 文化は黒陶を特色とする。この両文化の中心地でもあった黄河中原は中国文明発生の地であり，以後，諸勢力による主導権争いと中国統一への攻防が繰り広げられる舞台ともなっていく。

　古伝によると，前11世紀頃渭水流域に定住していた周の C 王は天命を受けたとして，暴政をしいた A の D 王を牧野の戦いで破り， う に都をおき，封建的な制度によって支配体制を確立した。『史記』によると， C 王のあとには11代の王が位を継ぐが，12代目の王が政治をみだし，遊牧系民族の え に襲われ都を攻略されたという。周の一族は東に逃れ， お に遷都したが，それ以後王権は衰え，諸侯が割拠・興亡する分裂の時代となった。

　一般に，この お 遷都をさかいにそれまでを西周時代，それ以後を東周時代とよび，東周前期を春秋，東周後期を戦国時代ともよぶ。春秋戦国という時代区分は， E 国の史官が残した年代記をもとに，(2)孔子が編纂しなおしたとされる『春秋』と，当時の雄弁家たちの策謀や弁論を集めた F 代の書『戦国策』にもとづいて生まれた。春秋・戦国時代は分裂の時代であったが，中国全体の観点からみれば，居住範囲や中国民族の文化区域を拡大して，中国統一の基礎を作ったという点で重要な時代でもあった。周王室が弱体化するなか，夷狄とよばれた異民族の侵略や略奪から中原を守り，王室の内紛をしずめ，諸侯と同盟を結び，その盟主となることで夷狄を撃退する有力諸侯が現れ，(3)彼らは周王から覇者と認められた。

　戦国時代のはじまりは諸説あるが，春秋時代において中原の一強国であった晋が(4)三国に分割されたことを契機としているといってよい。この時代は七雄とよばれる強国を中心に激しく勢力争いが繰り広げられ，諸侯は周王を無視して王を名乗る実力主義の下克上の世界となった。こうした政治的激動のなかで新しい秩序が求められる

とともに有能な人材が求められ，⑸諸子百家とよばれる思想家たちがあらわれた。また，社会・経済面でも大きな変革が起こり，青銅貨幣が鋳造され，銅銭による納税もはじまった。前4世紀半ば頃から⑹政治改革によって国力をつけた秦は，前221年に　G　を倒して中国統一を果たした。始皇帝は統一後，前350年以来都であった　か　に富豪を移住させて大都市としたが，秦滅亡のさいに　か　は焼きはらわれた。

問1　空欄　A　から　G　に当てはまるもっとも適切な語句を次の選択肢から選べ。

- **a**．殷　　　**b**．禹　　　**c**．衛　　　**d**．燕　　　**e**．漢　　　**f**．堯
- **g**．呉　　　**h**．舜　　　**i**．蜀　　　**j**．新　　　**k**．政　　　**l**．斉
- **m**．楚　　　**n**．宋　　　**o**．紂　　　**p**．陳　　　**q**．氏　　　**r**．湯
- **s**．武　　　**t**．幽　　　**u**．梁　　　**v**．魯

問2　空欄　あ　から　か　に当てはまるもっとも適切な語句を次の選択肢から選べ。

- **a**．安邑　　　**b**．烏孫　　　**c**．華南　　　**d**．河姆渡　　　**e**．邯鄲
- **f**．咸陽　　　**g**．仰韶　　　**h**．匈奴　　　**i**．月氏　　　**j**．犬戎
- **k**．鎬京　　　**l**．紅山　　　**m**．三星堆　　　**n**．長安　　　**o**．平城
- **p**．洛邑　　　**q**．竜山　　　**r**．良渚

問3　下線部⑴に関連して，以下の文章の空欄　Ⅰ　と　Ⅱ　に当てはまるもっとも適切な人物名を次の選択肢から選べ。

　　19世紀〜20世紀前半は，世界の各地で古代の文明が考古学的発掘によって明らかにされた時期である。例えば，ドイツの考古学者　Ⅰ　がトロイア・ミケーネ遺跡の発掘に成功し，イギリスの考古学者　Ⅱ　は1900年以後にクレタ文明の中心となったクノッソス宮殿跡を発掘し，線文字の刻まれた粘土板を発見した。

- **a**．ヴェントリス　　　**b**．エヴァンズ　　　**c**．サヴィニー
- **d**．シャンポリオン　　　**e**．シュリーマン　　　**f**．ランケ
- **g**．ローリンソン

問4　下線部⑵に関して，次の**ア〜エ**のうち，孔子に関わることの説明として**誤っているもの**をひとつ選べ。

- **ア**．孔子は「修身・斉家・治国・平天下」の道を説いて徳治主義を主張した。
- **イ**．孟子は孔子の説を継承・発展させ，性善説をとなえ，王道政治を理想とした。
- **ウ**．荀子は孔子の仁を差別的として批判し，無差別の愛を説いた。
- **エ**．『論語』は孔子の死後，弟子が編集したものである。

問5　下線部⑶に関して，次の**ア〜エ**のうち，管仲を宰相にして商工業化を進め，また北上する楚をうった覇者をひとつ選べ。

- **ア**．秦の穆公　　　**イ**．晋の文公　　　**ウ**．斉の桓公　　　**エ**．宋の襄公

問6　下線部⑷に関して，分割された三国の国名を漢字で記述せよ。

問7　下線部⑸に関して，以下の①〜④の学派に対応するもっとも適切な人物を次の選択肢から選べ。

① 農家	② 名家	③ 陰陽家	④ 縦横家

a．許行　　**b**．屈原　　**c**．公孫竜　　**d**．勾践　　**e**．呉子

f．鄒衍　　**g**．孫臏　　**h**．孫武　　**i**．張儀　　**j**．夫差

k．老子

問8　下線部(6)に関して，次の**ア～エ**のうち，秦の孝公につかえ，什伍の制，度量衡の統一などによって富国強兵の基礎をつくり，国の強大化に貢献した人物の名前をひとつ選べ。

ア．晏子　　**イ**．商鞅　　**ウ**．李斯　　**エ**．呂不韋

（法政大〈経済・社会〉）

9 周～漢代

つぎの文章（**A～C**）は，殷から秦漢時代に関する中国の歴史について述べたものである。よく読んで，下記の設問に答えなさい。

A　前二千年紀（前16世紀ごろから前11世紀ごろ）に実在した殷（商）は，多くの氏族集団が連合し，王の都のもとに多数の邑（城郭都市）が従属する形で成り立った国家であった。殷では，宇宙を支配する帝（上帝）と王の祖先がともに崇拝された。王はその祭祀をつかさどり，帝の意志を占うことによって，神権政治をおこなったが，やがて前11世紀ごろに，西方辺境の氏族が殷を滅ぼした。それが周であった。

新たな盟主となった周では，都を鎬京（現在の西安付近）におき，また東方の拠点も建設された。そしてそこでは，領地の分与による統治のしかたの1つである（　1　）制が敷かれた。すなわち，周の（　1　）制では，周王が一族や功臣と連合に加わった有力氏族の首長をそれぞれ諸侯に任じ，領地と農民を世襲的に支配させた。さらに諸侯らはまた，一族を卿・大夫・士の身分に分け，卿・大夫に領地を与え，農民を支配させた。さらに諸侯などは，本族・分族といった血縁集団（宗族）を組織し，宗法とよばれる規範で結束をつよめた。

その後，西北の周辺民族の活動が活発化したため，前8世紀に周は都を鎬京から東方の拠点に移すこととなった。その前770年からはじまる東周時代は約550年間つづいた。これが(a)春秋・戦国時代である。なお，それ以前を西周時代という。それらを経て，最初の統一王朝となったのが，戦国の七雄の1つである秦であった。秦王の政は，前221年に全国を統一して君主となった。そしてこのとき，中国ではじめて王にかえて皇帝の称号が採用されたのである。

始皇帝は，世襲にもとづく（　1　）制にかわって，中央から官吏を派遣して各地を統治させる（　2　）制を施行した。その（　2　）制のもとでは，(b)皇帝権力による中央集権化がはかられた。ところが，始皇帝の死後，陳勝・呉広の乱がおこるなどして，秦は前206年に短命で滅んだ。しかしながら，中国では，秦の時代に中央

集権国家が成立し，こうした統治はその後およそ2千年にわたり，その国家体制の礎となったのである。

B その秦にかわって，前202年に長安（現在の西安）を都としておこったのが漢であった。そこでは，秦の行政制度を引き継ぎつつも，さらに王国を設けて，皇族や功臣たちを諸侯王とした。これを（ 3 ）制という。つまり，漢のはじめに採用された（ 3 ）制では，（ 1 ）制と（ 2 ）制が併用される形となった。しかしその後，諸侯の権力はしだいに奪われていった。また，それに抵抗する（ 4 ）の乱が前154年に鎮圧されたことで，漢の（ 3 ）制は実質的に（ 2 ）制とほとんどかわらないものとなったのである。

そして，秦につづいて，漢でも，第7代皇帝の武帝（在位前141—前87）のころまでには，やはり中央集権化がはかられた。その強力な権力のもとで，前2世紀後半に大規模な対外戦争をすすめた武帝であったが，かれはまた内政改革にも取り組んでいった。つまり，均輸・(c)平準法などの政策により，その深刻な財政難をのりきろうとしたが，結局失敗した。その治世には，皇帝に権力が集中したわけだが，その死後，皇帝権力は逆に弱まった。すなわち，大土地所有をおさえる限田策は徹底せず，かえって豪農が成長して，地域社会に勢力をはり，官僚となって中央・地方の政界にも進出していった。そしてそれらの台頭にくわえて，皇帝の側近である外戚や宦官のあいだでも権力抗争が生じたのである。

そうしたなかで，外戚から出た（ 5 ）が新をおこした。なお，それ以前の漢を前漢という。（ 5 ）は，周代の制度を理想と考えてその復活をはかり，急激な変革をおこなったが，赤眉の乱など各地で反乱がおこり，新はまもなくたおれることとなった。

C そして，この動乱のなかから勢力を伸ばしたのが，漢の一族の劉秀であった。かれは，漢を復興して(d)光武帝（在位25–57）となった。これが後漢である。かれは都を（ 6 ）に移し，内政重視の政策に転換し，漢王朝を再興した。後漢では，はじめ内政に力を入れていたが，やがて西域に進出し，（ 7 ）が西域都護となり，西域支配につとめ，部下の甘英を大秦国に派遣した。

その後，(e)官界に進出した豪族の勢力と外戚・宦官との権力抗争がつよまった。つまり，中央における宦官による官僚や学者にたいする弾圧であった166年・169年の（ 8 ）などの党派争いがくりかえされ，中央の政治はみだれにみだれた。さらに2世紀末には，張角が組織した太平道などの宗教結社がつくられた。張角は，困窮した農民を武装化して，184年に黄巾の乱をおこした。この乱ののち，高官や豪族も私兵を集めて自立し，各地で軍事集団による群雄割拠の状態がうまれ，220年についに後漢は滅亡した。

なお最後に，(f)漢の時代の文化についてみると，歴史書では，（ 9 ）の『史記』や（ 10 ）の『漢書』などが特筆される。

設問1　空欄（1〜10）に入るもっとも適切な語句を答えなさい。なお，（5）（7）（9）
（10）には人名が入る。

設問2　下線部(a)について。中国の春秋・戦国時代に関するつぎの記述（あ〜う）は正
しいか。それぞれについて，正しければ①を，誤っていれば②を，答えなさい。

　あ．春秋時代には，鉄製農具の使用がはじまった。

　い．春秋・戦国時代を通じて，華夷思想がしだいに形成された。

　う．戦国時代に漢字のもととなった甲骨文字が発明された。

設問3　下線部(b)について。この中央集権化等に関するつぎの記述（あ〜う）は正しい
か。それぞれについて，正しければ①を，誤っていれば②を，答えなさい。

　あ．租・調・庸という新しい税制が全国で実施された。

　い．文字・貨幣・度量衡の統一がはかられた。

　う．焚書・坑儒による思想統制がなされた。

設問4　下線部(c)について。この平準法とはいかなる制度か。30字以内で説明しなさ
い。

設問5　下線部(d)について。光武帝の事跡等に関するつぎの記述は正しいか。正しい
ものを1つ選んで，答えなさい。

　①　戦国時代の長城を修築して匈奴に対抗した。

　②　華南を征服して南海（現在の広州）などに3郡をおいた。

　③　倭人の使者に金印を授けた。

　④　その陵の墓域にうめられたのが「兵馬俑」である。

　⑤　江南と華北を結ぶ大運河を建設した。

設問6　下線部(e)について。当時の官界に進出した豪族の勢力と外戚・宦官に関する
つぎの記述（あ〜う）は正しいか。それぞれについて，正しければ①を，誤っていれ
ば②を，答えなさい。

　あ．豪族には科挙により登用された官吏が含まれる。

　い．外戚には皇后の親族が含まれる。

　う．宦官とは宮廷につかえる去勢された男性のことである。

設問7　下線部(f)について。武帝の時代に，董仲舒の提案により，儒学が官学とされ
た。儒学の主な経典である五経とは一般に何をさすか。そのうち3つは『易経』・
『書経』・『詩経』である。のこりの2つの正しい組み合わせを1つ選んで，答えなさ
い。

　①　『礼記』・『春秋』　　　②　『礼記』・『大学』　　　③　『中庸』・『春秋』

　④　『中庸』・『大学』　　　⑤　『論語』・『大学』

（中央大〈法〉）

10 古代アメリカ文明

　氷期においてシベリアとアラスカを隔てるベーリング海峡は陸続きであった。この時代に，モンゴロイド系と思われる現生人類がアメリカ大陸に移住してきたものと考えられている。この先住民たちは，南北に長いアメリカ大陸各地に広がって行き，それぞれの地域の環境に適応した文化を発展させていった。そのうち，最初に北アメリカ地域に移住した先住民は，狩猟採集民であった。これに対し，中央アメリカや南アメリカに移住した先住民は，トウモロコシ，トマト，ジャガイモ，サツマイモなどを栽培する農耕文化を発展させた。

　高温多湿のメキシコ湾岸では，前1200年頃に ① 文明が成立していた。この文明では，土や石を積み上げたピラミッドを造って神殿が構築されたり，絵文字や暦も使用されはじめた。その後，メキシコ中央高原では前 1 世紀に ② 文明が生まれた。この文明では，黒曜石製品の交易が盛んに行われた。また，羽毛の生えた蛇神などが信仰の対象とされていた。この文明の中心都市には，今も遺跡として残る太陽と月の 2 つのピラミッドをはじめ，多数の建築物が造られた。また，人口も 5 世紀頃には数万から十数万の大都市へと発展した。14世紀になると，北方から移住してきたアステカ人によって，㋐アステカ王国がつくられた。このアステカ王国においても，ピラミッド状の神殿が建設されたり，絵文字が使用されたりしていた。アステカ王国は，優れた軍事組織を有しており，この組織を通じてメキシコの広範囲にわたる地域を支配していた。

　また，ユカタン半島には，紀元前から16世紀にかけて ③ 文明が展開した。㋑この文明でもピラミッド状の建築物が造られたほか，精密な暦法や独自の象形文字が使用されていた。

　一方，アンデス高原北部では前1000年頃に ④ 文化が成立して以降，この文化を基礎として紀元前後にティアワナコやナスカなどの都市が興亡した。その後， ⑤ は，15世紀には現在のコロンビアからチリに至る広大な地域を支配した。㋒この国の文明は高度な石造建築の技術を有し，人々は灌漑施設を利用した農業も行っていた。この国では文字は使用されていなかったが，㋓独自の方法によって情報を記録に残した。また，この国では，金や銀の鋳造が行われ，様々な金属細工が作られていた。しかし，青銅については祭祀用器具の原料として使用されていたが，鉄器は知られていなかった。この国では，太陽崇拝が行われ，国王は太陽の化身とされていた。こうして栄えていたこの国も，㋔1533年にスペイン人のピサロによって滅ぼされた。

問1　文中の空欄の①〜⑤のそれぞれにもっとも適切と思われる語句を答えなさい。
問2　文中の下線部㋐〜㋔に関して，下記の問（**ア**）〜（**オ**）に答えなさい。
　（**ア**）　下線部㋐に関して，アステカ人が建設したこのアステカ王国の首都はテスココ湖のなかの島に建設された石造りの町であるが，この首都の名前を何というか。

（**イ**）　下線部④に関して，この文明では様々な独自の技術を発展させたが，そのうち特に記数法は注目すべきものであった。この注目すべき記数法を何というか。

（**ウ**）　下線部⑦に関して，海抜約3400mの盆地にあったこの国の首都はどこか。

（**エ**）　下線部④に関して，この国の人々は文字を用いなかったことで知られているが，独自の方法によって情報を伝達していた。そこで用いられていた情報伝達のための独自の方法とは何か。

（**オ**）　下線部④に関して，ピサロによって滅亡させられたこの国は，その後スペインの植民地となり，エンコミエンダ制が導入された。これは，先住民の保護とキリスト教化を条件として，先住民とその土地に対する統治がスペイン人植民者に委託される制度であったが，実際のところ，抵抗を続ける先住民の人口減につながった。こうした惨状をスペイン国王に訴え，先住民の救済に努めた聖職者で，『インディアスの破壊に関する簡潔な報告』を著した人物はだれか。

（明治大〈法〉）

11 突厥時代までの騎馬遊牧民

次の文を読み，文中の下線部１）〜８）のそれぞれに対応する下記の**設問１〜８**に答えよ。

　野生馬を食用に狩猟していた人類は，紀元前4000年頃に現在のウクライナで１）野生馬を家畜化したとされる。銜留が出土し，銜を使っていた痕跡が見つかっている。銜を頭絡で頭部に止め，銜留から手綱をつけることで，２）人間が馬をコントロールするようになった。前９〜前８世紀頃になると，人間が馬に乗り，家畜を追って暮らす騎馬遊牧がおこなわれるようになる。３）騎馬遊牧民は騎馬の機動力に加えて騎射の技術を身につけ，軍事・交通の面で，周辺のオアシス地域や定住農耕社会に対して優位に立った。

　その後，４）中国が最初の国家統一を成し遂げる時代に，騎馬遊牧民は中国を脅かす存在となる。前３世紀頃，遊牧国家である５）匈奴は，中国の動乱に乗じて南方に勢力を拡大した。しかし，匈奴は内乱によって分裂し，その一部は西方に移動した。やがて４世紀後半，ユーラシア西方に６）フン人が出現する。

　アルタイ山脈で遊牧をおこなっていたトルコ系の７）突厥が，その後，552年にゴビ砂漠の北のモンゴル高原の覇者となった。遊牧民独自の文字としては史上初である８）突厥文字による碑文が見つかっている。トルコ共和国の建国にあたって，突厥は，現在のトルコ共和国の祖であるとされた。

１．これに先立って，羊やヤギが最初に家畜化された時期としてもっともふさわしいものはどれか。次の**a〜d**から１つ選べ。
　　a．約20万年前　　　　**b**．約３万年前　　　　**c**．約9000年前　　　　**d**．約5000年前

２．前18世紀に北方からアナトリア中部にはいり，二頭の馬がひく車輪つきの軽い戦車を駆使して支配領域をひろげていった民族の名をしるせ。

３．前７世紀ごろから前６世紀ごろにかけて，南ロシアの草原に形成された最初の遊牧国家は何か。その名をしるせ。

４．これに関する次の**問 i 〜iv**に答えよ。
　i．秦の国王が始皇帝に即位した年はどれか。次の**a〜d**から１つ選べ。
　　a．前247年　　　**b**．前221年　　　**c**．前209年　　　**d**．前202年
　ii．始皇帝がおこなった政策として正しくないものはどれか。次の**a〜d**から１つ選べ。
　　a．貨幣を半両銭に統一した

b．財政再建のため塩・鉄・酒の専売をおこなった

　　c．実用書以外の書物の民間所有を禁じ，儒者などを処刑した

　　d．中央から官僚を派遣して郡県制を施行した

　iii．始皇帝が没すると，性急な国家建設の負担に対して不満が募り，各地で反乱が起きたが，その代表的な反乱を次の**a**〜**d**から1つ選べ。

　　a．安史の乱　　　**b**．黄巾の乱　　　**c**．陳勝・呉広の乱　　　**d**．八王の乱

　iv．秦に替わって建てられた漢(前漢)の都がおかれたのはどこか。次の**a**〜**d**から1つ選べ。

　　a．咸陽　　　**b**．大都　　　**c**．長安　　　**d**．北京

5．匈奴に関する次の文を読み，文中の空所(**イ**)〜(**ハ**)それぞれにあてはまる語句をしるせ。

　　前3世紀末に，君主である(　**イ**　)のもとで勢力を拡張し，西方の騎馬遊牧民である(　**ロ**　)を駆逐した匈奴では，匈奴集団を中核に多くの遊牧集団が連合し，オアシス諸国を支配下においた。漢の時代になると，オアシス地帯を奪われ，漢の皇帝である(　**ハ**　)の死後に和解して，漢との共存関係をつづけた。

6．フン人は5世紀前半に，パンノニアを中心に広大な勢力圏を築いて東ローマ帝国を圧迫したが，451年にカタラウヌムの戦いに敗れる。その戦いの後に急死したフン人の王は誰か。その名をしるせ。

7．突厥が6世紀半ばに倒した遊牧国家はどれか。次の**a**〜**d**から1つ選べ。

　　a．柔然　　　**b**．鮮卑　　　**c**．東胡　　　**d**．吐蕃

8．この石碑群が残されているのはどの川の流域か。次の**a**〜**d**から1つ選べ。

　　a．アム川　　　**b**．イリ川　　　**c**．オビ川　　　**d**．オルホン川

　　　　　　　　　　　　　(立教大〈異文化コミュニケーション・経済・法〉　改)

12 魏晋南北朝〜隋の滅亡

　後漢王朝は，2世紀には豪族と外戚・宦官との権力争いにより弱体化し，やがて①大規模な農民反乱をきっかけに各地で群雄が乱立し，220年に滅亡するにいたった。そののち，魏・呉・蜀の三国時代を経て，280年に②西晋により一時的に中国は統一されるが，これ以降は中国北方・西方の遊牧民が華北にたびたび侵入するとともに，漢人の南方への移動が進み，中国は長い分裂と動乱の時代を迎えることになる。

　遊牧民集団は後漢の時代から傭兵として華北に住みつきはじめたが，3世紀末には③西晋の帝位をめぐる内乱のなかで勢力を伸ばし，そのうち匈奴の劉聡が首都洛陽を陥落させて，西晋を滅亡させた。この事件をきっかけに，華北各地の遊牧民はあいついで自立し，また新たな遊牧民集団が侵入することとなり，④華北では5世紀前半まで諸族の王朝が興亡を繰り返す時代を迎えた。

　混乱する華北は，439年に北魏の太武帝により統一された。しかし100年足らずで東

魏と西魏に分裂し，やがて東魏は北斉に，西魏は北周にとってかわられ，北周は北斉を併合して577年に華北を再統一した。これらの王朝はいずれも⑤北方遊牧民である鮮卑族出身の有力者が支配層を占めた。また，華南には西晋滅亡後に多数の漢人が移り住み，長江下流域の（　a　）地方の開発が進み，東晋・宋・斉・梁・陳の諸王朝があいついで興亡した。このように，後漢滅亡後の中国は遊牧民の侵入により南北に分断され，それぞれの地域で生き残りをかけた抗争が続いた。しかしその一方で，混乱の続く社会のなかでは，新たな制度や文化が生み出された。

　例えば，北魏では戦乱で土地を失った農民の生活安定と税収確保のために，⑥年齢・性別に応じて民衆に土地を給付する制度や三長制と呼ばれる村落制度が施行された。また新たな宗教文化が育まれた。中央アジア出身の僧侶が華北での布教や仏典翻訳に従事し，中国の僧侶が未伝の経典を求めてインドに旅立った。また，仏教の流行にともない，中央アジアから華北に至る各地には多数の石窟寺院が造営された。さらに，仏教の隆盛に刺激されて⑦道教が成立したのもこの頃である。華南においても，（　a　）を中心に⑧貴族文化が栄え，仏教・道教や清談が流行し，世俗を離れた高尚な趣味や教養が広く好まれた。

　またこの時代は中国の北方・西方でも勢力の再編が行われた。5世紀の中央アジアでは，クシャーナ朝を引きついで新たに遊牧民エフタルが強力な国家を形成し，モンゴル高原ではモンゴル系の柔然が高原を統一して北魏と対立した。やがて6世紀には，モンゴル高原西部からトルコ系遊牧民の（　b　）が登場し，エフタル・柔然を撃破してさらに華北地域をも従属下に置く大帝国を築いた。

　581年，北周の有力者であった楊堅は隋王朝を建てると，（　b　）を東西に分断させて勢力を削ぐことに成功し，589年には中国の南北を統一して分裂時代に終止符をうった。それまで中国では⑨中央から派遣された官員が地方の人材を評定して推薦する制度が長らく使用されてきたが，地方の豪族の子弟が高級官職を独占して門閥貴族となる弊害を生み出したため，隋では新たに学科試験による官僚の任用を始めた。また，開発の進んだ（　a　）を華北と結ぶ大運河が開通し，南北の交通・輸送の幹線となった。しかし，あいつぐ土木事業や外征は国内に不満を生みだし，高句麗遠征の失敗をきっかけに各地で反乱が起こって隋は滅亡した。

　かわって，同じく北周の貴族であった李淵が618年に唐を建国し，息子の李世民の時代に中国を再統一した。唐は隋の諸制度を継承し，さらに中央アジアや朝鮮半島への進出といった事業を引きつぎ，ユーラシア東部の大部分を支配下に収める大帝国となった。このように，北魏から唐にいたる一連の王朝はいずれも鮮卑族出身者が支配層の中心を占め，国家のしくみにも共通するところが多くある。

問1　下線部①は，184年に宗教結社の教祖・張角が起こした反乱を指す。この反乱の名称を答えなさい。

問2　下線部②について，豪族の大土地所有をおさえて農民に土地を配分し課税しよ

うとすることを目的として，この時代に施行された土地制度を何というか，答えな
さい。

問3 下線部③について，この内乱を何というか，答えなさい。

問4 下線部④について，この時代を何というか，答えなさい。

問5 下線部⑤について，2世紀より鮮卑族のなかで有力となり，4世紀に北魏を建
国した氏族の名称を答えなさい。

問6 下線部⑥について，後の隋・唐王朝にも継承されるこの制度を何というか，答
えなさい。

問7 下線部⑦について，この時期に北魏皇帝の信任を得て教団を設立し，道教を大
成した人物は誰か，答えなさい。

問8 下線部⑧について，梁の昭明太子が編纂した四六駢儷体の詩文集で，この時代
の代表作とされる文学作品は何か，答えなさい。

問9 下線部⑨について，三国・魏の時代に創始されたこの人材登用制度を何という
か，答えなさい。

問10 空欄（　a　）（　b　）にあてはまる語句をそれぞれ答えなさい。

（東京女子大〈現代教養〉）

13 ）［ 唐の建国～滅亡

　現在，中華人民共和国は「中国」と呼ばれるが，「中国四千年の歴史」などという表現
とはことなり，実際には，民族的・地理的に現在と同じような「中国」という国の歴史
はそれほど長くはない。例えば宋・明といった王朝は現在の漢族に相当する人々を主
体として建国され，またその領域内においては，現在の中国と同じく長江流域が政
治・経済・文化の上で重要な地位を占めていたが，それより前には，長江以南は統一
王朝国家の中心とはなり得なかった。7世紀に立てられた唐も，領土は大きく，存続
した期間も長かったが，その創設期においては北方民族の影響が強く，純粋な漢族起
源の王朝とは言えない。しかし唐によって整備された諸制度は当時，国家形成が進ん
でいた朝鮮・日本・ベトナムなどにも大きな影響を与えた。

問1 李淵が唐の首都を置いた都（或いは近傍の代表的な都市）はどれか。もっとも適
切なものを一つ選びなさい。

① 開封　　② 鄴（大鄴）　　③ 長安　　④ 洛陽　　⑤ 燕京

問2 唐の第二代皇帝・李世民は何と呼ばれるか。もっとも適切なものを一つ選びな
さい。

① 高祖　　② 太祖　　③ 太宗　　④ 高宗

問3 李世民の治世を褒め称えた呼称は何か。もっとも適切なものを一つ選びなさい。

① 貞観の治　　② 開元の治　　③ 万暦の中興　　④ 万暦の治

問4　唐の中央制度に見られる六部のうち，現代で言う財政を司る機関に相当するものとしてもっとも適切なものを一つ選びなさい。

① 礼部　　　② 吏部　　　③ 戸部　　　④ 刑部　　　⑤ 兵部

⑥ 工部

問5　同じく六部のうち，現代でいう司法を司る機関に相当するものとしてもっとも適切なものを一つ選びなさい。

① 礼部　　　② 吏部　　　③ 戸部　　　④ 刑部　　　⑤ 兵部

⑥ 工部

問6　唐には，隋の制度を引き継いで科挙が行われた。科挙の合格者の中でもっとも高いランクとして適切なものを一つ選びなさい。

① 郷挙里選　　　② 両班　　　③ 進士　　　④ 九品中正

問7　唐は均田制を敷いた。この均田制はいつ始まったか，もっとも適切なものを一つ選びなさい。

① 前漢　　　② 後漢　　　③ 北魏　　　④ 隋

問8　李淵が唐を起こした時期の朝鮮半島およびその周辺について述べたものとしてもっとも適切なものを一つ選びなさい。

① 任那が形成された。

② 楽浪郡が置かれ，中国王朝の支配を受けた。

③ 新羅が栄えた。

④ 広開土王が政治を行った。

問9　唐が現在のベトナム付近の支配のために置いた機関として，もっとも適切なものを一つ選びなさい。

① 安北都護府　　　② 北庭都護府　　　③ 安東都護府　　　④ 安南都護府

問10　安禄山は唐の首都を占領し，唐を弱体化させた。このことが起こった時期はいつか。もっとも適切なものを一つ選びなさい。

① 7世紀　　　② 8世紀　　　③ 9世紀前半　　　④ 9世紀後半

問11　孔穎達が編纂した古典の注釈書としてもっとも適切なものを一つ選びなさい。

① 五経大全　　　② 五経正義　　　③ 性理大全　　　④ 四書

問12　「唐詩」をよくしたとされる唐の文学者として**適切でないもの**を一つ選びなさい。

① 李白　　　② 杜甫　　　③ 白居易　　　④ 司馬光

問13　唐の時代の書家としてもっとも適切なものを一つ選びなさい。

① 蘇軾　　　② 顔真卿　　　③ 董其昌　　　④ 周敦頤

問14　唐の都には，様々な宗教の施設が見られ，その中には「祆教」のものもあった。この「祆教」とは何を指すと考えられるかもっとも適切なものを一つ選びなさい。

① キリスト教(ネストリウス派)　　　② マニ教　　　③ ゾロアスター教

④ イスラム教

問15　9世紀後半に起こり，唐を滅亡にみちびいた事件としてもっとも適切なものを

一つ選びなさい。

① 紅巾の乱　　② 赤眉の乱　　③ 黄巣の乱　　④ 黄巾の乱

（青山学院大〈全学部〉）

14)[唐の滅亡と周辺諸民族の動き ▮▮▮▮▮▮▮▮▮▮▮▮▮▮▮▮▮▮

次の文章を読み，文章中の下線部についての設問(1)～(8)に答えなさい。

　9世紀に唐朝第18代の皇帝僖宗が即位した直後，黄巣の乱が起こった。塩の密売に関わっていた商人が兵をまず挙げ(1)，その死後黄巣が指導し，10年間の混乱の時代が続いた。黄巣は，全土に勢力を広げ，長安を占領して皇帝位についたが，藩鎮や北方民族出身の李克用ら(2)によってようやく鎮圧された。この事件によって唐帝国の体制も弛んでいった。唐歴代皇帝の18の陵墓は，長安の北部，関中平原を取り囲む山間地帯に東西にならんでいる。唯一発掘されているのが，このときの僖宗の陵墓である。則天武后と皇帝の合葬陵(3)のような威容はもうない。近年，盗掘されたことをきっかけに発掘が進められた。それでもなかからは鮮やかな壁画が発見された。

　907年，唐最後の皇帝哀宗は節度使に皇帝位を譲り(4)，300年近くにおよんだ唐王朝は滅亡した。これをきっかけに唐と冊封関係をもっていた周辺国家はつぎつぎと滅亡していった。10世紀の東アジア世界は大きな激動期に入っていったのである。926年中国東北部の渤海は遊牧狩猟民の指導者(5)によって滅ぼされ，935年新羅も滅亡してその後に高麗王朝となった(6)。渤海も新羅も唐からそれぞれ渤海郡王，楽浪郡王に封ぜられていた。また唐帝国の安南都護府が置かれ(7)，直接支配下にあったベトナムも独立した。こうした動きは，東アジア世界の冊封体制の崩壊としてとらえられている。

　冊封されてはいなかったが，日本にも東アジアの激動期の何らかの影響が考えられる。939年日本では平将門や藤原純友による天慶の乱が起こっている。『将門記（しょうもんき）』には将門のことばが記されている。「今の世の人，必ず撃ち勝てるを以て君となす。縦（たと）ひ我朝にあらざるも，みな人国にあり。去ぬる延長年中，大赦契王の如きは，正月一日を以て，渤海国を討ち取りて，東契国と改めて領掌するなり。なんぞ力を以て虜領せざらんや。」将門は(5)が渤海を力でうち破ったことを取り上げ，自分の反乱を正当化している。当時の東アジアの国際認識には驚かされる。唐帝国の崩壊から始まる大きな動きに敏感であった。中国では宋が安史の乱にはじまった混乱に終止符を打った。都も内陸の長安から，大運河に通じる立地の都市(8)に移した。

〔設問〕

(1) 下線部(1)について，この商人は誰か，答えなさい。

(2) 下線部(2)について，李克用は突厥出身であるが，8世紀中頃，突厥に代ってモンゴル高原を支配したトルコ系民族の名は何か，その名を答えなさい。

(3)　下線部(3)について，則天武后と一緒に合葬された唐第3代の皇帝は誰か，答えなさい。

(4)　下線部(4)について，この節度使は誰か，答えなさい。

(5)　下線部(5)について，このときの指導者は誰か，答えなさい。

(6)　下線部(6)について，高麗の建国者は誰か，答えなさい。

(7)　下線部(7)について，安史の乱のときに最終的に廃止された，遼東半島に置かれた都護府は何か，その名を答えなさい。

(8)　下線部(8)について，この都市はどこか，その名を答えなさい。

（学習院大〈経済〉）

15 イスラームの成立と発展

　〔A〕と〔B〕の文章を読んで，問1～19に答えなさい。解答は選択肢（**a**～**d**）からもっとも適切なものを1つ選びなさい。

〔A〕　アラビア半島を囲む紅海やアラビア海では，古くから季節風を利用した海上交易が盛んであった。それは，1世紀半ばの地理書(1)『エリュトゥラー海案内記』にみてとれる。しかし，6世紀後半になると，(2)ビザンツ帝国の国力低下とともに，その支配していた紅海貿易が衰えた。また，(3)ササン朝とビザンツ帝国とが戦いをくりかえしたために，東西を結ぶ(4)「オアシスの道」は両者の国境でとだえた。その結果，「オアシスの道」や「海の道」によって運ばれた各種の商品は，いずれも(5)ヒジャーズ地方を経由するようになり，メッカの大商人は国際的な中継貿易を独占して大きな利益をあげた。

　このメッカに生まれた(6)ムハンマドは，610年頃唯一神アッラーのことばを授けられた(7)預言者であると自覚し，厳格な一神教であるイスラーム教をとなえた。(8)630年，ムハンマドは無血のうちにメッカを征服し，多神教の神殿であった(9)カーバ神殿をイスラーム教の聖殿に定めた。

　イスラーム教の聖典は(10)『コーラン（クルアーン）』であり，ムハンマドに啓示された，神の教えの記録とされる。イスラーム教の教義を後世の学者たちが簡潔にまとめたものが(11)六信五行である。イスラームの紀元元年は(12)ヒジュラ（聖遷）があった年であり，この年からはじまる暦がイスラーム暦である。

問1　下線部(1)に関連して，誤っている記述はどれか。
a．エリュトゥラー海は現在の紅海を指す。
b．ローマ帝国が珍重した代表的な産物は胡椒であった。
c．交易の中心であった南インドの代表的な交易品は綿布であった。
d．『エリュトゥラー海案内記』はペルシア人によって著されたとされる。

問2　下線部(2)に関連して，ビザンツ帝国（東ローマ帝国）は何年に滅亡したか。
a．1445　　**b**．1448　　**c**．1453　　**d**．1458

問3　下線部(3)に関連して，ササン朝は何年に滅亡したか。
a．642　　**b**．651　　**c**．660　　**d**．669

問4　下線部(4)に関連して，「オアシスの道」の要衝として栄えたブハラは，現在どの国にあるか。
a．ウズベキスタン　　　**b**．カザフスタン　　　**c**．タジキスタン

d．イラン

問5　下線部(5)はアラビア半島のどこに位置するか。

a．アラビア半島北部　　　**b**．アラビア半島南部　　　**c**．アラビア半島西部

d．アラビア半島東部

問6　下線部(6)に関連して，ムハンマドの生家であるハーシム家の末裔を国王とする
国はどれか。

a．ヨルダン　　　**b**．カタール　　　**c**．モロッコ　　　**d**．サウジアラビア

問7　下線部(7)に関連して，イスラーム教からみた預言者を年代が古い順に並べると，
正しい組み合わせはどれか。

a．ダヴィデ－モーセ－ソロモン－アブラハム

b．モーセ－ダヴィデ－ソロモン－イエス

c．ソロモン－ダヴィデ－イエス－アブラハム

d．アダム－ソロモン－ダヴィデ－イエス

問8　下線部(8)に関連して，630年にアジアで起きた出来事として正しい組み合わせ
はどれか。

ア　白村江の戦いで日本は大敗した。

イ　東突厥が唐の攻撃を受けて一時服属した。

ウ　義浄がインドへ赴いた。

エ　遣唐使がはじまった。

a．**ア－イ**　　　**b**．**ア－ウ**　　　**c**．**イ－エ**　　　**d**．**ウ－エ**

問9　下線部(9)に関連して，誤っている記述はどれか。

a．イスラーム以前のアラブ諸部族はカーバ神殿に巡礼していた。

b．カーバ神殿は，メッカの聖モスクの隣に位置する。

c．ムスリムはカーバ神殿の方向に向かって礼拝をする。

d．カーバ神殿は四角い形をしている。

問10　下線部(10)に関連して，『コーラン（クルアーン）』を現在の形にまとめたとされる
第三代カリフは誰か。

a．マンスール　　　**b**．アブー＝バクル　　　**c**．ウスマーン　　　**d**．ウマル

問11　下線部(11)に関連して，六信に含まれないものはどれか。

a．預言者たち　　　**b**．来世　　　**c**．聖人　　　**d**．天使

問12　下線部(11)に関連して，五行に含まれないものはどれか。

a．ジハード（聖戦）　　　**b**．ザカート（喜捨）　　　**c**．サウム（断食）

d．ハッジ（巡礼）

問13　下線部(12)は西暦何年にあったか。

a．620　　　**b**．622　　　**c**．624　　　**d**．626

〔B〕　ムハンマドの死後，アラブ人は大規模な征服活動を開始し，支配地域を広げていった。そして，多くのアラブ人が征服地に移住した。そのような征服地としてはじまった都市の一つがカイロである。カイロは，(13)ファーティマ朝が(14)軍営都市として建設したことにはじまった。ファーティマ朝は（　15　）に首都を建てたシーア派の王朝であり，969年エジプトを征服し，カイロに新首都を建設した。

　　カイロは，(16)サラディン（サラーフ゠アッディーン）がおこしたアイユーブ朝をへて，マムルーク朝中期には，インド洋・地中海貿易の中継点となり，「千の(17)塔の都」として称えられ，大いに繁栄した。マムルーク朝時代に信仰と学問分野において中心的役割を果たすようになった(18)アズハル学院は，現在もイスラーム世界で大きな権威を有している。

問14　9世紀後半から10世紀前半にかけて，イスラーム世界では，下線部(13)のファーティマ朝のほか，ブワイフ朝とサーマーン朝も成立した。これら三つの王朝を成立年代が古い順に並べると，正しい組み合わせはどれか。
　　a．ブワイフ朝－サーマーン朝－ファーティマ朝
　　b．ブワイフ朝－ファーティマ朝－サーマーン朝
　　c．サーマーン朝－ブワイフ朝－ファーティマ朝
　　d．サーマーン朝－ファーティマ朝－ブワイフ朝
問15　下線部(14)に関連して，征服地に建設された軍営都市をアラビア語で何というか。
　　a．ミスル　　　　b．メディナ　　　　c．ザーウィヤ　　　　d．ウンマ
問16　空欄（　15　）に入る都市名はどれか。
　　a．ダマスクス　　　　b．マフディーヤ　　　　c．バグダード　　　　d．コルドバ
問17　下線部(16)に関連して，誤っている記述はどれか。
　　a．サラディン（サラーフ゠アッディーン）はクルド人武将である。
　　b．サラディン（サラーフ゠アッディーン）は第3回十字軍を退けた。
　　c．サラディン（サラーフ゠アッディーン）はシーア派の王朝を建てた。
　　d．サラディン（サラーフ゠アッディーン）はファーティマ朝の宰相であった。
問18　下線部(17)に関連して，モスクに付随する尖塔をアラビア語で何というか。
　　a．ミナレット　　　　b．ミンバル　　　　c．ミフラーブ　　　　d．ミッレト
問19　下線部(18)に関連して，正しい記述はどれか。
　　a．アズハル学院は初めスンナ派の教義を教えた。
　　b．アズハル学院は現存するイスラーム世界で第二に古いマドラサである。
　　c．ムハンマド゠アブドゥフはアズハル学院で教えた。
　　d．アズハル学院はアイユーブ朝期に創設された。

（上智大〈総合人間科学・外国語〉）

16 〕〔 7 世紀～18世紀初めのイスラーム世界 ‖‖‖‖‖‖‖‖

　イスラーム教は，ユダヤ教やキリスト教と並んで西アジアで生まれたもう一つの一神教であり，7世紀の初め，(a)アラビア半島の町メッカの商人であったムハンマドによって創始された。(b)彼は多神教を信じるメッカの人々の迫害を受けて622年にメディナに移住したが，のちにメッカを征服し聖地とした。ムハンマド亡き後，イスラーム勢力はメソポタミアやイラン高原をおさめていた ⎡(1)⎤ 朝を滅ぼし，シリアやエジプトをビザンツ帝国から奪い，勢力を拡大した。

　その版図を引き継いだウマイヤ朝では，少数の ⎡(2)⎤ 人ムスリムが支配者となり，免税など多くの特権を享受した。(c)非ムスリムは税を支払うことで各々の信仰を保障されたが，(d)彼らがイスラーム教に改宗したとしても支配層と同等の特権は与えられなかった。しかし，アッバース朝の時代にはムスリム平等主義の原則がうちだされ，領土内の全ての民に ⎡(3)⎤ が課されるとともに，改宗者は ⎡(4)⎤ を免除された。この王朝において，中央ユーラシアで遊牧を生業としていたトルコ系の人々は兵力として重んじられ， ⎡(5)⎤ 系の人々は官僚として多く採用された。このように，ムスリムであれば出身民族や階層に関係なく人材が登用されたため，改宗者の数は急増し，西アジアではイスラーム教徒が多数派を占めるようになる。また，(e)ムスリムの学者たちはギリシア語の学問を盛んに翻訳し，哲学，数学，医学などを発展させた。

　中央アジアのアラル海東方から入ったトルコ系の人々のうち，セルジューク朝を建国した ⎡(6)⎤ は， ⎡(7)⎤ 派のブワイフ朝軍を破ってバグダードに入り，アッバース朝カリフから ⎡(8)⎤ の称号を授けられた。 ⎡(9)⎤ 朝の宰相であった ⎡(10)⎤ によって建国されたアイユーブ朝は，十字軍勢力に攻勢をかけ，1187年にはイェルサレムを占領したが，1250年には ⎡(11)⎤ 軍団出身者によって君主位を奪われた。

　14世紀半ばにバルカン半島へ進出して南部を征服したオスマン朝は，15世紀には ⎡(12)⎤ を攻略してビザンツ帝国を滅ぼすと，この町を都とした。その後，オスマン朝は16世紀初頭にシリアとエジプト，ついでイラクや ⎡(13)⎤ を征服し領土を拡大すると，多様な人材を活用して統治体制を確立した。直轄領では ⎡(14)⎤ と呼ばれるトルコ系騎士に封土を配分して徴税権を与え，平時は農村の管理，戦時には兵士を率いて従軍させる ⎡(15)⎤ 制を導入した。都市や郡単位では，法学者であるウラマーなどを ⎡(16)⎤ に任命し，行政や司法を担わせた。バルカン半島では，キリスト教徒の優秀な農民子弟を ⎡(17)⎤ 制によって徴発し，イスラーム教に改宗させたのち入念に訓練して ⎡(18)⎤ と呼ばれる歩兵常備軍に配属したり，高級官僚として登用した。

　他方で，南アジアに展開したムガル帝国では，アクバル帝の時代に ⎡(19)⎤ 制と呼ばれる官僚制度が定められた。これにより，全ての官僚に序列がつけられ，位階に応じて給与と保持すべき騎馬の数が決められた。また，(f)ムガル帝国の支配層にはヒンドゥー教徒の有力者も多く，宗教的には寛大な統治が行われていた。

　このように，トルコ系の人々は西アジアで数多くのイスラーム王朝を打ち立て，

(g)16世紀から18世紀初めにかけては，南アジアまでを覆う広大な範囲で強大な王朝が並びたったのである。

問1　文中の空欄　(1)　～　(19)　にあてはまる最も適当な語句を下記の語群から選びなさい。

≪語群≫

11. アラブ　　　　　　12. イェニチェリ　　　13. イクター
14. イラン　　　　　　15. インド　　　　　　16. ウルグ＝ベク
17. カズナ　　　　　　18. カーディー　　　　19. 教皇
20. ゴール　　　　　　21. コンスタンティノープル
22. ササン　　　　　　23. サマルカンド　　　24. ザミンダーリー
25. サラディン　　　　26. シーア　　　　　　27. シーク
28. ジズヤ　　　　　　29. シパーヒー　　　　30. スルタン
31. スンナ　　　　　　32. 大アミール　　　　33. ダライ＝ラマ
34. ティマール　　　　35. デヴシルメ　　　　36. トゥグリル＝ベク
37. ハラージュ　　　　38. ハンガリー　　　　39. ファーティマ
40. 不可触民　　　　　41. ベルベル　　　　　42. ポーランド
43. マドラサ　　　　　44. マハラジャ　　　　45. マムルーク
46. マンサブダール　　47. ミッレト　　　　　48. ムアーウィヤ
49. モンゴル　　　　　50. ユダヤ

問2　下線部(a)に関連して，預言者ムハンマドの出身一族の名前は何か。その名称を答えなさい。

問3　下線部(b)に関連して，この移住の年を元年とするイスラーム暦を何と呼ぶか。その名称を答えなさい。

問4　下線部(c)に関連して，ユダヤ教徒やキリスト教徒のように，ムスリムの支配地域において税の支払いを条件に信仰の維持や生命・財産の安全を保障された人々を何と呼ぶか。その名称を答えなさい。

問5　下線部(d)に関連して，ウマイヤ朝において，異民族出身のイスラーム改宗者は何と総称されていたか。その名称を答えなさい。

問6　下線部(e)に関連して，イブン＝ルシュドがその著作の注釈書を作ったギリシアの哲学者は誰か。その人物の名前を答えなさい。

問7　下線部(f)に関連して，アクバル時代にムガル帝国と連携してその軍事力の中核となったヒンドゥー教徒の集団を何と呼ぶか。その名称を答えなさい。

問8　下線部(g)に関連して，この時代の三つのトルコ系王朝のうち，イランに建てられた王朝において，「世界の半分」と称された都の名前は何か。その名称を答えなさい。

（慶應義塾大〈商〉　改）

17 ⟮ムスリム商人の交易活動とアフリカ⟯ ▊▊▊▊▊▊▊▊▊▊

つぎの文章を読んで，**問1〜12**に答えなさい。解答は，選択肢（**a〜d**）からもっと
も適切なものを1つ選びなさい。

　ヨーロッパやアフリカから東アジアに至る東西の遠隔地交易は，紀元前からすでに
機能していた。インドと西方を結ぶインド洋交易はローマの発展に呼応して盛んであ
り，1世紀には，南インドの(1)カーンチープラムを介してローマと漢が間接的につな
がり，2世紀には(2)ローマ皇帝の使者が後漢を訪れた。
　遠隔地交易には陸上ルートと海上ルートがあるが，陸上ルートでは，6世紀以降，
ソグド人がユーラシアの東西を結ぶ交易ネットワークを構築した。8世紀以後になる
と，ムスリム商人がこのネットワークに参入した。文学においては，このようなムス
リム商人の活躍は(3)『千夜一夜物語』（『アラビアン＝ナイト』）にみてとれる。
　ムスリム商人は内陸アフリカにも進出し，(4)河川沿いに交易都市が発展した。海域
アジアの西の辺境にあたるアフリカ東海岸では，8世紀頃から(5)マリンディ・ザンジ
バル・(6)キルワなどの港市にムスリム商人が来航した。12世紀には，土着のバントゥ
ー文化とイスラーム文化が融合した(7)スワヒリ文化が生まれた。ムスリム商人の交易
圏はさらに南のソファーラ（ソファラ）にのび，ソファーラ（ソファラ）は内陸にある
(8)ジンバブエとの交易拠点として栄えた。西アフリカでは，ムスリム商人は，（　9　）
（7世紀頃〜13世紀半ば頃）を訪れ，サハラ交易を行った。(10)ムラービト朝の攻撃によ
る（　9　）の衰退は西アフリカのイスラーム化をうながし，その後におこった諸王国
の支配階級はムスリムであった。以上のように，アフリカではイスラームが様々な地
域や国に浸透したが，その1つには(11)カネム＝ボルヌー王国がある。

問1　下線部(1)を首都とし，3〜9世紀に，インド南東岸を支配したタミル系王朝は
　　どれか。
　a．パッラヴァ朝　　　　**b**．パーンディヤ朝　　　　**c**．チョーラ朝
　d．チャールキヤ朝

問2　下線部(2)に関し，166年，ローマ皇帝の使者が象牙などの南海の産物を持って
　　赴いたと『後漢書』に記述されている中国最南の郡はどこか。
　a．交趾郡　　　**b**．南海郡　　　**c**．日南郡　　　**d**．楽浪郡

問3　下線部(2)の使者を送ったとされるローマ皇帝に関し，誤っている記述はどれか。
　a．五賢帝最後の皇帝である。　　　　**b**．彼は養子を後継者にした。
　c．パルティアの侵入に苦しんだ。　　**d**．『自省録』を著した。

問4　下線部(3)に関し，『千夜一夜物語』（『アラビアン＝ナイト』）の主要な舞台の1つ
　　であるバグダードを762年に建設したのはだれか。
　a．ハールーン＝アッラシード　　　**b**．アル＝アッバース

c．マンスール **d**．ラシード゠アッディーン

問5　下線部(4)に関し，ザンベジ川は**地図1**のどの川か。

地図1

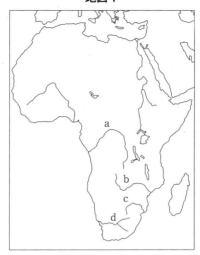

問6　下線部(5)は現在どの国にあるか。

a．モザンビーク　　　**b**．ソマリア　　　**c**．ケニア　　　**d**．タンザニア

問7　下線部(6)は現在どの国にあるか。

a．モザンビーク　　　**b**．ソマリア　　　**c**．ケニア　　　**d**．タンザニア

問8　下線部(7)に関し，誤っている記述はどれか。

a．スワヒリ（サワーヒリー）とはアラビア語で「砂漠に住む人々」を意味する。

b．スワヒリ文化は，東アフリカで開花した。

c．スワヒリ語は，商業上の必要から生まれた。

d．スワヒリ文化はインドの文化の影響を受けた。

問9　下線部(8)で栄えた王国はどれか。

a．マタラム王国　　　**b**．モノモタパ王国　　　**c**．マジャパヒト王国

d．メロエ王国

問10　空欄（　9　）に入る王国名はどれか。

a．マリ王国　　　**b**．ソンガイ王国　　　**c**．ガーナ王国

d．アクスム王国

問11　下線部(10)の首都はどこか。

a．ラバト　　　**b**．マラケシュ　　　**c**．フェズ　　　**d**．ミクネス

問12　下線部(11)が勢力圏としていたのは，**地図２**のどこか。

地図２

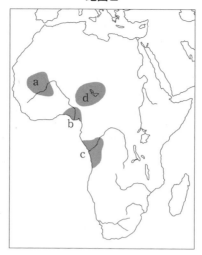

（上智大〈総合人間科学・文・法〉　改）

18　中世イスラームの学問

　中世のイスラーム世界では，アラブ人がもたらしたイスラーム教とアラビア語を核とし，古代オリエント文明やヘレニズム文明などの先進文明の文化遺産を母体として形成された融合文明が，都市を中心に発展した。

　最初に発達した学問は，アラビア語の言語学と，『コーラン』の解釈に基づく神学や法学である。イスラーム法のことをアラビア語で　①　と呼ぶが，これは人間が従うべき「道」を意味し，礼拝，断食，巡礼などの具体的な作法を定めた「儀礼的規範」と，結婚・離婚，相続，契約，刑罰などムスリムの世俗的な行為の規範としての狭義の「法的規範」に分かれる。イスラーム法では，預言者ムハンマドが神から授かった啓示の記録である『コーラン』こそが第一の法であった。しかし預言者の没後，イスラーム世界の拡大により，『コーラン』だけによって裁判を行うことが不可能となり預言者の言行に関する伝承の記録である　②　も典拠として法解釈が行われるようになった。その結果，法の体系化が試みられ，法学派が形成された。また　②　の収集が熱心に行われたことにより，歴史学や伝記の発達が促された。

　イスラーム世界の学問が飛躍的に発達したのは，アッバース朝時代の９世紀初め以後，首都バグダードを中心にギリシア語文献が組織的にアラビア語に翻訳されてからである。ムスリムは，ギリシアの医学，天文学，幾何学，光学，地理学などを学び，臨床，観測，実験によってそれらをさらに豊富で正確なものとした。またインドから

も医学，天文学，数学を学び，とくに数学の分野で成果をあげた。

　ムスリムによる⑦ギリシア哲学の研究からは，理性的判断を重視する神学や哲学が現れた。たとえば，ムワッヒド朝に仕えたスンナ派のイスラーム神学者・哲学者である　③　は『宗教と哲学の調和』を著した。彼は，啓示を理性と調和的に解釈し，啓示された真理と哲学的真理の二重真理を主張した。イスラーム思想界は，8世紀ごろ以降，次第に，形式的な信仰を排し，神との一体性を求める　④　思想の影響を受けるようになった。

　イスラーム文明は，民族による差別を否定し信者の平等を説くイスラーム教を核とする普遍的文明であると同時に都市の文明であった。その担い手は商人，手工業者，知識人であり，また文化を保護したのはカリフやスルタンをはじめとする都市の権力者や富裕者であった。都市では，モスクにおいて礼拝が行われ，また⑦マドラサと呼ばれる学院において　⑤　と呼ばれる学者や知識人の養成が行われた。

　⑦ムスリム商人は，アジア，アフリカ，西ヨーロッパにかけての東西交易で活躍し，イスラーム教を広める役割を果たしながら，都市において富裕階層を形成するとともに文化の保護者としての役割を果たした。　④　は，一般の民衆に受け入れられやすかったため，イスラーム教の布教に大きな役割を果たした。やがてイスラーム文化は各地の地域的・民族的特色を加えて，⑦イラン＝イスラーム文化，トルコ＝イスラーム文化，インド＝イスラーム文化などを形成した。

　ムスリムの子弟は，『コーラン』の暗記を終えたのち，すぐれた師を求めて各地のマドラサを巡礼し，法学，神学，哲学，歴史学などのイスラーム諸学を修得した。彼らは　⑤　となり，その後，法学者，裁判官，教師などとして政治的にも社会的にも重要な役割を果たした。また中世においてイスラーム世界は，ヨーロッパよりも文化的に先進的であったため，キリスト教国の子弟がイスラーム世界に留学することもあった。ヨーロッパでは，11〜13世紀にかけてイベリア半島やシチリア島においてアラビア語版の古代ギリシア文献や，アラビアの科学や哲学の著作がラテン語に翻訳され，12世紀ルネサンスにつながっていくなど，⑦イスラーム文化はのちのヨーロッパ文化に対して大きな影響を与えた。

問1　文中の空欄の①〜⑤のそれぞれにもっとも適切な語句を答えなさい。

問2　文中の下線部⑦〜⑦に関して，下記の問(ア)〜(オ)に答えなさい。

(ア)　下線部⑦に関して，ギリシア哲学はヨーロッパよりもイスラーム世界においてよく保存され，とくにアリストテレス哲学の研究が盛んであった。中世ヨーロッパにおいて，その影響を受けて，キリスト教の信仰と理性との統合と調和をめざした学問を何というか。

(イ)　下線部⑦に関して，マドラサにおける教育研究は，農地や商業施設などの私有財産の所有者がそこから得られる賃料などの収益を運営費として寄進することにより成り立っていた。この財産寄進行為あるいは寄進された財産を何というか。

㈼　下線部㋒に関して，アイユーブ朝およびマムルーク朝時代，ムスリム商人のある
　　グループが，カイロやアレクサンドリアを拠点に地中海，紅海，インド洋の香辛料
　　交易に広く活躍し通商による利益でモスクや学院を建設し，イスラーム文化を保護
　　した。この商人のグループを何というか。
㈽　下線部㋓に関して，イル＝ハン国の政治家ラシード＝アッディーンがペルシア語
　　で著した，モンゴル史を中心とする歴史書を何というか。
㈾　下線部㋔に関して，製紙技術は，751年のアッバース朝と唐との戦いにおいて捕
　　虜となった紙漉き工を通じてイスラーム世界に伝えられ，その後12〜13世紀ごろに
　　ヨーロッパに広まった。このアッバース朝と唐との戦いを何というか。

（明治大〈法〉）

19 ノルマン人の活動

ノルマン人の活動について述べた次の文章を読み，問1，問2の設問に答えなさい。

〔　1　〕を原住地とするノルマン人は，農業を中心とする生業を営むいっぽう，すぐれた造船と航海の技術をもち，ヨーロッパ沿岸一帯で交易・掠奪・植民を行い，「入り江の人」を意味する〔　2　〕として恐れられた。8世紀以後，故地に住みつづけたノルマン人は(A)デンマーク王国，ノルウェー王国，スウェーデン王国を建てた。

海上を航行しフランス西部の海岸にいたったノルマン人は，セーヌ・ロワールなどの河川を遡行した。そのうち，〔　3　〕の率いる一派は，10世紀前半にキリスト教への受洗と(B)西フランク王への誠実宣誓を条件に，支配領域を〔　4　〕公領として認められ，定着した。その一部は，11世紀前半から南イタリアに進出し，さらには〔　5　〕島をイスラーム勢力から奪い取り，12世紀前半にはノルマン朝の〔　5　〕王国を建国した。同国は(C)イスラーム文化流入の窓口となった。

ノルマン人の一派デーン人はイングランドの東岸にも侵入した。9世紀末には，アングロ＝サクソン人の王〔　6　〕がこの侵入をくいとめ，10世紀には(D)イングランド王国が成立した。しかし，11世紀初頭，デンマークの〔　7　〕はイングランドを征服し，その後，デンマークとノルウェーの王位も獲得した。一時はアングロ＝サクソン系の王が復位したが，やがて〔　4　〕公〔　8　〕が1066年にイングランドを征服して，〔　8　〕1世としてノルマン朝を開いた。この出来事はノルマン征服と呼ばれ，11世紀中に，この時の〔　9　〕の戦いを含む一連の経過を描いた刺繍画が制作された。

東ヨーロッパでも，〔　10　〕を首領とする一派が，9世紀に東スラヴ人を屈服させて〔　11　〕国を，その後南下して(E)キエフ公国を成立させた。彼らは河川をくだって黒海にまで進出し，(F)ビザンツ帝国と積極的に商業を行った。

北大西洋に向かったノルマン人の中には，ブリテン諸島をこえてアイスランドに植民し，グリーンランドを経て，さらに遠く(G)北アメリカまで到達したものもいた。

問1　文章中の〔　1　〕～〔　11　〕に入れる最も適切な語句を下記の語群の中から選びなさい。なお，〔　　〕内の数字が同一の場合，同じ語句が入るものとする。

a．アルフレッド　　　　b．イェルマーク　　　　c．ヴァイキング
d．ウィリアム　　　　　e．北アフリカ　　　　　f．クヌート
g．クレタ　　　　　　　h．コロヌス　　　　　　i．シチリア
j．ジョン　　　　　　　k．スカンディナヴィア　l．ノヴゴロド
m．ノルマンディ　　　　n．バトゥ　　　　　　　o．ブルゴーニュ

p．ヘイスティングズ　　　　q．ヘンリ　　　　　　　r．リトアニア
s．リチャード　　　　　　　t．リューリク　　　　　u．ロロ
v．ワールシュタット

問2　文章中の下線部(A)〜(G)に関する次の問いに答えなさい。

(A)　デンマーク，ノルウェー，スウェーデンの歴史について述べた文として正しい
　　ものを，次の1〜4のうちから一つ選びなさい。

　　1．ノルウェーは，ウィーン会議により，独立を認められた。

　　2．スウェーデンは，第二次世界大戦中，ドイツに占領された。

　　3．この3国は，デンマークを中心に，カルマル同盟を結成した。

　　4．スウェーデンは，プロイセンとオーストリアに敗れ，シュレスヴィヒ・ホル
　　　　シュタインを奪われた。

(B)　カール大帝の死後，フランク王国は，二つの条約を経て，イタリア・東フラン
　　ク・西フランクの3王国に分裂した。その二つの条約の名称を成立の順に答えな
　　さい。

(C)　イスラーム文化について述べた文として**誤っているもの**を，次の1〜4のうち
　　から一つ選びなさい。

　　1．アラベスクと呼ばれる幾何学模様が発達した。

　　2．イブン＝ハルドゥーンが『世界史序説』を著した。

　　3．アンコール＝ワットは，イスラームの礼拝所である。

　　4．アラビア語文献がラテン語に翻訳され，ヨーロッパの学問に影響を与えた。

(D)　イングランド王国の歴史に関する次の1〜5の文を年代の古いものから新しい
　　ものへ順に並べた時に，3番目と5番目にくる番号はどれか，順に記しなさい。

　　1．テューダー朝が成立した。　　　　2．ステュアート朝が成立した。

　　3．イギリス国教会が成立した。　　　4．ワット＝タイラーの乱が起きた。

　　5．大憲章（マグナ＝カルタ）が認められた。

(E)　10世紀末にギリシア正教を国教とし，ビザンツ文化を取り入れ，この国に最盛
　　期をもたらしたと評価される君主の名前を答えなさい。

(F)　この国で起こった出来事について述べた文として正しいものを，次の1〜4の
　　うちから一つ選びなさい。

　　1．モンゴル帝国によって滅ぼされた。

　　2．ハドリアヌスが，ヴァンダル王国や東ゴート王国を滅ぼした。

　　3．パトリキ（貴族）とプレブス（平民）の間で身分闘争が起こった。

　　4．第4回十字軍がコンスタンティノープルを攻略し，ラテン帝国を建国した。

(G)　1620年にメイフラワー号に乗って，この地域に移住したピューリタンの一団の
　　名称を答えなさい。

（日本女子大〈文〉）

20 ビザンツ帝国の歴史

以下の問題文の空欄 (1) から (6) に入る最も適切な語句を語群の中から選びなさい。また，下線部に関する設問(ア)から(カ)に解答し，最も適切な語句を語群の中から選びなさい。

ビザンツ帝国(東ローマ帝国)の始まりをいつ頃とみなすか議論はあるが，(ア)330年に首都がビザンティウムに移転し，コンスタンティノープルと改称されたのをもって，ビザンツ帝国の起源とするのが一般的である。4世紀後半ローマ帝国は東西に分裂し，以後別々の道を歩むことになるが，ビザンツ帝国は，その後1000年間存続する。その間，ビザンツ帝国はスラヴ人やペルシア人を始めとするさまざまな異民族の攻撃から国境を守ってきたが，以下，それらを見ていく。

5世紀の西ローマ帝国滅亡後，コンスタンティノープルはローマ帝国唯一の首都として繁栄を極めていく。初期のビザンツ皇帝(イ)ユスティニアヌス1世は，一時的とはいえ，(ウ)ローマ帝国の地中海沿岸における旧領の大半を取り戻すことに成功する。同帝の治世はビザンツ帝国に栄光の時代をもたらし，コンスタンティノープルにビザンツ様式の壮麗なハギア＝ソフィア聖堂を建立するなどその権勢を誇示した。ビザンツ皇帝は，政治と宗教の両面において絶大な権力を持っていた。自らを全世界の支配者であると自認し，また5世紀半ば以降，(エ)コンスタンティノープル総主教から帝冠を授けられることで，皇帝は地上における神の代理人として自らの権力を正当化した。

ビザンツ帝国は，蓄積された高度な外交技術や優れた官僚機構，伝統ある軍隊という，十分な政治上の資産をもっていたといえる。しかし，帝国の領土が広すぎたという問題があった。その結果，絶え間ない異民族の侵攻に耐えきれなかった。このように苦闘を続けるビザンツ帝国は，628年，ササン朝ペルシアとの戦いに勝利する。しかし，(オ)アラブ勢力の侵攻により，ビザンツ帝国は，636年にシリア属州の，642年にエジプト属州の支配権を相次いで喪失した。その後も領土は縮小の一途をたどり，674年から718年にかけて，ビザンツ帝国は， (1) 朝のアラブ軍にコンスタンティノープルの二度の包囲を許してしまった。二度目の包囲の際にアラブ軍を撃退し，帝国の危機を救ったのが，小アジアの軍管区長官出身の (2) であった。彼は，アラブ軍を撃退するとコンスタンティノープルにやってきて，みずから皇帝の座についた。9世紀後半に始まる (3) 朝は第一次ブルガリア帝国を併合し，それ以後，ビザンツ帝国の前には繁栄と拡大の時代が開け，それは11世紀初頭まで続くことになる。コンスタンティノープルは，つねに経済の中心地として繁栄し続け，12世紀にいたるまで，アジアから西方に運ばれる高額な商品の中継地としての役割を果たし続けた。帝国で用いられた (4) 金貨は，ヨーロッパから西アジアにいたる広い地域で流通した。

しかし，1071年，小アジアの (5) の戦いでビザンツ軍がセルジューク朝のトルコ軍に惨敗すると，小アジアの領土は事実上失われ，ビザンツ帝国は大きな痛手を被る

こととなった。そのように増大する新たな脅威に対抗するため，1095年，時の皇帝 [6] は，ローマ教皇を通して西方に援軍を求めた。また，ビザンツ帝国は，のちに自らを脅かす存在となるヴェネツィア共和国への譲歩を強いられた。1202年から1204年にかけて，インノケンティウス3世のもとにおこされ，異教徒と戦うために東にむかったはずの第4回十字軍は，聖地ではなくコンスタンティノープルを占領した。これは，商業圏の拡大をもくろむヴェネツィアの意向によるものであった。1204年，占領されたコンスタンティノープルにラテン帝国が建てられた。そのため，ビザンツ帝国の宮廷は，各地を転々とした。1261年，その宮廷は，ラテン帝国からコンスタンティノープルを奪回する。また，11世紀以来，ビザンツ帝国では，(カ)<u>貴族層を対象に，軍事奉仕を条件として公有地の管理権及び徴税権を当人一代にかぎり付与する制度</u>が発展してきたが，これはのちに世襲化され，社会の独自の封建化を促すことになった。

　だが，コンスタンティノープルを奪回しても，もはやかつての勢いは戻らず，ビザンツ帝国は衰退の道をたどり始める。そして，ついに1453年，メフメト2世率いるオスマン帝国軍の攻撃によって，コンスタンティノープルは陥落し，ビザンツ帝国は滅亡した。コンスタンティノープルの陥落は大事件であり，当時キリスト教世界に走った衝撃は，想像を絶するほど大きなものであったといわれる。

〔設問〕
㋐　この事業を行った皇帝の伝記を執筆し，さらに，『年代記』を書いた人物は誰か。
㋑　カルタゴと並んでビザンツ帝国の総督府が置かれていた地で，ユスティニアヌス1世のモザイク画があるサン＝ヴィターレ聖堂が所在する地はどこか。
㋒　551年，ビザンツ帝国はある国から領土を奪って，帝国領の大半を回復する。この領土を奪われた国が，6世紀後半から8世紀初頭まで首都としていたのはどこか。
㋓　6世紀初頭，コンスタンティノープルをはじめ，ビザンツ帝国内のいくつかの地に総主教座が置かれていたが，このうち，かつてセレウコス朝シリアの首都であったのはどこか。
㋔　この間アラブ勢力を率いたカリフは誰か。
㋕　この制度は後に，オスマン帝国のティマール制に影響を与えたといわれているが，ティマール制において徴税権を認められた者は誰か。

〔語群〕

01．アター	**02**．アッバース	**03**．アトス
04．アドリアノープル	**05**．アリー	**06**．アルカディウス
07．アレクシオス1世	**08**．アンティオキア	**09**．アンティゴノス
10．アンブロシウス	**11**．ウァレンス	**12**．ウスマーン
13．ウマイヤ	**14**．ウマル	**15**．エウセビオス
16．エクバタナ	**17**．エフェソス	**18**．エリウゲナ

19. エレクトラム	20. カーディー	21. カディス
22. カーヌーン	23. カラカラ帝	24. カルケドン
25. カルタヘナ	26. キジルバシュ	27. クライシュ
28. グラナダ	29. クレーロス	30. 後ウマイヤ
31. コムネノス	32. コルドバ	33. サーマーン
34. サラゴサ	35. シパーヒー	36. ジャーギール
37. セビリャ	38. ダマスクス	39. テオドシウス1世
40. テッサロニケ	41. ドラクマ	42. トラヤヌス帝
43. トレド	44. ニカイア	45. ニハーヴァンド
46. ネルウァ帝	47. ノミスマ	48. バクトラ
49. ハーシム	50. バシレイオス1世	
51. バシレイオス2世	52. バルセロナ	53. バレンシア
54. ヒッポレギウス	55. ヘカトンピュロス	
56. ヘラクレイオス1世	57. ペルガモン	58. ベルナルドゥス
59. ボエティウス	60. マケドニア	61. マラーズギルド
62. マラーター	63. メテオラ	64. モンテ＝カシノ
65. ラヴェンナ	66. ルーム＝セルジューク	
67. レオン（レオ）3世		

（慶應義塾大〈法〉 改）

21 中世ヨーロッパの戦争・紛争関連史

　5世紀から15世紀までのヨーロッパにおける戦闘や戦争，紛争に関連した次の地図を見て，問（1～12）に答えなさい。解答は，選択肢（**a**～**d**）から最も適切なものを1つ選びなさい。

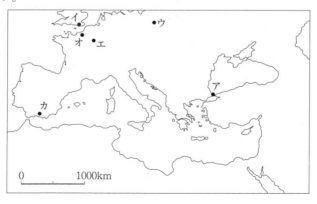

問1　アの都市について説明した以下の文のうち誤っているものはどれか。

a．この都市は紀元前7世紀にギリシア人の植民市として建設され，4世紀初頭には皇帝の名をとって改名された。

b．この都市の教会を総本山とするキリスト教の一派は，国家と深いかかわりをもち，また，盛んにイコンを制作した。

c．第4回十字軍は聖地回復という本来の目的を逸脱し，ヴェネツィアがこの都市を占領した。

d．この都市は15世紀半ばに戦乱に巻き込まれ，その際，ハギア・ソフィア聖堂も完全に破壊された。

問2　アの都市は「第二の[　　　]」とも呼ばれるが，[　　　]に入る都市に関連した画像はどれか。

a.

b.

c.

d.

問3　イの地で行われた戦闘と無関係な語はどれか。

a．ノルマンディー公　　　**b**．デーン人　　　**c**．征服王

d．アングロ＝サクソン

問4　イの戦闘が行われた11世紀のヨーロッパの状況の説明として誤っているものはどれか。

a．ハインリヒ4世とグレゴリウス7世が叙任権をめぐる抗争を展開した。

b．巡礼が盛んに行われ，ロマネスク様式の建築が南フランスやイタリアから西欧各地に広がった。

c．ベネディクトゥスが清貧・純潔・服従を志向する戒律を定めた。

d．ベーメン（ボヘミア）王国が神聖ローマ帝国に編入された。

問5　ウの地で行われた戦闘の説明として正しいものはどれか。

a．東方の騎馬遊牧民に対しヨーロッパ勢力は敗北を喫し，この戦いの後には，ヴォルガ川流域に遊牧国家が建てられた。

b．宮宰に率いられた軍隊がイスラーム勢力を撃退した戦いであり，以後カロリング家が台頭した。

c．アナトリアに進出したセルジューク朝がビザンツ軍を撃破した。

d．異教を信仰し，ガリアを中心とする王国を脅かしていた部族に対し，改宗と征服を求めて行われた戦闘である。

問6　ウの地で戦闘が行われていた頃，ヨーロッパで一般的でなかった戦法や武器，軍事組織はどれか。

a．騎馬戦法　　　**b**．攻城戦　　　**c**．火砲　　　**d**．宗教騎士団

問7　エの戦闘について，争った勢力の組み合わせとして正しいものはどれか。

a．西ローマ帝国 ― アヴァール人　　　**b**．東ローマ帝国 ― アヴァール人

c．西ローマ帝国 ― フン人　　　**d**．東ローマ帝国 ― フン人

問8　エの戦闘が行われていた頃の西ヨーロッパ世界の説明として正しいものはどれか。

a．イベリア半島に移動したブルグンド人は，最古の部族法を成立させた。

b．ヴァンダル人はガイセリック王の下でカルタゴの故地に国家を建設した。

c．オドアケルの下で東ゴート王国が発展した。

d．メロヴィング朝統治下のフランク王国では，巡察使が王国各地を巡回した。

問9　オの説明として正しいものはどれか。

a．1346年，長弓隊の活躍によりイギリス軍がフランス軍を破った戦場。

b．1347年以降，イギリス大陸領土として残った地。

c．1356年，エドワード黒太子率いる軍隊が勝利を得た地。

d．1429年に解放され，シャルル7世の戴冠が実現した都市。

問10　オでの戦闘を含む長期的英仏抗争と無関係なものはどれか。

a．フランドル地方　　　**b**．ヴァロワ朝　　　**c**．ギエンヌ（ギュイエンヌ）

d．模範議会

問11　カの都市名として，正しいものはどれか。

a．トレド　　　**b**．バルセロナ　　　**c**．グラナダ　　　**d**．コルドバ

問12　カの都市の説明として，正しいものはどれか。

a．8世紀半ば以降，後ウマイヤ朝の首都であった。

b．スペイン＝イスラーム建築を代表する歴史遺産がある。

c．翻訳活動が盛んに行われ，12世紀ルネサンスを牽引した。

d．この都市を中心とする領域は，やがてアラゴン王国の一部となった。

〔上智大〈総合人間科学・文・法〉 改〕

22)｜十字軍とヨーロッパ世界の拡大 ▮▮▮▮▮▮▮▮▮▮▮▮▮▮▮▮▮

十字軍の歴史について述べた次の文章を読み，**問1**，**問2**の設問に答えなさい。

　一般には，「十字軍」の語は聖地イェルサレムの奪還を目指す聖地十字軍を指すものと考えられているが，イスラーム教徒やモンゴル人のような異教徒，異端に対する戦いもまた，十字軍の正当な理由となった。このため，聖地十字軍のほかに，スペインのレコンキスタ（再征服運動），異端撲滅のための〔　1　〕十字軍，〔　2　〕沿岸地域の異教徒に対する十字軍などが存在し，キリスト教（カトリック）ヨーロッパ世界の膨張の一側面であったと言える。

　10世紀のイベリア半島では，〔　3　〕朝が最盛期を迎え，キリスト教国のレオン王国と激しい攻防をくりかえしていた。11世紀後半には，レオン王国とアラゴン王国がレコンキスタを牽引するようになり，教皇はこの戦闘を聖戦と位置づけて後援した。

　11世紀後半に(A)セルジューク朝がビザンツ帝国領であったアナトリアに進出したことで，危機感をいだいたビザンツ皇帝は，ローマ教皇〔　4　〕に救援を求めた。これを受けた教皇は，スペインでの先例にならい，1095年，〔　5　〕教会会議で聖地回復のための十字軍の派遣を提唱した。翌年に出発した第1回十字軍は，1099年に聖地を奪回し，イェルサレム王国を建てた。エジプトでは，サラーフ＝アッディーン（サラディン）が〔　6　〕朝を建てた。彼は強力な軍を組織して十字軍国家に反撃し，1187年にはイェルサレムを奪回した。これを契機に(B)第3回十字軍がおこされたが，サラーフ＝アッディーンは1192年の休戦協定によって，シリアの大部分を確保した。教皇〔　7　〕のもとにおこされた第4回十字軍は，(C)資金を出したイタリア都市の商人の思惑に加え，ビザンツ皇帝家の内紛に巻き込まれる形でコンスタンティノープルを占領し，〔　8　〕帝国を建てた。(D)シュタウフェン朝の神聖ローマ皇帝フリードリヒ2世は，〔　6　〕朝のスルタンとの交渉によってイェルサレムの一時的回復に成功した。フランス王〔　9　〕は異端の〔　1　〕派を鎮圧するとともに第6回・第7回十字軍を率い，北アフリカを攻撃したが，失敗した。1291年に十字軍最後の拠点〔　10　〕が陥落すると，聖地十字軍は実質的に最期を迎えた。

　他方，イベリア半島ではレコンキスタの進展に伴い，12世紀までには半島の北半分がキリスト教圏にはいった。1479年に統合されたスペイン王国の共同統治にあたった(E)二人の君主は，1492年イスラーム勢力最後の拠点である〔　11　〕を陥落させて統一をはたした。

　東ヨーロッパでは，12世紀以降に東方植民運動が進むと，13世紀には〔　2　〕沿岸

にドイツ騎士団領が成立し，この地域のスラヴ人に対する武力による改宗がくりかえされた。この頃，モンゴル軍が侵入し，1241年に(F)ポーランド・ドイツ騎士団連合軍をシュレジエン地方の〔 12 〕の戦いで破った。

14世紀以降，オスマン帝国の脅威が強まると，ハンガリー王ジギスムントは，十字軍を率いて，1396年にニコポリスでオスマン帝国スルタン〔 13 〕の率いる軍と戦ったが，敗北した。オスマン帝国は，1453年にコンスタンティノープルを陥落させ，ビザンツ帝国を滅ぼした。その後も教皇は十字軍を計画したが，大規模な軍事行動が実行されることはなかった。

問1 文章中の〔 1 〕～〔 13 〕に入れる最も適切な語句を下記の語群の中から選びなさい。なお，〔 〕内の数字が同一の場合，同じ語句が入るものとする。

a．アイユーブ	**b**．アヴィニョン	**c**．アッコン
d．アルビジョワ	**e**．アンカラ	**f**．インノケンティウス3世
g．ウルバヌス2世	**h**．グラナダ	**i**．グレゴリウス7世
j．クレルモン	**k**．後ウマイヤ	**l**．黒海
m．コンスタンツ	**n**．ダマスクス	**o**．トレド
p．バヤジット1世	**q**．バルト海	**r**．ファーティマ
s．フィリップ4世	**t**．プロイセン	**u**．ブワイフ
v．ボニファティウス8世	**w**．メフメト2世	
x．ラテン	**y**．ルイ9世	**z**．ワールシュタット

問2 文章中の下線部(A)～(F)に関する次の問いに答えなさい。

(A) この王朝について述べた次の**1**～**4**の文のうち，**誤っているもの**を一つ選びなさい。

 1．トゥグリル＝ベクによって創始された。

 2．君主はカリフからスルタンの称号を許された。

 3．シーア派の学問の振興に努めた。

 4．イクター制を発展させた。

(B) 次の**1**～**4**の君主のうち，この十字軍に参加していない君主の名前を一つ選びなさい。

 1．神聖ローマ皇帝ハインリヒ4世

 2．フランス王フィリップ2世

 3．神聖ローマ皇帝フリードリヒ1世

 4．イングランド王リチャード1世

(C) このイタリア都市の名を答えなさい。

(D) この王朝が断絶した後に生じた政治的混乱は何と呼ばれているか。その名称を答えなさい。

(E) この二人の君主の名前を答えなさい。なお，解答の順序は問わない。

23 〕〔中世ヨーロッパのキリスト教と学問 ▐▐▐▐▐▐▐▐▐▐▐

　次の文章を読み，(1)〜(10)の設問について〔　　　　〕内の語句から最も適切と思われるものを選びなさい。

　西ヨーロッパ世界において12〜13世紀という時代は，シトー修道会をはじめとする修道院が先頭に立ち，森林を切り開いて耕地をひろげた大開墾時代と呼ばれる時代であった。農業生産力の向上による商業の発達は，文字の使用や知的能力の需要が増えることにつながり，田園地域の修道院にあった教育と学問の中心が都市に移ることをうながした。最古の大学とされる(1)〔①ケンブリッジ大学　②フィレンツェ大学　③ボローニャ大学　④オクスフォード大学〕の創立年は1088年とされているが，12世紀になり西ヨーロッパ各地で大学は発生した。(1)などの大学のはじまりは，神学，法学，医学などを学ぼうとする学生と教える教師たちの組合であり，教皇や皇帝に自治権を与えられたいわば(2)〔①ポリス　②ギルド　③ウンマ　④カルテル〕であった。その大学という教育機関において，(3)〔①皇帝　②ローマ法　③教会　④アカデメイア〕の権威の理論的確立のために信仰を論理的に体系化する学問であるスコラ学は，13世紀に最盛期を迎えたと言われる。「スコラ」とはラテン語で「学校」のことである。しかし，スコラ学のはじまりはそれよりだいぶ前の時代にさかのぼる。

　ザクセン人やアヴァール人などを打倒して西ヨーロッパの主要部分を統一し，800年にローマ教皇(4)〔①レオ３世　②インノケンティウス３世　③グレゴリウス７世　④ウルバヌス２世〕により戴冠されて西ローマ帝国復活の立役者となったカール大帝は，宮廷にイギリス出身の神学者である(5)〔①トマス＝アクィナス　②ウィリアム＝オブ＝オッカム　③ピピン　④アルクイン〕などたくさんの学者を招き，そこから(6)〔①ギリシア語　②ヘブライ語　③サンスクリット語　④ラテン語〕を中心とした文芸復興である(7)〔①北方ルネサンス　②カロリング＝ルネサンス　③古典主義　④ロマン主義〕がおこったわけだが，その(5)が評価していたのが「最後のローマ人にして最初のスコラ学者」と称されるボエティウスなのである。

　また，スコラ学の中心的議論とされる普遍論争は，個別のものを超えたあらゆるものに共通の普遍は，その個別のものに先立って実体として存在するのか，単に声として発生する風であって名前に過ぎないのかの論争であったが，その中心的人物とされ，「スコラ学の父」と呼ばれる(8)〔①ウィクリフ　②ベネディクトゥス　③アンセルムス　④キケロ〕も，同じくこの論争の中心的人物でアリストテレス哲学が重んじられるさきがけとなったアベラールも，両者とも11世紀に生まれた人物であり，大学とはほとんど縁がなかった。彼らの教授場は，主に修道院であった。

普遍論争において普遍が実体として存在するという立場を「(9)〔①実在論　②経験論　③合理論　④実存主義〕」，名前に過ぎないという立場を「唯名論」と称するが，前者の立場を代表する(8)は，新プラトン主義の影響を受けたローマ帝政末期の教父アウグスティヌスを通して，プラトンの哲学にその理論的基礎を求めていた。というのもプラトンは事象の背後にある(10)〔①イデア　②アルケー　③コイネー　④原子〕を普遍の存在であるとしていたからである。

　他方，先のアベラールは唯名論の立場をとったとされるが，厳密には違う。唯名論の立場では普遍を名前に過ぎない単なる対象物とするが，アベラールはそうは考えなかった。しかし，プラトンの(10)のように個別のものと離れてあるものとも考えず，アリストテレスの哲学を採り入れて，ものの内にあると考えたのである。このようにアベラールは，普遍は単独で離れてある訳ではないが，ただの名前であるということもなく，ものの中にあるのだと言うことで，(9)と唯名論を調和させようとしたのである。

（学習院大〈法・国際社会科学〉　改）

24 8世紀～13世紀の内陸アジア

トルコ系のウイグルは，8世紀半ばに，モンゴル高原を支配していた `1` を滅ぼし，`2` の乱では唐に援軍を送るなど強勢を誇っていた。ウイグルが9世紀に `3` によって滅ぼされると，トルコ系の遊牧民は天山山脈の南に点在する中央アジアのオアシス地域にも移住して，その多くが定住生活にはいった。その後の数世紀間にわたるトルコ化の結果，これらの地域はペルシア語で「トルコ人の地域」を意味するトルキスタンと呼ばれるようになり，パミール高原をさかいにして大きく(A)東西にわかれていった。

トルコ人は，9世紀後半に成立したイラン系のサーマーン朝のもとでイスラームへの改宗をすすめ，やがて `4` 朝はサーマーン朝を破って中央アジアを支配し，東トルキスタンにも進出した。イスラーム化したトルコ人は，その後に西アジアに進出してセルジューク朝を建国し，1055年には `5` に入城してブワイフ朝を追い出した。セルジューク朝がやがて衰退すると，トルコ系の `6` 朝が中央アジアとイランを支配するようになり，アフガニスタンを中心に勢力を誇っていたゴール朝も征服した。

ウイグルが滅んだ後のモンゴル高原東部へと目を転じると，モンゴル系の契丹が自立して，10世紀初めに `7` が遼を建てた。遼は，中国東北地方の渤海を滅ぼし，華北の `8` を併合して，同時にモンゴル高原の騎馬遊牧民も支配下に置いた。しかし，宋の徽宗は `8` の奪回をはかって，12世紀に中国東北地方で完顔阿骨打が建てた `9` と結び，遼を滅亡へと追いやった。遼の遺民の一部は，耶律大石に率いられて `4` 朝を滅ぼし，カラ゠キタイ（西遼）を建国した。カラ゠キタイは中央アジアの交易路をおさえて東西文化の交流に大きな役割を果たした。

以上のような変遷を経て，13世紀に(B)モンゴル帝国の時代が到来した。モンゴル帝国は，カラ゠キタイをうばったナイマンや，西トルキスタンからイラン方面を支配していた `6` 朝を倒して西北インドへと侵入し，他方で `9` を滅ぼして華北を領有するようになった。

問1　空欄 `1` ～ `9` に最も適当と思われる語を入れなさい。
問2　下線部(A)のうち東トルキスタンを18世紀に征服した清朝の皇帝を答えなさい。
問3　下線部(B)の時代に中国とイスラーム地域との間で文化や学問の交流が活発となった。そのうち，(1)中国の絵画がイスラーム地域に与えた影響，(2)イスラームの天文学が中国に与えた影響をそれぞれ説明しなさい。

(津田塾大〈英文〉)

唐が滅亡した後，華北は次々と王朝が交代し不安定な状況が続いた。　Ａ　系の民族集団出身の李克用の子が923年に　１　を建国したが，その後も，　Ａ　系の武将による王朝が二つ続いた。

またその北方では，　２　の部族長であった　あ　が916年に諸部族を統一して皇帝を称し，さらに926年には東の　３　をも滅ぼした。第二代皇帝の時代になると，華北の　４　の建国を援助したことの見返りに936年に(1)燕雲十六州を併合し，947年には国号を遼とした。北方民族社会と共に中国内地の社会を支配下に入れた遼は，最初の(2)征服王朝に位置づけられることが多い。

五代十国と言われた分裂した中国を再び統一したのは，宋であった。宋は，　５　の武将であった　い　が建国した王朝であり，これまでの藩鎮勢力の乱立を抑えるために文治主義と(3)中央集権化を推し進めた。

このように文治主義は皇帝の権力を高めたが軍事的には弱体化を招き，宋は　２　と1004年に　Ｂ　の盟と呼ばれる講和を結び，またオルドス地方に1038年に　Ｃ　系の民族が建国した　６　とは1044年に講和を結び，毎年多額の銀や絹などを贈ることで平和を維持していた。

宋は，こうした外交費用の他，100万人を超す常備軍や科挙によって大量に登用される官僚を維持するために国家財政がひっ迫していった。第六代皇帝　う　は，宰相に王安石を起用して，(4)新法と呼ばれた改革を行った。しかしこうした改革に対する反発も強く，新法党と旧法党の対立を招いた。

　Ｄ　系の民族が1115年に金を建国すると，宋の第八代皇帝　え　は金と同盟を結び，　２　を攻めて燕雲十六州を奪還した。しかし宋が金との約に反したことから金との戦争になり，金は宋の都の開封を陥落させて，上皇　え　と第九代皇帝　お　を捕虜として金に連行した。

その後，　お　の弟，　か　が江南に逃れて帝位につき，宋を再興した。対金政策では，主戦派と和平派が激しく対立することになったが，軍事的勝利が困難であったことから，金に対して臣下の礼をとり毎年多額の銀や絹を貢ぎ物として贈ることで講和し，　Ｅ　という河川を境界線とすることを定めた。

宋の時代は，　Ｆ　のデルタ地帯の開発が進み，江南が華北をしのぐ(5)大穀倉地帯となり，茶，絹織物，陶磁器，紙などの生産も向上した。これらの商品は広く流通し，貨幣経済の進展を促した。銅銭が大量に鋳造されたほか，手形も紙幣として使われるようになった。

また宋の時代は，文化の面でも唐代と異なる発展を見せた。唐の文化の担い手が貴族であったのに対して，宋では士大夫と呼ばれる官僚・地主であり，木版印刷による多種多様な書物を読む教養人であった。教養の中でももっとも重視されたのが儒学であり，(6)宋学と呼ばれた。

問1 空欄 ☐1☐ ～ ☐6☐ に当てはまるもっとも適切な語句を次の選択肢から選べ。

- **a**．ウイグル　　**b**．契丹　　**c**．呉　　**d**．後漢　　**e**．後周
- **f**．後蜀　　**g**．後秦　　**h**．後晋　　**i**．後唐　　**j**．高麗
- **k**．後梁　　**l**．西夏　　**m**．西遼　　**n**．大理　　**o**．吐蕃
- **p**．北漢　　**q**．渤海

問2 空欄 ☐あ☐ ～ ☐か☐ に当てはまるもっとも適切な語句を次の選択肢から選べ。

- **a**．英宗　　**b**．郭威　　**c**．徽宗　　**d**．欽宗　　**e**．光宗
- **f**．孝宗　　**g**．高宗　　**h**．朱全忠　　**i**．真宗　　**j**．神宗
- **k**．仁宗　　**l**．太宗　　**m**．大祚栄　　**n**．趙匡胤　　**o**．哲宗
- **p**．耶律阿保機　　**q**．耶律楚材　　**r**．耶律大石　　**s**．李元昊
- **t**．完顔阿骨打

問3 空欄 ☐A☐ ～ ☐F☐ に当てはまるもっとも適切な語句を次の選択肢から選べ。

- **a**．渭水　　**b**．イラン　　**c**．鴨緑江　　**d**．慶暦　　**e**．黄河
- **f**．靖康　　**g**．澶淵　　**h**．チベット　　**i**．長江
- **j**．ツングース　　**k**．トルコ　　**l**．モンゴル
- **m**．遼河　　**n**．淮河

問4 下線部(1)に関して，次の**a**～**d**のうち，燕雲十六州にある都市名（表記は現代の都市名）を一つ選べ。

- **a**．延安　　**b**．済南　　**c**．北京　　**d**．洛陽

問5 下線部(2)に関して，次の**ア**～**エ**の文章のうち，**誤っているもの**を一つ選べ。すべて正しい場合は**オ**を選べ。

- **ア**．遼では遊牧・狩猟民に対して，北面官が固有の部族制に基づく統治を行った。
- **イ**．遼では農耕民族に対して，南面官が伝統的な封建制に基づく統治を行った。
- **ウ**．遼では漢字やウイグル文字の影響を受けて独自の文字を定めた。
- **エ**．遼の後に華北を支配した金は，謀克・猛安という軍事・行政組織により遊牧・狩猟民を統治した。
- **オ**．すべて正しい。

問6 下線部(3)に関して，次の**ア**～**エ**の文章のうち，**誤っているもの**を一つ選べ。すべて正しい場合は**オ**を選べ。

- **ア**．門下省を置かず，行中書省に一括化した。
- **イ**．皇帝自らが試験を課す殿試を設けた。
- **ウ**．近衛軍である禁軍を強化して正規軍とした。
- **エ**．皇帝は枢密院を通じて禁軍を統括した。
- **オ**．すべて正しい。

問7 下線部(4)に関して，次の**ア**～**エ**の文章のうち，**誤っているもの**を一つ選べ。すべて正しい場合は**オ**を選べ。

- **ア**．均輸法とは，物価の安定と物資の流通円滑化を目的として，地方の物資を政府

が買い上げ，不足地で転売する政策である。

イ．青苗法とは，貧農救済を目的として，政府が植え付け時に金銭や穀物を低利子で貸し付ける政策である。

ウ．募役法とは，国防力の強化を目的として，農民を農閑期に軍事訓練を課し，常備軍を補強する政策である。

エ．市易法とは，産業や貿易の振興を目的として，政府が中小商人に対して資金を低利子で貸し付ける政策である。

オ．すべて正しい。

問8　下線部(5)に関して，次の**ア〜エ**の文章のうち，**誤っているもの**を一つ選べ。すべて正しい場合は**オ**を選べ。

ア．周囲を堤防で囲んだ囲田などが多く作られ，新田開発がなされた。

イ．日照りに強い早生種である占城稲が普及した。

ウ．稲を栽培した後に麦を植える二毛作といった農法が発達した。

エ．江南の穀物生産力は「蘇湖熟すれば天下足る」と評価されるようになった。

オ．すべて正しい。

問9　下線部(6)に関して，次の**ア〜エ**の文章のうち，**誤っているもの**を一つ選べ。すべて正しい場合は**オ**を選べ。

ア．宋学の祖と評される周敦頤は，儒学に，仏教，道教を融合して，宇宙生成の理法やその作用の一部としての人の道を説いた。

イ．朱熹は『資治通鑑綱目』を著し，唐宋八大家の一人でもある欧陽脩らの唱えた大義名分論をさらに強調した。

ウ．宋代は対外的な苦境が続いたこともあり，宋学には華夷の別を強調し，四夷に対して中華の文化的優位性を主張する傾向があった。

エ．陸九淵は，朱熹の説が直観的・能動的な「心即理」説であると批判して，知的努力の積み重ねを重視する「性即理」を提唱した。

オ．すべて正しい。

（法政大〈経済・社会・現代福祉〉）

26 モンゴル帝国

　以下の文章の空欄　(1)　から　(5)　に入る最も適切な語句を語群より選び，その番号を答えなさい。また，[A]から[C]，[Ⅰ]から[Ⅳ]，及び下線部(ア)から(エ)に関する**設問1から6**に答えなさい。

　テムジンはモンゴル高原に割拠していたモンゴル・トルコ系部族をまとめ，クリルタイ（集会）でハン位についた（チンギス＝ハン）。チンギス＝ハンは征西し，トルコ系で　(1)　を信仰するナイマン及びイスラーム国家[Ⅰ]を倒し，さらに征西への従軍を

拒否した西夏を滅ぼした。［Ⅰ］制圧で功績をあげたチンギス＝ハンの次子は中央アジアに領土を与えられた（［A］＝ハン国）。第2代皇帝のオゴタイは，即位後，ツングース系女真人の王朝 (2) を倒したのち，チンギス＝ハンの孫であるバトゥを総大将として遠征軍を送り［Ⅱ］を滅ぼし，さらにドイツ・ポーランドの連合軍と戦って勝利を収めた。バトゥはオゴタイの死後，モンゴルには帰国せず，ヴォルガ川近くに都を建設して［B］＝ハン国を建てた。

第4代皇帝モンケの時代，弟のフビライは雲南の［Ⅲ］，チベット，高麗や南宋の征服に乗り出した。同じく弟のフラグは西進してルーム＝セルジューク朝を服従させ，1258年には［Ⅳ］を滅ぼした。フラグはさらにエジプトを目指して南下する途中で都を建設し，［C］＝ハン国を建てた。フラグの部隊はさらに南下したが，モンゴル軍はサラディンに並ぶ英雄バイバルスに敗れた。［C］＝ハン国では，13世紀末のガザン＝ハンの時代に宰相ラシード＝アッディーンの下で最盛期を迎え，イラン＝イスラーム文化が成熟した。

モンゴル帝国の拡大は，ローマ教皇庁を代表とする西欧諸国やイスラーム勢力との接触・交流を促進させた。バトゥやフラグの建国は，第5回十字軍や (3) が指揮した第6回・第7回十字軍とほぼ同時期であり，ドイツ・ポーランド連合軍に対するバトゥの勝利は，神聖ローマ帝国やローマ教皇庁にモンゴル軍に対する恐怖・不安を与えるに十分であった。ローマ教皇や西欧諸国は，キリスト教世界の防衛のため，モンゴルの情報を集め，あるいは改宗させる意図のもとに㋐使節を派遣した。

モンケの死後，ハン位をめぐる争いが激化し，フビライがクーデターを起こしてハン位につき（フビライ＝ハン），モンゴル帝国の最盛期を担った。フビライ＝ハンは，国号を元と定め，中国全土を支配する国家を建設していった。海上進出を図って日本や東南アジアへの遠征も行われた。また，東シナ海からインド洋，中東に至る㋑海上ルート及び陸上ルートが結合した交易網によって㋒人・物の東西交流が活発化した。さらに，元の都市では，王昭君の悲劇を題材とした (4) の作品『漢宮秋』をはじめとする庶民文化も栄えた。

モンゴル帝国内では，フビライ＝ハンの即位に反対してオゴタイの孫であるハイドゥの乱が起こり，［A］＝ハン国，［B］＝ハン国，［C］＝ハン国の3ハン国と元が並び立ち，西欧諸国やイスラーム諸国を巻き込んだ複雑な同盟の網の目が張り巡らされた。14世紀の後半からモンゴル帝国は弱体化が進み，各地に継承国家が成立していく。東西に分裂した［A］＝ハン国の西半から㋓ティムール朝が生まれた。［B］＝ハン国はバトゥの血統が途絶えた後，ティムール朝の侵攻を受け，15世紀には，クリミア半島に成立した (5) 国などの小ハン国に分裂して弱体化した。元では国内の混乱から白蓮教徒による農民反乱（紅巾の乱）をはじめとして各地で反乱が起こり，明朝にとって代わられた。［C］＝ハン国では，フラグの血統が断絶し，ハン位争いと有力貴族の専横などで分裂状態となった。

［設問1］ 諸ハン国［A］［B］［C］の首都の組み合わせとして最も適切なものを下から
選び，その番号を答えなさい。

[01] A サマルカンド　　B ウケク　　　C バグダード
[02] A アルマリク　　　B サライ　　　C タブリーズ
[03] A アルマリク　　　B ウケク　　　C イスファハーン
[04] A カラコルム　　　B サライ　　　C イスファハーン
[05] A カラコルム　　　B ウケク　　　C タブリーズ

［設問2］ モンゴル帝国が倒した国家・王朝［Ⅰ］［Ⅱ］［Ⅲ］［Ⅳ］の組み合わせとして最
も適切なものを下から選び，その番号を答えなさい。

[01] Ⅰ ホラズム＝シャー朝　　Ⅱ モスクワ大公国
　　　Ⅲ 南詔　　　　　　　　　Ⅳ アイユーブ朝
[02] Ⅰ ガズナ朝　　　　　　　Ⅱ モスクワ大公国
　　　Ⅲ 南詔　　　　　　　　　Ⅳ アッバース朝
[03] Ⅰ ホラズム＝シャー朝　　Ⅱ キエフ公国
　　　Ⅲ 大理　　　　　　　　　Ⅳ アッバース朝
[04] Ⅰ ガズナ朝　　　　　　　Ⅱ キエフ公国
　　　Ⅲ 大理　　　　　　　　　Ⅳ アイユーブ朝
[05] Ⅰ ホラズム＝シャー朝　　Ⅱ モスクワ大公国
　　　Ⅲ 南詔　　　　　　　　　Ⅳ アッバース朝

［設問3］ 下線部(ア)の使節をはじめ，モンゴル皇帝との面会を果たした人物に関する
内容として最も適切な記述を下から選び，その番号を答えなさい。

[01] ジェノヴァ生まれの商人・探検家であるマルコ＝ポーロは，海路で元に到達
し，陸路で帰国した。
[02] モンゴル皇帝と面会を果たした順に並べると，ルブルック，プラノ＝カルピ
ニ，マルコ＝ポーロとなる。
[03] マルコ＝ポーロの旅行記である『世界の記述（東方見聞録）』は，彼が，ヴェネ
ツィアの獄中で自己の見聞を記述したものであり，後にそれが出版された。
[04] プラノ＝カルピニは，教皇インノケンティウス4世の命によりモンゴル帝国
を訪ね，モンケ＝ハンとの面会を果たした。
[05] プラノ＝カルピニは，中国で最初のカトリック布教者であるモンテ＝コルヴ
ィノと同じく，フランチェスコ会の修道士であった。

［設問4］ 下線部(イ)の元の交易網に関する最も適切な記述を下から選び，その番号を
答えなさい。

[01] 元における大運河は，旧来の大運河を補修させ，済州河などの新運河を開か
せたものである。
[02] ジャムチとよばれる駅伝制では，約100里ごとの駅に，近辺の住民より100戸
が選ばれ，站戸として使役された。

[03]　大運河は，上都と江南との交通輸送を目的として整備された。

[04]　元では，基本通貨である銀の補助通貨として主に銅が使われた。

[05]　大運河の南端に位置する港市は，マルコ＝ポーロがキンザイとよんだ揚州である。

［設問5］　下線部(ウ)の人・物の東西交流に関する最も適切な記述を下から選び，その番号を答えなさい。

[01]　元代の科学者である郭守敬は，貞享暦を基にして授時暦を作成した。

[02]　イスラーム世界からもたらされたコバルト顔料を用いた下絵に，釉薬をかけて高温焼成した白磁は，日本では染付とよばれる。

[03]　イスラーム世界で発達した自然描写の画法や筆致がモンゴルに伝わり，黄公望や王蒙などの画法にその影響がみられる。

[04]　火薬は，フビライ＝ハンのアラビア圏への遠征を契機として，モンゴルにもたらされた。

[05]　モロッコのタンジールに生まれたムスリムの旅行家であるイブン＝バットゥータは，中国，インドのほか，イベリア半島やサハラ以南のアフリカ地域を旅し，『世界史序説』を著した。

［設問6］　下線部(エ)の説明として最も適切な記述を下から選び，その番号を答えなさい。

[01]　この王朝は，トルコ化したモンゴル貴族出身の軍人によって，1370年に建てられた。

[02]　首都は，当初ヘラートに建設されたが，後にサマルカンドに移された。

[03]　中央アジアのモンゴル系遊牧民ウズベクによって滅ぼされた。

[04]　アンカラの戦いでオスマン帝国を打ち破り，セリム1世を捕虜とした。

[05]　ティムール朝第3代君主ウルグ＝ベクは，天文学を発展させた学芸君主として知られる。

〔語群〕

01. アルメニア派キリスト教		02. イスラーム教
03. ウイグル	04. 王実甫	05. カザン＝ハン
06. 金	07. クリム＝ハン	08. コーカンド＝ハン
09. 高則誠	10. 呉承恩	11. 施耐庵
12. 柔然	13. スキタイ	14. 西遼
15. 鮮卑	16. ゾロアスター教	17. チベット仏教
18. 突厥	19. 吐蕃	
20. ネストリウス派キリスト教		21. 馬致遠
22. ヒヴァ＝ハン	23. ヒンドゥー教	24. フィリップ2世
25. フィリップ4世	26. ブハラ＝ハン	
27. フリードリヒ＝ヴィルヘルム1世		28. フリードリヒ2世

29. ヘンリ３世　　　**30**. ヘンリ７世　　　**31**. ヘンリ２世

32. 蒲松齢　　　　　**33**. 遼　　　　　　　**34**. ルイ９世

35. ルイ13世　　　　**36**. ルイ14世

（慶應義塾大〈法〉 改）

27] 明の建国〜滅亡

　元の末期，白蓮教徒を中心とした反乱勢力の中から頭角を現した ⬚A⬚ は，群雄を
おさえて ⬚a⬚ 年に応天（現在の南京）で明を樹立すると，同年すぐさま北伐軍をすす
め，大都（現在の北京）を占領し，モンゴル人勢力をモンゴル高原に追いやった。

　⬚A⬚ は，まず内政を充実させることに力を注ぎ，(1)官僚機構や郷村の改革を行
い，皇帝独裁の統治機構を確立させた。また，その改革は郷村の末端である農民まで
及び，民衆教化のために「(2)六諭」を発布し，儒教道徳を徹底させた。

　しかし，いかに明初において皇帝独裁体制が確立されたと言っても，実際に皇帝が
全ての職務をひとりで担うのは難しく，明代を通じて補佐官や宦官が信任される傾向
が強まっていった。とくに宦官は，しだいに政治への関与を深めていき，(a)チベット
仏教に傾倒するなどして政治に興味を失った皇帝が現れると，皇帝に代わって政治の
実権を握るようになり，権力をほしいままにする者すら現れるようになった。

　⬚A⬚ は，対外政策においては，まず北方からの侵攻に備えるため，皇子を諸王と
して分封し北方の守りを固めた。その中で有力だった ⬚b⬚ 王の(3)朱棣は後に永楽帝
となり，北京を拠点に五回にわたるモンゴル遠征を行うと同時に，防備のため ⬚c⬚
の整備に着手した。15世紀以降，皇帝による遠征はほぼ行われなかったが，(4)北方か
らの度重なる攻撃や，16世紀末に辺境で起きた諸民族の反乱，朝鮮への支援軍派遣な
どは，国家財政を危機的状況に陥らせた。

　対外貿易においては，⬚A⬚ は，朝貢貿易を進めながら，海禁を断行して自由貿易
を統制したが，これは明朝の基本姿勢として永楽帝以降も引き継がれた。しかし結果
的には密貿易を横行させ，密貿易者が沿海部の地方官や郷紳と癒着するようにもなっ
ていった。また，取り締まりに対抗して凶暴化する者も現れたため，(5)1567年には海
禁を緩める措置として，福建省漳州の月港を開港することになった。

　一方，密貿易が盛行した理由の一つとして，16世紀以降の商品経済のめざましい発
展も注目される。江南を中心に(6)商品作物の栽培や手工業が盛んになり，生産された
商品の多くは密貿易によって海外に輸送された。また，商業都市を中心に銀の流通が
広まり，万暦帝の時には張居正の施策も後押しとなって，(b)租税と徭役を銀に換算し
て一本化する税制が普及した。国家財政が銀を基本とするようになると，銀を求めて
海外貿易はますます活発化していった。

　この頃，商品取引で活躍したのが，山西省や ⬚d⬚ 省出身の商人集団である。彼ら
は地の利を得て各地に進出し，全国の流通網を掌握して大きな財力と勢力を築いた。
諸都市には同郷の商人が集う ⬚e⬚ が建設され，そこには立派な舞台が設けられ，商
人は，故郷の劇団を招いて演劇を楽しんだり，パトロンとなって俳優を育成したりと，

経済活動だけでなく，文化・芸能の繁栄を支える大きな受け皿にもなった。

　経済の発展は，庶民文化にも活況をもたらした。例えば，戯曲や小説の作品が爆発的に出版されるようになったのも，16世紀に入ってからである。庶民である商人は，もちろんこの娯楽の享受者であり，文学者のパトロンであり，また物語の題材としても描かれるなど，密接な関わりを持った。その他に，とくに注目に値するのが，当時の知識人も，戯曲や小説を積極的に享受し，作品の創作や出版に深く関与していたことである。

　従来の儒教の価値観では，戯曲や小説などの庶民の文学は，正統ではなく，軽蔑の対象ですらあった。ところが，当時の知識人たちの間に，このような伝統的な価値観に対する変化や自由な気風が生まれたのは，　f　が唱えた陽明学や，その学説を発展させた　g　による思想的な後ろ盾があったからだと考えられている。　g　は，「童心」（偽りのない真心）を重視し，道徳や知識によって，その「童心」は奪われてしまうと考え，儒教の強固な伝統全体に批判的な姿勢を示した。そして，(c)戯曲や小説を，人間が本来もっている偽りのない真心を発露させたものであると高く評価し，その地位の向上に大きな影響を与えたのだった。

　経済や庶民文化が活況を呈する一方で，政治腐敗が蔓延し，(7)改革を訴える派閥による政治運動が起こり，それに共鳴する民衆や，搾取に疲弊した農民たちによる反乱も各地で勃発し，政情は混迷を極めていった。

　そのような中で，北方の女真が成長を続け，大きな統一勢力となっていた。やがて滅亡を迎える明に代わり，彼らが新たに中国を支配することになるのである。

問1　文中の空欄　a　～　g　に入る最も適切な語句を，下記の語群からそれぞれ一つ選び，その数字を答えよ。
　　〔語群〕
　1. 安徽　　　**2**. 燕　　　　**3**. 王重陽　　**4**. 王守仁　　**5**. 欧陽脩
　6. 会館　　　**7**. 徽州　　　**8**. 公館　　　**9**. 顧炎武　　**10**. 故宮
　11. 朱熹　　　**12**. 城郭　　　**13**. 商館　　　**14**. 新安　　　**15**. 趙
　16. 長城　　　**17**. 李贄　　　**18**. 魯　　　　**19**. 1368　　　**20**. 1351

問2　下線部(1)について，空欄　A　に入る皇帝の治世に定められた統治機構に関する記述として間違っているものを，以下の**a**～**e**から一つ選び，その記号を答えよ。
　a. 唐の府兵制を模範に衛所制をつくり，衛所の兵役は軍戸が負担した。
　b. 中書省を廃止し，それまで中書省が管轄していた六部を皇帝直属にした。
　c. 里甲制を定め，里長，甲首は1年交代で租税徴収や治安維持などにあたった。
　d. 農民などから成る民戸は，戸籍・租税の台帳となった賦役黄冊に記載された。
　e. 土地台帳である魚鱗図冊を作成し，里長，甲首に10年ごとに作り直させた。

問3　下線部(2)について，「六諭」に含まれないものを，以下の**a**～**e**から一つ選び，その記号を答えよ。

a．和睦郷里　　　　**b**．各安生理　　　　**c**．母作非為　　　　**d**．兼愛非攻

e．孝順父母

問4　下線部(3)について，朱棣（永楽帝）に関する記述として<u>間違っているもの</u>を，以下の**a**〜**e**から一つ選び，その記号を答えよ。

a．新しい宮城として，紫禁城を造営した。

b．甥の建文帝に反旗をひるがえし，北京を占領して帝位についた。

c．内閣を組織し，翰林院から才能のあるものを選んで補佐役とした。

d．四書五経の注釈書である『四書大全』『五経大全』の編纂を命じた。

e．宦官を重用したが，南海遠征を命じた鄭和もそのうちの一人である。

問5　下線部(4)について，15世紀以降のモンゴル勢力に関する記述として正しいものを，以下の**a**〜**d**から一つ選び，その記号を答えよ。

a．オイラトのエセンによる侵攻を受け，正統帝は明軍を率いて親征したが，土木堡で捕らえられた。

b．タタールのダヤン゠ハンは，チベット仏教を信仰し，ゲルク派の高僧にダライ゠ラマの称号を贈った。

c．オイラトのアルタン゠ハンは，タタールと抗争してモンゴル勢力を統合し，オイラトの全盛時代を築いた。

d．タタールのアルタン゠ハンは，明との交易を求めたが，明が応じないため，長年にわたり辺境に侵攻し，一時は南京を包囲した。

問6　下線部(5)について，この頃に海禁を緩める措置がとられた背景に関する記述として正しいものを，以下の**a**〜**d**から一つ選び，その記号を答えよ。

a．日本人を主体とする海賊集団が略奪を繰り返した。

b．倭寇の頭目であった王直が率いる密貿易集団が略奪を繰り返した。

c．台湾を拠点に私貿易で富を築いた鄭成功父子による暴動が起きた。

d．海関を設けて徴税したため，中国人を主体とする海賊集団による暴動が起きた。

問7　下線部(6)について，明代の商品作物や手工業に関する記述として正しいものを，以下の**a**〜**d**から一つ選び，その記号を答えよ。

a．江南の諸都市では商取引だけでなく手工業も盛んに行われたが，とくに蘇州は絹織物の一大産地として大いに繁栄した。

b．重要な輸出品であった陶磁器の装飾技術が発展し，従来の赤絵から，染付といわれる華麗な彩色を施した陶磁器の生産が増えた。

c．広西省の景徳鎮は，古来，陶磁器の生産地として有名であったが，明代には政府直営の工場が建てられ，中国随一の窯業都市として繁栄した。

d．湖南省や広東省を中心とする長江中流域の開発が進むと，下流域に代わり穀倉地帯として発展し，「湖広熟すれば天下足る」という言葉が生まれた。

問8　下線部(7)について，明代後期の政治運動に関する記述として正しいものを，以下の**a**〜**d**から一つ選び，その記号を答えよ。

a．東林書院は，内閣大学士の魏忠賢による大弾圧を受けて閉鎖された。

b．顧憲成の死により政争が落ち着くと，翌年には魏忠賢も失脚し自殺した。

c．東林書院は，かつて六朝時代に在野の賢人たちが清談を行った場所だった。

d．万暦帝の時に免職された顧憲成は，郷里の江蘇省無錫に東林書院を再興した。

問9　文中の空欄　A　に入る最も適切な人名を答えよ。

問10　下線部(a)について，14世紀にチベット仏教の改革を進め，ゲルク派を創設した人物は誰か。その人名を答えよ。

問11　下線部(b)について，この税制を何と呼ぶか。その名称を答えよ。

問12　下線部(c)について，北宋末期に梁山泊に集った義士達が権力に立ち向かう武勇を描いた小説が「古今の至文」と高く評価されたが，この小説は何か。その作品名を答えよ。

（法政大〈文・経営〉）

28 清の建国〜滅亡

　16世紀末，中国東北部に住む女真は，明による間接統治を受けていたが，(1)次第に勢力を拡大して東北部を統一すると，民族名を満州に改め，1636年には国号を清とした。1644年，李自成の乱による明滅亡の知らせを受け，清のドルゴン軍は明の武将呉三桂の先導で山海関から中国内地に進み，反乱軍を打ち破って紫禁城への入城を果たした。　A　から北京へ遷都し，幼少の順治帝は突如として満州族の世界から中華世界の頂点に立つことになった。

　清は，その支配体制において明の諸制度を踏襲し，自分たちは明の継承者であることや統治の正統性を強調し，同時に明の残存勢力や流賊の討伐などを行い，内地の平定につとめた。中でも，(2)台湾を根拠地に明の復興を唱えた鄭氏は，最後まで清に反抗を続けたが，1683年に降伏すると，清は台湾を編入して直轄領とし，ここに内地統治の基礎が固められた。

　しかし，中華思想にもとづく漢人による，異民族支配への抵抗は決して解消されることはなく，そのため，清は政策においては満漢併用制の採用や，中国文化を継承し擁護するという名目のもと(a)大規模な編纂事業を行うなど，漢人を尊重した懐柔策をとりながら，反満・反清思想を統制するための文字の獄や禁書などの威圧策を実施した。そのほかにも，従来の税制を簡略化し，民からの税収の安定的な確保を図った　ア　の採用や，後に皇帝直属の最高諮問機関となった　イ　の設置，地方官が皇帝に直接上奏文を送ることができる奏摺制度の施行など，中央集権制を整備しながら皇帝主導の政治を可能にしていった。このような内政面の充実と財政の安定を基盤に，(3)数多くの外征を重ねて領土を拡大し，1750年代には最大版図を造りあげた。モンゴル，チベット，新疆などの藩部に対しては，　ウ　の監督下での自治権を認める間接統治を行い，朝鮮，ベトナム，タイ，ビルマなどは朝貢国とし，冊封体制の下で交易

を行った。

　一方で，宣教師として布教活動に訪れたイエズス会士は，西洋の新しい学問，科学技術，芸術などをもたらした。清はそれらを積極的に取り込み，彼らを外国人官吏のように扱うなど，(4)宣教師は清の政治，文化にとって多大な貢献を果たした。

　18世紀後半，外国貿易においては，貿易港を　B　一港に限定するなど厳しい制限を設けたが，19世紀になると門戸開放を迫る欧米諸国による軍事的外圧が激化していった。1840年に勃発したアヘン戦争では，清はイギリスの圧倒的な軍事力の前に惨敗し，南京条約で　B　など五港の開港を認め，次いで1856年に　B　で起きたアロー号事件に端を発する英仏連合軍との(5)アロー戦争にも敗北すると，沿岸開港場の増加要求を受けて新たに十港を開放し，1860年には　C　も追加で開港することが決められた。

　その間，国内では十年の長きにわたって(6)太平天国による反乱が続き，またそれと呼応するように各地で連鎖的に反乱が起こり，度重なる内憂外患で国力は疲弊した。これらの反乱が鎮圧されると，(b)社会も外交も一時的に安定を取り戻し，富国強兵と経済再建を目指す(c)洋務運動が推進された。その後，変法派が現れて保守的な洋務運動を批判し，急進的な政治改革の必要性を訴えて実行に移したが，(d)西太后を中心とする保守派の武力弾圧により，その改革はあえなく頓挫した。20世紀に入り，清朝の改革は(7)光緒新政として実行されたが，既に遅きに失し，清朝打倒の気運が高まる中，1911年10月10日，湖北省　D　での新軍の蜂起に端を発した辛亥革命によって，清の統治は終結を迎えた。

問1　文中の空欄　A　～　D　に入る最も適切な語句を，下記の語群からそれぞれ一つ選び，その数字を答えよ。

　〔語群〕

　1．上海　　　**2**．寧波　　　**3**．南京　　　**4**．香港　　　**5**．大連

　6．天津　　　**7**．広州　　　**8**．盛京　　　**9**．福州　　　**10**．武昌

　11．厦門　　　**12**．旅順　　　**13**．カラコルム　　　**14**．アルバジン

　15．カシュガル

問2　文中の空欄　ア　～　ウ　に入る最も適切な語句を，下記の語群からそれぞれ一つ選び，その数字を答えよ。

　〔語群〕

　1．都察院　　　**2**．一条鞭法　　　**3**．理藩院　　　**4**．両税法

　5．衛所制　　　**6**．軍機処　　　**7**．六部　　　　　**8**．内閣

　9．地丁銀制　　**10**．御史台　　　**11**．枢密院　　　**12**．佃戸

問3　下線部(1)について，ヌルハチとホンタイジの事績に関する記述として正しいものを，以下の**a**～**d**から一つ選び，その記号を答えよ。

　a．ヌルハチは，1616年にサルフでの明軍との直接対決に勝利すると，女真諸部族

を統一してアイシン国を建国した。

b．ヌルハチは，女真の言語を表記するために女真文字の制作を命じ，それらを応用して満州文字が作られた。

c．ホンタイジは，内モンゴルへの侵攻を進めて1635年にチャハルを平定すると，翌年には国号を清に改めた。

d．ホンタイジは，八旗制を創設し，後に満州八旗，蒙古八旗，漢軍八旗の三民族からなる体制に編成した。

問4　下線部(2)について，鄭氏一族に関する記述として間違っているものを，以下の**a〜d**から一つ選び，その記号を答えよ。

a．鄭成功は，江戸時代に近松門左衛門が著した浄瑠璃『国性(姓)爺合戦』の，主人公のモデルにもなった。

b．鄭成功は，東洋貿易の拠点として台湾を統治していたポルトガル人を駆逐し，台湾を占領した。

c．鄭成功の母親は日本人であり，鄭成功も明の滅亡後に日本に援軍を求めたことがあった。

d．鄭成功の勢力を孤立させるため，清は沿海地域の住民を内陸に移住させる遷界令を発布した。

問5　下線部(3)について，17世紀後半から18世紀における清の領土支配に関する記述として正しいものを，以下の**a〜d**から一つ選び，その記号を答えよ。

a．康熙帝は，東トルキスタン一帯の地域を支配し，その地を「新疆」と呼んだ。

b．康熙帝は，ロシアとキャフタ条約を結び，アルグン川と外興安嶺を両国の国境とした。

c．乾隆帝は，ロシアとネルチンスク条約を結び，モンゴル地区における両国の国境を画定した。

d．乾隆帝は，ジュンガルの根拠地であるイリ地方を制圧し，藩部に組み入れた。

問6　下線部(4)について，清におけるイエズス会宣教師に関する記述として正しいものを，以下の**a〜d**から一つ選び，その記号を答えよ。

a．スペイン出身のカスティリオーネは，宮廷画家として多くの作品を残し，西洋画法を紹介した。また，ルネッサンス様式の宮殿建築としても有名な円明園の設計にも参加した。

b．フランス出身のブーヴェは，乾隆帝に仕えて暦法作成に貢献し，天文台の長官をつとめた。また，レジスらとともに実測にもとづく初の中国全図『皇輿全覧図』を完成させた。

c．ベルギー出身のフェルビーストは，中国名を南懐仁といい，康熙帝に信任されて西洋の暦法の採用や大砲の鋳造などに活躍した。また，世界地図である『坤輿全図』を作成した。

d．中国人信者が中国の伝統的儀礼(典礼)に参加するのをローマ教皇が禁止したこ

とを受けて，雍正帝はイエズス会以外の宣教師を国外退去させた。

問7　下線部(5)について，アロー戦争に関する記述として間違っているものを，以下のa～dから一つ選び，その記号を答えよ。

　a．恭親王奕訢はアロー戦争の事後処理を担当し，総理各国事務衙門の創設にも努め自らその首席となった。

　b．天津条約の批准書交換の際に再び戦争となり，改めて北京条約が結ばれた。

　c．北京を占領した英仏連合軍は，円明園を徹底的に破壊し，略奪を行った。

　d．戦後，北京の公使館区域防衛のための駐兵権，外国人の内地旅行の自由化などが認められた。

問8　下線部(6)について，太平天国に関する記述として正しいものを，以下のa～dから一つ選び，その記号を答えよ。

　a．1853年に南京を占領すると，平京と改称して都とし，天朝田畝制度，租税の軽減，辮髪や纏足を禁止する政策を打ち立てた。

　b．清の正規軍だけでは反乱の鎮圧はかなわず，湘軍や准軍などの郷勇やゴードン率いる常勝軍が鎮圧において重要な役割を果たした。

　c．西洋の宗教の影響を受けて組織された宗教結社である上帝会を中心に樹立され，「滅洋興漢」をスローガンにして民衆の支持を集めた。

　d．弥勒仏が救世主として現れる下生信仰と結びついて大きな勢力となった白蓮教が樹立し，「弥勒下生」を唱えて貧困農民の支持を集めた。

問9　下線部(7)について，光緒新政の内容に関する記述として正しいものを，以下のa～dから一つ選び，その記号を答えよ。

　a．1905年，科挙を廃止した。

　b．1908年，8年以内の憲法制定と国会開設を公約した。

　c．フランス共和国憲法を模範にした憲法大綱を発表した。

　d．「中体西用」にもとづく立憲君主制を樹立した。

問10　下線部(a)について，乾隆帝の命により紀昀らが編纂した中国最大の叢書の名称を答えよ。

問11　下線部(b)について，内政・外交の小康期であるこの時代の治世を何と呼ぶか答えよ。

問12　下線部(c)について，洋務運動は漢人官僚が主導となって推進したが，そのうちの一人は准軍を組織した人物でもある。この人物の名前を答えよ。

問13　下線部(d)について，西太后とともに戊戌の変法を弾圧したある人物は，日清戦争後には新軍(新建陸軍)の整備にも携わり，やがて清朝最大の実力者となった。この人物の名前を答えよ。

（法政大〈法・文〉）

29 建国～18世紀のオスマン帝国

次の文章を読み, (1)～(10)の設問について〔　　　〕内の語句から最も適切と思われるものを選び, その記号を答えなさい。

オスマン帝国は, 13世紀末, イスラーム世界とビザンツ世界のせめぎあう(1)〔①アナトリア　②ソグディアナ　③パンジャーブ　④マグリブ〕の西北に出現した。その後バルカンへと発展し, 16世紀には, 地中海世界の約4分の3を支配するにいたった。

その首都イスタンブルは, オスマン帝国の最盛期, 50万もの人口を擁していたといわれる。市内中心部には, 第1次ウィーン包囲を敢行して全ヨーロッパに衝撃を与え, かつオスマン帝国の最盛期を現出させた(2)〔①メフメト2世　②スレイマン1世　③バヤジット2世　④アブデュルハミト1世〕の命により建造された壮麗なモスクがある。このモスクの設計者は, (2)のもとで建設長官をつとめ, 数多くの名建築を手がけた(3)〔①ブーヴェ　②シナン　③ラシッド＝ウッディーン　④ナーナク〕であった。

(3)は, 被征服地の優秀な男子を徴用し官僚として養成する(4)〔①マンサブダール　②ティマール　③ザミンダーリー　④デヴシルメ〕制をつうじて宮廷に入り, 建築家として活躍した。オスマン朝を支えたスルタン直属の常備軍として名高い(5)〔①イェニチェリ　②テマ　③イクター　④アミール〕もまた, (4)をつうじて徴用された兵士が中心であった。(5)は当初2000名程度にすぎなかったが, 帝国の拡大とともにしだいに増強され, (2)の時代には1万2千名ほどにたっした。「スルタンの奴隷」とも称される(5)は, 厳格な規律を持つことで知られるが, しだいに火砲や銃器を装備し, 強力な精鋭部隊としてオスマン帝国の征服事業を支えた。こうした軍事力に支えられつつ, 1517年には, マムルーク朝を滅亡に追い込み, メッカやメジナを掌握するイスラーム世界の覇者となった。

強勢を誇った(5)も, 18世紀に入り, 平和な時代が続くなかでしだいに軍紀が弛み, 各都市で商業活動に従事する者も現れた。たとえば, コーヒーハウスの経営はその一つであった。イスタンブルでヨーロッパにさきがけてコーヒーハウスが登場したのは, 16世紀なかばのことであった。もともとコーヒーは, 15世紀頃, イエメンの(6)〔①ウラマー　②スーフィー　③カーディー　④カリフ〕たちの間で使用されたのが最初であるといわれている。修行により神との一体化をめざす彼らにとって, コーヒーは精神を高揚させ, 人々を陶酔に導く魅惑的な飲料であったのである。しかし, 修行の一助として用いられたコーヒーはその後コーヒーハウスにおいて供給されるようになり, コーヒーハウスは(7)〔①スーク　②ハンマーム　③マドラサ　④バザール〕と呼ばれた公共浴場とならんで, 人々が気軽に立ち寄れる重要な社交の場となった。

18世紀に入り, コーヒーハウスの数が増えるにともない, コーヒーへの需要が増大していくと, イエメン産のコーヒーだけではその消費を満たすことができなくなった。そこで(8)〔①イギリス　②オランダ　③フランス　④スペイン〕商人たちは, 増大する

需要を見越してオスマン帝国へのコーヒーの輸出を有利に進めるために，1569年，セリム2世が(8)に与えた(9)〔①カピチュレーション　②タンジマート　③ギュルハネ　④トラスト〕を改訂させ，種々の通商上の特権を獲得することに成功した。これにより，(8)商人は，繊維など劣勢に立たされていた業種での市場参入が可能となったが，同時に，オスマン帝国居住のカトリック教徒もまた(8)の「保護民」として特権を享受する道が開かれていくことになった。じじつ，19世紀に入り，カトリック教徒の宗教共同体は，しばしば(8)の外交上の支援を得ることで，ギリシア正教，ユダヤ教などとならんで，(10)〔①アーヤーン　②カーヌーン　③ミッレト　④シパーヒー〕として宗教上の自治を認めさせ，自立性を強めていくことになったのである。

（学習院大〈経済〉　改）

30 インドのイスラーム化～ムガル帝国

　現在，世界の人口の約四分の一が(a)イスラーム教徒(ムスリム)である。一般に，ムスリムは中東地域に多く住んでいると思われているが，世界の国のなかでも第1位のムスリム人口を有する国は，(b)インドネシアである。次いで第2位から第4位までは，パキスタン，インド，バングラデシュで合わせて約7億人のムスリムが東南アジア・南アジア諸国に住んでいる。

　南アジアへのイスラームの到来は，712年ごろ(c)ウマイヤ朝軍が海路からインダス川中流域まで進んだことに遡るといわれる。それ以前からアラビア半島と南アジア地域との間で海路による人々の往来があったがイスラームの拡大とともに，陸路によるムスリムの南アジアへの流入が活発になった。

　10世紀半ばには(d)サーマーン朝のマムルークがアフガニスタン東部にガズナ朝を建国した。12世紀半ばには，ガズナ朝にかわってゴール朝がおこり，北インドにイスラーム支配の基礎を築いた。ゴール朝のマムルーク出身　ア　は1206年に自立しインド初のイスラーム王朝となる奴隷王朝をたてた。以後，デリーを首都とする5王朝はデリー＝スルタン朝と呼ばれている。

　1526年，バーブルは北インドに進出し，最後のデリー＝スルタン朝であるロディー朝を倒して，ムガル帝国をたてた。ムガル帝国はイスラーム王朝であるが，大多数の住民はヒンドゥー教徒だった。16世紀初頭には，ヒンドゥー教のバクティ信仰とイスラームとを融合したシク教が　イ　によって創始された。また第3代皇帝(e)アクバルはヒンドゥー教徒に対して融和政策をとった。

　第5代皇帝(f)シャー＝ジャハーンは，デカン高原の地方政権を服属させて，帝国の安定期をもたらし，帝国はインド・イスラーム文化の円熟期を迎えた。17世紀ごろのインドでは(g)綿織物・絹織物などの商工業が発展した。インドの綿織物は，イギリス・フランスそれぞれが設置した東インド会社を通じて，ヨーロッパに輸出された。

　第6代皇帝アウラングゼーブは，インド南部も支配下に置いたが，よりイスラーム

に忠実な政治を推進したため抵抗にあい(h)同皇帝以後のムガル帝国の支配は不安定となり，帝国は分裂した。イギリス東インド会社は，18世紀後半から19世紀前半にかけて相次ぐ戦いに勝利した。

　1857年，東インド会社のインド人傭兵が反乱をおこし，首都デリーを占領した。これは，農民・商工業者，旧支配層・旧地主層を巻き込んだイギリスに対する大反乱に発展したが，イギリスによって撃破された。1858年，ムガル帝国は滅亡し，イギリスは東インド会社を解散して，(i)インドを本国政府の直轄統治下においた。イギリスのインド統治は基本的には既存の宗教やカーストの分断を拡大し，固定化する方針のもとに進められた。

　第一次世界大戦においても，インド兵は「イギリス軍」として従軍したにもかかわらず，戦後，イギリスは戦争協力の見返りとして約束したインド人による自治を認めなかった。しかし第二次世界大戦で疲弊したイギリスは，インドの植民地支配を継続する力を失った。

　1947年，(j)ヒンドゥー教徒が多数を占めるインドとムスリムを中心としたパキスタンとが，イギリスからそれぞれ分離・独立した。とはいえ，今日のインドには，約1億6千万人のムスリムが少数派としてヒンドゥー教をはじめとする他宗教教徒と共存している。そこでは宗教・宗派を問わず参詣の対象となっている聖者も存在するという。

問1　空欄(ア)，(イ)に入る語句として，最も適切なものをそれぞれ一つ選びなさい。

　(ア)　**A**．シヴァージー　　　**B**．アイバク　　　**C**．マフムード
　　　　D．ジャラールッディーン

　(イ)　**A**．ヴァルダマーナ　　　**B**．ジンナー　　　**C**．カビール
　　　　D．ナーナク

問2　下線部(a)に関して，**誤りを含むもの**を一つ選びなさい。

　A．イスラームとは唯一神アッラーへの絶対帰依を意味する。

　B．イスラームではモーセもイエスも預言者と考えられている。

　C．聖典『クルアーン（コーラン）』は預言者ムハンマドの言行を記録したものである。

　D．イスラーム王朝支配下ではユダヤ教徒やキリスト教徒は，「啓典の民」として保
　　　護された。

問3　下線部(b)のジャワ島に関連して，**誤りを含むもの**を一つ選びなさい。

　A．8世紀，中部ジャワに古マタラム朝が成立した。

　B．8世紀後半，ヒンドゥー教のボロブドゥール寺院が造営された。

　C．10世紀以降，インド文化を吸収した独自の文化が花開き，ワヤンと呼ばれる影
　　　絵人形劇が発達した。

　D．13世紀末には元軍の襲来を受けた。

問4　下線部(c)の時代の出来事として，最も適切なものを一つ選びなさい。

A．バグダードを首都として王朝がひらかれた。

B．ウマイヤ朝軍がトゥール・ポワティエ間の戦いでフランク軍に勝利した。

C．カリフの選出が世襲化された。

D．非アラブ人もアラブ人と同様にムスリムの特権を得た。

問5　下線部(d)に関する説明として，最も適切なものを一つ選びなさい。

A．イラン系ムスリムの王朝で，首都はブハラである。

B．イラン系ムスリムの王朝で，首都はサマルカンドである。

C．トルコ系ムスリムの王朝で，首都はブハラである。

D．トルコ系ムスリムの王朝で，首都はサマルカンドである。

問6　下線部(e)とその治世に関する説明として，**誤りを含むもの**を一つ選びなさい。

A．マンサブダール制と呼ばれる官僚制を整えた。

B．ラージプート諸侯の王女と結婚した。

C．側近に，治世時代について『王の書』を記述させた。

D．新都市アグラを建設し，首都とした。

問7　下線部(f)が王妃の死をいたんで建てた墓廟として，最も適切なものを次の図版
の中から一つ選びなさい。

A．

B．

C．

D．

問8　下線部(g)に関する説明として，**誤りを含むもの**を一つ選びなさい。

A．キャラコという綿布の名称は，積出港であるカリカットに由来する。

B．イギリスの産業革命は，綿織物の国産化を実現する過程で始まった。

C．江戸時代の日本では，模様を多色で染めたサラサ(更紗)が珍重された。

D．18世紀のヨーロッパでは綿織物より毛織物の需要が高かった。

問9　下線部(h)に関連した出来事(あ)～(え)を古い順に並べたものを一つ選びなさい。

(あ)　人頭税(ジズヤ)が復活した。

(い)　デカン高原のマラーター同盟がイギリスに敗れて崩壊した。

(う)　プラッシーの戦いでイギリス東インド会社軍がベンガル太守軍を破った。

(え)　イギリスがコルカタ(カルカッタ)に商館を建設した。

　　A．(あ)→(え)→(い)→(う)　　　　**B**．(え)→(あ)→(い)→(う)

　　C．(え)→(あ)→(う)→(い)　　　　**D**．(あ)→(え)→(う)→(い)

問10　下線部(i)の後に起こった出来事(あ)～(え)を古い順に並べたものを一つ選びなさい。

(あ)　イギリスが，ローラット法を施行した。

(い)　ヴィクトリア女王がインド皇帝を兼ねるインド帝国が誕生した。

(う)　イギリスが，インド国民会議を主催した。

(え)　イギリスが，ベンガル分割令を公布した。

　　A．(い)→(う)→(え)→(あ)　　　　**B**．(う)→(い)→(あ)→(え)

　　C．(え)→(あ)→(い)→(う)　　　　**D**．(あ)→(え)→(う)→(い)

問11　下線部(j)に関連して，**誤りを含むもの**を一つ選びなさい。

A．パンジャーブ州とベンガル州ではほぼ中央に国境線がひかれ，難民が発生した。

B．ガンディーはヒンドゥー・イスラーム両教徒の融和を追求した。

C．インドの初代首相はタゴールである。

D．1971年，東パキスタンはバングラデシュとして独立した。

(明治大〈文〉)

31 ｜ 大航海時代とポルトガル

以下の文章の空欄　(1)　から　(7)　に入る最も適切な語句を語群から選び，その番号を答えなさい。また，下線部(ア)から(オ)に関連する**設問1から5**について指示に従って番号を選びなさい。

　ヨーロッパ最西端の国ポルトガルでは，大航海時代を「この国の歴史が世界史であった時代」と称する。この国の世界進出は15世紀にさかのぼる。その頃，オスマン帝国の勢力が地中海に伸張し，　(1)　貿易が困難となっていた。ポルトガルは，新たな貿易ルートとして(ア)アフリカ西海岸探索を進め，インド航路開拓を模索した。1497年にリスボンを出港したヴァスコ＝ダ＝ガマは，喜望峰を経由し，アフリカ東海岸の　(2)　で水先案内人を雇い，1498年インドのカリカットに到達した。当時の南インドにはヒンドゥー教の　(3)　王国があったが，カリカットはムスリム商人の勢力下にあった。

　インドにおける香辛料貿易からイスラーム勢力を排除するために，初代インド総督に任命されたアルメイダは，　(4)　王国で産出された金の交易地ソファラをはじめ，東アフリカの主要な交易地を次々と制圧していった。その後，第二代インド総督に任命されたアルブケルケは，南アジアの各地を勢力下におさめ，アジア地域との貿易網を拡大した。アジアの植民地分界線を定めるためにスペインとの間に　(5)　条約を締結した結果，ポルトガルは(イ)希少な香辛料の産地である(ウ)モルッカ諸島における交易権を認められ，(エ)香辛料の貿易で栄華を極めた。

　同時期，ポルトガルは黒人奴隷貿易の拠点を黄金海岸の　(6)　に設け，大西洋奴隷貿易を展開した。植民地化したブラジルでは大規模なサトウキビ＝プランテーションを始め，その労働力となったのは，アフリカから大量に供給された(オ)黒人奴隷であった。大航海時代のこのような貿易は，ポルトガルに大きな利益をもたらした。

　しかし，ポルトガルの栄華は長くは続かなかった。1515年以来ポルトガルが占領していた　(7)　島は，1622年にアッバース1世により奪取され，ポルトガルはペルシア湾における貿易の拠点を失った。香辛料貿易の利権も，次第にオランダの手に握られるようになった。

[**設問1**]　下線部(ア)に関連して，　(8)　に入る最も適切な語句を語群から選びなさい。
　　　1415年，ポルトガルはアフリカ進出の準備を整えるべく，アフリカ西北岸の都市　(8)　を攻略した。
[**設問2**]　下線部(イ)に関連して，　(9)　に入る最も適切な語句を語群から選びなさい。

当時モルッカ諸島でのみ産出されていた香辛料はクローヴと　(9)　である。

［設問3］　下線部(ウ)に関連して，1623年，イギリスとオランダは香辛料の利権をめぐってモルッカ諸島で対立し，その後イギリスはこの地域から撤退した。両国の当時の貿易活動について誤っている記述を以下から選び，その番号を答えなさい。

［01］　イギリス東インド会社は，モルッカ諸島から撤退したのちインドへ進出しキャラコと呼ばれる綿織物を輸入したため，本国の毛織物業者と対立した。

［02］　オランダはケープ植民地をアフリカ南端に建設し，インド航路を押さえた。

［03］　オランダ東インド会社はアンボイナに置いた最初の拠点を，その後スマトラ島のバタヴィアへ移した。

［04］　1621年に西インド会社を設立したオランダはアシエントを獲得し，ポルトガル商人に代わって，大西洋黒人奴隷貿易を展開した。

［05］　オランダ東インド会社は1641年にマラッカを奪取し，ポルトガルに対して優位を確立した。

［設問4］　下線部(エ)に関連して，　(10)　に入る最も適切な語句を語群から選びなさい。
　　ポルトガルが香辛料貿易で栄えていた16世紀，ポルトガルの影響力下にあった貿易ルートを避け，インド商人やアラビア商人は　(10)　海峡を通り，インド洋からジャワ海に入るルートを開拓した。

［設問5］　下線部(オ)に関連して，黒人奴隷貿易に依存して経済発展を遂げたアフリカの代表的な国の一つにダホメ王国がある。ダホメ王国について最も適切な記述を以下から選び，その番号を答えなさい。

［01］　モロッコのサアド朝軍の攻撃で崩壊した。

［02］　英領ナイジェリアに編入された。

［03］　フランスによって植民地化された。

［04］　19世紀初めにブニョロ王国の支配から脱した。

［05］　首都トンブクトゥはサハラ縦断交易の拠点として繁栄した。

〔語群〕

01. アクスム	02. アデン	03. アレクサンドリア
04. アワド	05. イスファハーン	06. ヴィジャヤナガル
07. ウガンダ	08. エルミナ	09. ガオ
10. カディス	11. ガーナ	12. カーボ・ヴェルデ
13. カルダモン	14. ガレオン船	15. 季節風
16. キャラヴァン	17. キルワ	18. グラナダ
19. 胡椒	20. コリアンダー	21. サラゴサ
22. ザンジバル	23. シエラレオネ	24. シナモン
25. ジブラルタル	26. ジャンク船	27. シンガポール
28. ジンジャー	29. スンダ	30. セウタ
31. セビリャ	32. ソンガイ	33. ダウ船

34. トルデシリャス	35. トレド	36. ナツメグ
37. ベニン	38. ホルムズ	39. マイソール
40. マカッサル	41. マスカット	42. マドリッド
43. マラケシュ	44. マラーター	45. マリ
46. マリンディ	47. ムガル	48. メロエ
49. モガディシュ	50. モノモタパ	51. モンバサ
52. ラージプート	53. レヴァント	54. ロンボク

（慶應義塾大〈法〉 改）

32 ｜ルネサンスと宗教改革

以下の文章を読み，下線部(1)〜(5)に関する問いについて，**a** 〜 **d** の選択肢の中から答えを1つ選びなさい。また，波線部**A**に関する問いに答えなさい。

中世後期に始まる<u>ルネサンス(1)</u>は，それまでローマ＝カトリック教会によって強く規制されていた文化や思想を，<u>ヒューマニズム（人文主義）(2)</u>の原理に従って解放し，革新しようとする文化運動だったが，ローマ教皇を頂点とするカトリック教会の権威そのものを否定することはなかった。

これに対して，2017年に開始500周年を迎えた<u>宗教改革(3)</u>は，カトリック教会の定めるキリスト教の教義を批判し，<u>新教の各派**A**</u>を生み出したのみならず，世俗社会のすみずみまでを支配していた教会のあり方に大きな変更を求めるものだった。そこには，<u>カトリック教会との対立(4)</u>と同時に，封建勢力に対抗して，<u>本格的な社会進出を開始した市民層(5)</u>が求めた新しい宗教の形が色濃く反映されていた。

(1) ルネサンスについて，正しい説明はどれか。

a. コペルニクスは，プトレマイオスの地動説に基づき，教会が教える天動説を否定した。

b. シエナ生まれのダンテは，トスカナ語により『神曲』を著した。

c. ラファエロは，システィナ礼拝堂の壁に「最後の審判」を描いた。

d. ルネサンス様式の建築では，円形ドームなどの古典古代的な建築要素が多く取り入れられた。

(2) ヒューマニズム（人文主義）の内容としてふさわしくないものはどれか。

a. ギリシア・ローマの古典研究　　　**b**. 「祈り，働け。」

c. 人間理性の尊重　　　　　　　　　**d**. ビザンツ帝国の学者の影響

(3) 宗教改革について，正しい説明はどれか。

a. ジュネーヴでは，カルヴァンの思想に基づいて，禁欲的な神権政治がおこなわれた。

b．チューリッヒの改革者ツヴィングリは，『ユートピア』を著した。

c．ミュンツァーが指導したドイツ農民反乱軍は，一貫してルターに支持されていた。

d．アウクスブルクの和議により，諸侯は，カトリック派，ルター派，カルヴァン派のいずれかを選択し，採用することができるようになった。

(4) カトリック側の改革は対抗宗教改革と呼ばれるが，その内容としてふさわしくないものはどれか。

    a．宣教師の明朝中国への派遣

    b．禁書目録の作成

    c．宗教裁判の開始

    d．フランシスコ＝ザビエルらが参加したイエズス会の創設

(5) 16〜17世紀の都市民の経済活動について述べた次の文①と②の正誤の組合せとして，正しいものはどれか。

    ① オランダ独立戦争後，アントウェルペンは，アムステルダムに代わり国際金融の中心となった。

    ② ポルトガルは，ゴアやマカオを商業活動の拠点とし，20世紀に返還するまでこれらの都市を支配した。

    a．①－正　②－正　　　**b**．①－正　②－誤

    c．①－誤　②－正　　　**d**．①－誤　②－誤

設問A　ネーデルラントにおける，カルヴァン派の呼称を記せ。

（早稲田大〈教育〉　改）

33 ドイツにおける宗教改革

　宗教改革のはじまりは，ドイツにある（　a　）の神学教授であるマルティン・ルターの行動まで遡る。ルターは，1517年，魂の救いが①<u>福音信仰</u>のみによるという確信を持ち，95カ条の論題を発表した。

　当時，メディチ家出身の②<u>教皇</u>は，ドイツでも贖宥状を売り出していた。これは，神聖ローマ帝国が分裂状態にあり，組織的抵抗力が弱かったために，教皇が政治的な干渉や財政上の搾取をしやすい状況にあったためである。このようなドイツの状態は，（　b　）と揶揄されていた。贖宥状を販売する際，宣教師は「お金が箱の中に投げ入れられる音とともに，魂は救われる」と宣伝したが，②<u>教皇</u>はカトリックの総本山である（　c　）大聖堂の新築費用を調達するために，教会への喜捨などの善行を積めば，その功績によって過去に犯した罪も赦されると説明していた。

　1521年，ルターは②<u>教皇</u>から破門されたものの，③<u>『新約聖書』</u>のドイツ語訳を完成させた。民衆がキリストの教えに直接接することができるようになったのは，この完成による。この頃，（　d　）や共有社会の実現などを求める（　e　）を指導して処刑

されたのが，宗教改革者のミュンツァーであった。

　その後のドイツでは，皇帝が，しばしばルター派と妥協しなければならない事態に直面した。それは，イタリア戦争やウィーン包囲などの国際情勢の影響のせいであった。旧教徒（カトリック）と新教徒（プロテスタント）の間の争いは，（　ｆ　）にまで発展したものの，④1555年に和議が成立した。

問１　（　ａ　）に入る大学名として最も適切なものを，次の選択肢の中から１つ選びなさい。

　　１．サレルノ大学　　　　**２**．マンハイム大学　　　　**３**．ボローニャ大学

　　４．ヴィッテンベルク大学

問２　下線部①に関連して，最も適切な文章を，次の選択肢の中から１つ選びなさい。

　　１．魂の救済は，信仰によってのみ可能である。

　　２．原罪を持たない人間は，神の恩寵なしに救われる。

　　３．ルターは，信仰よりも善行を上位に位置づけた。

　　４．人は信仰によるだけでは義とされない。

問３　下線部②の教皇の名前として適切なものを，次の選択肢の中から１つ選びなさい。

　　１．グレゴリウス７世　　　　**２**．ボニファティウス８世　　　　**３**．レオ10世

　　４．プラノ・カルピニ

問４　（　ｂ　）に入る言葉として最も適切なものを，次の選択肢の中から１つ選びなさい。

　　１．ローマの奴隷　　　　**２**．ローマの臣民　　　　**３**．ローマの牝牛

　　４．ローマの財布

問５　（　ｃ　）に入る大聖堂の名前として適切なものを，次の選択肢の中から１つ選びなさい。

　　１．シャルトル　　　　**２**．ケルン　　　　**３**．ピサ　　　　**４**．サン・ピエトロ

問６　下線部③に関連する文章として適切なものを，次の選択肢の中から１つ選びなさい。

　　１．ルターは，カール５世に模範議会に呼び出されたが，自説を撤回しなかった。

　　２．ルターは，ザクセン選帝侯の保護を受けた。

　　３．ルターの教えを採用した諸侯は，修道院の建築を進めた。

　　４．ルターの教えを採用した諸侯は，農民の蜂起に同情的だった。

問７　（　ｄ　）に入る事項として適切なものを，次の選択肢の中から１つ選びなさい

　　１．ルネサンス　　　　**２**．農奴制の廃止　　　　**３**．ヒューマニズム

　　４．商業革命

問８　（　ｅ　）に入る事項として適切なものを，次の選択肢の中から１つ選びなさい。

　　１．教皇のバビロン捕囚　　　　**２**．フス戦争　　　　**３**．ワットタイラーの乱

4．ドイツ農民戦争

問9　（　f　）に入る争いの名前として適切なものを，次の選択肢の中から1つ選び
なさい。

1．シュマルカルデン戦争　　　2．バラ戦争　　　3．ツンフト闘争

4．パーニーパットの戦い

問10　下線部④に関連して最も適切な文章を，次の選択肢の中から1つ選びなさい。

1．和議の結果，領民や個人に信仰の自由が認められ，領邦教会制が廃止された。

2．和議の後，ルター派はローマにも広がっていった。

3．諸侯は，カトリックを希望しても，必ずルター派を採用しなければならなくな
った。

4．この和議は，アウクスブルクの帝国議会で行われ，ルター派が公認されること
になった。

（青山学院大〈法〉）

34　フランス王家とハプスブルク家の対立 ||||||||||||||||

　以下の文章を読み，空欄A〜Jに入る最も適切な語句を答え，また後の設問にも答
えなさい。ただし，同じ記号には同じ語句が入る。

　15世紀末から16世紀中頃まで，イタリアを戦場として断続的に展開されたフランス
とハプスブルク家との間の戦争はイタリア戦争と呼ばれる。

　1494年，フランス王がイタリアに侵攻し，神聖ローマ皇帝（　A　）がこれに対抗し
てイタリア戦争が始まった。当時のフランスは，1453年に百年戦争を終え，中央集権
体制を固めつつある一方，産業の発達は遅れていたため，イタリアの進んだ経済力を
支配下におきたいという事情が背景にあった。他方，イタリアは神聖ローマ帝国の領
域に含まれ，歴代の神聖ローマ皇帝は①イタリア政策に強い関心を持ってきた。

　1519年，神聖ローマ皇帝（　A　）の死後，孫のスペイン王カルロス1世とフランス
王（　B　）が神聖ローマ皇帝選挙で争い，カルロス1世が②神聖ローマ帝国皇帝に選
出され（　C　）となる。これによって③ハプスブルク家領にフランスが包囲されるこ
とになり，フランス王（　B　）は重大な脅威を受けることになったため，フランスは
戦略上イタリアを確保することが必要になった。

　この時期のイタリア戦争に大きな影響を持っていたのが，ドイツにおいて1517年に
始まった宗教改革と，東方からのオスマン帝国の侵攻であり，（　C　）は両面から攻
撃される形となった。また，（　C　）はイタリア戦争や④オスマン帝国との戦争の情
勢のために，⑤ルター派への妥協を強いられることになった。

　1557年には，フェリペ2世がイギリスのメアリ1世に要請し，イギリスがフランス
に出兵したが，イギリス軍はギーズ公の率いるフランス軍に敗れ，翌年，百年戦争以

来フランス内に残っていた唯一のイギリス領であった（　D　）はフランスに奪回されてしまった。

1559年の（　E　）条約でイタリア戦争は終結したが，ハプスブルク家とフランス王家との対立は18世紀までヨーロッパの国際関係の重要な対立軸となった。

フランス王アンリ2世は1559年に平和を祝って行われた馬上槍試合で致命傷を負い，15歳の息子フランソワ2世が王位を継ぐが，フランソワ2世も1560年に死去する。フランスは混乱に陥り，30年以上にわたる⑥ユグノー戦争が1562年に勃発したことがそれに拍車をかけた。戦争が長期化する中，（　F　）朝が断絶すると，アンリ4世の即位によって新たにブルボン朝が成立し，戦争を終結させた。この後，ブルボン朝では，王権が強化されて絶対王政が形成されていく。

1610年にルイ13世が王位に就くと，内政面では，王権を制約していた三部会を停止し，宰相に登用したリシュリューとともに，財政改革を進め，対外的には1618年に始まった⑦三十年戦争に積極的に介入した。

1643年に幼少のルイ14世が王位に就くと，貴族たちが高等法院を中心に，王権の強化に対抗して（　G　）を起こした。この反乱は長期化したが，リシュリューに代わって宰相となっていたマザランの活躍もあって鎮圧に成功すると，王への権力の集中はさらに進んだ。

マザランの死後ルイ14世は，親政を開始し強大な権力をふるい「太陽王」と呼ばれた。しかし，1685年にルイ14世が（　H　）を廃止し，カトリック重視政策を展開すると，経済界で活躍してきたユグノーが次々と亡命し，フランス経済に打撃を与えた。また，王は増強した軍隊を用いて，侵略戦争をたびたびひき起こしたが，必ずしも充分な成果をあげることはできず，むしろ国民は，多額の戦費を賄うための増税に苦しむこととなった。

1700年にスペインのハプスブルク家が断絶した時，ルイ14世の孫が（　I　）としてスペイン王位を継いだが，オーストリアのハプスブルク家が反対し，スペイン継承戦争と⑧ユトレヒト条約によって，スペイン・フランス両国が合同しないことを条件にブルボン家のスペイン王位継承が認められた。

スペイン継承戦争で神聖ローマ皇帝を支援したプロイセンは1701年に王位を与えられ，プロイセン王国となった。フリードリヒ大王は絶対王政の強化に努め，また啓蒙思想に共鳴して「君主は国家第一の下僕」と称し，国政改革に努め，⑨啓蒙専制君主の典型とされる。またフリードリヒ大王はオーストリアのマリア＝テレジアのハプスブルク家領継承に反対する諸国に同調してオーストリア継承戦争に介入し（　J　）を占領した。その後，イギリスの支援を得ながら失地回復を目指すオーストリアと七年戦争を戦い，（　J　）を確保してプロイセンの強国化を実現した。フランスは両戦争と並行する形で，新大陸でイギリスと植民地を巡る戦いをくりかえした。結果的にフランスは，七年戦争と並行して行われた⑩フレンチ＝インディアン戦争に破れ，北米植民地のほとんどを失った。こうして18世紀後半には，イギリスが植民地帝国の基礎を

築く一方で，フランスは勢力を後退させ，その国力は次第にかげりを見せ始めたのである。

問1 下線部①に関連して，シチリア王となり，第5回十字軍でキリスト教徒のエルサレム巡礼を再度可能にした神聖ローマ皇帝を次から1つ選びなさい。
　ア．コンラート4世　　　　**イ**．ルドルフ1世　　　**ウ**．ハインリヒ6世
　エ．フリードリヒ2世　　　**オ**．カール4世

問2 下線部②に関連して，1356年の金印勅書で定められた選帝侯ではないものを次から1つ選びなさい。
　ア．バイエルン公　　　　　　　**イ**．ケルン大司教　　　**ウ**．トリーア大司教
　エ．ブランデンブルク辺境伯　　**オ**．ザクセン公

問3 下線部③に関連して，この当時のハプスブルク家の支配領域ではないものを次から1つ選びなさい。
　ア．ハンガリー　　　**イ**．ネーデルラント　　　**ウ**．ミラノ　　　**エ**．ナポリ王国
　オ．ジェノヴァ

問4 下線部④に関連して，オスマン帝国について誤っているものを次から1つ選びなさい。
　ア．スレイマン1世はニコポリスの戦いでハンガリー軍を撃破した。
　イ．バヤジット1世はティムールにアンカラの戦いで敗れ，オスマン帝国は解体の危機に瀕した。
　ウ．メフメト2世の指揮のもと，ビザンツ帝国を滅ぼし首都をコンスタンティノープルに移した。
　エ．セリム1世の時代にマムルーク朝を滅ぼし，シリア・エジプトを併合した。
　オ．第2次ウィーン包囲失敗後，カルロヴィッツ条約で領土を失った後，守勢にまわった。

問5 下線部⑤に関連して，アウクスブルクの和議における宗派選択の原則について，60字以内で述べなさい。

問6 下線部⑥に関連して，ユグノー戦争について，誤っているものを次から1つ選びなさい。
　ア．アンリ4世は即位後，新教から旧教に改宗した。
　イ．フランスでは16世紀半ばにカルヴァン派の新教徒ユグノーが無視できない勢力となった。
　ウ．パリでは1572年のサンバルテルミの虐殺で多くの旧教徒が殺害された。
　エ．ユグノー戦争はシャルル9世の治下に勃発した。
　オ．思想家ボーダンはユグノー戦争のさなか，国王の権力を国家主権概念を用いて擁護した。

問7 下線部⑦に関連して，三十年戦争はそれが始まった時点と終わった時点では戦

争の性格が変化していた。その変化について，以下の語句をすべて用いて100字以内で説明しなさい。なお，用いた語句には下線を引きなさい。

　　　　　フランス　　　　ハプスブルク　　　　ベーメン

問8　下線部⑧に関連して，この条約によってイギリスがスペインから得た領土を次から1つ選びなさい。

ア．ジャマイカ　　　　**イ**．ジブラルタル　　　　**ウ**．カナリア諸島

エ．マルタ　　　　**オ**．キプロス

問9　下線部⑨に関連して，いわゆる啓蒙専制君主について誤っているものを次から1つ選びなさい。

ア．フリードリヒ大王はユンカーの勢力を弱め，農民の地位の改善に努めた。

イ．ヴォルテールはフリードリヒ大王やエカチェリーナ2世と交流し，啓蒙専制君主による社会改革に期待した。

ウ．ヨーゼフ2世は宗教面での寛容政策や農奴解放など国内の近代化に努めたが，国内に多民族を抱え改革は困難を極めた。

エ．エカチェリーナ2世は啓蒙専制君主として知られるが，プガチョフの農民反乱後は，貴族の特権を認め，農奴制を強化した。

問10　下線部⑩に関連して，英仏間で戦われた植民地戦争について誤っているものを次から1つ選びなさい。

ア．ジョージ王戦争はオーストリア継承戦争に並行してアメリカ大陸で起こった。

イ．イギリス東インド会社のクライヴは，プラッシーの戦いでフランスとベンガル太守連合軍を破り，イギリスによるインド制圧の端緒を作った。

ウ．17世紀末のイングランド銀行設立などで財政革命を実現したイギリスは戦費調達で優位に立っていた。

エ．アン女王戦争の結果，イギリスはアカディア・ニューファンドランド島などを獲得した。

オ．フレンチ＝インディアン戦争の結果，仏領ルイジアナのすべてがイギリスに譲渡された。

（中央大〈経済〉）

35 中世後期〜近代の北欧・東欧

次の文章を読んで，後の問（1〜11）に答えなさい。解答は選択肢（**a** 〜 **d**）からもっとも適切なものを1つ選びなさい。

近世の北欧や東欧では，諸国の覇権争いが繰り広げられた。そもそもこの地域では，14世紀末に（　1　）で結ばれた同盟によって発足した（　2　）連合王国のように，遠方の諸地域が王位継承に際して同君連合のかたちで結合する例が多く，国家として不安定であった。また，この地域の諸国は，(ア)西欧諸国のようにヨーロッパ外に植民地を持っていたわけではないので，ヨーロッパ内で互いの領土を奪い合うことになった。

北欧・東欧地域における近世初期の大国は，（　3　）語系の(イ)ポーランドである。ポーランドは，隣国の（　4　）と14世紀に合体して（　5　）朝を作り，15世紀には最盛期を迎えていた。しかし，16世紀後半に（　5　）朝が絶えてから，ポーランドは（　6　）主体の選挙王政をとり，(ウ)西欧の絶対王政とは異なる政治体制をとった。そして，17世紀後半の（　7　）で活躍した国王が出たりもしたが，相次ぐ戦争で財政が破綻し，中央集権化が遅れ，(エ)18世紀後半には国土が分割されることになった。

さて，16世紀前半に（　2　）の支配から独立していた（　8　）は，17世紀になると急速に力を付けた。（　8　）は，(オ)三十年戦争に参加してドイツ各地に領土を広げ，バルト海地域の覇者となった。しかし，18世紀には，バルト海への進出を狙うロシアを中心とする同盟に(カ)北方戦争で敗れ，その国際的地位が急速に低下した。

ヨーロッパのもっとも東に位置するロシアは，ビザンツ帝国の滅亡後，(キ)ローマ帝国の後継者かつギリシア正教の擁護者としての意識を強め，15世紀後半には，（　9　）の支配からも脱していた。16世紀の君主（　10　）は絶対王政の歩みを開始し，貴族を弾圧して王権を強化した。この（　10　）の死後，内紛が続いたが，17世紀初頭に始まった（　11　）で，(ク)農奴制と官僚制を柱とするロシア型の絶対王政が確立していった。そして，(ケ)17世紀末に君主となった（　12　）は，戦争によって領土を拡大し，大規模な西欧化を行って中央集権化を進めた。

問1　空欄（1〜12）に入れるのにもっとも適切な語は何か。

（　1　）　**a**．オスロ　　　**b**．カルマル　　　**c**．コペンハーゲン
　　　　　d．ユトレヒト

（　2　）　**a**．スウェーデン　　　**b**．デンマーク　　　**c**．ノルウェー
　　　　　d．リトアニア

（　3　）　**a**．ウラル　　　**b**．ゲルマン　　　**c**．スラヴ　　　**d**．バルト

（　4　）　**a**．ハンガリー　　　**b**．ベーメン　　　**c**．モルダヴィア
　　　　　d．リトアニア
（　5　）　**a**．カジミェシュ　　　**b**．カージャール　　　**c**．ナスル
　　　　　d．ヤゲウォ（ヤゲロー）
（　6　）　**a**．貴族　　　**b**．郷紳　　　**c**．市民　　　**d**．聖職者
（　7　）　**a**．シュマルカルデン戦争　　　**b**．第一次ウィーン包囲戦
　　　　　c．第二次ウィーン包囲戦　　　**d**．レパントの海戦
（　8　）　**a**．スウェーデン　　　**b**．デンマーク　　　**c**．ノルウェー
　　　　　d．リトアニア
（　9　）　**a**．イル＝ハン国　　　　**b**．カザン＝ハン国
　　　　　c．キプチャク＝ハン国　　　**d**．チャガタイ＝ハン国
（　10　）　**a**．イヴァン3世　　　**b**．イヴァン4世　　　**c**．ウラディミル1世
　　　　　d．ピョートル1世
（　11　）　**a**．キエフ公国　　　**b**．モスクワ大公国　　　**c**．ロマノフ朝
　　　　　d．ロシア連邦
（　12　）　**a**．イヴァン3世　　　　**b**．イヴァン4世
　　　　　c．エカチェリーナ2世　　　**d**．ピョートル1世

問2　下線部(ア)に関して，17世紀半ばにオランダの植民地でも占領地でもなかったところはどこか。

a．ケープ植民地　　　**b**．台湾　　　**c**．マカオ　　　**d**．マラッカ

問3　下線部(イ)出身でない人物は誰か。

a．ケプラー　　　**b**．コペルニクス　　　**c**．ローザ＝ルクセンブルク
d．ピウスツキ

問4　下線部(ウ)に関して，フランスの絶対王政を支えた軍事制度はどれか。

a．国民皆兵制　　　**b**．軍管区制　　　**c**．従士制　　　**d**．常備軍

問5　下線部(ウ)に関して，絶対王政を敷こうとして，国内のピューリタンやカトリックを弾圧し，ピルグリム＝ファーザーズのアメリカ大陸移住を引き起こした，イングランド王は誰か。

a．ジェームズ1世　　　**b**．ジェームズ2世　　　**c**．チャールズ1世
d．チャールズ2世

問6　下線部(エ)に関して，ポーランド分割は周辺国三カ国によって三回にわたって行われたが，うち一カ国は第二回分割に加わらなかった。その国が第二回分割に加わらなかった理由は何か。

a．フランス革命への対応に追われていたため。
b．国内でプガチョフの農民反乱が起こったため。
c．国内でコシュートを中心とする独立運動が起こったため。
d．ポーランド分割をしている他の二国と戦争をしていたため。

問7 下線部(オ)に関して，この戦争は宗教と政治が複雑に絡み合う国際戦争となったが，文中の（　8　）と敵対する陣営にいた人物は誰か。

- **a**．ヴァレンシュタイン
- **b**．グスタフ＝アドルフ
- **c**．フリードリヒ＝ヴィルヘルム１世
- **d**．リシュリュー

問8 下線部(カ)に関して，この戦いの中で，ロシアで起こったこと，ないしはロシアが行ったことは何か。

- **a**．アゾフ海への進出
- **b**．コシューシコの蜂起
- **c**．ステンカ＝ラージンの反乱
- **d**．ペテルブルクの建設

問9 下線部(キ)におけるロシアのこの意識に関して，誤っている説明はどれか。

- **a**．この国の君主はビザンツ帝国最後の皇帝の従妹（いとこ）と結婚した。
- **b**．この国の君主は，ビザンツ帝国の紋章を継承した。
- **c**．この国の君主はツァーリの称号を用いた。
- **d**．この意識が，クリミア戦争での出兵の遠因となった。

問10 下線部(ク)に関して，ロシアで農奴解放令が出たのはいつか。

- **a**．1853年
- **b**．1856年
- **c**．1861年
- **d**．1878年

問11 下線部(ケ)の説明として，誤っている文はどれか。

- **a**．自ら西欧視察に赴き，大量の技術者を連れてきた。
- **b**．中国とネルチンスク条約を結んだ。
- **c**．オスマン帝国と戦って，黒海に進出した。
- **d**．ベーリングにアジア・アメリカ間を探検させた。

(上智大〈総合人間科学・外国語〉)

36 18世紀〜19世紀の英仏植民地戦争

イギリスとフランスによる植民地をめぐる争いの歴史について述べた次の文章を読み，**問1**，**問2**の設問に答えなさい。

18世紀に入るとイギリスとフランスはヨーロッパでの勢力争いとともに，海外で商業利権と植民地拡張をめぐる激しい争いを繰り広げた。抗争の舞台のひとつは北アメリカである。もともと18世紀以前に，イギリスはエリザベス１世にちなむ〔　1　〕植民地を開き，さらにオランダから(A)ニューネーデルラント植民地を奪っていた。これに対し，フランスはセントローレンス河口に〔　2　〕植民地を建設したのち，五大湖からミシシッピ川流域に進出し〔　3　〕植民地を建設していた。18世紀初頭にヨーロッパで行われた戦争と同時期に英仏は北アメリカ植民地でも争い，(B)1713年に結ばれた条約でイギリスはフランスから北アメリカ北東部の領土を奪った。同様に，(C)ヨーロッパで行われた戦争と同時期に行われた戦争の結果として1763年に結ばれた条約で，イギリスは〔　3　〕植民地の一部などをフランスから獲得した。

この時期の英仏は，インドでも抗争を繰り広げた。イギリスは17世紀以来，東インド会社を通じて南部のマドラスやベンガル地方の〔　4　〕などを拠点として商業活動を展開し，フランスもほぼ同時期にマドラスの近くに位置する〔　5　〕などを拠点としてイギリスに対抗した。両者の争いは武力衝突へと発展し，18世紀半ばに(D)南インドを舞台とする三次にわたる戦いやインド北東部におけるプラッシーの戦いなどが行われた。一連の戦争を経てここでもイギリスはフランスに勝利し，インドの植民地化を進めることになった。北アメリカやインドでの数々の戦争において，イギリスがフランスに勝利を収めたひとつの大きな要因として，(E)財政における優位を挙げることができる。

　19世紀に入ると，海外における英仏の争いは東アジア・東南アジアへと舞台を移し，さらに世紀後半にはアフリカへと展開していった。イギリスはナポレオン戦争後のウィーン会議で〔　6　〕植民地を獲得していたが，それはインド航路の拠点を確保することが主たる目的であった。19世紀半ばまでアフリカ内陸部はヨーロッパ人にとって未踏の地であったが，キリスト教の布教と奴隷貿易の廃止を目的とした(F)イギリス人宣教師によるアフリカ南部の探検などによって，英仏をはじめとするヨーロッパ諸国はこの地に対する関心を深めていった。イギリスは(G)1880年代初めに「エジプト人のためのエジプト」を掲げて起きた蜂起を武力で鎮圧すると，エジプトと〔　6　〕植民地を結ぶ縦断政策のもとにアフリカ内陸部の植民地化を進めていった。これに対し，フランスはアルジェリアなどを拠点にして西アフリカから東アフリカに向かう横断政策を展開したため，(H)1898年には英仏両軍が対峙する一触即発の危機的事態を迎えた。だが，この事態を転機として英仏は妥協を成立させ，これ以後は植民地体制を維持するためにしばしば協力するようになる。第一次世界大戦後に，ドイツのアフリカにおける植民地であった〔　7　〕を分割してそれぞれの委任統治領としたのは，その一例である。

問1　文章中の〔　1　〕～〔　7　〕に入れる最も適切な語句を下記の語群の中から選び，その記号を答えなさい。なお，〔　　〕内の数字が同一の場合，同じ語句が入るものとする。

- **a**．アガディール
- **b**．アンゴラ
- **c**．ヴァージニア
- **d**．エリトリア
- **e**．カメルーン
- **f**．カリフォルニア
- **g**．カルカッタ
- **h**．ケベック
- **i**．ケープ
- **j**．ゴア
- **k**．シャンデルナゴル
- **l**．トランスヴァール
- **m**．ニューファンドランド
- **n**．ペンシルヴァニア
- **o**．ポンディシェリ
- **p**．ボンベイ
- **q**．リベリア
- **r**．ルイジアナ

問2　文章中の下線部(A)～(H)に関する次の問いに答えなさい。

(A)　この植民地の中心都市について，イギリスが改称したあとの名称を答えなさい。

(B)　この条約の名称を答えなさい。

(C)　この戦争について，①ヨーロッパで行われた戦争，②植民地で英仏間によって
　　戦われた戦争のそれぞれの名称を答えなさい。

(D)　この戦争の名称を答えなさい。

(E)　この時期の英仏の財政状況について，両者を比較して80字以内で記しなさい。
　　なお，句読点も一字として数える。

(F)　この人物の名前を答えなさい。

(G)　この蜂起を指導した軍人の名前を答えなさい。

(H)　この事態は通常，何と呼ばれているか。その名称を答えなさい。

（日本女子大〈文〉）

37 ）［17世紀～18世紀ヨーロッパの文化

　17世紀のヨーロッパは，近代合理主義の思想・学問が確立され，自然に対する研究
が格段に進歩した，科学革命の時代であるとされる。天体運動の観察にもとづいて万
有引力の法則を唱えたニュートンはこの時代の代表的自然科学者である。また，事実
の観察を重んじ，そこから法則を導く帰納法による　A　論を説いたイギリスの
　B　，数学的論証を用いる演繹法による　C　論を打ち立てたフランスのデカルト
らが，近代哲学への道を開いた。

　自然科学の発達を支えた好奇心は，社会の考察へも向けられ，近代的な　D　思想
を生んだ。　D　とは，人間の本性（ほんせい）にもとづく普遍の法で，この思想によれば，国家
の起源は，自然状態において自由かつ平等な個人が取り結ぶ契約（　E　）に求められ
た。オランダのグロティウスは，　D　思想を国家間の関係に適用し，後に「国際法
の父」と呼ばれるようになった。イギリスではホッブズが自然状態を「　F　に対する
闘い」ととらえて，国家主権の絶対性を承認したのに対して，名誉革命の時代に生き
た　G　は，不法な統治への人民の抵抗の権利を擁護した。

　合理的な知を重んじて社会の不合理性を批判する立場は，つとにルネサンス期から
見られたが，科学革命を経て18世紀には一層大きな潮流となった。これを　H　と呼
び，とくにフランスで有力であった。『法の精神』でイギリスの憲政をたたえた　I　，
カトリック教会を批判し『哲学書簡』でイギリスを賛美した　J　に続いて，　K　が
登場する。　K　は『人間不平等起源論』において，全ての人の平等にもとづく人民主
権論を主張し，フランス革命に多大な影響を及ぼした。　K　は，他の　H　の論者
が一般に文明の進歩を賞賛したのに対し，人間の本性を信じ文明化の害悪を指摘して
いる。　L　とダランベールの編集した『　M　』は，フランス　H　を集大成したも
ので，大きな社会的反響を呼んだ。

問1　　A　に入る語句として最も適切なものを次の選択肢の中から一つ選び，その

番号を答えなさい。

① 真理　　② 経験　　③ 体験　　④ 直観

問2　　B　　に入る人名として最も適切なものを次の選択肢の中から一つ選び，その
番号を答えなさい。

① フランシス・ベーコン　　② ライプニッツ　　③ ハーヴェー

④ ボイル

問3　　C　　に入る語句として最も適切なものを次の選択肢の中から一つ選び，その
番号を答えなさい。

① 理性　　② 総合　　③ 合理　　④ 神秘

問4　　D　　に入る語句として最も適切なものを答えなさい。

問5　　E　　に入る語句として最も適切なものを次の選択肢の中から一つ選び，その
番号を答えなさい。

① 自然契約　　② 社会契約　　③ 支配契約　　④ 封建契約

問6　　F　　に入る語句として最も適切なものを**5文字**で答えなさい。

問7　　G　　に入る人名として最も適切なものを次の選択肢の中から一つ選び，その
番号を答えなさい。

① スピノザ　　② アダム・スミス　　③ ヒューム　　④ ロック

問8　　H　　に入る語句として最も適切なものを次の選択肢の中から一つ選び，その
番号を答えなさい。

① 進化論　　② ヒューマニズム　　③ 啓蒙思想　　④ 観念論

問9　　I　　に入る人名として最も適切なものを次の選択肢の中から一つ選び，その
番号を答えなさい。

① パスカル　　② ウォルポール　　③ ラ・ファイエット

④ モンテスキュー

問10　　J　　に入る人名として最も適切なものを次の選択肢の中から一つ選び，その
番号を答えなさい。

① ヴォルテール　　② ラヴォワジェ　　③ ユゴー

④ ボードレール

問11　　K　　に入る人名として最も適切なものを答えなさい。

問12　　L　　に入る人名として最も適切なものを次の選択肢の中から一つ選び，その
番号を答えなさい。

① ケネー　　② ディドロ　　③ カント　　④ フィヒテ

問13　　M　　に入る語句として最も適切なものを答えなさい。

（青山学院大〈国際政治経済・法〉）

38 産業革命

　次の文章は，T. S. アシュトン（中川敬一郎訳）『産業革命』の文章を一部抜粋したものである（文章を変更した個所がある）。この文章を読んで，下記の設問(1)～(12)に答えなさい。

　諸発明を年代順に並べてみると，1つないし2つのはっきりした局面を見出すことが出来る。18世紀の初期においては主として外界の諸力を人間のために利用することに努力が向けられていた。コールブルックデイルでは，石炭の中に貯蔵されたエネルギーが熔鉱における主要な要素であったし，大気の圧力がポンプを動かす力であり，また鞴（ふいご）を動かす大きな車輪が，その車輪の上にあげられた水によって回転したというのは引力による力であった。資本が比較的豊富で，工業労働者がまだ比較的少なかった30年代および40年代には，織物業におけるケイやポールの発明(1)のように，労働力を節約するメカニズムに注意が集中された。その後もこうした努力は続けられ，ハーグリーヴズ(2)，アークライト，　(3)　の機械の出現においてその絶頂に達した。しかしこの頃経済問題の性質が変りつつあった。すなわち人口が資源を圧迫しはじめていた。囲い込み運動(4)のテンポが早くなり，荒蕪地（こうぶち）の開発が行われたのは，食糧需要増大の結果である。ワットの最初の機関(5)やブリッジウォーター公の運河は，石炭不足が提起した問題に対する解答であり，コートによる錬鉄および圧延方法の発明(6)は，打続く　(7)　飢饉に対処する方策であった。さらにまた，ダンドンルドやその他の人々の研究は，他の諸原料の供給不足に対する天才の解答であったと考えてよいであろう。利子率が上昇しつつあった18世紀の末およびその後の時期において，一部の発明家は，すべてではないが資本の節約という目的にその心を向けた。ブルおよびトレヴィシック(8)の新型機関やより新しい輸送力は，多額の費用を要する設備を不要にした。新しい漂白方法は時間を節約せしめた。改良されたより大きな速力を有する運輸手段(9)は，それまで，商品が最初の生産者から加工業者へ，加工業者から消費者へと送られる際に，その商品に固定されねばならなかった資本を解放することになった。しかしながら，こうした一般的概括をあまりに推し進めることは危険であろう。発明とその実用化との間には何年かのズレのあることが多く，しかも，原料不足の増大とか，労働あるいは資本の供給における変動などの事情に影響をうけたのは，発明そのものよりも，むしろその実用化であったからである。しかし，時間的にひらいているとしても，とにかく各場合について，その結果が，労働の代りに自然的資源や資本を用いることになったか，資本の代りに労働を用いることになったか，それともまた1つの種類の労働を他の種類の労働に代えることであったかを明らかにしておくことが

大事である。なんとなれば，諸発明によって生み出された富の増加分が，単に生産諸要素の間のみでなく，種々なる社会階級の間に，いかに配分されるか(10)が，このことによって決まるのだから。

　技術的変革の行われた分野が，国民経済のほんの一部に過ぎなかったということは，肝に銘じておかねばならない(11)。諸改良の行われたのは，資本財という範疇に含まれるところの，労働用具および糸・布のような中間生産物に関係のある産業を出ていないのである。財貨を最終消費者のために準備する諸産業は，製陶業を除いて殆ど直接の影響をうけていない。1830年にもなお広大な面積の農村的英国があり，多くの農村都市があった。そしてそこでは生活は百年あるいはそれ以上も前と殆ど同じように営まれていた。そしてロンドン，　[12]　，バーミンガムの周辺地域においてさえ，科学や天才が工場や鋳造所や鉱山にいる彼らの仲間にもたらしたところの助力を得ることもなく，難儀しつつこつこつ働いている男女がいた。

〔設問〕
(1)　下線部(1)に関連して，1733年にジョン＝ケイが発明した道具は，綿織物の生産量を拡大させ，綿糸不足を招いた。その道具とは何か。その名称を答えなさい。
(2)　下線部(2)に関連して，ハーグリーヴズは同時に複数の糸を紡ぐことができる紡績機を発明した。その紡績機には彼の妻または娘の名前がつけられたと言われているが，その紡績機の名称を答えなさい。
(3)　空欄　[3]　には，ミュール紡績機の発明者の名前が入る。その人物の名前を答えなさい。
(4)　下線部(4)に関連して，第２次囲い込みが行われる中で，イングランドでは，改良された農法によって，穀物栽培の効率を上げることが目標とされるようになった。この農法はイングランド東部で開発された，休耕地をなくして飼料を育てるなどする輪作農法で，18世紀のイングランドで普及するようになった。この農法の名称を答えなさい。
(5)　下線部(5)に関連して，炭坑において水をくみあげるために18世紀初めに蒸気力によるポンプを発明した人物は誰か。その人物の名前を答えなさい。
(6)　下線部(6)に関連して，18世紀初めに製鉄にコークスを用いる技術を開発し，その後，その技術を発展させ，鉄が大量生産されるようになる道をひらいた一族がいた。その一族の名前を答えなさい。
(7)　空欄　[7]　は，16世紀のイングランドで鉄の生産で主に用いられていた燃料である。この燃料は火力が弱かったため大量に必要とされ，「森林の枯渇」を招いた。この燃料とは何であるかを答えなさい。
(8)　下線部(8)に関連して，蒸気機関車の改良に力を注ぎ，1825年に蒸気機関車ロコモーション号で客車の牽引に成功し，蒸気機関車を実用化した人物がいた。その人物の名前を答えなさい。

(9)　下線部(9)に関連して，1807年にあるアメリカ人が蒸気船クラーモント号(クレアモント号)を建造し，ハドソン川を航行させた。この人物の名前を答えなさい。

(10)　下線部(10)に関連して，産業革命期の機械化によって職人たちは生活をおびやかされるようになった。そうした中で古くからの習慣に従って，職人たちによって機械の破壊等が行われることがあった。1810年代のイングランド中・北部を中心に起こった，こうした機械の破壊行為等を行った運動は，その運動の予告状の署名などに見られることがあった伝説上の人物の名前にちなんでどのように呼ばれてきたかを答えなさい。

(11)　下線部(11)に関連して，産業革命では確かに技術的変革が起こった分野は限られていた。とはいえ産業革命は，労働者の生活習慣(飲酒の習慣等)や価値観などに大きな変化を与えたと考えられている。こうして見られるようになった新しい価値観を好ましいものと評価して，あるアメリカ人が「時は金なり」と表現したという。このアメリカ人は，避雷針の開発を進めたことや，アメリカ独立宣言の起草に関わったことで知られている。このアメリカ人の名前を答えなさい。

(12)　空欄　(12)　とリヴァプールの間に1830年に開通した鉄道は，蒸気機関車を用いて最初に本格的な営業運転を行なった鉄道とされていて，蒸気機関車「ロケット号」が使われていた。この空欄に入る都市の名前を答えなさい。この都市は産業革命期に綿工業の中心となったことでも知られている。

(学習院大〈経済〉)

39 アメリカ独立革命 |||||||||||||||||||||||||||||||||||||||||||||||||||||||||||||||

次の文章を読み，**問1**から**問16**までの設問に答えなさい。

　イギリスは，17世紀初頭から18世紀前半までに北アメリカの大西洋岸に①13の植民地を設立した。その13の植民地では，②本国の議会制度にならって植民地議会を設けるなど，自治的傾向が強かった。18世紀，北米大陸ではイギリスとフランスが植民地をもち，勢力を争っていた。

　ヨーロッパでの七年戦争と並行して，北アメリカでは　A　戦争と呼ばれる植民地戦争が戦われ，イギリスの勝利に終わったが，七年戦争で多大な負債をかかえたイギリスは，③重商主義政策を強化させ，植民地への新たな課税をもって臨み，植民地人の不満が高まった。1765年の　B　に対し「　C　なくして課税なし」をスローガンとした抵抗運動が展開され，また1773年には独立戦争の導火線となった　D　が起きた。1775年，イギリス本国軍と植民地民兵の間での武力衝突が　E　と　F　で起こり，アメリカ独立戦争の火蓋が切られた。

　1776年7月4日，　G　で　H　が宣言案を起草した④独立宣言を発表した。この宣言は，主権在民の原則，自然権，革命権を掲げ，イギリスの　I　の思想が色濃く

反映されており，1789年8月，フランス革命勃発直後にフランス国民議会が制定した
　J　宣言とともに，近代民主政治の基本原理となった。1783年に　K　が結ばれ，
イギリスはアメリカ合衆国の独立を承認した。その後強力な中央政府を樹立しようと
する動きが強くなり，1787年には　L　で合衆国憲法がつくられた。この憲法では，
⑤行政・立法・司法の権力を異なった機関に委ねることで，相互に牽制させ，権力の
均衡をはかった。

問1　下線部①の13植民地に含まれる植民地の名称として誤っているものを，次の選
　　　　択肢の中から1つ選びなさい。
　1．マサチューセッツ　　　　**2**．ニューヨーク　　　　**3**．ニュージャージー
　4．フロリダ　　　　　　　　　**5**．デラウェア

問2　下線部②に関連して，最初に植民地議会が設けられたのはどの植民地か，次の
　　　　選択肢の中から1つ選びなさい。
　1．ヴァージニア　　　　　　**2**．マサチューセッツ　　　　**3**．ニューヨーク
　4．ペンシルヴェニア　　　　**5**．ジョージア

問3　　A　に入る語を答えなさい。

問4　下線部③に関連して，イギリスの重商主義政策を説明した文として最も適切な
　　　　ものを，次の選択肢の中から1つ選びなさい。
　1．アフリカからの奴隷の供給を課税対象にした。
　2．植民地の自由な貿易や産業をおさえようとした。
　3．植民地の工業の発展を推進した。
　4．独占企業を禁止する法律を定めた。
　5．植民地人から信仰の自由を奪った。

問5　　B　に当てはまる言葉を，次の選択肢の中から1つ選びなさい。
　1．航海法　　　　**2**．毛織物法　　　　**3**．砂糖法　　　　**4**．印紙法
　5．審査法

問6　　C　に入る語を答えなさい。

問7　　D　に入る語を答えなさい。

問8　　E　と　F　に入る地名を，次の選択肢の中から1つ選びなさい。
　1．(E)　レキシントン　　(F)　ヨークタウン
　2．(E)　レキシントン　　(F)　コンコード
　3．(E)　ボストン　　　　(F)　レキシントン
　4．(E)　ヨークタウン　　(F)　ボストン
　5．(E)　コンコード　　　(F)　ヨークタウン

問9　　G　に入る地名を答えなさい。

問10　　H　に入る人名を答えなさい。

問11　下線部④に関連して，アメリカ独立革命について述べた文として最も適切なも

のを，次の選択肢の中から１つ選びなさい。

1．トマス・ペインが「コモン・センス」を発表した。

2．ジョン・アダムスが13植民地の軍の総司令官に任命された。

3．武装中立同盟にイタリアが参加した。

4．ヨークタウンの戦いでイギリス軍が勝利した。

5．奴隷解放宣言が発表された。

問12　│ I │に入る人名を，次の選択肢の中から１つ選びなさい。

1．アイザック・ニュートン　　**2**．ロバート・ボイル

3．ルネ・デカルト　　　　　　**4**．ジョン・ロック

5．フランシス・ベーコン

問13　│ J │に入る語を答えなさい。

問14　│ K │に当てはまる言葉を，次の選択肢の中から１つ選びなさい。

1．パリ条約　　　　　　**2**．ジュネーブ条約　　　　**3**．ベルリン条約

4．ストックホルム条約　　**5**．ロンドン条約

問15　│ L │に入る会議の名称を答えなさい。

問16　下線部⑤でのべている政治制度とは何か。正しい語句を答えなさい。

（青山学院大〈国際政治経済〉）

40) フランス革命とナポレオン時代

以下の**設問**（１〜２）に答えなさい。

設問１　フランス革命に関する以下の文を読み，**問**（１〜８）に答えなさい。

　フランス国王ルイ16世は，⑺テュルゴーやネッケルを起用して財政改革を試みたが，特権階層の抵抗を受ける。1789年５月に三部会が開催されるが，議決方法をめぐって第一・第二身分と対立した第三身分の議員が，国民議会を宣言し，憲法制定までは解散しないことを誓った。この動きに特権階層の一部からも同調者があらわれた。その後，パンの価格上昇に悩まされていたパリの民衆は，圧政の象徴とされたバスティーユ牢獄を攻撃した。これを記念して，⑷7月14日は現在でも国民の祝祭日となっている。この事件後，全国的に農民蜂起がおこった。

　国民議会は⑺封建的特権の廃止を決定した後に，ラ゠ファイエットらの起草した㈢人権宣言（人間および市民の権利の宣言）を採択した。さらに1789年10月初めに，女性を先頭にしたパリ民衆は，ヴェルサイユに行進し，王家をパリに移転させた。また国民議会もパリに移り，行政区画の再編，ギルドの廃止と営業の自由の確立，㈠度量衡統一の方向を打ち出すなどの改革が進められた。

　憲法が発布され国民議会が解散された後，（　1　）年10月に開かれた立法議会では，

㈹<u>立憲君主派</u>と㈺<u>ジロンド派</u>とが対立した。ジロンド派が政権を握ると，オーストリアに宣戦したが，オーストリア・プロイセン連合軍はフランス国内に侵入した。この危機に際し，パリの民衆と各地から集まった義勇軍は，王権を停止し，あらたな男性普通選挙による国民公会が成立し，王政の廃止と共和政の樹立が宣言された。この国民公会では，急進共和主義の㈼<u>山岳派</u>が力を増し，（　2　）年1月にルイ16世は処刑された。共和政が樹立される直前には，フランス軍がはじめてプロイセン軍に勝利していたが，革命の波及を恐れるイギリスは，フランス軍がベルギー地方に侵入したのに対抗して第1回対仏大同盟を作った。フランス西部では，王党派と結びついた農民反乱が広がった。こうした内外の危機を乗り切るために，ジャコバン派はジロンド派を議会から追放して，都市の民衆や農民の支持を確保するための政策を採用した。さらに，ジャコバン派政権は，公安委員会を中心に㈽<u>急進的な施策</u>を強行する一方，反対派を多数処刑し，いわゆる恐怖政治をおこなった。しかし，対外的危機が遠のくと，この独裁への不満はしだいに高まる。そうした中で，ロベスピエールはパリ民衆の支持を失って孤立し，（　3　）年7月に権力を失い処刑された。

問1　下線部㈰の説明として正しいものを，選択肢（**a**〜**e**）から1つ選びなさい。
　a．テュルゴーは各種のギルドを名士会に統合した。
　b．テュルゴーは重農主義の理論を主張した。
　c．ネッケルはスコットランド出身の銀行家である。
　d．ネッケルは，『第三身分とは何か』を執筆した。
　e．テュルゴーとネッケルはフランス革命で処刑された。

問2　空欄（1〜3）にあてはまる年号を選択肢（**a**〜**e**）から1つ選びなさい。
　a．1791　　　**b**．1792　　　**c**．1793　　　**d**．1794　　　**e**．1795

問3　下線部㈸について，国民の祝祭日と制定されたのはいつか。選択肢（**a**〜**e**）から1つ選びなさい。
　a．第一共和政　　　**b**．第一帝政　　　**c**．第二帝政　　　**d**．第三共和政
　e．第五共和政

問4　下線部㈼に関連して述べた次の文（ア，イ）の正誤の正しい組み合わせを，選択肢（**a**〜**d**）から1つ選びなさい。
ア　この宣言により教会財産が国有化された。
イ　封建地代は無償で廃止された。
　a．ア—正　イ—正　　　**b**．ア—正　イ—誤　　　**c**．ア—誤　イ—正
　d．ア—誤　イ—誤

問5　下線部㈽について，以下の条文はその抜粋である。空欄（1〜4）にあてはまる語としてもっとも適切なものを，選択肢（**a**〜**e**）から1つ選びなさい。
第1条　人間は（　1　）かつ権利において（　2　）なものとしてうまれ，また存在する。〔後略〕

第2条　あらゆる政治的統合（国家）の目的は，人間の自然で時効により消滅すること
　　　のない権利の保全である。それらの権利とは，（　１　）・（　３　）・（　４　）およ
　　　び圧政への抵抗である。
第17条　（　３　）は神聖かつ不可侵の権利であるから，何人も，適法に確認された
　　　（公共）の必要が明白にそれを要求する場合であって，また事前の公正な補償の条件
　　　のもとでなければ，それを奪われることはない。
　a．安全　　　**b**．自由　　　**c**．平等　　　**d**．所有権　　　**e**．公共

問6　下線部(オ)について，この時期にフランスで採用された度量衡の単位として正し
　　　いものを選択肢（**a**〜**e**）から１つ選びなさい。
　a．インチ　　　**b**．パスカル　　　**c**．ポンド　　　**d**．メートル
　e．ヤード

問7　下線部(**カ**〜**ク**)について，各政治党派とその代表的な政治家の組み合わせとし
　　　て最も適切なものを選択肢（**a**〜**e**）から１つ選びなさい。
　a．立憲君主派＝ダントン　　　ジロンド派＝ミラボー　　　山岳派＝ブリッソ
　b．立憲君主派＝ブリッソ　　　ジロンド派＝ダントン　　　山岳派＝マラー
　c．立憲君主派＝ブリッソ　　　ジロンド派＝マラー　　　山岳派＝ダントン
　d．立憲君主派＝ミラボー　　　ジロンド派＝ブリッソ　　　山岳派＝ダントン
　e．立憲君主派＝マラー　　　ジロンド派＝ダントン　　　山岳派＝ブリッソ

問8　下線部(ケ)の政策として誤っているものを選択肢（**a**〜**e**）から１つ選びなさい。
　a．徴兵制の実施　　　**b**．革命暦の制定　　　**c**．黒人奴隷解放宣言
　d．理性の崇拝　　　**e**．植民地の放棄

設問2　ナポレオンに関する以下の文を読み，**問**（**１**〜**６**）に答えなさい。なお解答は
　　　選択肢（**a**〜**e**）からもっとも適切なものを１つ選びなさい。

　1796年にフランスのイタリア派遣軍司令官としてナポレオン＝ボナパルトは，オー
ストリア軍を破ることで軍隊と国民のあいだにその名声を高めることに成功した。さ
らに1798年には，イギリスの(ア)インドとの連絡を遮断する目的で(イ)エジプトに遠征し
た。帰国したナポレオンは，国民の支持を失った総裁政府を1799年11月に倒し，統領
政府をたて，第一統領として事実上の独裁権を握った。
　ナポレオンは，革命以来フランスと対立関係にあった(ウ)ローマ教皇と1801年に和解
し，翌年にはイギリスとも講和した。国内政策については，財政の安定化，商工業の
振興，公教育制度の整備に尽力した。1802年に終身統領となったナポレオンは1804年
5月，皇帝に即位した。
　翌年10月にネルソン率いるイギリス海軍が，フランス海軍を破ったものの，ヨーロ
ッパ大陸ではフランス軍がオーストリア・ロシアの連合軍を(エ)アウステルリッツの戦
いで破った。その後，ナポレオンの保護下で西南ドイツにライン同盟が結成された。

ところで，ナポレオンは（　１　）年に(オ)大陸封鎖令を発してヨーロッパ諸国にイギリスとの通商を禁じ，フランスの産業のために大陸市場を独占しようとした。しかし，この措置は，かえって大陸諸国を経済的に苦しめる結果となった。これに対し，ロシアが大陸封鎖令を無視してイギリスに穀物を輸出すると，（　２　）年にナポレオンは大軍を率いてロシアに遠征したが失敗に終わった。これを契機に諸国は解放戦争にたちあがり，パリも占領され，ナポレオンは退位し，ブルボン朝が復活する。

問1　空欄（１，２）にあてはまる年号はそれぞれ何か。
　　a．1803　　　　**b**．1806　　　　**c**．1809　　　　**d**．1812　　　　**e**．1815
問2　下線部(ア)に関連して述べた文で誤っているものはどれか。
　　a．マドラスは，イギリス東インド会社が現地拠点を設けた都市である。
　　b．イギリスは，マイソール戦争に勝利し，ベンガル地方を領有した。
　　c．1858年にイギリスは東インド会社を解散した。
　　d．ライヤットワーリー制は，イギリスがインド南部・西部で導入した地税徴収制度である。
　　e．イギリスは，オランダからセイロン島を獲得した。
問3　下線部(イ)において，発見されたのがロゼッタ＝ストーンである。そこに記された文字は何か。
　　a．アラム文字　　　　**b**．ギリシア文字　　　　**c**．フェニキア文字
　　d．楔形文字　　　　**e**．線文字
問4　下線部(ウ)は誰か。
　　a．インノケンティウス３世　　　**b**．グレゴリウス７世　　　**c**．ピウス７世
　　d．ボニファティウス８世　　　**e**．レオ10世
問5　下線部(エ)のある場所は，現在どの国にあたるか。
　　a．オーストリア　　　　**b**．チェコ　　　　**c**．ドイツ　　　　**d**．ポーランド
　　e．ロシア

問6 下線部(オ)が発せられた場所は，次の地図上のどこにあるか。

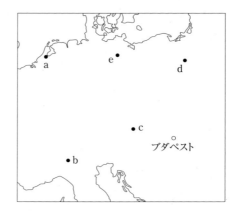

（上智大〈総合人間科学・外国語〉）

41 ウィーン体制の成立とその崩壊

次の文章をよく読み，下線（1～10）に関連するそれぞれの問（1～10）にもっとも適するものを（**A**～**D**）の中から一つ選びなさい。

ナポレオンの大陸支配が崩壊すると，新しい国際秩序を確立するために，ウィーン会議が開催された。この会議には，イギリス・フランス・ロシア・プロイセンなどの各代表が参加し，プロイセンからは1ハルデンベルクが参加した。司会を務めたのはオーストリアの外相，メッテルニヒであった。各国の君主に歓迎された正統主義が基本原則として採用され，ヨーロッパにおける各国の勢力均衡がはかられた。2ウィーン議定書は，3ワーテルローの戦いの直前になって成立した。

この議定書により，4ブルボン王家が復活する一方，大国間の均衡がはかられた。ロシア皇帝がポーランド王を兼ね，プロイセンは東西に領土を拡大した。またスイスは，永世中立国となり，ドイツでは神聖ローマ帝国は復活せず，5ドイツ連邦が組織された。この国際体制を安定させるために，ロシア皇帝は1815年9月，6神聖同盟を提唱した。19世紀の世界では，イギリスがその経済的繁栄と強大な海軍力を持ち，相対的平和を保っていたが，イギリスとともにこの新たな国際秩序を支えたのが，大陸軍国ロシアであった。

神聖同盟よりも反動的体制維持の機能をもっていたのが，7四国同盟であった。反ナポレオンの中心となった四カ国から構成され，革命の防止，紛争の終止が企図された。1818年11月，フランスの参加が認められて五国同盟となったが，それはフランス革命とナポレオン支配のもとでめざめた自由主義とナショナリズム（国民主義）にもとづく抵抗運動の抑制を意図するものであった。

だが，こうしたウィーン体制の保守的かつ抑圧的な性格ゆえに，8ヨーロッパ各地での抵抗運動の展開は避けがたかった。ナポレオン戦争の影響は9ラテンアメリカ諸国へも波及した。メッテルニヒはこうした独立運動を弾圧しようとしたが，ラテンアメリカへの経済進出をねらうイギリスやモンロー宣言を発したアメリカの反対にあって断念した。ヨーロッパを襲った101848年の諸革命のなかで，最終的にウィーン体制は崩壊していった。

問1　下線部1に関する次の文章のうち，もっとも適切なものを選びなさい。
　A．農奴制を廃止した。
　B．シュタインの改革を継承した。
　C．首相になったものの，ナポレオンの圧力で罷免された。

D．行政機構の改革，農業改革を進めたものの，営業の自由化には反対した。

問2　下線部2に関する次の文章のうち，もっとも適切なものを選びなさい。

A．メッテルニヒが提唱した正統主義に基づいて作成された。

B．フィンランドとベッサラビアが独立した。

C．ロンバルディア・ヴェネツィアは，オーストリア領となった。

D．オランダのケープ植民地領有が認められた。

問3　下線部3に関する次の文章のうち，**誤っているもの**を選びなさい。

A．ナポレオンとイギリス・プロイセン・ベルギー連合軍との決戦であった。

B．現在のベルギーの小村落での戦いであり，ナポレオンが敗北した。

C．この戦いの結果，ナポレオンは退位することになった。

D．イギリス軍司令官は，ウェリントンであった。

問4　下線部4に関する次の文章のうち，もっとも適切なものを選びなさい。

A．ルイ13世の治世に開かれて以後，三部会は1789年まで開かれなかった。

B．ルイ13世に仕えたコルベールは，重商主義政策を推進した。

C．アンリ4世が発布したナントの王令では，個人の信仰の自由までは認められなかった。

D．ルイ13世の治世に，フロンドの乱が起こった。

問5　下線部5に関連して，ドイツ連邦またはライン同盟について述べた次の文章のうち，もっとも適切なものを選びなさい。

A．ドイツ連邦は，オーストリア・プロイセン以下35の君主国と4自由市からなる。

B．プロイセンは，ドイツ連邦の盟主となった。

C．ドイツ連邦は，1848年の三月革命によって中断されたが，ドイツ帝国成立（1871年）まで存続した。

D．ライン同盟には，のちにプロイセンも加盟した。

問6　下線部6に関連して，この同盟を提唱したロシア皇帝の名を選びなさい。

A．ニコライ2世　　　　**B**．ニコライ1世　　　　**C**．アレクサンドル2世

D．アレクサンドル1世

問7　下線部7に関して，この同盟に加盟していた国を選びなさい。

A．ベルギー　　　　**B**．オランダ　　　　**C**．プロイセン　　　　**D**．スペイン

問8　下線部8に関する次の文章のうち，もっとも適切なものを選びなさい。

A．ドイツでは自由と統一を求めて，イエナ大学で大学生の組合であるブルシェンシャフトが結成された。

B．イタリアでは，マッツィーニがカルボナリを結成し，蜂起した。

C．スペインでは，ハプスブルク家の専制支配に対して立憲革命が起こった。

D．ロシアでは，アレクサンドル2世の即位に際して，デカブリストの乱が起きた。

問9　下線部9に関する次の文章のうち，もっとも適切なものを選びなさい。

A．ハイチはトゥサン＝ルヴェルチュールの指導のもと，スペインからハイチ共和

国として独立した。

B．メキシコでは，司祭シモン＝ボリバルの指導のもとに，スペインから独立を達成した。

C．アルゼンチンはホセ＝リサールの指導のもとに，スペインから独立を達成した。

D．ブラジルは1822年，ポルトガルの王子が皇帝に即位し，「ブラジル帝国」として独立した。

問10　下線部10の年にフランスで起きたできごとについて述べた次の文章のうち，もっとも適切なものを選びなさい。

A．フランスの二月革命は，七月王政を打倒し，第三共和政を樹立した革命である。

B．二月革命後の臨時政府では，社会主義者が中心となっており，少数の共和主義者も加わっていた。

C．共和主義者のルイ＝ブランが，臨時政府に入閣した。

D．四月普通選挙では，社会主義勢力は敗北した。

（明治大〈商〉）

42 ウィーン体制とドイツ・イタリアの統一 ‖‖‖‖‖‖

　ウィーン体制は，フランス革命とナポレオンによって広まった自由主義と国民主義を抑制し，ヨーロッパの政治的現状維持を目指す保守的体制であった。しかしウィーン体制のもとでも，自由主義，国民主義の運動は各地で生じ続けた。1815年，イエナ大学で結成されてドイツの自由主義運動を主導した（　ア　）は，その代表的な事例である。また，1810年ころから(a)ラテンアメリカ諸国では独立運動が開始され，1820年代にはキューバを除くほとんどの国が独立を達成し，大西洋を隔てながらもウィーン体制を動揺させた。バルカン半島で生じた(b)ギリシア独立戦争も，フランス革命に影響を受けたものであった。

　1830年，(c)七月革命によってフランス国王シャルル10世は王位を追われ，新政府が樹立された。革命は（　A　）によって率いられたが，新政府の樹立に関しては（　B　）が主導権を握り，オルレアン家のルイ＝フィリップを国王に即位させた。七月革命を受けて，反乱は全ヨーロッパに広がった。これらの反乱はいずれも鎮圧されたが，こうした状況を前に，西欧諸国はメッテルニヒの反自由主義・反国民主義的な政治姿勢に協調しなくなっていく。

　ウィーン体制を終焉させた1848年革命は，ヨーロッパ各地で起こった革命状況の総称である。フランスでは，議会内の政府反対派による制限選挙制度を改革しようとする運動がパリの労働者蜂起を促し，共和制を樹立すると同時に，社会革命を目ざす運動に転化していく。1848年，七月王政が倒され，第二共和政が樹立される。臨時政府には，社会主義者（　イ　）や労働者の代表も加えられた。しかし有産層や農民は急進的な改革を望まず，男性普通選挙制による4月の選挙で社会主義者は大敗した。

この革命に促されるように2月末から3月にかけてドイツ各地で動揺がおこり，ベルリンとウィーンに三月革命が発生した。この状況下でのオーストリア帝国の動揺は，諸民族の独立運動を誘発した。イタリアでは，1848年3月にミラノやヴェネツィアで暴動がはじまり，サルディーニャ王国はオーストリアに宣戦布告した。また，1849年2月にローマ共和国が成立し，青年イタリアを率いた（　ウ　）もこれに参加した。チェコでは民族運動が発生し，6月のプラハでの労働者蜂起に至る。プラハでは初のスラブ民族全体の会議が開催されたが，これは，ドイツ人（オーストリア人）とマジャール人の接近，そしてドイツ統一のために開かれた（　エ　）に対抗したものであった。ハンガリーでも4月に独立運動が生まれ，その後（　オ　）に率いられた独立政府がオーストリアと対決した。またその影響は大陸の外にもおよび，イギリスのチャーティスト運動や，アイルランドでの自治要求運動を活気づけた。

　(d)一連の運動は反革命勢力の攻勢によって，比較的短期間で敗北する。しかしその影響はヨーロッパのほぼ全域に及んでウィーン体制を崩壊させた。多くの国では，この革命の波を克服するために，新しい政治体制が構築されることになった。フランスではルイ・ナポレオンが人民投票によって皇帝に即位し，独裁体制をつくりあげた。ナポレオン3世は国内の人気維持と資本家の要求を満たすため(e)積極的な対外政策を推進したが，(f)1870年，普仏戦争の敗北によって第二帝政は崩壊する。同じころ，(g)ドイツとイタリアでは，上からの国家統一の道がつけられた。こうして1848年革命は，19世紀後半に自由主義・国民主義・社会主義運動が拡大する転換点となった。

問1　（　ア　）に入る語としてもっとも適切なものを一つ選び，その番号を答えよ。
① デカブリスト　　　② カルボナリ　　　③ 白いバラ
④ ブルシェンシャフト

問2　（　イ　）に入る語としてもっとも適切なものを一つ選び，その番号を答えよ。
① サン・シモン　　　② ルイ・ブラン　　　③ フーリエ
④ プルードン

問3　（　ウ　）に入る語としてもっとも適切なものを一つ選び，その番号を答えよ。
① マッツィーニ　　　② バドリオ　　　③ カヴール
④ ヴィットーリオ・エマヌエーレ2世

問4　（　エ　）に入る語としてもっとも適切なものを一つ選び，その番号を答えよ。
① ベルリン会議　　　② ウィーン会議　　　③ フランクフルト国民議会
④ ローザンヌ会議

問5　（　オ　）に入る語としてもっとも適切なものを一つ選び，その番号を答えよ。
① ブハーリン　　　② コシュート　　　③ ローザ・ルクセンブルク
④ ホルティ

問6　（　Ａ　）と（　Ｂ　）について，それぞれに当てはまる語の組み合わせとしてもっとも適切なものを一つ選び，その番号を答えよ。

①A＝無政府主義者　B＝立憲君主派　②A＝無政府主義者　B＝山岳派

③A＝共和主義者　B＝立憲君主派　④A＝共和主義者　B＝山岳派

問7　下線部(a)に関して，ラテンアメリカにおける独立運動の主体としてもっとも適切なものを一つ選び，その番号を答えよ。

①　ペニンスラール　　②　クリオーリョ　　③　メスティーソ

④　ムラート

問8　下線部(b)に関して，1826年からギリシアを支援して介入した国としてふさわしくないものを選び，その番号を答えよ。

①　イギリス　　②　フランス　　③　ロシア　　④　オーストリア

問9　下線部(c)に関して，七月革命の影響で独立を果たした国としてもっとも適切なものを一つ選び，その番号を答えよ。

①　ベルギー　　②　ノルウェー　　③　ポーランド　　④　ブルガリア

問10　下線部(d)に関して，反革命を擁護したロシアは，自身の国際的な立場が有利になった機会を利用して南下政策を推進しクリミア戦争を開始するも，ロシアの南下を懸念する他のヨーロッパ諸国の介入によって，その南下は阻止される。クリミア戦争の講和条約としてもっとも適切なものを一つ選び，その番号を答えよ。

①　パリ条約　　②　サン・ステファノ条約　　③　再保障条約

④　ベルリン条約

問11　下線部(e)に関して，ナポレオン3世が行った対外政策として不適切なものを一つ選び，その番号を答えよ。

①　インドシナ出兵　　②　アロー戦争　　③　イタリア統一戦争

④　アヘン戦争

問12　下線部(f)に関して，ドイツとの仮講和条約に反対してフランスで樹立された政権としてもっとも適切なものを一つ選び，その番号を答えよ。

①　第四共和政　　②　臨時国防政府　　③　ヴィシー政府

④　パリ・コミューン

問13　下線部(g)に関して，1866年にイタリア王国の領地に併合された地域として，もっとも適切なものを一つ選び，その番号を答えよ。

①　南チロル　　②　ヴェネツィア　　③　サルディーニャ

④　ローマ教皇領

問14　下線部(g)に関して，1871年のドイツ帝国領域としてもっとも適切なものを一つ
　　　選び，その番号を答えよ。

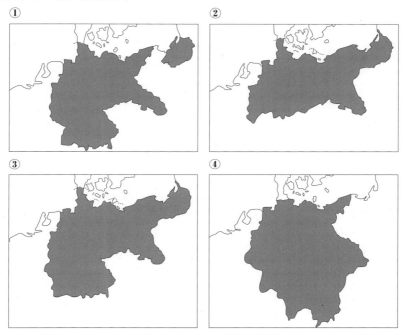

① ② ③ ④

問15　下線部(g)に関して，ドイツから除外されたオーストリアは，オーストリア＝ハ
　　　ンガリー帝国として再編された。このことを何と呼ぶか。もっとも適切なものを一
　　　つ選び，その番号を答えよ。
　　　①　サイクス＝ピコ協定　　　②　レーテ　　　③　アウスグライヒ
　　　④　コンコルダート

（青山学院大〈文・教育人間科学〉）

43 「諸国民の春」とイタリア統一

　　2018年は，ヨーロッパ各地を席捲した「1848年革命」から170年にあたる年であった。
この革命の主たる流れを，西欧社会のパリ・ベルリン・ウィーンなどの諸都市に噴出
した西欧市民の諸要求のなかに見れば，その主役は「2月革命」，あるいは「3月革命」
ということになる。しかし，この革命は地域を超えて，ヨーロッパ各地に大きな影響
を及ぼし，自由主義・民主主義などの西欧的理念と深い葛藤を生み出す運動にもなった。
　　ここでは，「諸国民の春」と呼ばれる，ヨーロッパ各地で高揚したナショナリズム運
動とその後の展開について，イタリアを中心に見てみよう。
　　ウィーン体制下のイタリアは， A 王国，ローマ教皇領， B 王国，その他の

小国に分かれており、(1)ウィーン会議の最終議定書では北イタリアの ［1］・［2］ がオーストリア領となった。ウィーン会議の後、ヨーロッパを襲った革命の第一波は、(2)1810年代後半～20年代に高揚を見せた自由主義的改革運動である。イタリアでは秘密結社 ［C］ が組織され、1820年代はじめにナポリとピエモンテで革命運動を起こした。 ［C］ は、ヨーロッパを襲った革命の第二波となるフランスの7月革命の影響をうけ1831年にも中部イタリアで蜂起をしたが、少数エリート主導で大衆との接点が欠如していたこともあって運動は広がらず、オーストリア軍によって鎮圧された。 ［C］ の一員であった ［I］ は、1831年に亡命先のマルセイユで「青年イタリア」を組織し、1849年、教皇領に樹立された ［3］ 共和国に参加したが、フランス軍の介入でこの共和国は短命に終わった。

　とはいえ、同時期には、ミラノ・［2］ をはじめとする諸地域で独立運動が展開されるなど、民族統一と独立を目指す動きはすでにイタリア全体を覆い始めていた。1720年にサヴォイア家を王家とし、ピエモンテと ［B］ 島を領有して成立した ［B］ 王国も、1848年3月に憲法を定め、オーストリアに宣戦した。このときは敗北したが、その後、王位に就任した ［II］ は、貴族出身の自由主義的な立憲主義者である ［III］ を首相に登用して国内の近代化につとめ、(3)ナポレオン3世と秘密同盟を結んだのち、1859年にイタリア統一に向けた第二次対オーストリア戦争をおこした。 ［B］ 王国はこの戦争に勝利し、オーストリアから ［1］ を獲得した。さらに、この王国は1860年にはナポレオン3世の合意を得て中部イタリアを併合し、その代償としてフランスにサヴォイアと ［4］ を割譲した。同じ時期、「青年イタリア」出身で、 ［B］ 王国のイタリア統一戦争に参加していたガリバルディは、千人隊を率いて1860年に ［A］ 王国を制圧し、占領地を ［II］ にゆずった。

　こうして1861年にイタリア王国が成立し、 ［II］ が初代国王となった。その後、イタリア王国は1866年、プロイセン゠オーストリア戦争にプロイセン側で参戦して勝利し、その結果、オーストリア領の ［2］ を併合した。イタリア王国は1870年にはプロイセン゠フランス戦争に乗じて(4)ローマ教皇領を占領し、ついに国家統一を実現した。しかし、「未回収のイタリア」問題は残り、(5)その後のイタリアの歴史に大きく作用することになった。

問1　空欄 ［1］ から ［4］ に当てはまるもっとも適切な語句を次の選択肢から選び、その記号を答えよ。

a．アドリアノープル	**b**．アーヘン	**c**．ヴェネツィア
d．カルロヴィッツ	**e**．クロアティア	**f**．コルシカ
g．セルビア	**h**．ダルマティア	**i**．チュニス
j．トスカナ	**k**．トリノ	**l**．ニース
m．フィレンツェ	**n**．ベッサラビア	**o**．ベーメン
p．マルセイユ	**q**．ローマ	**r**．ロンバルディア

問2　空欄　I　から　III　に当てはまるもっとも適切な語句を次の選択肢から選び，その記号を答えよ。

a．ヴィットーリオ＝エマヌエーレ2世　　b．ヴィルヘルム1世

c．ヴェルディ　　d．カヴール

e．カルロ＝アルベルト　　f．カンプハウゼン

g．クン＝ベラ　　h．コシュート（コッシュート）

i．パラツキー　　j．プッチーニ

k．フランツ1世　　l．フランツ＝ヨーゼフ1世

m．フランツ＝フェルディナント　　n．マッツィーニ

o．マルコーニ

問3　空欄　A　から　C　に当てはまるもっとも適切な語句を答えよ。

問4　下線部(1)に関して，次のア〜オのうち，ウィーン会議の結果，1815年11月に成立した四国同盟の加盟国でない国をひとつ選び，その記号を答えよ。

ア．イギリス　　イ．オーストリア　　ウ．フランス　　エ．プロイセン

オ．ロシア

問5　下線部(2)に関して，1825年12月にロシア青年貴族士官たちが起こした蜂起の名前を答えよ。

問6　下線部(3)に関して，次のア〜エのうち，ナポレオン3世の第二帝政期に行われたフランスの軍事行動を開始年順に並べて三番目になるものをひとつ選び，その記号を答えよ。

ア．アロー戦争　　イ．インドシナ出兵　　ウ．クリミア戦争

エ．メキシコ出兵

問7　下線部(4)に関して，次のア〜エのうち，この占領の年（1870年）以来，ローマ教皇庁と絶縁状態にあったイタリア政府が，ラテラノ（ラテラン）条約の調印でヴァチカン市国の独立を認めた年として正しいものを選び，その記号を答えよ。

ア．1919年　　イ．1922年　　ウ．1926年　　エ．1929年

問8　下線部(5)に関して，以下の文章の①②に当てはまるもっとも適切な語句を次のア〜クの選択肢から選び，その記号を答えよ。

　1882年にドイツ・オーストリアと三国同盟を結んだイタリアは，「未回収のイタリア」をめぐってオーストリアと対立を深め，その回収を目的の一つとして，第一次世界大戦勃発後の1915年に連合国側と　①　秘密条約を結んだ。しかし，戦後，その回収の多くは認められなかった。その後，イタリアは繰り返し　②　とフィウメの領有を争い，1920年に自由市となっていたフィウメを1924年に併合した。

ア．アルバニア　　イ．オーストリア　　ウ．ギリシア

エ．サンクトペテルブルク　　オ．セルブ＝クロアート＝スロヴェーン王国

カ．パリ　　キ．ローマ　　ク．ロンドン

（法政大〈経済・社会〉　改）

44 19世紀後半のヨーロッパの国際的協力

　18世紀後半から19世紀にかけて資本主義や科学技術の発展を背景として「世界の一体化」がすすんでいくなかで，各国共通の課題を国家間の協力により解決しようという動きがみられるようになった。

　19世紀のヨーロッパでは，経済等の国境を越えた交流が深まった結果，実務レベルでの国家間の協力関係が進展し，多数の国際会議が開かれるようになった。この時期に開催された国際会議は，政府間・民間含めて350以上にのぼるといわれる。会議における国家間の合意は，多数国間条約として明文化された。

　ウィーン体制崩壊をもたらした　①　以降，ヨーロッパでは戦争が頻発するようになった。このような戦争が行われたのちには，戦後処理のために国際会議が開催され，その際に平和条約（講和条約）というかたちで多数国間条約が締結された。平和条約は，戦後の国境線，領土問題の処理についての当事国の合意を明文化するものである。こうした平和条約としては　①　後のパリ条約（1856年），ロシア＝トルコ戦争後の㋐サン＝ステファノ条約およびこの内容を変更するベルリン条約（1878年）などがある。

　19世紀後半以降のヨーロッパでは，専門的・行政的分野において各国が共通にかかえる問題について定期的に国際会議を開いて討議し，問題の解決をはかろうという動きが活発化した。このように特定の問題について定期的に開かれる国際会議とそれを助ける事務局を総称して，国際行政連合と呼ぶ。このような国際行政連合として19世紀後半に設立されたものには，　②　などがある。

　医療・衛生分野においても国際協力が一定程度すすんでいった。代表的なものとしては，コレラ等の感染症の世界的大流行（パンデミック）に対処するために開催された国際衛生会議がある。コレラなどの伝染病は，もともとは風土病であるが，戦争や交易，文明の拡大などにより，人とものが動くことによって，他の地域へと伝播し，免疫をもたない人々に感染し，世界的流行をひきおこしてきた。インドの風土病であったコレラは，㋑ヨーロッパでは1817年に突然発生した。このとき以来，コレラは19世紀中に6次にわたる大流行（パンデミック）をくりかえし，人々を恐怖におとしいれた。コレラが世界的に大流行した要因としては，交通の発達により，移民などの植民地と本国との間の移動が急増したことや，蒸気船航路の開発，㋒スエズ運河の開通によりイスラム教徒によるメッカへの巡礼がこのころ急増したことなどが考えられる。コレラなどの世界規模の感染症流行の防止は，一国単位の対応では対処しきれないこと，とりわけ検疫などにより必要以上に自由貿易を阻害しないよう，各国の対応措置の統一を必要とすることから，19世紀には，対応措置の標準化を目的として，国際衛生会議がたびたび開催された。もっとも，コレラ抑止が可能となるのは，　③　が1883年に病原体となるコレラ菌を発見し，疫病が細菌によってひきおこされることが明らかにされ，予防・治療法が確立されてからであり，こうした会議の実効性は必ずしも大きくはなかった。しかしパンデミックへの対応のために国際協調の努力がなされたこ

との意義は大きい。

　国家間協力ではないが，共通の問題を民間レベルの国際協力で解決していこうという機運が生まれたのもこの時期である。頻発し激化する戦争の惨禍をまえに，傷病兵の手当てに関する国際協力・組織化が民間人のイニシアチブで始められた。 ① の際に看護活動を行ったイギリスのナイティンゲールに感銘を受け，自身も ④ の悲惨な状況を目のあたりにして，スイスの実業家デュナンは，敵味方なく傷病兵の手当てをする赤十字国際委員会(国際赤十字社)を組織した。社会主義者の国際組織としては，1864年に ⑤ などが創設された。

　恒常的な国際組織ではないが，㋔1899年，1907年の2回にわたってオランダのハーグでひらかれた万国平和会議(ハーグ国際平和会議)は，平和への国際的取り組みの先駆けとして重要である。

　このように19世紀の段階では，恒常的な国際組織を設置するまでには至らなかったが，国家をこえた協力関係が様々な分野で進展したことは注目に価する。事務局・理事会などを具備した恒常的な国際組織を国際社会が持つには，第一次世界大戦という悲劇の経験をし，㋕国際連盟が設立されるのを待たねばならなかった。

問1　文中の空欄①〜⑤のそれぞれにもっとも適切と思われる語句を下記の語群から一つずつ選び，その記号を答えなさい。

〔語群〕

A．パストゥール　　　　　　　　B．イタリア統一戦争
C．プロイセン＝オーストリア戦争　D．国際労働者協会
E．イタリア＝エチオピア戦争　　　F．第2インターナショナル
G．二月革命　　　　　　　　　　H．イタリア＝トルコ戦争
I．労働代表委員会　　　　　　　　J．プロイセン＝フランス戦争
K．南北戦争　　　　　　　　　　L．世界労働者同盟
M．万国郵便連合　　　　　　　　N．クリミア戦争
O．ベッセマー　　　　　　　　　P．世界保健機関
Q．コッホ　　　　　　　　　　　R．サヴィニー
S．全欧安全保障協力会議　　　　　T．ジェンナー
U．メンデル　　　　　　　　　　V．国際労働機関
W．フレミング　　　　　　　　　X．アメリカ＝メキシコ戦争

問2　文中の下線部㋐〜㋕に関して，下記の問(ア)〜(オ)に答えなさい。解答は各問の選択肢の中からもっとも適切と思われるものを一つ選び，その記号を答えなさい。

(ア)　下線部㋐に関して，ベルリン条約における変更点は何か。

〔選択肢〕

A．ロシアにボスニア・ヘルツェゴヴィナの行政権が認められた。
B．アルバニアの独立が認められた。

C．ブルガリアの領土が縮小された。

D．ルーマニア・セルビア・モンテネグロの独立が認められた。

E．イギリスがキプロス島の統治権を失った。

（イ） 下線部④に関して，コレラのパンデミックを受けて，イギリスで1848年にとられた国内法上の措置はどれか。

〔選択肢〕

A．公衆衛生法制定　　**B**．航海法廃止　　**C**．穀物法廃止

D．工場法制定　　**E**．審査法廃止

（ウ） 下線部⑦に関して，1875年，エジプトは国家財政が破綻寸前であったことから，スエズ運河の持株をイギリスに売却せざるをえなかったが，このときのイギリスの首相は誰か。

〔選択肢〕

A．グラッドストン　　**B**．レセップス　　**C**．チェンバレン

D．グレイ　　**E**．ディズレーリ

（エ） 下線部④に関して，万国平和会議の開催を発議したのは誰か。

〔選択肢〕

A．ニコライ2世　　　　**B**．ヴィクトリア女王　　**C**．ヴィルヘルム2世

D．アレクサンドル3世　　**E**．クレマンソー

（オ） 下線部⑦に関して，国際連盟のもとで設置された組織はどれか。

〔選択肢〕

A．国際通貨基金　　**B**．常設仲裁裁判所　　**C**．世界貿易機関

D．世界食糧計画　　**E**．常設国際司法裁判所

（明治大〈法〉）

45][19世紀のラテンアメリカ諸国

　19世紀のラテンアメリカ諸国の独立の背景には，複雑な国際関係があった。また，ラテンアメリカでは，先住民 **A** やアフリカ系黒人奴隷を底辺とし，本国スペイン生まれの白人 **B** を頂点とした，厳しい階層社会が築かれており，各層の利害対立が独立の道を左右した。

　ラテンアメリカの独立に向けた第一歩は，「反乱の世紀」と呼ばれた18世紀に見出せる。18世紀後半にペルーやボリビアでは，宗主国スペイン直属の地方行政官の行う税の取立てに反発した数十もの蜂起が相次いで起こった。中でも，1780年にペルーで起こった **1** の反乱が大規模であった。これらの反乱の首謀者は，先住民と白人の混血である **C** の出身者が多かった。彼らの起こした反乱は，それより底辺の社会層の賛同を得て大規模になったものの，支配者層に属した，南米生まれの白人たちである **D** の支持を得られずに挫折した。

一方，カリブ海のフランス領のサン゠ドマングでは，フランス革命に触発されて，1791年に黒人奴隷による解放運動が発生した。これに対して，イギリスがスペインと共同で侵攻し弾圧をはかったが，民衆の果敢な抵抗を受け，数年後に撤退した。1794年に黒人奴隷解放宣言を発したフランスも，実権がナポレオンにうつると解放運動を弾圧した。1802年，解放運動の指導者 ▢2▢ を捕縛し，フランス本国に連行して翌年に獄死させた。この結果，解放運動はフランスに対する独立戦争へと転じ，1804年に独立宣言が出され，初の黒人共和国が誕生した。しかし，(1)イギリスやスペインのみならず，イギリスから独立した経験をもつアメリカ合衆国も，黒人奴隷の蜂起が波及することをおそれ，新共和国の独立を承認しなかった。

　1808年にナポレオンがスペインに侵入したことで，スペインのラテンアメリカ諸地域への支配に揺らぎが生じた。このとき ▢D▢ の商人や地主は，イギリスとの経済的関係を強化することをめざし，スペインからの離脱をはかった。この過程で ▢3▢ がコロンビア，ベネズエラを解放して大コロンビア構想を実現し，▢4▢ の支援でアルゼンチン（ラプラタ連邦），チリ，ペルーが独立を宣言した。オーストリアをはじめとした諸国は，ラテンアメリカ諸国へ武力干渉しようと訴えた。しかし，アメリカ合衆国大統領は，ラテンアメリカ諸国の独立への不干渉を促し，イギリス外相 ▢5▢ もこれを支持したことで，これらのラテンアメリカ諸国の独立は承認されていった。一方，独立したラテンアメリカ諸国は，上に述べたサン゠ドマングの黒人共和国の独立を承認しなかった。この黒人共和国は多額の代償金を支払ってフランスに1825年独立を承認させたが，その支払いに長年苦しみ，奴隷制も復活させた。

　ラテンアメリカ諸国のなかで人口が最も多かったメキシコが独立したのは1821年である。メキシコではナポレオンのスペイン侵入直後，▢B▢ が ▢D▢ への監視を強化し，その独立運動を弾圧した。これに対し，1810年カトリック司祭の ▢6▢ らが蜂起した。しかし，この抗議が社会的に下の階層の人々を巻き込みだすと，メキシコの ▢D▢ はそれを支持せず，活動は鎮圧された。1821年のメキシコの独立は，前年にスペイン本国で(2)自由主義的な運動が高まったことに対して，その余波をメキシコに及ばせないようにするという，強く保守的な動機から達成された。独立の立役者イトゥルデは，▢6▢ らの運動の鎮圧に回った人物で，周辺諸国に軍を送り，中央アメリカおよび現在の北米の南半分にあたる地域も含めてメキシコ帝国を想定し，その皇帝を名乗った。数年後，中央アメリカ連邦がメキシコから離脱して独立した。さらに1820年代から1850年代にかけて(3)アメリカの露骨な領土拡張政策のもと，メキシコが当初想定していた北米領は極度に縮小していった。

問1　空欄 ▢A▢ から ▢D▢ にあてはまるもっとも適切な語句を次の選択肢から選び，その記号を答えよ。

　　a．アシエンダ　　　　**b**．インディオ　　　　**c**．エンコミエンダ
　　d．カウディーリョ　　**e**．クリオーリョ　　　**f**．ペニンスラール

g．ムラート　　　　　　　　**h**．メスティーソ

問2　空欄　1　から　6　にあてはまるもっとも適切な語句を次の選択肢から選び，その記号を答えよ。

a．イダルゴ　　　　　　　　**b**．ヴァルガス　　　　**c**．ウェルタ

d．カニング　　　　　　　　**e**．カランサ　　　　　**f**．サン＝マルティン

g．シモン＝ボリバル　　　　**h**．ディズレーリ

i．トゥサン＝ルヴェルチュール　　　　　**j**．トゥパク＝アマル

k．パーマストン　　　　　　**l**．ピット　　　　　　**m**．ビリャ

問3　下線部(1)に関して，次の**ア～オ**のうち，イギリスとアメリカの奴隷解放に関する説明として**間違っているもの**を一つ選び，その記号を答えよ。

ア．イギリスでは，ウィーン体制の成立以前に，福音主義者ウィルバーフォースらの努力によって奴隷貿易禁止法が制定されていた。

イ．イギリスで，1833年にグレイ内閣が制定した奴隷解放法では，政府が奴隷所有者に補償を行うことになっていた。

ウ．アメリカ合衆国では，ミズーリを，奴隷を禁止する自由州とするか，奴隷を容認する奴隷州とするかの議論が起こり，1820年にこの州は自由州となった。

エ．1847年，アメリカ合衆国の解放奴隷が中心となって独立した国がリベリアである。

オ．アメリカ合衆国の奴隷制の全面的禁止は，南北戦争後の憲法修正で保障されたが，南部州は1865年に黒人取締法を制定し，実質上奴隷制を維持した。

問4　下線部(2)に関して，1815年から1829年までに起こったヨーロッパにおける自由主義者たちの運動に関する次のA～Dの出来事の発生順として正しいものを**ア～エ**のなかから選び，その記号を答えよ。

A　ロシアにおけるデカブリストの乱の発生

B　ドイツにおけるブルシェンシャフトの結成

C　イタリアのカルボナリ指導によるナポリ・ピエモンテでの反乱の鎮圧

D　スペイン立憲革命へのフランス軍の介入と国王復位による革命の終結

ア．C－B－A－D　　　　**イ**．B－D－C－A

ウ．D－B－A－C　　　　**エ**．B－C－D－A

問5　下線部(3)に関して，19世紀前半のアメリカ合衆国のメキシコ領への領土拡張について書かれた次の文中の空欄　ア　から　エ　にもっとも適切な語句を次の選択肢から選び，その記号を答えよ。

　　アメリカ合衆国は，メキシコ独立直前の1819年に　ア　をスペインから買収したのち，西漸運動を進め，スペインから独立しメキシコ領となった　イ　のような地域にもアメリカ系移民の入植を加速させた。1836年，　イ　のアメリカ系住民がメキシコからの分離独立を宣言し，共和国を樹立し，1845年，アメリカ合衆国はここを自国州として併合した。これを背景に翌年，アメリカ＝メキシコ戦争が勃発し，

勝利したアメリカ合衆国はニューメキシコ・ ウ ・ エ をはじめとした地域に
またがる広大な土地をメキシコに割譲させた。 ウ は1850年州に昇格し，さらに
アメリカ合衆国は1853年にメキシコから エ とニューメキシコの南端部を購入し，
リオグランデ川流域の不安定な国境線を確定した。

a．アリゾナ   **b**．インディアナ   **c**．ウィスコンシン

d．カリフォルニア   **e**．カンザス＝ネブラスカ   **f**．テキサス

g．フロリダ   **h**．ミズーリ   **i**．ルイジアナ

（法政大〈経済〉 改）

46 西部開拓と南北戦争

次の文章を読み，**問1**から**問17**までの設問に答えなさい。

アメリカ合衆国は独立後も19世紀の間に，急速に①領土を拡大した。第7代の
A 大統領は，南部をおもな基盤とする B 党を結成した。一方， A 大統領
に反対する諸勢力は， C 党を結成した。また， A 大統領の時代には西部開拓
が推進されたが，その一方で， D 法を制定し，追い詰められた先住民の抵抗が強
まった。西部開拓はまた，奴隷制度をめぐって，②南部と北部の対立を激化させた。

1854年に，新州奴隷制の可否を住民の決定に委ねるとした， E が成立し，南北
の対立が再燃した。1860年に F 党のリンカンが大統領にえらばれると，南部諸州
は合衆国から離脱し，翌年， G を結成し，ここに南北戦争がはじまり，この後，
G の首都は H 州に移った。当初は南軍が優勢であったが，その後，連邦政府
は西部の農民の支持を受け，更に，③1863年1月の奴隷解放宣言により，内外世論の
支持を集めた。同年のゲティスバーグの戦いで北軍が勝利をおさめて以降， I 将
軍の率いる北軍が優勢となり，1865年，南部の首都が陥落して，南軍は降伏し，④南
北戦争は終結した。

南北戦争後，アメリカ合衆国は北部を中心に，⑤目覚ましい工業発展をとげた。ま
た，1865年には憲法修正第 J 条によってアメリカ合衆国内における奴隷制度が正
式に廃止された。しかし解放された黒人には農地の分配がおこなわれなかったので，
黒人の多くは， K として貧しい生活をおくった。また，南部の白人層は L と
いう秘密結社を組織し，黒人を迫害していった。

問1 下線部①の，アメリカ合衆国の19世紀の領土拡大に関して，年代の古いものか
ら順に最も適切に配列されているものを，次の選択肢から1つ選びなさい。

① メキシコからカリフォルニアを買収した。

② スペインからフロリダを買収した。

③ ロシアからアラスカを買収した。

1．①－②－③　　　**2**．①－③－②　　　**3**．②－①－③

4．③－①－②　　　**5**．③－②－①

問2　　A　に入る大統領の名前を，次の選択肢の中から1つ選びなさい。

1．ジェファソン　　　**2**．モンロー　　　**3**．ジャクソン　　　**4**．ハミルトン

5．ワシントン

問3　　B　に入る語を，答えなさい。

問4　　C　に入る語を，答えなさい。

問5　　D　に入る語を，答えなさい。

問6　下線部②に関連して，北部と南部における産業・貿易に対する見解，奴隷制への賛否について述べた文として最も適切なものを，次の選択肢の中から1つ選びなさい。

1．南部では，大農場制度が発達し，保護関税貿易を主張し，奴隷制に賛成していた。

2．南部では，商工業が発達し，自由貿易を主張し，奴隷制に賛成していた。

3．北部では，商工業が発達し，保護関税貿易を主張し，奴隷制に反対していた。

4．北部では，商工業が発達し，自由貿易を主張し，奴隷制に反対していた。

5．北部では，大農場制度が発達し，自由貿易を主張し，奴隷制に賛成していた。

問7　　E　に当てはまる言葉を，次の選択肢の中から1つ選びなさい。

1．ミズーリ協定　　　**2**．ホームステッド法　　　**3**．再建法

4．人民憲章　　　**5**．カンザス・ネブラスカ法

問8　　F　に入る語を，答えなさい。

問9　　G　に当てはまる言葉を，次の選択肢の中から1つ選びなさい。

1．アメリカ労働総同盟　　　**2**．独立労働党　　　**3**．総裁政府

4．アメリカ連合国　　　**5**．社会民主連盟

問10　　H　に入る州名を，次の選択肢の中から1つ選びなさい。

1．アラバマ　　　**2**．ジョージア　　　**3**．ルイジアナ

4．ノース・カロライナ　　　**5**．ヴァージニア

問11　　I　に入る人名を，次の選択肢の中から1つ選びなさい。

1．リー　　　**2**．グラント　　　**3**．ジョンソン　　　**4**．デヴィス

5．ホイットニー

問12　下線部③に関連して，1860年代に起こった事象として<u>誤っているもの</u>を次の選択肢の中から1つ選びなさい。

1．プロイセン＝オーストリア戦争　　　**2**．ロシアの農奴解放令

3．国際赤十字社の結社　　　**4**．第一回万国博覧会開催

5．スエズ運河の完成

問13　下線部④に関連して，南北戦争終結から19世紀末までのアメリカ合衆国で起こった事象として<u>誤っているもの</u>を次の選択肢の中から1つ選びなさい。

1．独占企業などに反対するポピュリズムが台頭した。

2．世界産業労働者同盟(IWW)が結成された。

3．イギリス・ドイツを抜いて，世界一の工業国となった。

4．シャーマン(反トラスト)法が制定された。

5．アメリカ合衆国はラテンアメリカへの影響力の拡大を図って，パン＝アメリカ
会議を主催した。

問14　下線部⑤に関連して，19世紀後半の工業発展に関して述べた文として<u>誤っている</u>ものを次の選択肢の中から1つ選びなさい。

1．東欧や南欧からの移民が増加し，安価な労働力を提供した。

2．最初の大陸横断鉄道が完成して，国内市場の結びつきを強めた。

3．東部を中心に都市化がすすみ，電灯や電信・電話などの技術が導入された。

4．製鉄にコークスをもちいる技術が開発された。

5．石炭・石油・鉄鋼などを基本とする重工業が躍進した。

問15　　J　に入る数字を，次の選択肢の中から1つ選びなさい。

1．12　　2．13　　3．14　　4．15　　5．16

問16　　K　に入る語を，答えなさい。

問17　　L　に入る語を，答えなさい。

(青山学院大〈国際政治経済・法〉)

47 ルネサンス～19世紀のヨーロッパ文化

　ヨーロッパの芸術や建築の歴史をみると，古典主義的な価値観が台頭する時代と後退する時代が交互に現われていることに気づく。

　古典文化の復興といえば，まずルネサンスが想起されよう。中心地フィレンツェで15世紀半ばに献堂された(1)サンタ・マリア大聖堂は，(2)縦横の均整を欠くほど高い尖塔と尖頭アーチを特徴とする中世の建築とは明らかに異なっており，古典的様式の復興を象徴する。ヴァザーリは『美術家列伝』(1550年初版，1568年改訂増補版)において，(3)レオナルド・ダ・ヴィンチ，ミケランジェロ，ラファエロらが，古典古代の理想的芸術を再生させたと語った。

　しかし17世紀になると端正なルネサンス様式の反動として，(4)古典主義の原理から逸脱するような誇張的表現にあふれ，豪壮・華麗な芸術様式が広まった。建築ではヴェルサイユ宮殿，絵画では　ア　などがこの様式を代表する。音楽でも，　イ　，ヘンデルらによって，宮廷文化にふさわしい壮麗な教会音楽や器楽曲が生み出された。

　もっとも，同じ時期，文学の世界においては，合理性や形式美を重んじる古典主義文学が，(5)まずフランスにおいて確立されている。遅れて18世紀にはドイツでも　ウ　やシラーによって古典主義文学が完成され，やはり形式美を重んじる(6)古典派音楽も完成された。ただ　ウ　やシラーは，古典主義文学の完成者であると同時に，

個性を尊重し人間感情の自然な発露を求めたいわゆる「疾風怒濤」運動の先頭に立った作家であり，(7)古典派のみならず19世紀ロマン主義のドイツ歌曲の作曲家たちにとっても霊感の源泉でありつづけた。絵画では　エ　が『ナポレオンの戴冠式』など格調高い古典主義の傑作を残しているが，19世紀初頭には情熱的・幻想的なロマン主義の画風がおこった。

　19世紀後半になると，古典主義・ロマン主義のいずれとも異なり，社会や人間を客観的にありのままに描こうとする(8)写実主義，それをさらに強調し，社会の矛盾を追究して人間の俗悪な部分も描写する(9)自然主義の思潮が広がった。

　写実主義・自然主義の流れは絵画にもみられ，フランスには，(10)農民生活や民衆を描く画家が現われた。さらに19世紀末に近づくと，(11)光と色彩を重視して，対象から受ける直接的な印象を表現しようとする画家の流派も生まれ，芸術の様式は多岐にわたるようになってゆく。

問1　下線部(1)に関連して。この聖堂の大円蓋を完成した建築家を選択肢①〜④から一つ選びなさい。
　　①　ジョット　　　②　ドナテルロ　　　③　ブラマンテ
　　④　ブルネレスキ

問2　下線部(2)に関連して。この建築様式の実例を選択肢①〜④から一つ選びなさい。
　　①　クリュニー修道院　　　　　②　サン・ピエトロ大聖堂(ヴァチカン)
　　③　ノートルダム大聖堂(パリ)　　　④　ピサ大聖堂

問3　下線部(3)に関連して。彼らいわゆる三大巨匠の作品ではないものを選択肢①〜④から一つ選びなさい。
　　①　『ヴィーナスの誕生』　　②　『最後の審判』　　③　『最後の晩餐』
　　④　『聖母子像』

問4　下線部(4)に関連して。この芸術様式の名称を選択肢①〜④から一つ選びなさい。
　　①　ゴシック　　　②　バロック　　　③　ロココ　　　④　ロマネスク

問5　　ア　に入らない画家を選択肢①〜④から一つ選びなさい。
　　①　エル・グレコ　　　②　ベラスケス　　　③　ルーベンス　　　④　ワトー

問6　　イ　に入る作曲家を選択肢①〜④から一つ選びなさい。
　　①　ハイドン　　　②　バッハ　　　③　ムリリョ　　　④　リスト

問7　下線部(5)に関連して。フランス古典主義の劇作家としてふさわしくない人物を選択肢①〜④から一つ選びなさい。
　　①　コルネイユ　　　②　モリエール　　　③　モンテーニュ
　　④　ラシーヌ

問8　　ウ　に入る人物を選択肢①〜④から一つ選びなさい。
　　①　グリム兄弟　　　②　ゲーテ　　　③　ハイネ　　　④　バイロン

問9　下線部(6)に関連して。古典派音楽の完成者の一人とみなされる作曲家を選択肢

①～④から一つ選びなさい。

① チャイコフスキー ② ベルリオーズ ③ モーツァルト
④ ワグナー

問10 下線部(7)に関連して。そうした古典派からロマン主義にかけてのドイツ歌曲の作曲家としてふさわしくない人物を選択肢①～④から一つ選びなさい。

① シューベルト ② シューマン ③ ショパン
④ ベートーヴェン

問11 [エ]に入る画家を選択肢①～④から一つ選びなさい。

① アングル ② ゴヤ ③ ダヴィド ④ ドラクロワ

問12 下線部(8)に関連して。フランスの写実主義作家としてふさわしくない人物を選択肢①～④から一つ選びなさい。

① スタンダール ② ディケンズ ③ バルザック
④ フロベール

問13 下線部(9)に関連して。『人形の家』などを残し、「近代演劇の父」と称される自然主義の劇作家・詩人を選択肢①～④から一つ選びなさい。

① イプセン ② トゥルゲーネフ ③ ドストエフスキー
④ トルストイ

問14 下線部(10)に関連して。そうした自然主義・写実主義のフランスの画家としてふさわしくない人物を選択肢①～④から一つ選びなさい。

① クールベ ② ドーミエ ③ ブリューゲル ④ ミレー

問15 下線部(11)に関連して。この流派の画家としてふさわしくない人物を選択肢①～④から一つ選びなさい。

① マネ ② モネ ③ ルノワール ④ ロダン

（青山学院大〈文・教育人間科学〉）

48 ムハンマド＝アリー時代のエジプト

エジプトの近代史について述べた次の文章を読み，問1，問2の設問に答えなさい。

　ムハンマド＝アリー（トルコ語の表記はメフメト＝アリ）は，エジプトのムハンマ
ド＝アリー王朝の創始者（在位1805〜48年）であった。彼はもともと現在のギリシア北
東部の東マケドニア地域にある港町カヴァラの〔　1　〕人といわれるムスリム商人の
出身であった。ムハンマド＝アリーはオスマン帝国が派遣したカヴァラ出身の〔　1　〕
人部隊の隊長として1801年に初めてエジプトの地を踏んだ。それは1798年，エジプト
に遠征してきたフランス軍に対抗するためであった。

　(A)ナポレオン＝ボナパルトがエジプトに遠征した時，遠征軍には175名に上る学術
団が同行していた。学術団の目的は，エジプトを植民地化するための情報を収集する
ことであった。この学術団は，自然科学や人文・社会科学などにまたがる研究者たち
から構成されており，エジプトの古代遺跡が調査と測量の対象になった。研究・調査
の結果は，1809年に『エジプト誌』として刊行され，その後も続刊が発行され，ヨーロ
ッパにおけるオリエント研究の創成期を飾ることになったのである。

　ナポレオンの遠征軍は1799年，下エジプトにある町〔　2　〕（アラビア語のラシー
ドの別称）において石碑を発見した。黒玄武岩であった石碑には，上段に古代エジプ
ト文字〔　3　〕（神聖文字），中段に〔　4　〕（古代民衆文字），そして下段にギリシア
文字という3書体で，エジプト王プトレマイオス5世を讃辞する同一の内容が刻まれ
ていた。(B)この発見は，古代エジプト文字解読の鍵となった。

　さて，ムハンマド＝アリーはフランス軍が撤退した後の混乱の中で総督に推挙され
ると諸改革を断行し，富国強兵策を採用した。カイロの城塞シタデルでの虐殺によっ
て，旧支配層である〔　5　〕を全滅させ，徴兵制に基づく西欧式の強力な軍隊を組織
した。また，大規模な灌漑工事を実施し，(C)綿花や小麦などの商品作物を専売制の下
で生産した。

　ムハンマド＝アリーは，アラビア半島においてイスラーム刷新を目ざす〔　6　〕運
動を攻撃して，(D)ヒジャーズ地方を支配する〔　7　〕家の王朝を打倒した。また，
〔　8　〕川流域はすべてエジプトの領土だと主張して(E)スーダンにも軍を送り，エジ
プトによるスーダン支配の基礎を築いた。さらに，(F)オスマン帝国の支配下にあった
ギリシアでは，1820年代に独立運動が激化した。エジプトはオスマン帝国を支援する
ため，ギリシアの南方の地中海に浮かぶ〔　9　〕島に出兵し，ナヴァリノの海戦で敗
北するまでイギリス・ギリシア軍と戦った。ギリシアがオスマン帝国の抑圧下にある
ことをヨーロッパからの視点で象徴的に描いた絵画として，画家〔　10　〕の作品であ

る「キオス島の虐殺」がある。

　ムハンマド゠アリーは1831年にオスマン朝支配下の〔　11　〕地域の領有権を要求し，その後軍隊を派遣して同地域を征服した。オスマン帝国軍が1839年，エジプトによる同地域の支配に再び介入すると，エジプトは帝国軍をまたしても大敗させた。しかし，エジプト゠トルコ戦争におけるエジプトの二度目の勝利は(G)ヨーロッパ列強による干渉を招き，エジプト軍は撤退を余儀なくされた。

問1　文章中の〔　1　〕～〔　11　〕に入れる最も適切な語句を下記の語群の中から選び，その記号を答えなさい。なお，〔　　　〕内の数字が同一の場合，同じ語句が入るものとする。

a．アッバース	**b**．アルジェ	**c**．アルバニア
d．アレクサンドリア	**e**．カサブランカ	**f**．カルカッタ
g．クレタ	**h**．コンヤ	**i**．サウード
j．サウジアラビア	**k**．シチリア	**l**．シュリーマン
m．シリア	**n**．セザンヌ	**o**．タンジール
p．デモティック	**q**．ドラクロワ	**r**．ナイル
s．ヒエログリフ	**t**．マムルーク	**u**．マラケシュ
v．ユーフラテス	**w**．ロゼッタ	**x**．ワッハーブ

問2　文章中の(A)～(G)に関する次の問いに答えなさい。

(A)　エジプト遠征直後の1799年にナポレオンが決行した総裁政府を打倒した政変の名称を答えなさい。

(B)　これらの文字の一つの解読に成功しエジプト学の基礎を築いたフランスの研究者の名前を答えなさい。

(C)　このエジプト産の綿花は，1861年に別の国で始まった出来事を契機に，イギリス市場に大量に輸出されるようになるが，その出来事の名称を答えなさい。

(D)　この地方にあるイスラームの二つの聖地の名前を答えなさい。なお，解答の順序は問わない。

(E)　19世紀末にこの地で起こった抵抗運動において，①神がこの世の悪を一掃するために遣わしたイスラームの救世主をアラビア語で何というか，答えなさい。また，②この抵抗運動との戦いにおいて戦死し，中国の太平天国の軍と戦ったことでも知られるイギリス軍人の名前を答えなさい。

(F)　この独立戦争に身を投じたイギリスのロマン派詩人の名前を答えなさい。

(G)　オスマン帝国領に対するヨーロッパ諸列強の外交的な干渉を何と呼ぶか，答えなさい。

（日本女子大〈文〉）

49 ロシア・オスマン帝国の近代化政策

　19世紀半ば，ロシアは勢力伸張と不凍港の確保を目指して，南下政策を採っていた。1853年にロシアは　A　を理由に，オスマン帝国に進入し，戦争が始まった。イギリス，フランスがオスマン帝国側で戦いに加わり，戦争はヨーロッパの大国同士の争いとなった。最終的にはロシアが敗れ，a1856年のパリ条約で，ロシアの南下政策は失敗した。また，この戦争によって，bそれまでのヨーロッパの国際秩序は大きく動揺することとなった。

　この戦争の敗北を受けて，ロシアは改革を迫られることとなった。皇帝（　ア　）は，c農奴解放令を発布するなど，自由主義的改革を目指した。しかし，（　イ　）での蜂起の後，再び専制が強化された。これに対し，インテリゲンツィアとよばれる（　ウ　）階級は改革を求めていた。その中で，急進的な改革を求めるdナロードニキと呼ばれる運動家の中には，テロリズムを行う者も現れ，（　ア　）の暗殺にも成功した。

　オスマン帝国に目を転じると，e第2次ウィーン包囲失敗の後，その拡大にかげりが見えてくるようになった。1699年には，（　エ　）によってハンガリーやトランシルヴァニアなどの領土を失った。さらに，ロシアにも（　オ　）北岸を奪われ，領土はさらに縮小した。19世紀になるとオスマン帝国でも諸改革が開始された。まず，軍事的には，オスマン帝国の歩兵常備軍である（　カ　）が廃止され，西欧式の軍隊が創設された。さらに，スルタンであるアブデュルメジト1世は，（　キ　）と呼ばれる改革に着手した。

　1853年から始まるロシアとの戦争でイギリスやフランスの援助で勝利したことにより，オスマン帝国には列強からの干渉が強まった。これに対して，ヨーロッパ経験を持つ若手官僚を中心に立憲運動が高まり，1876年にfミドハト憲法が公布された。この憲法に基づいて議会も開設されたが，1877年に始まったgロシア＝トルコ戦争を理由に，憲法が停止され，議会も閉鎖された。この憲法は，（　ク　）の結果，再度復活することとなる。

問1　（　ア　）に入る語としてもっとも適切なものを一つ選び，その番号を答えなさい。

① ニコライ1世　　② ニコライ2世　　③ アレクサンドル1世
④ アレクサンドル2世

問2　（　イ　）に入る語としてもっとも適切なものを一つ選び，その番号を答えなさい。

① シベリア　　② ウクライナ　　③ ポーランド　　④ ボヘミア

問3　（　ウ　）に入る語としてもっとも適切なものを一つ選び，その番号を答えなさい。

① 産業資本家　　② 知識人　　③ 農民　　④ 金融資本家

問4 （　エ　）に入る語としてもっとも適切なものを一つ選び，その番号を答えなさい。

① カルロヴィッツ条約　　　② トルコマンチャーイ条約

③ ネルチンスク条約　　　④ ユトレヒト条約

問5 （　オ　）に入る語としてもっとも適切なものを一つ選び，その番号を答えなさい。

① 黒海　　　② エーゲ海　　　③ カスピ海　　　④ アラル海

問6 （　カ　）に入る語としてもっとも適切なものを一つ選び，その番号を答えなさい。

① マムルーク　　　② ミッレト　　　③ イェニチェリ

④ ティマール

問7 （　キ　）に入る語としてもっとも適切なものを一つ選び，その番号を答えなさい。

① 洋務運動　　　② マグナ・カルタ　　　③ ドイモイ

④ タンジマート

問8 （　ク　）に入る語としてもっとも適切なものを一つ選び，その番号を答えなさい。

① ギュルハネ勅令　　　② イラン立憲革命　　　③ 青年トルコ革命

④ イスラーム同盟（サレカット・イスラーム）結成

問9 文中の　A　にあてはまる語句としてもっとも適切なものを一つ選び，その番号を答えなさい。

① 「門戸開放」　　　　　　　② 正教徒の保護

③ 「マニフェスト・デスティニー」　　　④ 奴隷解放

問10 下線部aについて，この条約の内容の説明としてもっとも適切なものを一つ選び，その番号を答えなさい。

① パレスチナでのユダヤ人国家建設　　　② 国際赤十字の設立

③ ギリシアの独立　　　　　　　　　　④ 黒海の中立化

問11 下線部bについて，この国際体制はなんと呼ばれるか。また，その特徴とされるものは何か。それらの組合せとしてもっとも適切なものを一つ選び，その番号を答えなさい。

① ウィーン体制—「正統主義」

② ウィーン体制—「国際協調主義」

③ ヴェルサイユ体制—「正統主義」

④ ヴェルサイユ体制—「国際協調主義」

問12 下線部cについて述べた次の文aとbの正誤の組合せとして適切なものを一つ選び，その番号を答えなさい。

a　ミールを単位とした農地の分与が有償で行われた。

b　農具は国有となり，働き手は賃金を受けとる農業労働者となった。

① 　a－正　　b－正　　　　② 　a－正　　b－誤

③ 　a－誤　　b－正　　　　④ 　a－誤　　b－誤

問13　下線部 d について述べた文としてもっとも適切なものを一つ選び，その番号を答えなさい。

① 　人民憲章を政治綱領として参政権獲得を目指した。

② 　女性が主体的に生きるための社会改革を目指した。

③ 　いっさいの政治権力を否定し，完全な自由を持つ個人の結合による社会を目指した。

④ 　農村共同体を新社会の基盤とすることを目指した。

問14　下線部 e に関して，第 2 次ウィーン包囲の後のハプスブルク君主国について述べた次の文 a ～ c が，年代の古いものから順に正しく配列されているものを一つ選び，その記号を答えなさい。

a　オーストリア帝国が成立した。　　　b　オーストリア継承戦争を戦った。

c　オーストリア＝ハンガリー二重帝国が成立した。

① 　a→b→c　　　② 　a→c→b　　　③ 　b→a→c　　　④ 　b→c→a

⑤ 　c→a→b　　　⑥ 　c→b→a

問15　下線部 f について述べた次の文 a と b の正誤の組合せとして適切なものを一つ選び，その番号を答えなさい。

a　ムスリムに権利上の優位を認めた。

b　アラブ人に対するトルコ人の優位を認めた。

① 　a－正　　b－正　　　　② 　a－正　　b－誤

③ 　a－誤　　b－正　　　　④ 　a－誤　　b－誤

問16　下線部 g について述べた次の文章中の空欄 　ア　 ・ 　イ　 に当てはまる語の組合せとして適切なものを一つ選び，その番号を答えなさい。

　　ロシア＝トルコ戦争の結果締結された 　ア　 に対して，イギリスとオーストリアから抗議が起こった。そこで， 　イ　 が諸国間の調整を図った。この結果，ロシアのバルカン半島への進出は抑えられることとなった。

① 　アーサン・ステファノ条約　　イービスマルク

② 　アーサン・ステファノ条約　　イーメッテルニヒ

③ 　アーウィーン条約　　　　　イービスマルク

④ 　アーウィーン条約　　　　　イーメッテルニヒ

（青山学院大〈全学部〉）

50) イギリスのインド支配関連史 ||||||||||||||||||||||||||

イギリスによるインド植民地支配に関する以下の文章を読み，設問に答えなさい。

1600年に特権的貿易会社として設立されたイギリス東インド会社は，東南アジア進出に失敗したのち，インドに拠点を確保して交易事業を行った。やがてインド産の綿織物がヨーロッパで販路を拡大し，中国産の茶とならんで，主力輸出品として会社の発展を支えるようになる。

一方16世紀に建国されたムガル帝国は，a アクバル帝の時代に帝国の基礎を安定させたが，帝国の版図をさらに広げたアウラングゼーブ帝の死後，地方勢力が台頭し，帝国は弱体化した。これに乗じて英仏の東インド会社も地方での支配権を握りはじめ，インドにおける英仏間の争いは，b ヨーロッパでの戦争と連動して激しさを増すようになる。

やがてイギリスはフランス勢力を駆逐し，インドの地方勢力との戦争にも勝利して，インド全域へと支配を広げていった。この過程でイギリス東インド会社は領土支配を行う準政府的な組織へと性格を変えていき，最終的には c 統治のみを行う組織となった。

イギリス東インド会社統治下のインドでは，イギリスでの産業革命の影響により綿織物産業が衰退し，輸出用の綿花や藍などの d 大規模農園が建設されるようになるなど，大きな社会的変動が生じた。これによりイギリスに対する不満がインド人のあいだで蓄積していき，1857年のシパーヒーの反乱は社会全体を巻き込む大反乱へと発展した。これを鎮圧したイギリスは東インド会社を解散して直接統治に切り替え，1877年には e ヴィクトリア女王が皇帝に即位してインド帝国が成立する。

インドは f 鉄道建設などにより重い財政負担を抱えたが，国内でも綿工業を中心にインド人による民族資本が成長してくると経済は次第に好転した。こうしたなかで次第に民族的な自覚をもつ階層が生まれ，1885年には初のインド国民会議が開催される。やがて政党化した国民会議派は，ベンガル分割令への反発から激しさを増した g 民族運動において中心的な役割を果たした。この反英的な民族運動はイギリスの懐柔策やムスリムの離反などによりいったん沈静化したが，第一次世界大戦後にはガンディーやネルーの指導のもとで h ふたたび活性化する。しかし，最終的にインドの独立が達成されたのは第二次世界大戦ののちであった。

設問1 下線部 a のアクバル帝について述べた文章のうち，正しいものはどれか。次の中から一つ選びなさい。

　イ．官僚に序列をつけ，位階に応じて給与などを決めるマンサブダール制を定めた。

　ロ．首都をアグラからデリーへ移し，インド＝イスラーム建築を多数建立した。

　ハ．ヒンドゥー教に対して寛容策をとったが，イスラーム教とヒンドゥー教を融合

させる動きは厳しく禁じた。

　ニ．シパーヒーに封土を配分してその土地の徴税権を与えるティマール制を定めた。

設問2　下線部 b に関連して，ヨーロッパ内外で英仏が参加した戦争について述べた文章のうち，正しいものはどれか。次の中から一つ選びなさい。

　イ．ファルツ戦争（アウクスブルク同盟戦争）は，ルイ15世がファルツ選帝侯の領土継承権を主張して起こった。

　ロ．スペイン継承戦争の結果むすばれた条約で，フランスはイギリスからニューファンドランドなど北米の植民地を複数獲得した。

　ハ．オーストリア継承戦争ではイギリスと同盟をむすんだプロイセンが勝利し，シュレジエンを領有した。

　ニ．七年戦争と連動したフレンチ＝インディアン戦争では，勝利を収めたイギリスがカナダとミシシッピ川以東の地を獲得した。

設問3　下線部 c に関連して，イギリス東インド会社の植民地統治について述べた文章のうち，明白な誤りを含むものはどれか。次の中から一つ選びなさい。

　イ．イギリス東インド会社は，1765年ムガル皇帝からベンガルやビハール地方でのディーワーニー（徴税権）を得た。

　ロ．ザミンダーリー制は，イギリス人入植者に土地所有権を与え，定額の地税納入の義務を負わせた制度である。

　ハ．ライヤットワーリー制は，農民に土地所有権を認め，直接地税を徴収する制度である。

　ニ．1833年，イギリス東インド会社の中国貿易・茶貿易についての独占権廃止が決定された。

設問4　下線部 d に関連して，世界各地の大規模農園について述べた次の文章のうち，正しいものはどれか。次の中から一つ選びなさい。

　イ．オランダ東インド会社は，強制栽培制度によりジャワ島でコーヒーやサトウキビなどを栽培させた。

　ロ．北アメリカ南部のプランテーションでは，17世紀には綿花が，18世紀に入ってからはサトウキビとタバコが中心的な作物であった。

　ハ．20世紀に盛んになったマレー半島のゴムのプランテーションでは，南インドからの多数の移民が労働に従事した。

　ニ．ケニアの大農園で働くインド人の権利保護活動をするなかで，青年期のガンディーは非暴力・不服従の理念をつくりあげた。

設問5　下線部 e に関連して，19世紀にイギリスでなされた社会改革のうち，ヴィクトリアのイギリス女王即位後に行われたものはどれか。次の中から一つ選びなさい。

　イ．審査法廃止　　　ロ．奴隷貿易禁止法施行　　　ハ．団結禁止法廃止

　ニ．穀物法廃止

設問6　下線部 f に関連して，世界各地での鉄道建設について述べた次の文章のうち，

明白な誤りを含むものはどれか。次の中から一つ選びなさい。

イ．アメリカの大陸横断鉄道の建設では，アイルランド系移民や中国系のクーリーが主要な労働力となった。

ロ．ドイツはオスマン帝国からバグダード鉄道の敷設権を得て，中東進出の足がかりとした。

ハ．ロシアは日清戦争後，東清鉄道を建設してシベリア鉄道に接続させた。

ニ．日本は清から国有鉄道の譲渡を受けて南満州鉄道を建設し，関東州経営の支柱とした。

設問7　下線部 **g** に関連して，アジアでの民族運動について述べた文章のうち，正しいものはどれか。次の中から一つ選びなさい。

イ．インドネシアでは，ヒンドゥー教徒による大衆民族組織がオランダからの独立運動を主導した。

ロ．オスマン帝国では，「青年トルコ人」の運動によってミドハト憲法が復活し，その後スルタンは退位した。

ハ．ベトナムでは，日本で組織されたベトナム光復会が中心となってフランスからの独立運動を行った。

ニ．イランでは，タバコ＝ボイコット運動に端を発する立憲革命により，カージャール朝が倒された。

設問8　下線部 **h** に関連して，第一次世界大戦後のインドでの民族運動に関する次の出来事を古いものから順に並べたとき，二番目にくる出来事はどれか。次の中から一つ選びなさい。

イ．新インド統治法の制定　　　　**ロ**．ローラット法の制定

ハ．アムリットサールでの虐殺事件　　**ニ**．塩の行進

（早稲田大〈法〉）

51 　東南アジアの植民地化 ▮▮▮▮▮▮▮▮▮▮▮▮▮▮▮▮▮▮▮▮▮▮▮▮▮▮▮

次の文を読み，問（1〜18）に答えなさい。解答は選択肢（ **a** 〜 **d** ）からもっとも適切なものを1つ選びなさい。

　かねてから香辛料の特産地として東南アジアに関心を持っていたヨーロッパ人は，16世紀初め，この地域に進出した。しかし，東南アジアでは，そのはるか以前から，アジア各地の商人が活発に交易を行なっていた。15世紀前半には，明の（　**1**　）が率いる艦隊が東南アジアの港に寄港し，これを契機として交易活動がさらに活発化した。

　15世紀末，アフリカ南端を経由してインドに到達していた（　**2**　）は，16世紀初め，東南アジアの交易拠点の一つ，（　**3**　）を攻撃してこれを占領した。1521年には，（　**4**　）が，（　**5**　）王の支援を受けて西回りの航路でフィリピン諸島に到達し，

（　5　）は16世紀後半，マニラを拠点としてフィリピン諸島の植民地支配を開始した。

　（　6　）は16世紀末，アジアへの進出を開始し，（　7　）を根拠地としてジャワ島で勢力を拡大し，18世紀半ばまでに同島のかなりの部分を支配下に置いた。19世紀に入ると，（　6　）は，コーヒーやサトウキビなどの商品作物を導入し，強制栽培制度によって莫大な利益を得た。

　一方，17世紀にインドに拠点を築いた（　8　）は，その後，東南アジアに進出し，マレー半島の大半とビルマを植民地支配下に置き，19世紀前半，マレー半島に(ア)<u>海峡植民地</u>を築いた。マレー半島では，ゴムのプランテーションを開発し，その主力労働者として（　9　）から移民を導入した。また，工業原料の需要に対応するために錫鉱床の開発を進め，主に（　10　）から移民労働者を導入した。

　ベトナムでは16世紀以降，（　11　）の名目的支配のもとで政治勢力が分裂していたが，19世紀初めに（　12　）の宣教師やタイの支援を得て，（　13　）が全土を統一して皇帝に即位した。（　12　）は19世紀半ば，ベトナムへの侵略を開始した。これに対し，（　14　）の率いる黒旗軍はベトナム北部を拠点として強く抵抗した。しかし，（　12　）はこれをきっかけとしてベトナム北部に進駐し，（　15　）との戦争の末，ベトナムを保護国化した。（　12　）はベトナムのほか，（　16　）も支配下に置いた。

問1　空欄（　1　）に当てはまるものはどれか。
　a．鄭成功　　　**b**．司馬光　　　**c**．鄭和　　　**d**．義浄
問2　空欄（　2　）に当てはまるものはどれか。
　a．オランダ　　　**b**．ポルトガル　　　**c**．イギリス　　　**d**．フランス
問3　空欄（　3　）に当てはまるものはどれか。
　a．アチェ王国　　　**b**．マジャパヒト王国　　　**c**．ブルネイ王国
　d．マラッカ（ムラカ）王国
問4　空欄（　4　）に当てはまるものはどれか。
　a．ヴァスコ＝ダ＝ガマ　　　**b**．マゼラン（マガリャンイス）
　c．コロンブス　　　　　　　**d**．バルトロメウ＝ディアス
問5　空欄（　5　）に当てはまるものはどれか。
　a．オランダ　　　**b**．スペイン　　　**c**．フランス　　　**d**．イギリス
問6　空欄（　6　）に当てはまるものはどれか。
　a．オランダ　　　**b**．スペイン　　　**c**．フランス　　　**d**．イギリス
問7　空欄（　7　）に当てはまるものはどれか。
　a．パレンバン　　　**b**．マラッカ　　　**c**．アチェ　　　**d**．バタヴィア
問8　空欄（　8　）に当てはまるものはどれか。
　a．オランダ　　　**b**．スペイン　　　**c**．フランス　　　**d**．イギリス
問9　空欄（　9　）に当てはまるものはどれか。
　a．台湾　　　**b**．ベトナム　　　**c**．南アフリカ　　　**d**．南インド

問10 空欄（ 10 ）に当てはまるものはどれか。

a．中国 b．朝鮮半島 c．ブルネイ d．日本

問11 空欄（ 11 ）に当てはまるものはどれか。

a．李朝 b．陳朝 c．黎朝 d．阮朝

問12 空欄（ 12 ）に当てはまるものはどれか。

a．オランダ b．スペイン c．フランス d．イギリス

問13 空欄（ 13 ）に当てはまるものはどれか。

a．李公蘊 b．バオダイ c．阮福暎 d．劉永福

問14 空欄（ 14 ）に当てはまるものはどれか。

a．ホー＝チ＝ミン b．劉永福 c．ファン＝チュー＝チン

d．阮福暎

問15 空欄（ 15 ）に当てはまるものはどれか。

a．アメリカ合衆国 b．清 c．ロシア d．明

問16 空欄（ 16 ）に当てはまる組み合わせはどれか。

a．タイ，ラオス b．カンボジア，タイ c．カンボジア，ブルネイ

d．カンボジア，ラオス

問17 下線部㋐に当てはまる組み合わせはどれか。

a．マラッカ，シンガポール，クアラルンプール

b．パレンバン，マラッカ，ペナン

c．ペナン，マラッカ，クアラルンプール

d．ペナン，マラッカ，シンガポール

問18 空欄（ 6 ）に当てはまる国は，17世紀，アジアの様々な地域を占領したが，
それらに含まれないものはどれか。

a．台湾南部 b．セイロン島（スリランカ）

c．マーシャル諸島 d．マラッカ（ムラカ）

（上智大〈総合人間科学・外国語〉 改）

52 アヘン戦争〜辛亥革命期の中国

次の文章を読み，(1)〜(10)の設問について〔　　　〕内の語句から最も適切と思われる
ものを選びなさい。

X：そういえば，夏休みに短期研修で上海に行ってきたんだってね。どうだった。

Y：上海の町は東京と全然変わらないぐらい都会だった。

X：上海は戦前には，「東洋の魔都」とも呼ばれていた。1927年に(1)〔①蔣介石 ②汪
兆銘 ③張作霖 ④段祺瑞〕が起こした上海クーデタには，杜月笙という裏社会の
ボスが関わっていたというから，当時はまさに「魔都」というに相応しいところだっ

たかも。

　でも，うちの大学の先生が上海に留学してた頃は，生活水準は日本と比べて高いとはいえなかったし，中国の人が使っていた人民元は外貨に両替できなくて，それとは別に外貨に両替できる特別なお札があったそうだけど。

　まあ，中国は歴史上，ほとんどの時期で世界屈指の大国だったから，中国の人の感覚としては，近代以降色々あったけど，やっと正常な状態に戻りつつある，というふうに思っているかもしれない。

Y：確かに近代に入ってからの中国社会には様々な問題があったし，中華人民共和国の時代になってからも，例えば，1960年代に始まった(2)〔①大躍進　②第1次五カ年計画　③プロレタリア文化大革命　④改革・開放政策〕での失敗は，社会的に大きな痛手だったようだね。

　ところで，中国の歴史で「近代」っていつから始まるの。

X：人によって説は様々だけど，一般的にはアヘン戦争からってするのが多いかな。

Y：イギリスとのアヘン戦争に負けた結果，当時の清朝は5つの港を開港させられたのだったね。上海もその一つだけど，他には，以前は明州と呼ばれていた(3)〔①寧波　②広州　③厦門　④福州〕などもあった。

　ちなみに，清朝は戦争して負けたわけでもないのに1844年にアメリカと(4)〔①望厦条約　②北京条約　③黄埔条約　④天津条約〕を結んで，イギリスとの条約同様，治外法権など不平等な条件をのんでいるけど。

X：まあ実際の交渉過程はともかくとして，清朝の建前としては，イギリスやアメリカはあくまで文明的に劣った「夷狄」なので，優れた「中華」たる清朝の法をそのまま適用すると色々問題が起こるから，治外法権はむしろ当然だし，そうした恩恵は「夷狄」たちに等しく与えるのが「中華」たる清朝の度量の見せ所だ，ということかもしれないね。

Y：でも，当初は西洋諸国を「夷狄」だと見下していたとしても，1860年代には「背に腹は代えられない」といった感じで，西洋のものを取り入れようとする洋務運動が始まったって聞いてるけど。

X：確かに第二次アヘン戦争で皇帝が北京から逃げ出さなくてはならなくなったことは大きな衝撃だったかもしれない。ところで，この時に破壊された円明園には西洋人の(5)〔①アダム＝シャール　②マテオ＝リッチ　③カスティリオーネ　④フェルビースト〕らが設計した西洋風建築や庭園があったのは皮肉なことだね。

Y：それはともかく，西洋のものを取り入れようとするといっても，その範囲は限定的だったんでしょう。

X：初期の段階では軍事技術だけだったけど，徐々に範囲が広がっていった。

　洋務運動を代表する官僚といえば，太平天国に対抗して(6)〔①湘軍　②淮軍　③捻軍　④常勝軍〕を組織した李鴻章だけど，彼が手がけた事業は軍事にとどまらない幅広さを持っている。

Y：でも，結局日清戦争に負けちゃったから，洋務運動は失敗だったんじゃないの。

X：それはその通りだけど…。日清戦争に負けた後，中国の知識人の間では，もっと根本的なところから西洋に学ぶべきだと主張する人も出てきた。

　　その代表的なのが康有為らのグループだけど，康有為の改革論は特殊な儒教解釈を基盤にしている。例えば，彼には『新学偽経考』という著作がある。改革派の康有為の本なので，「新学」というのは「新しい学問」のことだと思うかもしれないけど，そうじゃないんだ。それは「新」という王朝の学問ということで，康有為はこの本で，当時一般に流布していた儒教の経典の多くは，(7)〔①劉秀　②司馬懿　③劉備　④王莽〕が建てたこの王朝のために劉歆が偽造したものだということなどを主張している。

Y：康有為たちの改革運動は「変法」を一つのスローガンとしていたけど，「変法」というと(8)〔①趙　②秦　③魯　④楚〕の孝公に仕えた法家の商鞅のものが有名だね。

X：もちろん具体的な内容は違うけど「変法」が大きな制度改革を示すという点は共通している。

　　それはさておき，1897年の宣教師殺害事件をきっかけにドイツが(9)〔①広州湾　②威海衛　③膠州湾　④九竜半島〕を租借したことを皮切りに，列強が次々と租借地を獲得し，中国が列強に分割されてしまうのではないかという危機感が高まった。ドイツの租借地獲得を発端としたこのような危機感が，康有為たちの主導した戊戌の変法を後押しする社会的背景の一つになったけど，改革があまりに性急だったこともあって，西太后らによって変法は頓挫させられてしまった。

Y：では，その後は孫文たちの革命運動が一気に盛り上がったということかな。

X：まあ，それほど単純な話ではないけれど，孫文をリーダーとする革命団体が1900年に広東省恵州でおこした武装蜂起に失敗した時には，彼らが最初の武装蜂起計画に失敗した1895年に比べ，革命運動に同情的な人たちが増えていた，というような変化はあったみたいだね。そして，恵州での蜂起の数年後には複数の革命団体がまとまって(10)〔①中国同盟会　②中国国民党　③中華革命党　④興中会〕が結成され，さらに数年後に辛亥革命が起こった。ただ，辛亥革命も複雑な経緯をたどった事件で，「革命派が清朝を打倒した」といった単純な図式で考えてはダメなんだ。

Y：なるほど。あっ，まだまだ聞きたいことがあるけど，もう時間なので，次の機会にまたよろしくね。

（学習院大〈文〉　改）

53 〕〔19世紀後半〜辛亥革命期の中国・朝鮮 ||||||||||||||||

　　袁世凱は1859年に河南省で生まれた。袁は地元の有力者の家系に生まれたが，当時政界での立身出世への登竜門であった科挙に合格したとする記録は残っていない。彼の経歴はまず武官として始まり，清朝の実力者李鴻章が率いた郷勇の　1　軍に連な

る部隊に属し，そこで徐々に頭角を現していった。1882年に朝鮮で(A)壬午軍乱が起こ
ると，これに介入する清軍の一武将として漢城（現在のソウル）へ渡り，その後1894年
まで断続的に朝鮮に駐在した。その間，袁は1884年の(B)甲申政変など朝鮮情勢におい
て清に有利な解決を模索し，李鴻章の注目を得るようになった。こうした袁の朝鮮内
政への関与は日本との軋轢を高め，日清戦争へと至る両国間の対立の背景をなした。
　日清戦争の結果李鴻章が一時失脚すると，袁世凱は新軍建設の任を与えられた。彼
はドイツや日本の制度を参考にしつつ軍の洋式化を進め，成果をあげた。このとき育
てた軍事力が後に清朝の精鋭部隊である　2　軍として袁を支えることになる。光緒
帝が康有為らと進めた戊戌の変法が覆った戊戌の政変で袁は変法派の弾圧に回り，光
緒帝の伯母で摂政だった　3　の信頼を獲得，義和団事件後に政権の中枢入りを果た
した。そのころ開始された(C)光緒新政ではその中心を担い，外国からの借款による近
代化路線を追求した。1907年には軍機大臣への出世を果たしたものの，翌年に光緒帝
と　3　が相次いで死去すると，袁は清朝最後の皇帝となる幼い　4　帝を補佐する
皇族たちに疎まれ，失脚した。
　1911年に始まる辛亥革命では，袁世凱は革命弾圧を図る清朝によって復権を果たし，
革命側との交渉にあたった。ここで袁は清朝を見限り，　4　帝の退位と共和政の維
持を条件に中華民国の臨時　5　の地位を孫文から譲り受けた。(D)清朝滅亡後の袁政
権は議会の力をおさえようとし，孫文らが率いる国民党と激しく対立した。1913年に
政権の専制化に対する武装蜂起である第二革命が起こると，袁はこれを鎮圧したうえ
で正式に　5　に就任した。その後国民党の解散や国会の解散を命じるなど独裁化を
すすめた袁は帝政の復活を試み，1916年1月に皇帝に即位した。しかし，これに対す
る国内外の反発は強く，早くも3月に退位を余儀なくされた袁は，6月，失意のうち
に病死した。

問1　空欄　1　～　5　に最も適当と思われる語を入れなさい。
問2　下線部(A)について，朝鮮国王高宗の父で反乱軍によって擁立され，清軍による
　　鎮圧の結果抑留されたのは誰ですか。
問3　下線部(B)について，当時の朝鮮では金玉均を中心とする勢力と閔氏政権とが改
　　革の方向性をめぐって対立していた。それぞれの日本や清との関わり方に触れなが
　　ら，どのような対立だったのか説明しなさい。
問4　下線部(C)について，このとき打ちだされた改革の項目を二つあげなさい。
問5　下線部(D)について，第一次世界大戦中の1915年に日本が発した二十一カ条の要
　　求に対し，袁政権がどのような対応をしたのか述べなさい。

（津田塾大〈国際関係〉）

54 19世紀後半の世界各地の動向 ▮▮▮▮▮▮▮▮▮▮▮▮▮▮▮▮▮▮▮▮

ヴィクトリア朝期のある人物に関する次の文章を読んで，**問1～問9**に答えなさい。

伝記作家のリットン゠ストレイチーは，『ヴィクトリア朝偉人伝』(1918年)のなかで，**A**ヴィクトリア朝期の4人の「偉人」の一人として，軍人の（　a　）を取りあげている。

1833年に生まれた（　a　）は，陸軍士官学校を卒業した後，クリミア戦争のセヴァストーポリ包囲戦で活躍した。清との間にアロー戦争が勃発すると，中国に派遣され，キリストの弟を自称する（　b　）を指導者とする**B**太平天国の乱を鎮圧するために，**C**清軍に協力した。

その後，スーダン総督等を務めて1880年にイギリスに戻った後は，**D**インド総督の私設秘書やモーリシャス島の工兵隊指揮官を転々とし，**E**ベルギー王からはコンゴ行きを勧められた。

F最後の赴任地は，アフリカのスーダンとなった。スーダンでは，自らマフディーを名のる（　c　）が率いるイスラム教の一派が反乱を起こしていた。同じ頃，**G**エジプトでは，軍人のウラービーが反乱を起こし，（　d　）が首相を務めていたイギリスはこれを鎮圧して，エジプトを事実上保護国化した。（　a　）は，スーダンのエジプト軍の安全な撤退の任を与えられたが，反乱軍に包囲されて1885年に戦死した。援軍の派遣の遅れによって，国民的英雄を見殺しにすることになった（　d　）首相の評判は地に落ちた。

このように，**H**イギリスが世界を支配する時期にあって，世界各地で立ち上がる各抵抗主体を制圧する任を負った軍人が，祖国の栄光を担う国民的英雄になりえたのである。

問1　上の文中の（a）～（d）に入る適切な人名を，答えなさい。

問2　下線部**A**に関連して，以下の(1)，(2)に答えなさい。

(1)　次の**1**～**5**のうち，ヴィクトリア朝期のイギリスの出来事を4つ選んで年代の古い順に並べ替え，左から順に番号を答えなさい。

　　1．カトリック教徒解放法が制定される。

　　2．1815年制定の穀物法が廃止される。

　　3．第1回万国博覧会がロンドンで開催される。

　　4．第3回選挙法改正が行なわれる。

　　5．労働組合を合法化する労働組合法が制定される。

(2)　ヴィクトリア朝期のイギリスでは，自由党と保守党の二大政党による議会制度

が確立したが，次の**ア～ウ**の出来事は，どちらの政権下のものか。自由党政権下の出来事には，**1**を，保守党政権下の出来事には，**2**を，答えなさい。

ア．アイルランド自治法案が2回提出されたが，いずれも議会で否決された。

イ．ヴィクトリア女王がインド皇帝の座についた。

ウ．スエズ運河会社の株を買収して，運河の経営権をにぎった。

問3　下線部**B**について，以下の(1)，(2)に答えなさい。

(1)　太平天国が掲げた政策を，35字程度で説明しなさい。

(2)　下の**ア**，**イ**に該当する場所としてもっとも適切なものを，次の地図上の**1～8**から選びなさい。

　　ア．上の文中の（**ｂ**）らが，1851年に挙兵して太平天国の起点となった場所

　　イ．上の文中の（**ｂ**）らが，1853年に太平天国の首都と定め，天京と名づけた都市

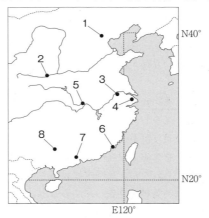

備考：国境線は現在のもの.

問4　下線部**C**に関連して，次の**1～4**の中から誤りを含む文章を1つ選びなさい。

1．アヘン戦争後の中国では，太平天国以外にも，安徽の捻軍，雲南や陝西・甘粛のムスリム，貴州のミャオ族などが各地で反乱を起こした。

2．清朝の正規軍である八旗は，満州族の血縁・地縁集団で組織され，モンゴルや漢の軍人を受け入れなかったため，19世紀にはすでに弱体化していた。

3．清朝の正規軍に協力した郷勇は，漢人官僚が郷里で組織した義勇軍で，曾国藩が湖南で編成した湘軍，李鴻章が安徽で編成した淮軍などがその代表である。

4．北京条約調印によってアロー戦争が終結すると，諸外国は清との関係を改善し，アメリカ人ウォードが上海で組織した常勝軍が，太平天国の鎮圧に協力した。

問5　下線部**D**に関連して，インド大反乱を契機に，イギリスのインド統治の方法にどのような変化があったのか。次の3つの語をすべて用いて，120字程度で説明しなさい。

藩王国　　　東インド会社　　　分割統治

問6 下線部Eに関連して，1884−5年のベルリン会議によって，ベルギー国王のコンゴ支配権が認められたが，この会議によって定められた植民地化の原則を，40字程度で説明しなさい。

問7 下線部Fに関連して，次の文章を読み，以下の(1)，(2)に答えなさい。

　　フランスは，すでに1830年，（　ア　）が（　a　）に派兵し，この地を占領していた。1881年には（　b　）を保護国とし，サハラ砂漠を横断して紅海の出口の（　c　）に至るアフリカ横断政策をとった。一方のイギリスは，エジプト，スーダンとケープ植民地を結ぶアフリカ縦断政策をとったため，1898年，両国が衝突する*α*ファショダ事件が起こった。この事件の後，両国の関係は改善し，1904年には英仏協商を結んでいる。

　　フランスは，さらに（　d　）に勢力を延ばしたが，それに対抗してドイツは，1905年に（　イ　）がタンジールに上陸し，1911年に*β*アガディールに砲艦を派遣した。イギリスがフランスを支援したために，1912年に（　d　）はフランスの保護国となった。

(1)　上の文章中の(ア)，(イ)に入る適切な人名を下の人名群**1**〜**8**から選び，また（a）〜（d）に入る適切な地名を下の地名群**1**〜**9**から選びなさい。

〔人名群〕

　1．ヴィルヘルム1世　　　**2**．ヴィルヘルム2世　　　　**3**．シャルル10世

　4．ナポレオン3世　　　　**5**．フリードリヒ＝ヴィルヘルム1世

　6．フリードリヒ2世　　　**7**．ルイ18世　　　　　　　　**8**．ルイ＝フィリップ

〔地名群〕

　1．アルジェリア　　　　**2**．エチオピア　　　　**3**．ジブチ

　4．チュニジア　　　　　**5**．ナイジェリア　　　**6**．マダガスカル

　7．モロッコ　　　　　　**8**．リビア　　　　　　　**9**．リベリア

(2)　上の文章中の下線部*α*，*β*の場所としてもっとも適切なものを，次の地図上の**1**〜**6**から選びなさい。

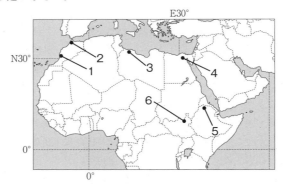

備考：国境線は現在のもの.

問8 下線部Gに関連して，19世紀のエジプトについて述べた次の**1～4**の文章の中から，誤りを含む文章を1つ選びなさい。

1．オスマン帝国の属州であったエジプトでは，帝国からエジプト総督の地位を追認されたムハンマド゠アリーが，旧勢力のマムルークを一掃して，富国強兵策を推進した。

2．ムハンマド゠アリーは，オスマン帝国の求めに応じてワッハーブ王国とスーダンを征服したが，ギリシア独立戦争では英仏とともにギリシアを支援した。

3．シリア領有をめぐって，エジプトは，オスマン帝国と二度にわたって戦い，勝利したが，ヨーロッパ列強の介入により，シリアの放棄，軍備の縮小を強制された。

4．エジプトは，19世紀半ばには事実上オスマン帝国から自立し，スエズ運河の開削も行なったが，国家財政は破綻し，財政は英仏の管理下に置かれた。

問9 下線部Hに関連して，以下の(1)，(2)に答えなさい。

(1) 19世紀後半以降のイギリスの対外政策に関連する次の**1～4**の文章の中から，誤りを含む文章を1つ選びなさい。

1．アフリカ南部では，南アフリカ戦争で，ダイヤモンドや金を産出する，オランダ系ブール人のトランスヴァール・オレンジ両国を併合した。

2．イランでは，イギリスの会社のタバコ販売利益独占に反対するタバコ゠ボイコット運動がスンナ派ウラマーを中心に展開されると，カージャール朝を滅ぼし，保護国化した。

3．太平洋地域では，オーストラリアでアボリジニーを奥地に追いやり，ニュージーランドでマオリ人を武力で制圧し，また，ニューギニアの一部やフィジーを獲得した。

4．東南アジアでは，海峡植民地を発展させてマレー連合州を結成させ，マレー半島南部と北ボルネオの支配権を確立するとともに，錫の利権を得た。

(2) 次の文章の（ a ）～（ e ）に入る適切な人名を下の人名群から選びなさい。（重複使用不可）

イギリスを中心とする帝国主義の時代には，それに反対する国際的組織もまた現われた。国際労働者協会（第1インターナショナル）が1876年に解散した後，1889年には第2インターナショナルが結成され，ドイツ社会民主党を中心に，フランス社会党，イギリス労働党などが協力した。これらの政党の成り立ちを，以下概観してみよう。

ドイツでは，国家社会主義者とも言われる（ a ）の流れをひく全ドイツ労働者協会と（ b ）らの指導するマルクス主義の社会民主労働者党が1875年に合同して，ドイツ社会主義労働者党が成立し，1890年にドイツ社会民主党と改称した。革命による社会主義の実現ではなく，議会主義的改革をめざす（ c ）らの修正主義も党内に現われた。1912年には帝国議会第一党となっている。第一次世界大

戦後，社会民主党左派が組織したスパルタクス団を中心にドイツ共産党が結成された
れたが，指導者の（　d　）らは1919年に殺害された。

　　イギリスでは，改良主義的な社会主義団体フェビアン協会が設立され，（　e　）
らの知識人が中心となって活躍した。この協会や労働組合等が，労働者独自の政
党をもとめて，1900年に労働代表委員会を結成し，1906年に労働党となった。

〔人名群〕

　1．オーウェン　　　　**2**．バクーニン　　　　**3**．バーナード＝ショー

　4．プルードン　　　　**5**．ベーベル　　　　　**6**．ベルンシュタイン

　7．ラサール　　　　　**8**．ローザ＝ルクセンブルク

（慶應義塾大〈経済〉　改）

55 帝国主義時代の列強による併合 |||||||||||||||||||||||||||||

　次の文章を読み，⑴〜⑽の設問について〔　　　　　〕内の語句から最も適切と思われる
ものを選び，その記号を答えなさい。

　国際関係において，武力による威嚇又は武力の行使の禁止が国連憲章にうたわれて
いるように，21世紀の現在では大国が軍事力によって国境を変更することを正当化す
ることは否定されている。しかし，19世紀には独立国が列強によって併合された例が
しばしば見られる。

　琉球王国は明朝に朝貢して東シナ海での中継貿易によって繁栄していたが，⑴〔①島
津氏　②宗氏　③尚氏　④徳川氏〕に征服されて日本と中国に両属する状態になった。
明治維新後，日本は琉球の両属状態を解消すべく，琉球王国を琉球藩とし，さらに
1879年琉球藩を廃し沖縄県とする⑵〔①二重統治　②治外法権　③利権回収　④琉球
処分〕を行った。これより先，清朝がアヘン戦争に敗北した後に，琉球は独自にアメ
リカやフランス，オランダと条約を締結していた。1854年の琉米修好条約の交渉相手
は，アメリカ合衆国の⑶〔①ウォード　②クック　③グラント　④ペリー〕であった。
⑶が来航し日本が神奈川条約を結んで開国した同年の事であった。

　ハワイでは，白人移民の増加によってアメリカからの影響が増大し，立憲君主制が
クーデターによって転覆され，⑷〔①マッキンリー　②リリウオカラニ　③アロハオ
エ　④カメハメハ〕は退位させられ王国は滅亡した。その後，ハワイはアメリカ合衆
国に併合された。

　独立国は併合できるということを逆手に取れば，逆に他国の領域の一部を分離独立
させてから影響下に置くこともある。メキシコからのテキサスの分離独立とその後の
アメリカ合衆国への併合はその一例である。また，運河を建設するために⑸〔①スペ
イン　②カリフォルニア　③キューバ　④コロンビア〕からパナマを分離独立させて
保護国化したのもアメリカ合衆国である。19世紀半ばに太平洋岸にまで領域を拡大さ

せたアメリカは，北米大陸の西海岸と東海岸を結ぶ航路を短縮するための運河建設を計画した。(6)〔①ウィルソン　②ジョン＝ヘイ　③タフト　④セオドア＝ローズヴェルト〕はパナマ地峡の運河建設権を獲得しようとしたが(5)に拒否された。そこで，1903年パナマを分離独立させ，運河地帯の両岸をアメリカ合衆国の主権下に置くパナマ運河条約を結び，1904年に始まった運河工事は1914年に完成した。

　日清戦争の後に朝鮮が独立し帝国を称えたのが19世紀末の事である。シベリア鉄道の建設をすすめ，南方への進出を図るロシアは，下関条約によって(7)〔①樺太　②遼東半島　③九竜半島　④澎湖諸島〕が日本に割譲されることになるとフランスとドイツとともに干渉し，(7)を清朝に返還させ逆に租借地を獲得した。(8)〔①義和団事件　②戊戌の政変　③甲申政変　④江華島事件〕の際に中国東北部を占領し，その後も撤兵せずに朝鮮半島への南下を図るロシアに対し，イギリスやアメリカは警戒を強めた。しかし，当時イギリスは(9)〔①アフガン戦争　②ファショダ事件　③南アフリカ戦争　④イリ事件〕のために東アジアでロシアを牽制する余力がなく，日英同盟を結んで日本にロシアを抑えさせようとした。日本はイギリスの後ろ盾を得てロシアに対抗し宣戦を布告する。戦闘は日本が奉天会戦や日本海海戦に勝利するなど有利にすすめたが長期戦を継続する経済力はなく，また，血の日曜日事件がおこったロシアでも社会不安が増大し戦争継続に耐えられなくなった。そこで，両国は(6)による調停をうけて講和した。これによって結ばれたポーツマス条約で，日本は韓国の指導・監督権，(7)南部の租借権や南満洲の鉄道利権などを獲得した。

　日露戦争後，日本は日韓協約によって韓国の保護国化をすすめた。韓国皇帝の高宗は国際世論に日韓協約の無効を訴えようとして，(10)〔①ジュネーヴ　②ストックホルム　③パリ　④ハーグ〕の万国平和会議に密使を送った。他にも，各地で義兵闘争が起こされて抵抗運動が展開されたが，日本は列強の黙認のもと1910年韓国を併合した。

（学習院大〈法〉　改）

56 ［ アメリカ合衆国の拡大とメキシコ革命

　つぎの文章（A・B）は南北アメリカ大陸の歴史について述べたものである。よく読んで，下記の設問に答えなさい。

A　アメリカ合衆国は1823年，(a)モンロー宣言を発して，ラテンアメリカの独立を事実上支持した。ラテンアメリカへの経済的進出をはかるイギリス外相（　1　）も，モンローに同調した。クリオーリョは，独立後にイギリスを中心とする欧米諸国に原料や食料を輸出し，それらの国から工業製品を輸入する自由貿易政策を採用した。主要都市における交通や社会設備は近代化していくものの，国内工業の成長はすすまず，資本はとくにイギリスに依存したため，ラテンアメリカ諸国は事実上，(b)イギリスの経済的支配のもとにおかれていった。このように，独立したラテンアメリ

カ諸国は，必ずしも順調に発展したわけではなかった。

ラテンアメリカ諸国では，厳しい階層秩序が存在していた。この階層秩序は，統治者であるヨーロッパ人，植民地生まれの白人であるクリオーリョ，クリオーリョとインディオの混血であるメスティーソ，クリオーリョと黒人の混血であるムラート，黒人奴隷，インディオから構成されていた。独立運動の中心となったのは，クリオーリョの大地主層であり，この運動に協力したのがメスティーソであった。独立後もこの階層秩序が維持され，クリオーリョらによる(c)大土地所有が存続することになり，極端な貧富格差と社会的不平等が残った。共和制が多くの国で採用されたにもかかわらず，実際にはクリオーリョの大土地所有者や地域ボスなど少数の実力者による寡頭支配がつづいた。独立後に政治が比較的安定していたのは，チリと，旧ポルトガル領ブラジルくらいであった。

B　モンロー宣言を出したアメリカは，19世紀末から中南米への影響をますます強めた。1890年にフロンティアの消滅が宣言され，世界最大の工業国となったアメリカ合衆国は，対外的な勢力拡大を本格化した。南北アメリカ諸国間の関係強化をめざすパン＝アメリカ会議を1889年に主催し，ラテンアメリカ諸国を勢力下におこうとした。また，アメリカは，（　2　）独立支援を理由に1898年に(d)アメリカ＝スペイン戦争をおこした。この戦争の結果（　2　）はスペインから独立したものの，事実上アメリカの保護下におかれることになったのである。

共和党の（　3　）大統領は，(e)中米諸国に対して武力干渉をともなうカリブ海政策を展開した。パナマをコロンビアから分離独立させ，カリブ海と太平洋を結ぶ運河および運河地帯の，租借権・管理運営権などを1903年に得た。また対外債務の肩がわりなどによって，ドミニカ・ニカラグア・ハイチなどでの支配も強化した。

アメリカはメキシコへの経済進出もすすめた。メキシコでは，1910年，自由主義者（　4　）の武装蜂起によって(f)ディアス独裁体制の打倒と政治の民主化をめざす運動がはじまった。大統領となった（　4　）は暗殺され，内乱状態がつづいたが，1917年に土地改革や勤労者の権利，政教分離などをうたった民主的な憲法が制定された。このメキシコ革命には，貧しい農民も参加して土地改革を要求したが，農民軍の指導者（　5　）も1919年に暗殺され，改革は不徹底に終わった。そして，1920年に内乱が収束したのちも，アメリカ資本の影響力は残り続けた。

設問1　空欄（1〜5）に入るもっとも適切な語句を答えなさい。なお，（2）以外には人名が入る。

設問2　下線部(a)について。モンロー宣言に関するつぎの記述（**あ〜う**）は正しいか。それぞれについて，正しければ①を，誤っていれば②を，答えなさい。

あ．労働運動と先住民独立運動を結びつけて，国境をこえた団結をうたった。

い．ヨーロッパ列強による南北アメリカ大陸への武力干渉を拒否した。

う．20世紀，アメリカ合衆国はこの宣言を破棄し，国際連盟に参加した。

設問3 下線部(b)について。17世紀から18世紀にかけてイギリスが特定の農産物や鉱産物などをさまざまな領地で生産させた経済構造とは何か。その名称を答えなさい。

設問4 下線部(c)について。この大土地所有制に関するつぎの記述（**あ～う**）は正しいか。それぞれについて，正しければ①を，誤っていれば②を，答えなさい。

あ. 17世紀はじめからラテンアメリカのスペイン植民地で広がった。

い. キリスト教に改宗させることを条件に先住民を奴隷的の労働者として使用することを認めた。

う. この大土地所有制をアシエンダ制と呼ぶ。

設問5 下線部(d)について。以下の選択肢の中にはこの戦争の結果アメリカ合衆国がスペインから獲得した領土が3つある。その3つすべてを選びなさい。

① グアム　　　② ギアナ　　　③ フィリピン　　　④ プエルトリコ

⑤ タヒチ

設問6 下線部(e)について。アメリカ合衆国のカリブ海政策における強引な帝国主義政策は何と呼ばれたか。その名称を答えなさい。

設問7 下線部(f)について。ディアス独裁体制以前に，土地改革などを断行し，保守派の政府と戦った先住民出身の大統領は誰か。その名前を答えなさい。

（中央大〈法〉　改）

57 仇教運動と義和団事件

次の文章を読み，(1)～(10)の設問について〔　　　　〕内の語句から最も適切と思われるものを選び，その記号を答えなさい。

清末期の重要な出来事の一つとして，反キリスト教を唱える排外運動の発生があげられる。こうした排外運動は，(1)〔①義兵闘争　②洋務運動　③利権回収運動　④仇教運動〕と呼ばれる。

第二次アヘン戦争後の(2)〔①南京条約　②北京条約　③キャフタ条約　④望厦条約〕でキリスト教布教の自由が公認されると，外国人宣教師たちは中国の内地に積極的に進出し，現地社会に大きな影響を与え始めた。宣教師たちがしばしば裁判など社会の秩序のあり方に介入したり，彼らの思想が儒教とは大きく異なる価値観を持っていたりしたことなどから，特に科挙によって得た資格や官僚経験を有する地方の有力者である(3)〔①里老人　②形勢戸　③両班　④郷紳〕たちは強い不満を持つようになった。また教会による保護を目当てに入信する中国人への反感や差別意識も民衆の間に根強く存在した。反キリスト教運動は，こうした日々の不満があるところに，各種のデマ，例えば，教会が建てられたせいで雨が降らないとか，宣教師が孤児院で子どもを殺害して薬を作っているとかいったデマが流されることにより広がった。

こうした反キリスト教運動は，外交問題に発展することがしばしばであった。例え

ば(4)〔①ドイツ　②オーストリア　③イタリア　④スペイン〕は自国の宣教師が殺害されたことを口実に(5)〔①九竜半島　②広州湾　③膠州湾　④威海衛〕を占領し租借した。こうした列強の進出は民衆の排外感情を高めていったのである。そうして高まった排外感情の最大の爆発と言えるのが，(6)〔①捻軍　②太平天国　③太平道　④義和団〕の登場である。宗教的武術集団である(6)は，(7)〔①「経世致用」　②「扶清滅洋」　③「滅満興漢」　④「反清復明」〕をスローガンにキリスト教会を破壊し，キリスト教徒を襲った。

　その後(6)は北京に入り，教会を攻撃したり各国公使館を包囲したりした。清の保守派はこうした(6)の動きを利用して列強に対抗しようとし，各国に宣戦を布告した。

　これに対して，(8)〔①ギリシア　②日本　③トルコ　④ポルトガル〕やロシアを中心とする8カ国は共同出兵に踏み切り，最終的に北京を占領した。この戦いに敗れた清は(9)〔①黄埔条約　②下関条約　③ポーツマス条約　④北京議定書〕に調印，列国に対し，多額の賠償金の支払いや，新たに(10)〔①関税自主権の喪失　②領事裁判権　③北京駐屯権　④外国人の内地旅行の自由〕などを認めた。これにより，列国への清の従属がますます強まっていくことになった。

（学習院大〈法〉　改）

58)〔19世紀後半〜20世紀前半の中国・朝鮮 ||||||||||||

　中国と朝鮮半島の歴史について述べた以下の文章を読み，下線部(1)〜(9)に関する問いについて，a〜dの選択肢の中から答えを1つ選びなさい。また，波線部A，Bに関する問いに答えなさい。

　日清戦争での清の敗北を契機として，列強は清朝領土内での利権獲得にのりだした(1)。敗北の衝撃の中で若き科挙官僚である康有為は1898年に光緒帝を説得して政治の革新を断行させた(2)。しかし，改革に反対する保守派の巻き返しにより，康有為はわずか3カ月で失脚し日本に亡命した(3)。列強による中国分割が進行するにつれ，民衆の間に排外運動が激化した。なかでも，山東の義和団(4)は鉄道やキリスト教会を破壊したため，在留外国人救出のため日本とロシアを中心とする8カ国が共同出兵し北京を占領したA。

　日清戦争に勝利した後，日本は朝鮮半島の実質的な支配をおしすすめ(5)，ソウルに日本政府を代表した統監(6)を常駐させた。これに対し，韓国では皇帝(7)が万国平和会議に密使を送って国際世論に訴えようとし，民衆も各地で武装闘争を行ったが，日本は1910年に韓国を併合した。

　義和団事件以後，弱体化がすすんでいた清朝は辛亥革命(8)を契機として倒れ，1912年1月，中国にはアジア初の共和国中華民国が誕生した。

　その後，第一次世界大戦による列強の後退B，ロシア革命の成功，民族自決の潮流に呼応して，中国や日本統治下の朝鮮半島では，反日愛国運動が高まった(9)。

(1) 日清戦争後に列強が得た利権についてのべた次の文①と②の正誤の組合せとして，正しいものはどれか。

① ロシアが東清鉄道の敷設権を得た。

② ドイツが広州湾を租借した。

  a．①－正 ②－正　　b．①－正 ②－誤

  c．①－誤 ②－正　　d．①－誤 ②－誤

(2) この改革を戊戌の変法という。これについて，誤っている説明はどれか。

  a．曾国藩，左宗棠などの漢人官僚が中心となって西洋の技術を導入した。

  b．西太后は光緒帝を幽閉し，改革を終結させた。

  c．明治維新に範をとり，上から改革を行おうとした。

  d．立憲君主制に向けた改革をめざした。

(3) 日本に亡命，あるいは留学経験がないのは誰か。

  a．孫文　　　b．毛沢東　　　c．梁啓超　　　d．魯迅

(4) 義和団のスローガンは以下のどれか。

  a．蒼天已死　　　b．中体西用　　　c．扶清滅洋　　　d．滅満興漢

(5) 日本による朝鮮半島の植民地化について，正しい説明はどれか。

  a．下関条約によって清と朝鮮の宗属関係を絶たせた。

  b．第一次日韓協約により韓国の軍隊は解散させられた。

  c．民衆が各地で身分闘争と呼ばれる反日武装闘争を起こした。

  d．明治政府は済州島で砲艦外交を行い日朝修好条規を締結した。

(6) 初代統監である伊藤博文が暗殺された都市はどれか。

  a．ソウル　　　b．長春　　　c．ハルビン　　　d．旅順

(7) この皇帝は誰か。

  a．高宗　　　b．仁宗　　　c．世宗　　　d．太宗

(8) 辛亥革命前後の出来事として，次の①〜④が，年代の古いものから順に正しく配列されているのはどれか。

① 幹線鉄道国有令に反対し四川暴動が勃発した。

② 宣統帝が退位した。

③ 孫文が臨時大総統位についた。

④ 武昌の湖北新軍が蜂起した。

  a．①→④→③→②　　　b．④→①→②→③

  c．①→④→②→③　　　d．④→①→③→②

(9) 1919年にソウルで始まり朝鮮全土に広がった独立要求デモの名を何というか。

  a．五・三〇運動　　　b．五・四運動　　　c．三・一運動

  d．六・四運動

設問A 義和団事件の後，清と各国との間で結ばれた講和条約を何というか。

設問B ヨーロッパ勢力後退のすきをついて1915年，日本は中国の袁世凱政権に二十

一カ条の要求を行った。この時の日本の内閣総理大臣の名を答えよ。

（早稲田大〈教育〉 改）

59 第一次世界大戦

次の文を読み，下記の**設問A・B**に答えよ。

　第一次世界大戦前夜のヨーロッパでは，列強の合従連衡が繰り返され，戦争へと至る状況が徐々につくりだされていった。一方では，1873年のドイツ・ロシア・オーストリアによる三帝協約を経て，1882年にはロシアの代わりに（　イ　）が加わり，ひとつの陣営が形成された。他方，フランスはロシアに接近し，1894年に露仏同盟結成へと至り，イギリスは1904年にフランスと，1907年にロシアと協約を結び，（　ロ　）と呼ばれる陣営が成立した。こうした外交上の構図があるなか，1914年6月28日に1)セルビア人民族主義者の青年によってサライェヴォでオーストリア＝ハンガリー帝国帝位継承者夫妻が暗殺されると，2)バルカン半島の対立は一気に戦争へとエスカレートすることになった。

　ドイツは，東にロシア，西にフランスという2つの強国を相手に戦争を仕掛けるため，中立国（　ハ　）に電撃的に侵攻した。しかし，この中立国への侵略を口実として，1914年8月4日，イギリスはドイツに宣戦布告し，ここに第一次世界大戦が幕を開けることとなった。開戦当初，いずれの国でも戦争は短期的なものになると信じられていた。しかし，1914年9月初旬の（　ニ　）の戦いでイギリス・フランス連合軍がドイツを撃退すると，長期戦へともつれこんだ。1916年の（　ホ　）要塞での攻防戦の激しさはのちにも語り継がれた。

　その結果，第一次世界大戦の主たる舞台である西部戦線では戦闘が膠着し，塹壕戦（ざんごう）が展開された。そこでは，ひっきりなしに敵軍の砲弾が頭上を飛び越え，または着弾し，寒さで多くの兵士が凍傷にかかり，ノミやシラミも蔓延した。大戦を勝ち抜くため，両陣営は火炎放射器，毒ガス，戦車，3)潜水艦，飛行機などの新兵器の開発に邁進（まい）した。戦況が厳しさを増すにつれて，各国の非戦闘地域では戦争に勝利するために，すべての国力を軍需生産に投入するようになった。これを称して（　ヘ　）体制という。軍需関連企業やエネルギー企業の統制がすすめられ，食料配給制がはじまるなど，社会の様々な場面に国家が介入するようになった。

　また，戦意発揚のため，各国政府は諸外国または国内向けに様々な宣伝活動を行い，中立国を味方に引き入れようとした。事実上の検閲も行われた。たとえば，1915年，イギリスがダーダネルス海峡のガリポリ半島をめぐって4)オスマン帝国と激しい戦闘を繰り広げ，劣勢に陥ったとき，これを報じようとした記事は検閲によって差し止めとなった。このように情報統制は厳しさを増した。ちなみに，このときの軍事的失態によってイギリスでは作戦立案者の5)チャーチルが失脚し，さらにはアスキス内

閣が倒れ，ロイド＝ジョージが政権を担うこととなった。

　一方，1917年には，アメリカの参戦とロシア革命という出来事が大戦の行方を動かした。ロシアでは戦争による死傷者がその年までに500万人を超えるなど，皇帝に対する不満が高まっており，1917年３月(ロシア暦２月)に首都（　ト　）の都市民衆を中心として二月革命が起こった。しかし，その後に成立した6)臨時政府は戦争を継続したため，民衆からの抗議はやまず，４月にスイスから帰国した（　チ　）が革命党派ボリシェヴィキを率いて権力を掌握した。この政治党派は，1918年３月にドイツと（　リ　）条約を結び休戦し，社会主義国家ソヴィエト連邦の確立に力を注いだ。他方で，1917年４月のアメリカの参戦は英仏側を大いに勢いづけた。アメリカ参戦の契機のひとつは，ドイツが7)メキシコと秘密裏に交渉を行ったことが発覚し，それを受けて大統領8)ウィルソンが参戦を決断したためとも言われる。

　アメリカの参戦により，ドイツは劣勢に立たされた。1918年３月，ドイツは最後の攻勢をしかけるものの勝利は得られず，英米仏の圧倒的な優勢の前にドイツ側のブルガリアは降伏，オーストリアは休戦した。そして，9)ドイツ国内での革命運動の結果，1918年11月に皇帝（　ヌ　）が退位し，ドイツは休戦協定に調印した。これは，戦況の悪化だけではなく，ドイツ国内での食糧など物資の欠乏が招いた事態だった。

　1919年６月28日，パリ講和会議において（　ル　）条約が調印されると，ドイツは奈落の底に突き落とされた。巨額の賠償金に加え，1871年に獲得した（　ヲ　）地方をフランスに返還するなど，多くの領土を奪われた。また，ドイツは激しいインフレーションに見舞われた。他方で，10)オーストリアやオスマン帝国の領土であった多くの地域も独立するか戦勝国の支配下へと入った。ウィルソンの提案した11)国際連盟も設置された。

　大戦はそのほかにも様々な変化をもたらした。例えば，戦時期に女性が軍需産業など銃後の生産活動を担ったことから，イギリスでは12)1918年に女性参政権が認められた。また，戦時期の食糧配給制度によって非戦闘地域での貧しい人々の健康状態が改善されるという現象も広範囲にみられた。さらに，中国，インド，東南アジア，アラビア半島，13)エジプトなどの地域で民族運動が高まりを見せた。

A．文中の空所(イ)〜(ヲ)それぞれにあてはまる適当な語句をしるせ。

B．文中の下線部１)〜13)にそれぞれ対応する次の問１〜13に答えよ。

　1．この人々にもっとも支持された民族主義の名称はどれか。次の**a**〜**d**から１つ選び，その記号を答えよ。
　　a．パン＝アフリカニズム　　　**b**．パン＝イスラーム主義
　　c．パン＝ゲルマン主義　　　　**d**．パン＝スラヴ主義

　2．この地域では，1912年，ロシアの影響力のもとバルカン同盟が結成された。この同盟に参加した国はどれか。次の**a**〜**d**から１つ選び，その記号を答えよ。
　　a．アルバニア　　　**b**．オスマン帝国　　　**c**．ギリシア

d．ルーマニア

3．この兵器を用いたドイツの軍事作戦によって沈められた船舶ルシタニア号の船籍はどれか。次の**a～d**から1つ選び，その記号を答えよ。

　a．アメリカ　　　　**b**．イギリス　　　　**c**．オーストリア　　　　**d**．フランス

4．この国の領土に関して，イギリス・フランス・ロシアの3国が1916年に交わした秘密協定の名をしるせ。

5．この人物は第二次世界大戦後の1946年，「鉄のカーテン」という言葉を用いてヨーロッパの分断を表現した。「鉄のカーテン」の両端の組み合わせとして正しいものはどれか。次の**a～d**から1つ選び，その記号を答えよ。

　a．ドーヴァー海峡から黒海まで　　　　**b**．バルト海からアドリア海まで

　c．ブルターニュ半島から紅海まで　　　　**d**．北海からエーゲ海まで

6．この臨時政府の首相を1917年7月から務めた人物の名をしるせ。

7．この国で1910年に起きた革命の農民指導者はどれか。次の**a～d**から1つ選び，その記号を答えよ。

　a．サパタ　　　　**b**．シモン＝ボリバル　　　　**c**．バティスタ

　d．フアレス

8．この人物が第一次世界大戦後の新しい世界秩序の構築のために唱えた十四カ条の内容に含まれないものはどれか。次の**a～d**から1つ選び，その記号を答えよ。

　a．関税障壁の撤廃　　　　**b**．検疫の強化

　c．秘密外交の廃止　　　　**d**．ヨーロッパ諸国民の民族自決

9．この革命運動の端緒となった，1918年11月初めに水兵の蜂起が起きた軍港のある都市の名をしるせ。

10．第一次世界大戦後の講和条約によって戦勝国の支配下におかれた敗戦国の領土のうち，イギリスの委任統治領とならなかった地域はどれか。次の**a～d**から1つ選び，その記号を答えよ。

　a．イラク　　　　**b**．シリア　　　　**c**．トランスヨルダン　　　　**d**．パレスチナ

11．創設当時，この組織の本部がおかれた都市はどれか。次の**a～d**から1つ選び，その記号を答えよ。

　a．ジュネーヴ　　　　**b**．パリ　　　　**c**．ブリュッセル　　　　**d**．ボン

12．このときの選挙法改正は第何回にあたるか。次の**a～d**から1つ選び，その記号を答えよ。

　a．第1回　　　　**b**．第2回　　　　**c**．第3回　　　　**d**．第4回

13．この国は1973年にイスラエルを相手に第4次中東戦争を戦った。その当時のエジプト大統領の名をしるせ。

（立教大〈社会・コミュニティ福祉・現代心理〉）

60 ロシア革命とその後のソ連

　発達した資本主義の工業力と国民動員体制が求められた第一次世界大戦は，それまでの戦争とは異なる総力戦の性格を持った。第一次世界大戦のさなかに起こったロシア二月革命（三月革命）は，ロシア帝国がこうした総力戦に堪えられなかったために起こったと言える。また歴史には断絶と連続があると言われる。それまでの体制すべてが革命で変わるわけではないということである。十月革命（十一月革命）と干渉戦争，内戦を経て成立するソヴィエト社会主義共和国連邦（ソ連）にもロシア帝国からの連続面を見て取ることができる。

　まず農業を含む経済面である。第一次世界大戦下のロシア帝国では都市の食糧不足状況が強まり，(1)ペトログラードの混乱と二月革命を招来した。そしてこの状況は，自由主義政党の　1　，ナロードニキ系の　2　，マルクス主義系の　3　が加わった臨時政府にも引き継がれた。しかし，臨時政府はこの課題に対応できず，十月革命が起こった。ナロードニキ系の政治家として臨時政府に入閣し，のちに首相となっていた　4　は，その後亡命した。こうしてマルクス主義系の別組織である　5　を中心とする社会主義政権が誕生した。その後単独政権となった　5　政府は，1918年初夏から穀物の強制徴発に着手する。　6　と呼ばれるこの政策は，農村を敵に回し，諸国の(2)干渉戦争とともに3年に及ぶ内戦を招来する原因の一つとなった。内戦は多くのロシア人難民を生み出した。内戦終結後，当時の最高指導者は政策を転換し，部分的に市場経済を認める　7　をとった。しかし，1920年代後半には五カ年計画が採用され，農民は旧農村を基盤に共同経営を行う　8　に強制的に組織され，国家管理下に置かれた。ここでめざされたのは農産物の安定供給と政権による農民層の掌握であった。(3)農民は，革命以前と変わらない社会状態におかれたのである。

　つぎに国家領域という点で考えてみよう。ロシア帝国は多数の民族をその領域にかかえる多民族国家で，統治は帝国周辺地域に辺境を置くことで成り立ってきた。ロシア二月革命は，この辺境地域に大きな動揺を生み，帝国は解体に瀕した。革命後の内戦は，旧領域の解体・再編過程でもあり，内戦が終わりに近づくと社会主義政権は，次々と諸国と国境画定を行った。1917〜18年に独立を宣言したエストニア，リトアニア，ラトヴィア，フィンランドとの国境は1920年に画定され，翌21年にはアフガニスタン，(4)オスマン＝トルコ，イラン，(5)ポーランドと国境を画定した。これを受けて1922年12月に連邦条約を締結してソ連が結成されることとなる（中央アジア諸国は後に加盟）。民族問題人民委員としてこれに中心的に関わり，後に農業集団化を進めた　9　は，敵国に包囲される中では旧体制の経済的結び付きを復活させねば国家は存続できないと，ソ連結成を理由付けた。ある歴史家は，勝利して政権を握った革命運動は対外政策の面で旧体制との連続性を最も強く表すと述べたが，旧ロシア帝国とほぼ重なる領域を領土としたソ連は，改めて帝国国家の性格を獲得したと言うこともできよう。成立したソ連は，(6)諸国から国家承認を得た。しかし，この後ソ連は，(7)ポ

ーランドの東半分をドイツとの秘密協定で占領し，ベッサラビアを併合し，(8)バルト3国を連邦加盟の形で獲得して，(9)ロシア帝国の領土の多くを回復するのである。

問1 　文章の空欄に入る最も適切な語句を，空欄 ⎡ 1 ⎤ ～ ⎡ 3 ⎤ , ⎡ 5 ⎤ ～ ⎡ 8 ⎤ については語群Aから，空欄 ⎡ 4 ⎤ および ⎡ 9 ⎤ については語群Cからそれぞれ一つ選び，その番号を答えよ。解答方法は以下同じ。

問2 　下線部(1)について以下の問いに答えよ。
① 　ペトログラードは，バルト海のフィン湾沿岸に建設された都市である。この建設を命じた人物を語群Cから選べ。
② 　建設の始まった時の都市名を語群Bから選べ。

問3 　下線部(2)について以下の問いに答えよ。
① 　干渉戦争は，ロシアの戦争離脱を防ぎ，東部戦線を維持する目的を持っていた。干渉戦争の一因となった，ロシアがドイツと結んだ講和条約名を語群Bから選べ。
② 　ロシア側の責任者として対独交渉にあたったのは，十月革命の軍事行動を指導した人物でもあった。この人物は，後にライヴァルとの権力闘争に敗れ，国外追放となる。これは誰か。語群Cから選べ。
③ 　英仏は，第一次世界大戦開戦後に単独講和を締結しない旨の秘密協定を締結し，さらにその後，戦後のオスマン＝トルコ帝国領の分割についても合意していた。オスマン＝トルコ領の分割について定めた協定名を語群Cから選べ。
④ 　干渉戦争時のイギリスの指導者（首相）を語群Cから選べ。
⑤ 　アメリカは，ロシアに投降したのち1918年5月に反乱を起こしたチェコ軍団を救済するとして，シベリアに軍を送った。この当時のアメリカ大統領は誰か。語群Cから選べ。

問4 　下線部(3)について以下の問いに答えよ。
① 　帝政期にロシアは，外債発行で資金を調達して工業化を図り，このために穀物がヨーロッパに輸出された。穀物法を廃止して，19世紀後半にロシアの最大の小麦輸出先となった国はどこか。語群Bから選べ。
② 　1890年代に蔵相としてロシア帝国の工業化に大いに貢献した人物は誰か。語群Cから選べ。

問5 　下線部(4)について以下の問いに答えよ。
① 　1918年10月に連合国に降伏したオスマン＝トルコ帝国では，トルコ革命が起こり，当初連合国と締結した講和条約が破棄された。この破棄された条約名を語群Bから選べ。
② 　条約を破棄した時期の指導者を語群Cから選べ。
③ 　改めて締結された講和条約名を語群Bから選べ。
④ 　新たな講和条約によりトルコは，ギリシャ勢力から奪還していたエーゲ海に面した都市の領有を確認した。この都市名を語群Bから選べ。

問6 下線部(5)について以下の問いに答えよ。

　　ロシア帝国から独立したポーランドは，かつて領有した地域を獲得しようとソヴィエト政権と開戦した。この時のポーランドの指導者を語群Cから選べ。

問7 下線部(6)について以下の問いに答えよ。

　①　諸国は成立したソヴィエト政権との経済関係形成をめざして関係を修復する。最初に関係修復を図った国はどこか。語群Bから選べ。

　②　ソヴィエト政権がドイツと締結した条約名を語群Bから選べ。

　③　主要国の中でソヴィエト政権を最後に承認した国家はどこか。語群Bから選べ。

　④　③の承認を決断した指導者は誰か。語群Cから選べ。

問8 下線部(7)について以下の問いに答えよ。

　　両国がポーランド分割を実行したのは何年か。つぎの(ア)～(カ)から選べ。

（**ア**）　1937　　　（**イ**）　1938　　　（**ウ**）　1939　　　（**エ**）　1940

（**オ**）　1941　　　（**カ**）　1942

問9 下線部(8)について以下の問いに答えよ。

　　バルト3国の正式な併合は何年の出来事か。つぎの(ア)～(カ)から選べ。

（**ア**）　1936　　　（**イ**）　1938　　　（**ウ**）　1939　　　（**エ**）　1940

（**オ**）　1941　　　（**カ**）　1945

問10 下線部(9)について以下の問いに答えよ。

　　本文にあるように，ソ連は旧ロシア帝国の領土の多くを回復したものの，領土割譲を要求して起こしたある国との戦争では勝利できず，この戦争を理由に国際連盟から除名された。ソ連と戦ったこの国を語群Bから選べ。

〔語群A〕

1．右翼党	2．オクチャブリスト	3．共産主義
4．君主党	5．国民党	6．国家介入策
7．国家主義	8．コルホーズ	9．資本主義
10．社会革命党	11．社会主義	12．自由化政策
13．新経済政策	14．新自由主義	15．人民党
16．戦時共産主義	17．ソフホーズ	18．ボリシェヴィキ
19．メンシェヴィキ	20．立憲民主党	

〔語群B〕（「条約」「国」といった語は省略してある。同じ語を複数回使用してよい。）

1．アメリカ	2．アルメニア	3．イギリス
4．イズミル	5．イタリア	6．グルジア
7．サン＝ジェルマン	8．セーヴル	9．トリアノン
10．ヌイイ	11．ノルウェー	12．フィンランド
13．フランス	14．ブレスト＝リトフスク	15．ペテルブルク
16．ベルギー	17．ポーランド	18．ラパロ
19．ローザンヌ	20．ロカルノ	

〔語群C〕（同じ語を複数回使用してよい。）

1．ヴィッテ　　　　　　2．ウィルソン　　　　　3．エカチェリーナ2世

4．グレイ　　　　　　　5．ケレンスキー　　　　6．サイクス・ピコ

7．スターリン　　　　　8．セオドア＝ローズヴェルト

9．チェンバレン　　　　10．トロツキー　　　　　11．ピウスツキ

12．ピョートル1世　　　13．ヒンデンブルク　　　14．フーヴァー

15．フランクリン＝ローズヴェルト　　　　　　　16．マクドナルド

17．マルトフ　　　　　　18．ムスタファ＝ケマル　19．レーニン

20．ロイド＝ジョージ

（法政大〈文〉）

61 1920年代の欧米諸国

　1919年に戦勝国によってパリで開催された講和会議は，その前年に　**1**　党出身の
アメリカ大統領　**A**　が提案した十四か条に基づいて行われた。この十四か条では，
秘密外交を廃止すること，戦時下においても公海を自由に航行できること，関税障壁
を撤廃すること，軍備を必要最低限の規模に縮小すること，(1)植民地問題の公正な解
決，(2)民族自決および国際的な平和機構の設立などが提起された。

　この会議で話し合われた内容に基づいて連合国側とドイツや(3)その他の同盟国側の
国々との間で講和条約が調印された。ドイツとの間で結ばれたヴェルサイユ条約では，
アルザス・ロレーヌは　**B**　に返還され，ドイツと東プロイセンとの間の地域は
　C　に編入されることとなった。また，軍備面での条項および賠償についての条項
が存在した。

　また，この講和会議での議論に基づいて，翌1920年には国際連盟が創設された。国
際連盟は発足当時，イギリス，フランス，　**D**　，そして日本が常任理事国であった。
当初，アメリカ合衆国も常任理事国となる予定であったが，アメリカは上院において
この講和条約の批准ができず，国際連盟への加入ができなかった。この背景には
　2　と呼ばれるモンロー宣言以来の主張がある。国際連盟には最高議決機関である
総会，また常任理事国と非常任理事国から構成される(4)理事会などがあった。総会は
国際連盟の最高機関であり，決定に当たっては　**3**　を原則とした。

　A　の後を受けた　**4**　党の　**E**　大統領は国際連盟への加入には反対したが，
(5)ワシントン会議などを開催するとともに，国際的な経済の拡大のためにいくつかの
政策を採用した。これには例えば企業への減税や，農産物や工業製品に対する高率の
保護関税の導入があげられる。これによって，アメリカでは長期の景気拡大が起こる。
この時代のアメリカの消費者は(6)大量生産・大量消費による恩恵を受けることとなっ
た。

　この時代のアメリカ社会にはいくつかの特徴がみられる。第1次世界大戦は女性の

社会進出を促した。このことは(7)女性参政権の実現にも寄与した。しかしながら，同時にこの時期はアメリカで伝統的な白人社会の価値観が浸透した。アメリカでは建国以来，同国の支配的な地位にいるとみなされてきた人々を　5　とよぶ。また，人種差別的な秘密結社である　6　が勢力を拡大した。1921年及び1924年には移民法が改正され，中国や日本といったアジアの国々からの移民は禁止された。

　同時期に，イギリスでは，パリで開かれた講和会議にイギリスの代表として出席した　F　の下で(8)選挙法の改正が行われた。また，懸案のアイルランド問題では，1918年に行われた総選挙で　7　党が勝利し，1922年にはイギリス連邦内の自治領としてアイルランド自由国が承認されることになった。

問1　文中の空欄　1　～　7　に入る最も適切な語句を，下記の語群からそれぞれ一つ選び，その数字を答えよ。

〔語群〕

1．アパルトヘイト	**2**．貴族	**3**．共和
4．クシャトリヤ	**5**．孤立主義	**6**．産業資本家
7．自由	**8**．修正主義	**9**．集団的自衛権
10．シン＝フェイン	**11**．人民	**12**．全会一致
13．多数決	**14**．ノーメンクラトゥーラ	
15．フリーメーソン	**16**．民主	**17**．レッセ＝フェール
18．KKK	**19**．WASP	

問2　文中の空欄　A　～　F　に入る最も適切な人名または国名を，下記の語群からそれぞれ一つ選び，その数字を答えよ。

〔語群〕

1．イタリア	**2**．ウィルソン	**3**．グラッドストン
4．クーリッジ	**5**．ダービー	**6**．中国
7．ドレフュス	**8**．ハーディング	**9**．フーヴァー
10．フランス	**11**．ポーランド	**12**．マクドナルド
13．ユーゴスラヴィア	**14**．ロイド＝ジョージ	

問3　下線部(1)に関して，つぎの **a ～ d** のうち説明として適切なものを一つ選び，その記号を答えよ。

　a．この主張では，植民地の住民の権利が宗主国の権利よりも重視されるべきであるとされ，多くの場合にこれを順守した決定がなされた。

　b．この主張に基づいて，各植民地に代議制議会が設立され，次第に政治の権限が宗主国から植民地に移されることとなった。

　c．この主張では，植民地の住民の権利だけではなく，宗主国の権利についても考慮するように規定されている。

　d．この主張に基づいて，国際連盟において植民地独立付与宣言がなされること

なった。

問4 下線部(2)に関して，つぎの **a** ～ **d** のうち説明として適切なものを一つ選び，その記号を答えよ。

a．これは異民族からの支配を打破し，革命によって独立を目指すことを主張している。

b．この主張に刺激され，アルジェリアに民族解放戦線が設立され，フランスからの独立を勝ち取った。

c．この主張に基づいて，宗主国による植民地教育が否定されるとともに，民族の自覚を促す教育がインドでなされた。

d．各民族が自らの意思でその帰属を決定できることを主張しているが，アジアの植民地の国々にはそれは適用されなかった。

問5 下線部(3)に関連した以下の文中の空欄 ア ～ オ に入る最も適切な国名を，下記の語群からそれぞれ一つ選び，その数字を答えよ。

他の同盟国との間で締結された条約も，ほぼヴェルサイユ条約に準じたものであった。 ア との間で締結されたサン＝ジェルマン条約では，マサリクが初代大統領となった イ ，後にアレクサンダル国王が国名を変更し ウ と命名することになる国，ピウスツキを元首とする エ が独立を果たした。さらに，連合国は，オーストリアから独立した オ との間でトリアノン条約を締結した。

〔語群〕

1．エストニア　　　　　2．オーストリア　　　3．チェコスロヴァキア
4．ハンガリー　　　　　5．フィンランド　　　6．ポーランド
7．ユーゴスラヴィア　　8．ラトヴィア

問6 下線部(4)に関して，つぎの **a** ～ **d** のうち説明として適切なものを一つ選び，その記号を答えよ。

a．非常任理事国は国際連盟の設立当初6か国であったが，後に9か国に拡大された。

b．敗戦国であったドイツはその後国際連盟への加入を認められ，理事会の構成メンバー国となった。

c．理事会の決議に強制力を持たせることで，国際連盟の機能が高められた。

d．理事会は国家間の紛争に裁定を行う権限を有していた。

問7 下線部(5)に関して，つぎの **a** ～ **d** のうち説明として適切なものを一つ選び，その記号を答えよ。

a．この会議で締結された海軍軍縮条約では米・英・日・独・仏の主力艦の保有トン数の比率が決定された。

b．この会議で締結された太平洋における現状の維持を掲げる条約に基づいて，日英同盟が終了した。

c．この会議において，フランスとポーランドとの間に相互援助条約が締結された。

d．この会議で締結された九か国条約は中国の要求に基づいて，中国の主権や独立を尊重するものであった。

問**8**　下線部(6)に関連した以下の文中の空欄　ア　～　ウ　に入る最も適切な語句を，下記の語群からそれぞれ一つ選び，その数字を答えよ。

　　企業が大量に生産を行うことで製品1個あたりの　ア　が大幅に低下する。これによって消費者は大量消費を行うことが可能となり，企業はさらに大量生産を行うことが可能となる。この典型例として1903年に設立されたアメリカの自動車会社である　イ　を挙げることができる。　イ　は1914年に生産工場に　ウ　を導入し，生産効率を向上させることに成功した。

〔語群〕

　1．クライスラー　　　　**2**．原材料の使用量　　　**3**．生産コスト

　4．ゼネラルモーターズ　**5**．トヨタ生産方式　　　**6**．フォード

　7．ベルトコンベア

問**9**　下線部(7)の女性参政権に関して，つぎの**a**～**d**のうち説明として適切なものを一つ選び，その記号を答えよ。

　a．第1次世界大戦前のアメリカで女性参政権が認められている州はなかった。

　b．アメリカの女性参政権運動は1914年のニューヨーク州セネカ＝フォールズで開催された集会に端を発するといわれている。

　c．国際連盟においても，加盟国に対して女性差別を禁止するための法的措置をとることが決定された。

　d．1920年に連邦憲法修正が行われることによって，アメリカのすべての州において女性参政権が認められた。

問**10**　下線部(8)に関して，つぎの**a**～**d**のうち説明として適切なものを一つ選び，その記号を答えよ。

　a．この時に行われた選挙法の改正で，21歳以上の男女に選挙権が認められた。

　b．この時に行われた選挙法の改正では，選挙権の有無についての財産資格がなお存在した。

　c．この時に行われた選挙法の改正で，30歳以上の女性にも選挙権が認められた。

　d．この時に行われた選挙法の改正で，20歳以上の男女に選挙権が認められた。

（法政大〈法・文〉）

62 〕［戦間期のアメリカ合衆国とソ連

二つの世界大戦の間の時期におけるアメリカ合衆国とソ連の歴史について述べた次の文章を読み，**問1，問2**の設問に答えなさい。

アメリカ合衆国は，第一次世界大戦後に債務国から債権国に転じ，世界経済の中心的な存在になった。対外的にも，〔　1　〕大統領が設立を提唱した国際連盟に加盟することはなかったものの，1920年代の国際協調の動きには積極的に関与した。1921年には〔　2　〕大統領の提唱で(A)ワシントンで軍縮会議を開催した。1928年には〔　3　〕大統領のもとで国務長官を務めていた〔　4　〕が，フランスの外務大臣とともに不戦条約を成立させた。また，1929年にはアメリカ人の実業家で財政問題に精通した〔　5　〕の主導のもとに，ドイツの賠償金をめぐる最終的な支払案が決定された。1920年代のアメリカは空前の繁栄を享受したが，その一方で，禁酒法や(B)1924年の移民法など，白人社会の伝統的な価値観が強調される側面もあった。

こうしたアメリカの繁栄は，1929年10月のニューヨーク株式市場での株価の暴落に端を発する世界恐慌によって暗転する。〔　6　〕大統領は，1931年に賠償や戦債の支払いを1年間停止する措置をとったが，さしたる効果を生まなかった。翌年の選挙で大統領に当選した〔　7　〕は(C)ニューディールと呼ばれる一連の経済復興政策を実施した。また，(D)それまでの威圧的な中南米政策をあらため，西半球における通商の拡大に努めた。この一連の政策により，景気は徐々に回復したが，ヨーロッパ情勢が不穏になるとともに，軍備の拡大に向かうことになる。

一方，ロシア革命により成立したソヴィエト政権は当初，内乱や列強による干渉戦争に苦しめられた。これに対し，政権は反革命運動に対する厳しい取り締まりや，(E)農民から食糧を強制的に徴収し，都市の住民に分配する政策をとった。これにより列強の干渉は収まりをみせたものの，この政策の行き過ぎにより社会不安が高まると，1921年からは一転して経済活動の自由を一部認める政策をとった。翌年にソヴィエト社会主義共和国連邦が成立し，政権が国内の安定を獲得すると，(F)国際社会も次第にソ連を承認していくようになる。1924年に革命の指導者レーニンが死去すると，一国社会主義を主張するスターリンが，(G)世界革命を主張する勢力を追放して政権を掌握した。スターリンは(H)1928年に第1次五か年計画を開始し，社会主義経済の建設を目指した。これは一定の成果を収め，世界恐慌に苦しむ資本主義国が計画経済に注目するきっかけとなった。だが，スターリンは反対派を大量に粛清するなど，個人独裁の傾向を強めていくことになる。

問1　文章中の〔　1　〕～〔　7　〕に入れる最も適切な語句を下記の語群の中から選び，その記号を答えなさい。
　a．ウィルソン　　　　　**b**．クーリッジ　　　　　**c**．ケロッグ

d．ジャクソン   **e**．ジョンソン   **f**．ジョン＝ヘイ

g．セオドア＝ローズヴェルト   **h**．ドーズ

i．ニクソン   **j**．ハーディング   **k**．フーヴァー

l．フランクリン＝ローズヴェルト   **m**．マーシャル

n．マッキンリー   **o**．モンロー   **p**．ヤング

q．リンカン   **r**．レーガン

問2 文章中の下線部(A)〜(H)に関する次の問いに答えなさい。

(A) この会議で結ばれた，中国の主権や独立の尊重，中国に対する門戸開放，機会均等などの原則を定めた条約は何と呼ばれているか。その名称を答えなさい。

(B) この法の内容について述べた次の**1**〜**4**の文のうち，最も適切なものを一つ選び，その数字を記しなさい。

  1．移民数を国別に割り当てる制度が廃止された。

  2．配偶者や子どもなど家族を呼び寄せることが原則的に禁止された。

  3．東欧からの移民の流入が制限された。

  4．メキシコなど西半球からの移民の流入が制限された。

(C) この政策の一環として1935年に制定された，労働者の団結権と団体交渉権を保障した法律は何と呼ばれているか。その名称を答えなさい。

(D) この外交政策は何と呼ばれているか。その名称を答えなさい。

(E) この政策は何と呼ばれているか。その名称を答えなさい。

(F) これに関連して，次の**1**〜**6**のうち，ソ連を承認した国について，承認した年次の早い順に並べたものとして正しいものを一つ選び，その数字を記しなさい。

  1．アメリカ合衆国 → イギリス → ドイツ

  2．アメリカ合衆国 → ドイツ → イギリス

  3．イギリス → アメリカ合衆国 → ドイツ

  4．イギリス → ドイツ → アメリカ合衆国

  5．ドイツ → アメリカ合衆国 → イギリス

  6．ドイツ → イギリス → アメリカ合衆国

(G) これを主張した中心的な人物であり，のちに亡命先のメキシコで暗殺された人物の名前を答えなさい。

(H) この政策の具体的な内容について，80字以内で記しなさい。なお，句読点も一字として数える。

（日本女子大〈文〉）

63 中国の国共合作

次の文章（**A〜D**）を読んで，後の**問**（**1，2**）に答えなさい。

A　1921年7月，コミンテルンの指導のもと，**地名(ア)**で中国共産党が結成された。初代委員長は**人物①**が選ばれたが，彼は後にトロツキーの思想に共鳴して，コミンテルンを批判したため，党を除名された。

B　1927年1月，北伐で**地名(イ)**を占領した国民政府は，北伐を推進する必要から，都を**地名(ウ)**から**地名(イ)**に遷した。この政府は主に共産党と国民党左派からなり，主席には**人物②**が就任した。**人物③**がひきいる**地名(エ)**の政府と対立したが，経済的にも孤立を深め，7月には共産党との分離を宣言し，9月には**地名(エ)**の政府に合流した。

C　1927年4月，北伐中の**人物③**は，**地名(ア)**で反共クーデタをおこし，多数の共産党員や労働者を殺害した。クーデタ事件の6日後，**人物③**は**地名(エ)**に国民政府を樹立した。

D　1936年12月，**人物④**らは**地名(オ)**で**人物③**を監禁し，内戦停止と抗日戦を要求した。**人物③**は当初これを拒否したが，**人物⑤**が解決に努力し，その説得に応じた。この事件は，翌年の第2次国共合作によって成立した抗日民族統一戦線結成の契機となった。

問1　太字で記した**人物**（**①〜⑤**）はそれぞれ誰か。選択肢（**a〜h**）から最も適切なものを1つ選びなさい。

　　a．汪兆銘　　　**b**．張学良　　　**c**．毛沢東　　　**d**．陳独秀　　　**e**．蔣介石
　　f．李大釗　　　**g**．周恩来　　　**h**．段祺瑞

問2　太字で記した**地名**（**ア〜オ**）は，地図上のどこにあたるか。地図上の選択肢（**a〜h**）から最も適切なものを1つ選びなさい。

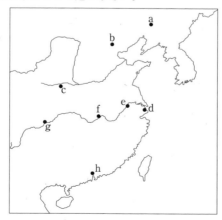

（上智大〈総合人間科学・文・法〉　改）

20世紀前半のインドでは激しい独立運動が展開された。㋐第一次世界大戦期に国内の産業が発展するなか，民族資本家が成長し，また工場労働者も増え，彼らの支持を受けた（　1　）が政治勢力を強めた。イギリスは戦争協力の見返りに戦後のインドの自治を約束していたが，実際は（　2　）を施行して，令状なしの逮捕や裁判を経ない投獄などを合法化し独立運動を弾圧した。これに対する抗議は㋑ガンディーの指導のもとに展開され，その代表的なものが㋒サティヤーグラハ運動だった。つづいて1929年に（　1　）がラホールで開催した大会では，ネルーらが主張した㋓プールナ＝スワラージの要求が決議された。

翌1930年，ガンディーは大規模な民衆運動である（　3　）を展開して，イギリス統治に対するインド人の強い反発を国内外に示した。イギリスは英印円卓会議を開催してインド側の懐柔を目指したが，成果はあまり見られず，1935年には各州の自治を認める（　4　）を施行した。（　1　）は引き続き幅広い支持を得て独立運動を進めたが，（　5　）の指導のもとでムスリムの利害を主張した全インド＝ムスリム連盟と対立するようになった。

第二次世界大戦後は両者の対立がいっそう深まり，その結果，（　6　）年に（　7　）が多数派を占めるインドと，（　8　）が多数派を占める㋔パキスタンに分離して独立するに至った。その際，カシミール地方では（　8　）が住民の多数を占めたが，藩王がインドへの帰属を表明したため，そのことが原因となって２回にわたる（　9　）が生じた。また，同地方では㋕中国との国境紛争も生じた。一方で，㋖セイロンは1948年にイギリスから独立し，冷戦下で非同盟中立を維持しただけでなく，1954年の（　10　）会議ではアジアの平和構築を積極的に進めていくことを表明した。この会議にはセイロンのほか，インド，パキスタン，ビルマ（ミャンマー），および（　11　）の５カ国首脳がインドシナ戦争の早期解決や，㋗1955年にバンドンで開催されることになった（　12　）の準備推進を宣言した。

問1　空欄（1〜12）に入る最も適切な語を，選択肢（**a〜d**）から１つ選びなさい。

(1)　**a**．インド人民党　　　**b**．インド国民会議　　　**c**．インド民衆会議
　　d．インド共産党

(2)　**a**．ローラット法　　　**b**．ベンガル分割令　　　**c**．十四カ条
　　d．治安維持法

(3)　**a**．「公民権運動」　　　**b**．「五・三〇運動」　　　**c**．「塩の行進」
　　d．「ヒラーファト運動」

(4)　**a**．（改正）インド統治法　　　**b**．（改正）インド議会法
　　c．（改正）インド自治法　　　**d**．（改正）インド独立準備法

(5)　**a**．アンベードカル　　　**b**．ミドハト＝パシャ

c．ムハンマド＝アリー　　　　**d**．ジンナー

(6)　**a**．1946　　　**b**．1947　　　**c**．1948　　　**d**．1949

(7)　**a**．仏教徒　　　**b**．ムスリム　　　**c**．キリスト教徒

　　　d．ヒンドゥー教徒

(8)　**a**．ムスリム　　　**b**．シク教徒　　　**c**．ヒンドゥー教徒　　　**d**．仏教徒

(9)　**a**．カシミール戦争　　　　**b**．インド＝パキスタン戦争

　　　c．ビアフラ戦争　　　　**d**．インド大反乱

(10)　**a**．デリー　　　**b**．ゴア　　　**c**．パンジャーブ　　　**d**．コロンボ

(11)　**a**．インドネシア　　　**b**．タイ　　　**c**．ネパール　　　**d**．中国

(12)　**a**．非同盟諸国会議　　　　**b**．パグウォッシュ会議

　　　c．アジア＝アフリカ会議　　　**d**．アジア非同盟諸国会議

問2　下線部(**ア〜ク**)について，以下の問いに答えなさい。

(1)　下線部(ア)に関する説明文として誤っているものを，選択肢(**a〜d**)から1つ選びなさい。

　　a．この戦争は基本的にドイツとオーストリアを中心とする同盟国側と，イギリスとフランス，ロシアを中心とする協商国側との戦いであった。

　　b．この戦争でオスマン帝国は同盟国側に加わった。

　　c．この戦争は総力戦となり，交戦国の国内の経済は統制を受けた。

　　d．アメリカは1917年に参戦し，タンネンベルクの戦いでドイツ軍をやぶった。

(2)　下線部(イ)に関する説明文として正しいものを，選択肢(**a〜d**)から1つ選びなさい。

　　a．「インド独立の父」と呼ばれ，熱心な社会主義者としても知られた。

　　b．弁護士として南アフリカで主に黒人の権利のためにたたかった。

　　c．独立直前にムスリムの急進派によって暗殺された。

　　d．不可触民への差別解消にも積極的に取り組んだ。

(3)　下線部(ウ)の日本語訳として最も適切なものを，選択肢(**a〜d**)から1つ選びなさい。

　　a．「真理の堅持」に基づく非暴力・無抵抗運動

　　b．「真理の堅持」に基づく非暴力・不服従運動

　　c．「不殺生」の考えに基づく自治獲得運動

　　d．「不殺生」の考えに基づく民族解放運動

(4)　下線部(エ)の日本語訳として最も適切なものを，選択肢(**a〜d**)から1つ選びなさい。

　　a．自治権獲得　　　**b**．議会設置　　　**c**．完全独立　　　**d**．民族差別解消

(5)　下線部(オ)について，このときの状況の説明として正しいものを，選択肢(**a〜d**)から1つ選びなさい。

　　a．国土は東西に分かれ，東パキスタンは1971年に独立してバングラデシュとな

った。

b．国土は東西に分かれ，西パキスタンはベンガル地方に位置した。

c．国土は東西に分かれ，東パキスタンはパンジャーブ地方に位置した。

d．国土は東西に分かれ，西パキスタンはビルマ（ミャンマー）と国境を接した。

(6)　下線部㈹について，1950年代の状況の説明として誤っているものを，選択肢（**a～d**）から1つ選びなさい。

a．毛沢東を主席とする中華人民共和国の建国が宣言された。

b．朝鮮戦争で朝鮮民主主義人民共和国側に義勇軍を送った。

c．中ソ友好同盟相互援助条約を締結した。

d．「大躍進政策」を実施したが失敗した。

(7)　下線部㈱について，この国の現在の名称と，国民の過半数を占める宗教名の組み合わせとして正しいものを，選択肢（**a～d**）から1つ選びなさい。

a．モルディヴ，仏教　　　b．スリランカ，ヒンドゥー教

c．スリランカ，仏教　　　d．モルディヴ，ヒンドゥー教

(8)　下線部㈯に世界で起きた出来事として正しいものを，選択肢（**a～d**）から1つ選びなさい。

a．朝鮮戦争の休戦協定が結ばれた。

b．アルジェリアが独立した。

c．エジプトがスエズ運河の国有化を宣言した。

d．ワルシャワ条約機構が結成された。

問3　インドに関して，1998年に核実験をおこなった際の政権政党の名称と，その特徴の組み合わせで正しいものを，選択肢（**a～d**）から1つ選びなさい。

a．インド人民党，ヒンドゥー至上主義

b．インド国民会議，政教分離

c．インド人民党，社会主義

d．インド国民会議，多民族主義

（上智大〈総合人間科学・文・法〉　改）

65 | 19世紀末～世界恐慌期のアメリカ合衆国

　南北戦争後，アメリカ合衆国は，共和党政権の保護関税政策に守られて工業が急速に発展し，19世紀末にはイギリスを追い抜いて世界一の工業国となった。鉄鋼業の　(1)　，石油精製業の　(2)　，投資銀行業の　(3)　などによって独占体が形成され，巨大な財閥企業が出現した。

　(a)このアメリカ経済の発展を支えたのは，ヨーロッパやアジアからの移民労働力であった。アメリカは，大量の移民を迎え入れて，急速な都市化・工業化が進行する中で，労働運動や農民運動が高揚し，1886年には　(4)　が，1905年には　(5)　が結成さ

れた。(b)経済の独占化や社会的格差の拡大に対して，独占禁止の法律も制定されたが，あまり効果は見られなかった。

　他方，国内市場の拡大に限界が見えてくると，アメリカも，海外市場を求める姿勢を強め，1889年に， [(6)] を開いて，ラテンアメリカ諸国への勢力拡大に力を入れた。共和党の [(7)] 大統領の時には，(c)キューバ独立支援を理由として1898年に米西戦争を起こし，スペインに勝利した。さらに，アメリカは，1898年に [(8)] を併合して，ここを軍事上の要地とした。また，国務長官 [(9)] は，門戸開放通牒を発して，中国の門戸開放，機会均等，領土保全を提唱した。

　次いで，共和党の [(10)] 大統領は，中米諸国に対して，(d)武力干渉を伴うカリブ海政策を展開し，1903年にパナマを [(11)] から分離独立させた。1914年には，カリブ海と太平洋を結ぶパナマ運河が開通し，民主党の [(12)] 大統領は，以後，ラテンアメリカの軍事拠点化を推し進めた。また新自由主義の下，関税の引き下げや独占資本の弊害の除去に努めた。

　1920年代のアメリカ経済は，繁栄の中で生産過剰の状態に陥った。1929年のウォール街での株価大暴落をきっかけに世界恐慌が勃発すると，共和党の [(13)] 大統領は，恐慌がさらに拡大することを防ぐために，賠償と戦債の一年間の支払い停止宣言を出した。多くの国では，恐慌の過程で中間層が没落し，政治状況が不安定になった。

　民主党の [(14)] 大統領は，政府資金を使って銀行を救済し，ニューディール政策を推進した。政府統制のもとで，企業に生産や価格の規制をさせて産業の回復を図った [(15)] や，農産物価格引き上げのために農民に補償金を支払って生産を制限させた [(16)] などが制定された。さらに，1935年に， [(17)] を制定して労働者の団結権と団体交渉権を保障する一方，(e)国民に対する福祉政策への転換も図った。また，労働者階級に対する保護政策を受けて，民主的な労働組合組織として， [(18)] が結成された。このように前政権の自由放任主義とは異なり，(f)国家が積極的に経済に介入して景気回復を図る政策は，修正資本主義の端緒となった。

　イギリスでは，恐慌の影響が広がる中で，挙国一致内閣を組織して，歳出削減，金本位制の停止など保護貿易政策を実施した。また，1932年に [(19)] を開き，(g)勢力下にある諸国を経済ブロックに囲い込み，その域外からの輸入に高関税をかけて，この危機を打開しようとした。こうして経済ナショナリズムが強まり，自国の利害のためには他国を顧みない自国中心主義の風潮の中で，世界は再び戦争に突入することになる。

問1　文中の空欄 [(1)] ～ [(19)] にあてはまる最も適当な語句を下記の語群から選び，その番号を答えなさい。

≪語群≫

11. アメリカ労働総同盟　　**12.** アラスカ　　**13.** ウィルソン

14. オタワ会議　　**15.** カーネギー　　**16.** カリフォルニア

17. クライスラー	**18**. クーリッジ	**19**. コスタリカ
20. コロンビア	**21**. ゴンパース	**22**. 産業別組織会議
23. ジャクソン	**24**. ジョン゠ヘイ	
25. セオドア゠ローズヴェルト		**26**. 世界経済会議
27. 世界産業労働者同盟	**28**. 世界労働組合連盟	**29**. 全国産業振興法
30. 全国産業復興法	**31**. タフト	**32**. ドーズ法
33. ニューコア	**34**. 農業調整法	**35**. 農業復興法
36. ハーディング	**37**. ハワイ	
38. パン゠アメリカ会議	**39**. フーヴァー	
40. フランクリン゠ローズヴェルト		**41**. ホームステッド法
42. マッキンリー	**43**. メキシコ	**44**. メロン
45. モーガン	**46**. モーリス	**47**. モンロー
48. ロックフェラー	**49**. ロンドン会議	**50**. ワグナー法
51. ワシントン会議		

問2 下線部(a)に関連して，当時，中国人やインド人などのアジア系の移民は欧米人から何と呼ばれたか。その名称を答えなさい。

問3 下線部(b)に関連して，独占禁止のために，1890年に制定された法律の名前は何か。その名称を答えなさい。

問4 下線部(c)に関連して，この時，アメリカがスペインから獲得した地域のうち，下記の中から正しいものを全て選びなさい。

グアテマラ　　　　グアム　　　ジャマイカ　　　ドミニカ　　　　フィリピン
プエルトリコ

問5 下線部(d)に関連して，このカリブ海への力による積極的介入を正当化した外交は何と呼ばれたか。その名称を答えなさい。

問6 下線部(e)に関連して，この時に，ニューディール政策の一環として失業保険や老齢年金などを規定した法律の名前は何か。その名称を答えなさい。

問7 下線部(f)に関連して，自由放任主義の経済を批判し，政府による積極財政政策を理論化したイギリスの経済学者は誰か。その人物の名前を答えなさい。

問8 下線部(g)に関連して，イギリス連邦内での特恵関税制度を設け，他国に対しては保護関税を取った経済ブロックを何と呼ぶか。その名称を答えなさい。

〔慶應義塾大〈商〉　改〕

66 ‖戦間期のヨーロッパ

　第一次世界大戦の終結と対ドイツ処理の目的で，1919年6月にパリ郊外のヴェルサイユで連合国とドイツの間に講和条約が調印された。これを通じドイツは法外な賠償金のみならず，軍備制限や植民地の放棄，(1)領土の割譲などを命じられた。賠償金支払い総額は1320億金マルクと見積もられたが，4年にわたる総力戦の果てに疲弊した国力を考えれば，ドイツの支払い能力をはるかにしのぐ過酷な責務であった。ドイツ側の支払いが遅延したことを理由に，1923年1月にフランスとベルギー両軍はドイツ西部最大の工業地帯である　Ⅰ　地方を占領した。これを境に大戦末期以来進行していた　①　は苛烈を極め，ドイツの通貨価値は大戦中の1兆分の1まで暴落し，経済は機能不全に陥った。未曾有の事態を前に社会不安は増大し，右翼政党や国粋主義者の台頭を招く結果となった。1923年11月にドイツは土地財産などを担保に新しい通貨である　②　を発行し，旧通貨との交換を通じてようやく　①　は収束した。この後ドイツ社会は一旦落ち着きを取り戻し，1928年まで相対的な安定成長期を迎えた。ドイツ経済の復興と欧州の安定を考え，1924年に　③　案と呼ばれる賠償支払い方法の緩和が採択された。これに際し，アメリカは賠償支払いが滞りなく行われるようにドイツへ多額の融資を行った。

　また，国際政治面では第一次世界大戦後，アメリカ大統領　④　の提唱の下，平和維持へ向けた国際協調の取り組みとして(2)国際連盟が結成されたが，敗戦国ドイツはさしあたりそれへの参加を認められなかった。1925年には　Ⅱ　条約と呼ばれる，(3)ドイツ・フランス・イギリスをはじめ，そのほかドイツ周辺諸国を伴った集団安全保障条約が締結された。この中でドイツはその西部国境線の現状維持を承認し，これを通じて1926年にドイツの国際連盟への加盟が実現し，国際社会への復帰を果たした。

　20年代後半に入ると，ドイツの賠償支払い軽減に関しても再び議論がなされた。1929年にアメリカの銀行家が主導する賠償削減案である　⑤　案が提案されたが，ここで支払い総額はいくらか減額されたものの，なお今後59年間にわたる返済が条件とされたため，ドイツ国民に大きな反対運動が巻き起こった。

　1929年10月のニューヨーク株式相場の大暴落によって引き起こされた世界恐慌は，ドイツの復興に激しい打撃を与えた。アメリカはそれまで海外に投資していた資金を急速に引き揚げ，さらに　⑥　関税法に基づき国内産業の保護を目的として，農産物を中心に輸入関税を著しく引き上げた。これは他国による報復関税と列強間のブロック経済化を促し，世界経済を縮小させた。アメリカの保護主義に対抗し，また世界恐慌を乗り切る目的で，イギリスは　Ⅲ　連邦会議を招集し，イギリス連邦内で特恵関税協定を締結し，イギリスを中心とするスターリング＝ブロックの形成を図った。ドイツの受けた経済的打撃はすさまじく，1930年代初めの失業率は30％を超え，約600万人が職を失った。また1931年にアメリカはドイツに対して賠償金の支払いと対米債務の一年間の支払い猶予を決定した。これらの猶予措置は　⑦　＝モラトリアムと呼

ばれるが，大きな効果はなかった。

　経済危機と社会不安を背景に，ドイツでは右派・左派双方で政治の急進化が見られた。とりわけヒトラーを党首とする　⑧　は，フランスやイギリスといった旧敵国に指導されたヴェルサイユ体制を諸悪の根源として批判し，それを受諾したヴァイマル共和国政府をも弾劾した。　⑧　は困窮する大衆へアピールすることを通じてその政治勢力を伸ばした。(4)またヒトラーは人種差別イデオロギーを掲げて大衆をユダヤ人排斥へと扇動した。世界で最も民主的な憲法を擁する国家として讃えられたヴァイマル共和国だが，経済危機と社会不安の末，(5)1930年代初めには議会主義の空洞化に陥った。1933年1月ヒトラーは首相に任命され，第一次世界大戦の敗戦とともに誕生した共和主義政府は事実上終焉した。賠償問題では恐慌の拡大を受けて1932年に開催された　Ⅳ　会議で，連合国側が支払い額の大幅な減額へ譲歩を行った。だがヒトラーは賠償金支払いの履行そのものを拒否した。ドイツはその後，1933年に国際連盟から脱退し，1935年にはヴェルサイユ条約で禁止された再軍備を開始した。また　Ⅱ　条約を破棄して1936年に非武装地帯であった　Ⅴ　へ軍隊を進駐させた。これによってヴェルサイユ体制は崩壊し，ヒトラー政権は他国への軍事侵攻と第二次世界大戦への準備を推し進めた。

問1　空欄　①　から　⑧　に当てはまるもっとも適切な語句を次の選択肢からそれぞれ一つ選び，その記号を答えよ。

- **a**．インフレーション
- **b**．ウィルソン
- **c**．金マルク
- **d**．クーリッジ
- **e**．ケインズ
- **f**．国民(国家)社会主義ドイツ労働者党
- **g**．新ドイツマルク
- **h**．スタグフレーション
- **i**．スムート＝ホーリー
- **j**．デフレーション
- **k**．ドイツ社会主義統一党
- **l**．ドイツ社会民主党
- **m**．ドーズ
- **n**．ニューディール
- **o**．ハーディング
- **p**．フーヴァー
- **q**．フランクリン＝ローズヴェルト
- **r**．マクドナルド
- **s**．ヤング
- **t**．レンテンマルク
- **u**．ワグナー

問2　空欄　Ⅰ　から　Ⅴ　に当てはまるもっとも適切な語句を次の語群Aからそれぞれ一つ選び，その記号を答えよ。

語群A

- **a**．アムステルダム
- **b**．アルザス・ロレーヌ
- **c**．ウィーン
- **d**．オタワ
- **e**．オーデル＝ナイセ
- **f**．ジュネーブ
- **g**．ダンツィヒ
- **h**．チロル
- **i**．パリ
- **j**．ブリュッセル
- **k**．ブレスト＝リトフスク
- **l**．ベッサラビア
- **m**．ヘルシンキ
- **n**．ベルリン
- **o**．ボヘミア
- **p**．ポーランド
- **q**．メーメル
- **r**．ラインラント

s．ルクセンブルク	**t**．ルール	**u**．ロカルノ
v．ローザンヌ	**w**．ロンドン	**x**．ワルシャワ

問3 下線部(1)に関して，次の空欄 1 から 3 に当てはまるもっとも適切な語句を上記**問2**の語群Aから一つずつ選び，その記号を答えよ。

　ドイツ東部では主に，18世紀後半のいわゆる 1 分割を通じてプロイセンへ併合された諸地域が 1 へ割譲された。ドイツの国土はこれによって二分されたため，ドイツ側はこの地帯を 1 回廊の俗称で呼んだ。さらにバルト海の商業港として栄えた 2 が国際連盟管理下の自由市となった。またドイツ西部では長くドイツとフランスの係争の地であり，1871年の普仏戦争でドイツがフランスから獲得した 3 がフランスへ割譲された。

問4 下線部(2)に関して，次の**ア～エ**のうち，国際連盟に関する説明として正しいものを一つ選び，その記号を答えよ。

ア．アメリカ合衆国は国際連盟の常任理事国となり主導的役割を担った。

イ．国際連盟の連盟規約はヴェルサイユ条約の中に含まれていた。

ウ．ソビエト社会主義共和国連邦は国際連盟の設立当初からの加盟国であった。

エ．日本は国際連盟の常任理事国ではなかった。

問5 下線部(3)に関して，次の**ア～カ**のうち，欧州の平和と安定への功績を認められ1926年ノーベル平和賞を受けたドイツ人政治家 A とフランス人政治家 B の名前をそれぞれ選び，その記号を答えよ。

ア．カール＝リープクネヒト　　**イ**．クレマンソー　　**ウ**．ケロッグ

エ．シュトレーゼマン　　**オ**．ド＝ゴール　　**カ**．ブリアン

問6 下線部(4)に関して，次の問いに答えよ。

　ヒトラー政権はユダヤ人のみならず，共産主義者も弾圧した。1933年2月末に発生したある事件をきっかけに，ヒトラーはドイツ共産党を活動禁止へ追い込んだ。この事件の名称としてもっとも適切なものを次の**ア～オ**より選び，その記号を答えよ。

ア．カップ一揆　　**イ**．国会議事堂放火事件　　**ウ**．水晶の夜

エ．スパルタクス蜂起　　**オ**．ミュンヘン一揆

問7 下線部(5)の内容に関わる次の**ア～エ**の文章のうち，**誤っているもの**を一つ選び，その記号を答えよ。すべて正しい場合は**オ**を選べ。

ア．ヴァイマル憲法では，公共の安全と秩序が脅かされた場合，大統領にその回復のために必要な措置をとることを認めていた。

イ．1932年7月，11月の選挙でナチスは議席数をのばし続けた。

ウ．1933年1月にヒトラーを首相に任命した大統領はヒンデンブルクである。

エ．ヒトラーの首相任命後，新政府は全権委任法によって国会の立法権を政府に移した。

オ．すべて正しい。

（法政大〈経済・社会〉）

第二次世界大戦以降のドイツと日本に関する以下の文章を読み，設問に答えなさい。

　1945年5月，ドイツは連合国に降伏し，ナチス政権は12年の歴史を閉じた。同年7月から8月にかけて行われたポツダム会談の方針に従って，ドイツはa東方領土のかなりの部分を失い，西側へ国境を移した本土は，ソ連，アメリカ，イギリス，フランスに分割統治されることになった。多くのドイツ人が東方から追放され，着の身着のままで本土を目指した。彼らの中には，bヒトラーが政権を掌握する以前から長きにわたってその地に暮らしていたドイツ人も含まれていた。チェコスロヴァキア，cポーランド，ハンガリー，　A　，　B　などから追い出され，ドイツ本土に強制的に移住させられたドイツ人の数は，1000万人をゆうに超すといわれている。他方，dナチスによるユダヤ人の大量虐殺の被害者の多くが，ポーランドやソ連などに集中していることからも，ナチス・ドイツの支配と敗北は，東欧諸国の人口構成を大きく塗り替えた。

　19世紀後半以降，西洋列強と肩を並べるように帝国主義の時代を生き，第二次世界大戦ではe枢軸国として戦った日本もまた敗戦後，大規模な人口移動を経験した。f大東亜共栄圏という構想を打ち立て，アジア・太平洋戦争を展開した日本は，1945年8月の無条件降伏をもって海外領土を失い，本土はアメリカ軍を中心とする占領下に置かれた。1945年末からアメリカが主導する形で残留日本人の引き揚げに関する議論が始まり，軍人約350万人，民間人約300万人に及ぶg日本人の引き揚げ事業が本格化した。

設問1　下線部aについて，ナチス・ドイツの侵略を示す正しい時系列を一つ選びなさい。

イ．オーストリア併合　→　ポーランド侵攻　→　独ソ不可侵条約

ロ．オーストリア併合　→　ミュンヘン会談　→　チェコスロヴァキア解体

ハ．独ソ不可侵条約　→　ポーランド侵攻　→　チェコスロヴァキア解体

ニ．独ソ不可侵条約　→　ミュンヘン会談　→　オーストリア併合

設問2　下線部bについて，中世以降のドイツ人の東方植民に関する以下の説明のうち，最も適切なものを一つ選びなさい。

イ．ドイツ騎士団はバルト海沿岸地域へ進出してドイツ人の入植を進める一方，スラヴ人のキリスト教化を行った。

ロ．バルト海沿岸にドイツ人入植者を誘致して建国されたプロイセンは，18世紀半ば，フリードリヒ2世の治下で王国へと昇格した。

ハ．ハンガリーのズデーテン地方には，ハプスブルク帝国の奨励政策により，ドイツ人手工業者が入植した。

ニ．ドイツ出身のエカチェリーナ2世は，ヴォルガ川流域にあるコーカンド＝ハン国を併合して多くのドイツ人を入植させた。

設問3　下線部cについて，ポーランドとドイツに関する以下の説明のうち，最も適切なものを一つ選びなさい。

イ．18世紀末，プロイセンはオーストリア，ロシアと手を結び，ワルシャワ大公国の建国に介入した。

ロ．コシューシコ（コシチューシコ）は1848年にベルリンで起こった革命に触発され，ポーランドの民族運動を先導した。

ハ．ドイツが敗北した第一次世界大戦後のパリ講和会議で，ポーランドの独立は国際的に承認された。

ニ．軍港都市ダンツィヒはナチス・ドイツによる併合を免れ，戦後は東ヨーロッパ相互援助条約に基づく安全保障機構の本部が置かれた。

設問4　　A　と　B　について以下の説明を読み，それぞれに入る国名の正しい組み合わせを一つ選びなさい。

　　ドナウ川下流に位置する　A　は，1878年のベルリン条約で独立が国際的に承認された。第二次世界大戦後はソ連の社会主義圏に組み込まれたが，1989年の革命によって大統領が処刑され，独裁政権が崩壊した。

　　B　は，1941年にナチス・ドイツとイタリアの侵略を受けたが，パルチザンによって解放され，1945年に連邦人民共和国を宣言した。ソ連とは距離を置いた独自の社会主義路線を歩み，1948年にはコミンフォルムから除名された。

イ．A　ブルガリア　　B　ウクライナ

ロ．A　マケドニア　　B　ユーゴスラヴィア

ハ．A　ウクライナ　　B　アルメニア

ニ．A　ルーマニア　　B　ユーゴスラヴィア

設問5　下線部dについて，ナチスの反ユダヤ主義に関する以下の説明のうち，最も適切なものを一つ選びなさい。

イ．ヒンデンブルクは大統領緊急令を発し，アウシュヴィッツにおける強制収容所の建設を命じた。

ロ．1933年に起こった国会議事堂放火事件は，犯人がユダヤ人であったことから，反ユダヤ主義のプロパガンダに利用された。

ハ．ヒトラーの政権掌握後，ニュルンベルク法によってユダヤ人は公民権を奪われた。

ニ．ナチス・ドイツ軍のポーランド侵攻以降，レーム率いる親衛隊により，大規模なユダヤ人の連行が繰り広げられた。

設問6　下線部eについて，枢軸国を構成したドイツ，イタリア，日本に関する以下の説明のうち，最も適切なものを一つ選びなさい。

イ．日本とドイツは，ソ連に対抗するため防共協定を結び，1937年にはこれにイタ

リアが参加した。

ロ．ベルリン゠ローマ枢軸によって，ファシスト党党首ムッソリーニは首相に就任し，軍事から司法にわたるすべての権力を掌握した。

ハ．ドイツはアフリカへの勢力拡大にも関心を示し，かつての植民地であるナミビアへイタリア軍とともに進軍した。

ニ．太平洋戦争の開始によって日本は日ソ中立条約を結び，日独伊三国同盟は実質上，崩壊した。

設問7 下線部 f について，日本軍の占領が及ばなかった地域を一つ選びなさい。

　イ．ビルマ　　　　ロ．セイロン島　　　　ハ．マレー半島　　　　ニ．シンガポール

設問8 下線部 g について，最も適切な説明を一つ選びなさい。

　イ．外務省が行っていた引き揚げ事業は，韓国による北朝鮮侵攻で始まった朝鮮戦争によって難局を迎えた。

　ロ．中国には多くの日本人孤児が残留し，田中角栄と鄧小平が調印した日中共同声明以降も帰国の道を閉ざされた。

　ハ．満州事変を契機に成立した満州国では，ソ連軍の侵攻によって多くの民間人が犠牲となり，引き揚げの過程でも命を落とす者が少なくなかった。

　ニ．引き揚げ船が入港した町は大量の引き揚げ者で混乱したため，創設されたばかりの自衛隊が事態の収拾にあたった。

(早稲田大〈法〉)

68 1950〜60年代の世界

次の文章は，木畑洋一『二〇世紀の歴史』の一節である（文章の中には省略・変更した箇所がある）。この文章を読んで，設問に答えなさい。

　　ここで注意すべきは，イデオロギーを異にしつつ冷戦の中心となった二つの超大国が，帝国世界解体過程において占めた位置である。ソ連とアメリカは政治的脱植民地化を推進した国際的要因として位置づけることができる。たとえば，1956年にイギリスとフランスが，それまで両国が保有していたスエズ運河株式会社を国有化したエジプト(1)に，　(2)　と共謀して軍事侵攻した際，米ソはともに，帝国主義の時代を彷彿_{ほうふつ}させる英仏の行動を強く否認する姿勢を示し，これらの国とは明確に一線を画する姿勢を見せた。

　　しかしその反面，両国自体も帝国的性格を帯びていた。

　　ソ連はロシア帝国の枠組みを継承する形で成立していたが，第二次世界大戦において膨大な犠牲を払いながらも戦勝国となり，戦後もその枠組みを維持しつづけた。さらに戦後は，東ヨーロッパ諸国がソ連圏の中に囲いこまれたが，ソ連とこれら諸国の間の関係は，帝国構造にきわめて近かった。1956年のハンガリーや1968年のチェコスロヴァキアにおいてその関係から脱しようとする動きが起こった時，ソ連はそれを容赦なく弾圧した(3)。チェコスロヴァキア事件の後，ソ連共産党書記長の　(4)　が唱えた(4)ドクトリンでの「制限主権論」（社会主義共同体の全体利益は各国の個別利益に優先するとして，ソ連に背こうとする国に対する武力干渉を正当化した）は，ソ連圏の帝国的性格をよくあらわしている。

　　ただし，ソ連は東欧全体にわたって帝国の中心としての力をふるったわけではなく，ユーゴスラヴィア，アルバニア，ルーマニアはソ連圏から離れ，社会主義体制をとりながらもソ連に対峙する姿勢を見せた。このうち，ユーゴスラヴィアは冷戦の初期からソ連と袂を分かっていた(5)が，アルバニア，ルーマニアは，冷戦下の社会主義陣営を大きく揺さぶったソ連と中国の離間・対立(6)という状態の進展に乗じて，ソ連圏から離脱した。

　　一方，アメリカの場合は，自国が植民地帝国であるという点についての意識が希薄なまま19世紀末以降「海の帝国」を保持してきていたが，大戦後の1946年，戦前からの方針にそってフィリピンに独立を付与した(7)。その反面，自国の勢力圏とみなしてきた中米やカリブ海の諸国においては，アメリカは支配力を確保しようとしつづけた。アメリカは20世紀初頭にはこの地域の内政に干渉することをいとわなかったが，1930年代にはローズヴェルト政権が採用した「　(8)　」によって，主権尊重・内政不干渉が

基調とされるようになっていた。しかし，戦後になると再び，帝国的な力の行使に等しい内政干渉の動きがあらわれてきたのである。その最も露骨な例が，親共産主義的な反米政権と見られた　⑼　のアルベンス政権の打倒にアメリカの CIA が深く関わったケース(1954年)や，1959年にキューバ革命を成功させたフィデル＝カストロ政権の打倒を図ってアメリカ政府が亡命キューバ人部隊を送り込んだ事件(1961年)である。

　アメリカはまた，世界の各地域に軍事基地を配備し，軍事的同盟関係と基地ネットワークの構築による影響力の拡大を図った。チャーマーズ＝ジョンソンのいう「基地の帝国」である。冷戦期，基地の数は若干の増減を示したが，たとえば1967年時点では，全世界で1014(うち673がヨーロッパ，271が太平洋，55が中南米，15がアフリカ・中東)にのぼった。

　アメリカはさらに，第二次世界大戦中，他の列強が弱体化するなかで世界の「兵器廠」として維持・拡大してきた工業生産力を基礎として，戦後世界で経済的優位に立ち，自国の経済力に有利な環境を作り出そうとした。国際通貨基金(IMF)や国際復興開発銀行⑽，さらに関税および貿易に関する一般協定(GATT)⑾など，第二次世界大戦末期から直後にかけて作られた国際経済組織や枠組みは，アメリカ資本主義の利害を反映したものであった。

〔設問〕
　⑴　下線部⑴について，この時のエジプトの大統領は誰か，その人名を答えなさい。
　⑵　空欄⑵に挿入するのに最も適切な国名を答えなさい。
　⑶　下線部⑶に関する次の設問に答えなさい。
　　(a)　1956年のハンガリーにおいて，複数政党制の導入などの改革を行い，ワルシャワ条約機構からの離脱を唱えた政治家は誰か，その人名を答えなさい。
　　(b)　1968年のチェコスロヴァキアにおける体制改革運動は，「　　　社会主義」の実現を目指すものであったとされる。この空欄に挿入するのに最も適切な語句を答えなさい。
　⑷　空欄⑷に挿入するのに最も適切な人名を答えなさい。
　⑸　下線部⑸について，1948年にユーゴスラヴィアは，各国の共産党間の情報の交換や活動の調整を行う国際組織を除名されている。その組織名を答えなさい。
　⑹　下線部⑹について，1960年代には公然たる国際的論争となったこの対立は，1950年代半ばにソ連で起きたある出来事が端緒となって始まったとされている。その出来事の名称を答えなさい。
　⑺　下線部⑺について，フィリピンがアメリカの支配下に入ったのは，アメリカがある国と戦争を行って勝利を収めたことによる。アメリカのこの戦争相手国はどこか，その国名を答えなさい。
　⑻　空欄⑻に挿入するのに最も適切な語句を答えなさい。
　⑼　空欄⑼に挿入するのに最も適切な国名を答えなさい。

(10) 下線部(10)について，第二次世界大戦後から1970年代前半までの国際金融体制は，この両組織が設立された会議の開催地の地名を冠した通称で呼ばれることが多い。この国際金融体制の通称を答えなさい。

(11) 下線部(11)について，この組織は，第二次世界大戦の原因の一つが，戦前の国際経済のブロック化にあったとの反省に立ち，国際的な自由貿易体制の構築を目指して設立された。この目標の実現のために同組織が各国に促した主要な措置を6字以内で答えなさい。

（学習院大〈法〉）

69 第二次世界大戦後の東アジアと東南アジアの独立

第二次世界大戦後の東アジアに関する以下の文章を読み，設問に答えなさい。

1945年，a日本が無条件降伏を受け入れ，アジア太平洋戦争が終結すると，東アジアには新たな国際秩序が形成されることになった。

30年以上にわたり日本の植民地統治下にあったb朝鮮半島は，北緯38度線を境にソ連，アメリカによって分割管理され，やがて □A□ の道を歩むことになった。

抗日戦争を展開してきた中国では，日本の降伏後，国民党と共産党が再び対立し，国共内戦が起こった。1949年春に南京が陥落し，共産党が勝利すると，毛沢東を主席，周恩来を首相にして同年10月にc中華人民共和国が建国された。d国民党の一部は台湾に渡り，独自の政府をつくった。

抗日運動は朝鮮半島や中国で盛んであったが，日本の軍事的，政治的支配下にあった東南アジア諸国においても，抗日ナショナリズムが広がり，戦後，独立を求める動きが加速した。インドネシアやベトナムは，日本の降伏後，すぐに独立を宣言し，eフィリピンやビルマもまた独立国となった。しかし，ヨーロッパの旧宗主国がかつての植民地体制を復活させようと，こうした動きに軍事介入を図った。17世紀からインドネシアに進出していたオランダは，その独立を認めようとせず，4年にわたる武力闘争の後，f1949年にインドネシア共和国の独立を承認した。ベトナムでは，19世紀にこの地を植民地化したフランスが独立を認めず，gインドシナ戦争が起こり，1954年のジュネーブ会議で休戦協定が結ばれるまで，旧宗主国との戦いは続いた。英領マレーでは，1950年代後半になってようやくマラヤ連邦がイギリスから独立を遂げた。このように，東アジアにおいては □B□ の時代に終止符が打たれるのに時間を要した。

設問1 下線部aについて，戦後日本社会において1951年の日米安全保障条約の締結以前に行われたものを一つ選びなさい。

イ．東京裁判閉廷　　**ロ**．自衛隊創設　　**ハ**．原水爆禁止世界大会

ニ．国連加盟

設問2　下線部bについて，以下の記述のうち最も適切なものを一つ選びなさい。

イ．三・一独立運動後に天皇直属の機関となった朝鮮総督府は，GHQにより解体された。

ロ．大韓民国の大統領に就任した李承晩は，日韓基本条約に調印した。

ハ．朝鮮労働党を率いる金日成は，朝鮮民主主義人民共和国を建国し，1972年の主席退任まで独裁体制を敷いた。

ニ．北緯38度線近くに位置する板門店では，1950年に勃発した朝鮮戦争の休戦会談が行われた。

設問3　下線部cについて，以下の記述のうち最も適切なものを一つ選びなさい。

イ．ソ連をはじめとした社会主義諸国はこの国をただちに承認したが，アメリカや日本が正式に認めたのは1960年代になってからだった。

ロ．抗日統一民族戦線に参加した毛沢東は，共産党の指導者として農村改革を進めて支持を広げ，1950年までに農民の土地所有権を保護する大躍進政策を成功させた。

ハ．周恩来首相は，インドのネルー首相と会談し，領土・主権の尊重，内政不干渉，平和的共存などからなる平和五原則を共同で発表した。

ニ．国連の常任理事国となった中華人民共和国は，ソ連とともに北朝鮮への国連軍派遣を提案し，朝鮮戦争の終結を図った。

設問4　下線部dについて，日本の植民地時代から20世紀末までの台湾に関する以下の記述のうち，最も適切なものを一つ選びなさい。

イ．17世紀後半の鄭氏台湾の時代を経て，清の領土となっていた台湾は，日清戦争後，日本の植民地になった。

ロ．下関条約後に設置された台湾総督府は，国民党の機関となり，台湾における産業の育成や交通の近代化を進めた。

ハ．蔣介石は中華民国政府を台北に置き，ソ連と協調路線を築くことで中華人民共和国への対立を深めた。

ニ．中国大陸から移住した「外省人」が台湾の政界を占め，台湾生まれの「本省人」が総統など要職に就任することはなかった。

設問5　下線部eについて，以下の記述のうち最も適切なものを一つ選びなさい。

イ．16世紀以来，スペインがこの地を統治していたが，19世紀初頭には，フランス革命の余波を受けて，ホセ゠リサール率いる民族独立運動が盛り上がりを見せた。

ロ．19世紀末にキューバの領有をめぐってスペインに勝利したアメリカは，フィリピン゠アメリカ戦争を経て，フィリピンを植民地にした。

ハ．1940年代にレイテ島沖でアメリカ軍に勝利した日本は，フィリピンを大東亜共栄圏下に収めた。

ニ．1945年に日本が降伏すると，フィリピン共和国は独立したが，アメリカは抗日

人民軍出身の大統領を認めなかった。

設問6 下線部 f について，それまでに起った出来事を年代順に正しく並べたものを一つ選びなさい。

　イ．インドネシア国民党結成　⇒　オランダ当局によるスカルノ逮捕　⇒　インドネシア共産党結成　⇒　日本軍侵攻

　ロ．インドネシア共産党結成　⇒　インドネシア国民党結成　⇒　オランダ当局によるスカルノ逮捕　⇒　日本軍侵攻

　ハ．日本軍によるスカルノ釈放　⇒　日本降伏　⇒　東ティモール併合　⇒　スカルノによる独立宣言

　ニ．スカルノによる独立宣言　⇒　東ティモール併合　⇒　オランダ軍撤退　⇒　国連による独立承認

設問7 下線部 g について，以下の記述のうち最も適当なものを一つ選びなさい。

　イ．フランスは，日本降伏直後にバオダイが建国したベトナム民主共和国の独立を認めなかった。

　ロ．フランス軍は，ベトナム北西部のディエンビエンフーをベトミン軍により包囲され，降伏した。

　ハ．ベトナム独立同盟を結成したホー＝チ＝ミンは，インドシナ戦争後，ベトナム民主共和国大統領に就任した。

　ニ．フランス軍の撤退後，反米的なゴ＝ディン＝ジエム政権に対してアメリカが宣戦し，第二次インドシナ戦争（ベトナム戦争）が勃発した。

設問8 　A　，　B　に入る適当な語句の組み合わせについて，一つ選びなさい。

　イ．軍事政権　社会主義　　　　**ロ**．軍事政権　民族主義

　ハ．民族分断　資本主義　　　　**ニ**．民族分断　帝国主義

（早稲田大〈法〉）

70 冷戦体制下の欧米諸国（雪どけまで）

次の文章を読み，**問1**から**問10**までの設問に答えなさい。

　米ソ冷戦が激化するにつれて，アメリカ合衆国では国内の共産主義者などの活動を規制する動きが強まった。1947年には国家安全保障法が制定され，国家安全保障会議や国家軍事機構（のちに国防総省），中央情報局（CIA）などが設置された。労働組合の活動を規制するタフト・ハートレー法が制定されたのも，1947年のことである。①「赤狩り」と呼ばれる左翼運動や共産主義を攻撃する旋風が始まったのは，1950年頃のことだった。1953年に大統領に就任した（　a　）は，朝鮮戦争の休戦協定を実現し，ソ連との緊張緩和を目指した。この間，軍部と軍需産業の癒着を意味する（　b　）といわれる傾向が進んでいった。

一方，人種平等を求める国内外の世論も広がった。1954年には連邦最高裁判所で公立学校での人種隔離を違憲とするブラウン判決が下され，その後，②公民権運動が高まった。

1950～60年代は，西欧と日本にとって経済復興の時期であった。ヨーロッパでは，（　c　）によって再生をはかろうとする動きがあらわれた。まず，1950年にフランスの外相の提案（　d　）を受けて，③1952年にヨーロッパ石炭鉄鋼共同体（ECSC）が発足した。その成功を受けて，ヨーロッパ原子力共同体（EURATOM）と（　e　）の設置へと発展した。1967年には，3つの共同体が合併して，ヨーロッパ共同体（EC）となり，西欧統合の基礎が作られた。

ソ連で外交政策の見直しが始まったのは，1953年のことである。（　f　）が死んだ後，ソ連は1955年にユーゴスラヴィアと和解し，西ドイツとの国交も回復した。この頃，いわゆる④「雪解け」と呼ばれる政策の転換が起こり，東欧の社会主義国はこの政策の転換に衝撃を受けた。

問1　下線部①に関連して誤っているものを，次の選択肢の中から1つ選びなさい。

1．共和党上院議員のマッカーシーが行った。

2．極端な反共主義と反共扇動活動のこと。

3．保守派が多数弾圧された。

4．ソ連の核実験成功や中華人民共和国の成立を背景としていた。

問2　（　a　）に入る事項として適切なものを，次の選択肢の中から1つ選びなさい。

1．ローズヴェルト　　　2．クーリッジ　　　3．アイゼンハワー

4．フーヴァー

問3　（　b　）に入る事項として適切なものを，次の選択肢の中から1つ選びなさい。

1．軍産複合体　　　2．重要産業国有化　　　3．文化帝国主義

4．重商主義

問4　下線部②に関連して誤っているものを，次の選択肢の中から1つ選びなさい。

1．キング牧師に指導された運動である。

2．北部の人種差別制度の廃止を求める運動である。

3．ケネディ大統領は，この運動に理解を示した。

4．1964年には選挙権や公共施設での人種差別を禁止する公民権法が成立した。

問5　（　c　）に入る事項として適切なものを，次の選択肢の中から1つ選びなさい。

1．善隣外交　　　2．ベルリン封鎖　　　3．新経済政策（ネップ）

4．地域統合

問6　（　d　）に入る事項として適切なものを，次の選択肢の中から1つ選びなさい。

1．シューマン・プラン　　　2．ヤング案　　　3．ドーズ案

4．フーヴァー・モラトリアム

問7　下線部③に関連して適切な文章を，次の選択肢の中から1つ選びなさい。

1. フランス，西ドイツ，イギリス，ベネルクス３国の間で結成された。

2. フランス，東ドイツ，イギリス，ベネルクス３国の間で結成された。

3. フランス，東ドイツ，イタリア，ベネルクス３国の間で結成された。

4. フランス，西ドイツ，イタリア，ベネルクス３国の間で結成された。

問8 （　e　）に入る事項として適切なものを，次の選択肢の中から１つ選びなさい。

1. ヨーロッパ自由貿易連合　　　**2.** ヤルタ協定

3. ヨーロッパ連合　　　　　　　**4.** ヨーロッパ経済共同体

問9 （　f　）に入る事項として適切なものを，次の選択肢の中から１つ選びなさい。

1. スターリン　　　**2.** レーニン　　　**3.** マルクス　　　**4.** ウィッテ

問10 下線部④の説明として最も適切なものを，次の選択肢の中から１つ選びなさい。

1. 市場至上主義と個人の自由を重んじ，自己責任を強調する考え方のこと。

2. 対外経済開放の拠点として「経済特区」が設けられ，外資や技術の導入が進んだこと。

3. ソ連がとった東西対話の国際協調路線のこと。

4. ソ連による革新主義のことで，中産階級を中心に政界や経済界の浄化，独占の規制などが試みられたこと。

（青山学院大〈国際政治経済〉）

71 ヨーロッパ統合史

つぎの文章（**A**〜**E**）はヨーロッパ統合史について述べたものである。よく読んで，下記の設問に答えなさい。

A　第二次世界大戦後，ヨーロッパ統合が提唱された背景には，ヨーロッパで再び戦争を起こさないという意識の高まりと，東西冷戦の開始があった。ソ連圏が東欧に形成されていくなか，1946年９月，イギリスの(a)チャーチルは「ヨーロッパ合衆国」の創設を提唱する。翌1947年６月，アメリカ合衆国が，ヨーロッパへの共産主義の伸張を阻止するために，国務長官の名前をとって（　1　）とよばれる，ヨーロッパ経済復興援助計画を発表すると，(b)1949年１月には東側諸国がこれに対抗して経済相互援助会議を設立し，東西対立は決定的なものとなった。さらに同年４月，西側諸国は北大西洋条約機構を設立し，冷戦は軍事面へと進んでいった。

B　（　1　）による援助を受けた西ヨーロッパ諸国は，その後，経済成長を遂げた。(c)1950年５月にはフランスの外相が，西ヨーロッパ諸国間での資源の共同管理を含む超国家的な機構を創設することを提案し，これをもとに1952年，フランス・西ドイツ・イタリア・ベルギー・オランダ・ルクセンブルクによりヨーロッパ石炭鉄鋼共同体（ECSC）が発足した。その後，1957年３月に上記６カ国が調印した（　2　）条約により，1958年にはヨーロッパ経済共同体（EEC）と（　3　）が設立される。

そして1967年には，ECSC と EEC および（　3　）が各機関を統合し，ヨーロッパ共同体（EC）が発足した。

C　EC は1970年代に拡大する。イギリスの EC 加盟は，1967年には当時のフランス大統領（　4　）によって阻まれたが，1973年になると，アイルランド・デンマークとともに加盟を果たした。これにより，EC 加盟国は 9 カ国となる。同年，(d)第4次中東戦争が勃発すると，1 国では処理できない経済問題などを協議するため，フランスのジスカール＝デスタン大統領の提唱により，1975年11月，最初の（　5　）がフランスで開催された。

D　1980年代前半，(e)EC 加盟国内においてヨーロッパ統合に懐疑的な姿勢も見られ，EC は一時低迷期を迎えた。その一方で，民主化を遂げた南ヨーロッパ諸国の加盟により，EC はさらに拡大していった。すなわち，1981年にギリシア，1986年には(f)スペインとポルトガルが EC に加わったのである。1980年代をとおして，ヨーロッパ統合の推進役を果たしたのは，(g)西ドイツとフランスであった。両国のリーダーシップのもとで EC の経済統合が進み，1986年 2 月に調印され，翌年 7 月に発効した単一欧州議定書により，EC は1992年末までに市場統合の完成を目指すこととなった。

E　1990年代にはいると，ヨーロッパ統合はさらなる進展を見せた。EC 加盟国は1992年 2 月，経済・通貨・政治における統合などについて合意した（　6　）条約を結び，翌1993年11月にヨーロッパ連合（EU）が成立した。EU の中心機関はブリュッセルに置かれたが，欧州議会は(h)ストラスブールでも開かれている。1995年にはオーストリア・スウェーデン・(i)フィンランドが EU に加盟し，EU は15カ国体制となる。そして2004年 5 月，旧東欧 8 カ国とマルタ・(j)キプロスの計10カ国が加盟した結果，EU の加盟国は25カ国となった。その後も EU は拡大して28カ国体制となる一方，2016年にはイギリスでの EU 離脱を問う国民投票で離脱賛成が過半数となるなど，近年 EU は多くの困難に直面している。

設問1　空欄（ 1 ～ 6 ）に入るもっとも適切な語句を答えなさい。なお，(4)には人名が入る。

設問2　下線部(a)について。チャーチルに関する記述として誤っているものはどれか。1 つ選びなさい。

①　ドイツに対する宥和政策を批判した。

②　カイロ宣言に署名した。

③　テヘラン会談に参加した。

④　ポツダム会談中に実施されたイギリス総選挙に勝利した。

⑤　「鉄のカーテン」演説をおこなった。

設問3　下線部(b)について。1949年の出来事として正しいものはどれか。1 つ選びなさい。

① 国際連合の成立　　② ワルシャワ条約機構の設立

③ ドイツ連邦共和国の成立　　④ パリ協定の締結

⑤ 「ベルリンの壁」の建設

設問4　下線部(c)について。この提案は何とよばれているか。その名称を答えなさい。

設問5　下線部(d)について。この戦争は世界経済にどのような影響を及ぼしたか。経緯も含めて40字以内で述べなさい。

設問6　下線部(e)について。こうした傾向はイギリスで顕著だったが，当時のイギリス首相は誰か。その名前を答えなさい。

設問7　下線部(f)について。1975年11月に死去するまでスペインに独裁体制を敷いていた人物は誰か。その名前を答えなさい。

設問8　下線部(g)について。このときの西ドイツ首相はコールだったが，コール政権下での出来事として正しいものはどれか。1つ選びなさい。

① 東西ドイツ基本条約が締結された。

② 東西ドイツが統一した。

③ 東方外交によりポーランドとの国交正常化が実現した。

④ 西ドイツの再軍備が実現した。

⑤ 東西ドイツが国連に加盟した。

設問9　下線部(h)について。この都市は，プロイセン＝フランス戦争の結果，1871年にドイツ帝国領となった地域のなかに位置している。この地域は何とよばれているか。その名称を答えなさい。

設問10　下線部(i)について。冷戦時代に中立政策をおこなったフィンランドで1975年に開かれた，欧州諸国・アメリカ合衆国・カナダなど全35カ国による国際会議は何とよばれているか。その名称を答えなさい。

設問11　下線部(j)について。1878年に調印され，キプロスの行政権をイギリスがオスマン帝国から獲得することになった条約は何とよばれているか。その名称を答えなさい。

（中央大〈法〉）

72 第二次世界大戦と戦後の核軍縮

次の文を読み，下記の**設問A・B**に答えよ。

1）1945年8月，アメリカは2）広島と長崎に原子爆弾を投下した。爆風や熱線だけでなく，放射能による打撃で事後にわたって数十万の人命を奪ったこの人類史的なできごとは二度とくり返されてはなるまい。

しかし，これを唯一無二の経験と位置づけるだけでは，事件の意味はくみつくせない。広島や長崎のできごとに限らず，第二次世界大戦中には多くの民間人が殺傷され

た。東京大空襲やドレスデン大空襲をはじめ都市部への爆撃は日常化した。中国大陸でやまないゲリラ戦に手こずった日本軍は，3)抗日拠点を村ぐるみでせん滅した。ナチス＝ドイツが実施したユダヤ人の強制収容と虐殺は（　イ　）と呼ばれる。

　こうした容赦ない仕打ちの要因を問うなら，そのひとつは，交戦国が人員や物資を徹底して集めた総力戦体制である。この戦争では，敵方の前線兵士だけでなく，銃後の社会全体をくじくことに意味があった。また，民主主義対4)ファシズム，ファシズム対共産主義といったイデオロギーで戦争が意味づけられたことも大きい。自らの正義を信じることは，他国民・他民族・他人種への強い敵愾心を生んだ。

　総力戦体制は，第二次世界大戦後も，官民財が一体となって経済成長を目指すなかで，さまざまな社会的統制というかたちで存続したと研究者らは指摘している。冷戦下のイデオロギー対立を背景に，国内における5)思想統制もときに行われた。国際関係は各地で緊張をはらみ，6)核軍縮も容易には進まなかった。7)ビキニ環礁での水爆実験で日本の漁船（　ロ　）の船員1名が死亡した1954年の事件は日本の原水爆禁止運動を高揚させたが，核兵器開発はつづき，原子力発電などを迂回しながら核技術はいまも拡散していると言われる。

　冷戦終結後も冷戦的な対立構造がただちに解消されるわけではなかった。たとえば，長くフィデル＝カストロが指導者を務めた（　ハ　）とアメリカとの国交正常化への道はようやく開け始めたところである。2016年5月27日，現職のアメリカ大統領として初めて広島を訪問したバラク＝オバマは，2009年に「核なき世界」を訴え，同年に8)ノーベル平和賞も受賞していた。しかしアメリカはいまも核保有大国である。

A．文中の空所(イ)〜(ハ)それぞれにあてはまる適当な語句をしるせ。

B．文中の下線部1)〜8)にそれぞれ対応する次の問1〜8に答えよ。

　1．同年に死去したアメリカのフランクリン＝ローズヴェルト大統領が，大恐慌に対応して主導したアメリカでの一連の経済復興政策を何と呼ぶか。その名をしるせ。

　2．広島での被爆者には日本植民地支配下にあった朝鮮半島の出身者がいた。朝鮮半島に関わる次の出来事a〜dのうち，古いものから年代順に答えよ。

　　a．韓国併合　　　b．江華島事件　　　c．甲午農民戦争　　　d．甲申政変

　3．華北を中心に「焼きつくす，殺しつくす，奪いつくす」と形容されたこの掃討作戦の中国側の呼び名をしるせ。

　4．第一次世界大戦の戦勝国ながら領土問題で不満をいだいたイタリアでは，ファシスト党のムッソリーニが政権を獲得した。その契機となった1922年10月の大示威行動は何と呼ばれるか。その名をしるせ。

　5．反共産主義運動が高まりをみせたアメリカでは，思想から性的指向にいたる広範な領域で締め付けがなされた。なかでも1950年から1954年の反共産主義運動は，主唱者だった共和党上院議員にちなんで何と呼ばれるか。その名をしるせ。

6. 核兵器の制限を目指して1968年に締結され，当時すでに核兵器を保有していた５カ国以外の核保有を禁じた条約は何と呼ばれるか。その名をしるせ。

7. 第一次世界大戦後に，この環礁をふくむ旧ドイツ領の南洋諸島を国際連盟の委任統治領として確保した国はどれか。次の**a～d**から１つ選びなさい。

　　a．アメリカ合衆国　　　**b**．オランダ　　　**c**．スペイン　　　**d**．日本

8. 1991年のノーベル平和賞を受けたアウンサン＝スーチーの祖国が民政を回復したのは2015年のことであった。この国の名を，次の**a～d**から１つ選びなさい。

　　a．カンボジア　　　**b**．パキスタン　　　**c**．ミャンマー　　　**d**．ラオス

〔立教大〈異文化コミュニケーション・経済・法〉〉

73] 第二次世界大戦後の二つの中国 ||||||||||||||||||||||||||

次の文章を読み，**問1**から**問18**までの設問に答えなさい。

　第二次世界大戦後，中国では　**A**　党と①共産党との内戦が再開された。内戦を優位に進めた共産党は，民主諸党派を（　**a**　）会議に招集した。この会議において1949年10月，中華人民共和国の成立が宣言された。建国後，社会主義化が進むことになる。1953年からの第１次五カ年計画では工業化と農業の集団化が進められ，58年の第２次五カ年計画ではその前年に毛沢東が指示した　**B**　運動に基づき農村での人民公社設立が進められた。しかしその性急な手法は，多数の餓死者を出したといわれるなど失敗に終わり，求心力の低下した毛の後を襲って（　**b**　）が59年，国家主席に就くことになる。59年には（　**c**　）において仏僧などが武装し抵抗運動が生じている。運動は人民解放軍により鎮圧され，最高指導者ダライ＝ラマ14世は　**C**　に亡命した。

　その後，党主席にとどまった毛沢東は，ソ連の平和共存路線を批判した。それに対しソ連は1960年，中国への経済援助を停止し（　**d**　）を破棄したため，中ソ対立は深刻化した。中ソ対立は中国共産党内でも対立を引き起こした。毛は，急進的な社会主義を緩和する政策をとった（　**b**　）らを②修正主義者と批判し，③プロレタリア文化大革命を推進した。毛の死後，華国鋒首相は毛夫人の　**D**　らからなる四人組を逮捕し，77年，文化大革命は終了を告げた。その後，（　**f**　）を中心とする新指導部は④「四つの現代化」を実施したほか，生産請負制や外国資本の導入からなる（　**g**　）化を進めた。

　一方，台湾は，1945年10月に中華民国政府の統治下に置かれた。47年，（　**h**　）事件が起きると政府はこれを鎮圧し，（　**i**　）令が布告された。だがその後，88年に就任した本省人の（　**j**　）総統の下で民主化が進み，2000年の総統選挙では（　**k**　）党に属する陳水扁が当選した。

問1　　**A**　に入る語句を，答えなさい。

問2　下線部①の党の初期の指導者として，最も適切な人名を次の選択肢の中から1つ選びなさい。

1．陳独秀　　　2．孫文　　　3．張学良　　　4．蔣介石

問3　（　a　）に入る語句として，最も適切なものを次の選択肢の中から1つ選びなさい。

1．中華ソヴィエト臨時　　　2．全国人民代表　　　3．人民政治協商

4．人民戦線

問4　　B　　に入る語句を，漢字で答えなさい。

問5　（　b　）に入る人名として最も適切なものを次の選択肢の中から1つ選びなさい。

1．周恩来　　　2．李大釗　　　3．劉少奇　　　4．汪兆銘

問6　（　c　）に入る地名として最も適切なものを次の選択肢の中から1つ選びなさい。

1．香港　　　2．チベット　　　3．ウイグル　　　4．内モンゴル

問7　　C　　に入る国名を，答えなさい。

問8　（　d　）に入る語句として最も適切なものを次の選択肢の中から1つ選びなさい。

1．中ソ平和友好条約　　　　　2．中ソ和平協定

3．中ソ友好同盟相互援助条約　　　4．中ソ技術者協定

問9　下線部②と同義で使われる語句として，最も適切なものを次の選択肢の中から1つ選びなさい。

1．民主派　　　2．実権派　　　3．造反派　　　4．進歩派

問10　下線部③に関する記述として，最も適切なものを次の選択肢の中から1つ選びなさい。

1．毛沢東を支持する紅衛兵は，共産党幹部を批判対象とはしなかった。

2．この革命運動の路線について，中国共産党は今なお必ずしも否定していない。

3．この革命運動の後半には，都市の多くの知識青年が農村に移住させられ，労働に従事した。

4．この革命運動の初期には，周恩来の死去を悼んで天安門広場に集結した人々が弾圧される第1次天安門事件が起きた。

問11　　D　　に入る人名を，漢字で答えなさい。

問12　（　f　）に入る人名として，最も適切なものを次の選択肢の中から1つ選びなさい。

1．鄧小平　　　2．周恩来　　　3．江沢民　　　4．林彪

問13　下線部④の対象として適切ではないものを次の選択肢の中から1つ選びなさい。

1．科学技術　　　2．サービス業　　　3．農業　　　4．工業

問14　（　g　）に入る語句として最も適切なものを次の選択肢の中から1つ選びな

い。

　　1．自由市場経済　　　　**2**．国家資本主義　　　　**3**．社会主義集団経済

　　4．社会主義市場経済

問15　（　　h　　）に入る語句として最も適切なものを次の選択肢の中から1つ選びなさ
　　い。

　　1．五・四　　　　**2**．五・一五　　　　**3**．二・二六　　　　**4**．二・二八

問16　（　　i　　）に入る語句として最も適切なものを次の選択肢の中から1つ選びなさ
　　い。

　　1．動員　　　　**2**．統制　　　　**3**．戒厳　　　　**4**．徴兵

問17　（　　j　　）に入る人名として最も適切なものを次の選択肢の中から1つ選びなさ
　　い。

　　1．李登輝　　　　**2**．蔣経国　　　　**3**．蔣介石　　　　**4**．馬英九

問18　（　　k　　）に入る語句として最も適切なものを次の選択肢の中から1つ選びなさ
　　い。

　　1．民主　　　　**2**．国民　　　　**3**．民進　　　　**4**．社民

（青山学院大〈国際政治経済・法〉）

74 第三勢力の形成とその後の展開

　第二次世界大戦後のアジア・アフリカについて述べた次の文章を読み，**問1**，**問2**
の設問に答えなさい。

　第二次世界大戦後，米ソの東西両陣営の対立は冷戦を生み出した。他方，アジア・
アフリカ諸国は大戦後，民族自決を求める民族主義運動の高揚を背景に，ヨーロッパ
の旧植民地宗主国であるイギリス，フランス，オランダなどからの独立を次々に達成
した。

　このような独立国家の中には，米ソ冷戦の下で東南アジアの〔　1　〕戦争や東アジ
アの〔　2　〕戦争に代表されるように「熱戦」の末に(A)分断国家として独立した国もあ
った。

　しかし，東西両陣営のどちらにも属さず「第三勢力」の形成をめざした国もあった。
いわゆる「第三世界」である。1955年，インドネシアの〔　3　〕において(B)アジア・ア
フリカ会議が開催され，(C)平和十原則を採択して，アジア・アフリカ諸国の反植民地
主義と平和共存，民族独立を求める民族運動に大きな影響を及ぼしたものの，第2回
目は開かれることはなかった。

　1961年に〔　4　〕の首都〔　5　〕で開催された(D)非同盟諸国首脳会議にはラテンア
メリカ諸国も加わって25ヶ国が参加して，米ソ冷戦に距離を置くことで第三世界の連
帯を強めようとしたが，(E)非同盟諸国間の矛盾も明らかになっていった。

非同盟主義運動において指導的役割を担ったアラブの大国〔　6　〕はヨーロッパの旧植民地大国と直接軍事的に対峙することになった。この国の自由将校団の指導者〔　7　〕は1952年に革命を成功させ、ムハンマド・アリー王朝を倒して共和制を樹立し、その後、大統領に就任した。〔　7　〕は(F)経済開発のため大規模なダムの建設をめざし、アメリカ・イギリスは資金援助を申し入れたが、彼がソ連寄りの姿勢を示したため、援助申し入れを撤回した。〔　7　〕は財源を確保するため、〔　8　〕運河の国有化を宣言した。それに対してイギリス・フランスはイスラエルとともに〔　6　〕を攻撃し、(G)第2次中東戦争が勃発した。しかし、アメリカ大統領〔　9　〕は冷戦のさなかにもかかわらずソ連と協力して英仏に運河地帯から撤退するよう政治的圧力をかけたため、英仏の両国は撤退を余儀なくされた。その結果、(H)イギリスは中東地域の覇権をも失うことになった。

問1　文章中の〔　1　〕〜〔　9　〕に入れる最も適切な語句を下記の語群の中から選び、その記号を答えなさい。なお、〔　　〕内の数字が同一の場合、同じ語句が入るものとする。

- **a**．アイゼンハワー
- **b**．イラク
- **c**．イラン
- **d**．インドシナ
- **e**．エジプト
- **f**．韓国
- **g**．カンボジア
- **h**．サライェヴォ
- **i**．ジャカルタ
- **j**．ジョンソン
- **k**．スエズ
- **l**．ソフィア
- **m**．台湾
- **n**．朝鮮
- **o**．トルーマン
- **p**．ナギブ
- **q**．ナセル
- **r**．パナマ
- **s**．バンドン
- **t**．フィリピン
- **u**．ブルガリア
- **v**．ベオグラード
- **w**．ユーゴスラビア
- **x**．ラオス
- **y**．リビア

問2　文章中の下線部(A)〜(H)に関する次の問いに答えなさい。

(A)　東南アジアにおける分断国家のうち①北側の国の正式名称と②その旧宗主国名を答えなさい。

(B)　この会議を主導した指導者の名前を2名答えなさい。

(C)　この原則は1954年に中国とインドの指導者が会談して発表した平和五原則にもとづいているが、この平和五原則のうち2つを答えなさい。

(D)　①この会議を主催した指導者の名前を答えなさい。②またこの人物がソ連とは異なる自立路線を採択したため、ソ連・東欧6カ国・仏伊の共産党によって構成される組織はこの人物の国を除名した。この組織名は何か、答えなさい。

(E)　1959年にチベットをめぐって争い、さらには1962年に国境をめぐって争った2カ国はどこか、答えなさい。

(F)　このダムの名称は何か、答えなさい。

(G)　この戦争が勃発したのはいつか、西暦で答えなさい。

イギリスは戦争前の1955年にトルコ，イラク，イラン，パキスタンが参加する
集団的安全保障機構を設立したが，その機構を何と呼ぶか，答えなさい。

(日本女子大〈文〉)

75) [第二次世界大戦後の世界経済の動き ‖‖‖‖‖‖‖‖‖‖‖

第二次世界大戦後の環太平洋地域についての次の文章を読んで，以下の問いに答え
なさい。

第二次世界大戦によって世界経済は大きな打撃を受けた。この大戦の直後で，アメ
リカ合衆国(以下，米国)は世界の鉱工業生産の ┃A1┃ 割強を占め，また世界の金の
┃A2┃ 割近くを保有していた。このことから戦後の世界経済における覇権は米国が握
ることになり，世界の戦後復興のための枠組みも米国を軸に設計されていった。

この制度設計の嚆矢となったのは，19 ┃ア┃ 年に米国の ┃B┃ に連合国の代表が集
まってなされた会議である。この会議では，第一次大戦後のドイツの賠償問題や(a)ブ
ロック経済，そして世界恐慌などの経済問題が第二次世界大戦の遠因となったという
認識から，国際通貨基金と(b)国際復興開発銀行の設立が合意され，それらは19 ┃イ┃
年に設立されている。この ┃B┃ 体制のもとで，米国が保有する金が基軸通貨として
の米ドルを通じて各国の通貨価値を保証するという(c)金ドル本位制によって世界経済
を安定・成長させようとする制度的枠組みが構築された。また，第一次大戦後の自由
貿易を制限する政策も第二次大戦のひとつの原因であったことから，自由貿易を追求
しようとする(d)GATT が19 ┃ウ┃ 年に成立している。この協定は多角的貿易交渉
(1986〜94年)，いわゆる ┃C┃ ＝ラウンドにおいて世界貿易機関として受け継がれる
ことが決定された。

このように世界大戦を回避しようとする国際的な枠組みが構築されたものの，冷戦
を背景とした地域的な戦争や紛争が頻発した。そのなかで，米国の経済的覇権を揺る
がすことになったのが(e)ベトナム戦争である。ベトナムは南北に分断されており，南
ベトナムは米国の支援を受けて反共政策を進めていた。しかし，(f)南ベトナム解放民
族戦線が結成されると，南北ベトナムの対立が激化した。ここで，自由世界の防衛と
いう名目のもと，米国はベトナム戦争に本格的な軍事介入をはじめた。これに対して，
中国やソ連は北ベトナムに大規模な軍事・経済支援をおこなうことになる。

長期化するベトナム戦争への介入は米国経済を疲弊させて，ついに19 ┃エ┃ 年には
米国の貿易収支が一世紀ぶりに赤字に転落した。もはや ┃B┃ 体制の維持は困難とな
り，(g)ドル危機が世界経済を襲うことになる。この混乱に拍車をかけたのが，
19 ┃オ┃ 年の(h)第4次中東戦争を契機とする第一次石油危機である。

世界経済の混乱に対処するために，19 ┃カ┃ 年には先進国首脳会議(サミット)が開
催された。その後は欧州や日本の経済が回復していくなか，「強いアメリカ」を掲げる

レーガン政権のもとで新冷戦と呼ばれる軍備拡大戦略が展開されたことから，米国は「双子の赤字」を深刻化させた。そして19 キ 年に米国が世界最大の債務国になると，先進国が為替市場に協調介入してドル高を是正するという D 合意がなされる。(i)この合意は，世界経済に多大な影響を与えることになった。

　ベトナム戦争は東南アジアにも大きな影響を与えた。制度的枠組みとして注目されるのは，(j)東南アジア諸国連合（ASEAN）の結成である。これは，設立当初は反共同盟としてのベトナム包囲網という性質を強くもっていたが，ベトナム戦争終結後には経済協力機構へと転換している。その後 ASEAN 諸国は(k)アジア通貨危機を経験し，またタイやマレーシアなどは高度成長期を終えているが，インドネシアやフィリピンなどが成長期に入りつつあることから，ASEAN 経済は全体的には順調に推移している。

　中国では鄧小平を中心とする新指導部のもと，19 ク 年から(l)四つの現代化を含む改革・開放政策を進めた。しかし党官僚の腐敗や人権の抑圧，そして所得格差の拡大などの問題に直面している。

問1　A1 と A2 に入る数字の組み合わせとして最も適切なものを次の選択肢の中から一つ選びなさい。
　　① 4と6　　　② 5と7　　　③ 6と7　　　④ 6と5　　　⑤ 7と6
問2　B に入る最も適切な言葉をカタカナで答えなさい。
問3　C に入る最も適切な言葉をカタカナで答えなさい。
問4　D に入る最も適切な言葉をカタカナで答えなさい。
問5　ア に入る西暦の下二けたの数字として最も適切なものを下の＜数字1＞の選択肢の中から一つ選びなさい。
問6　イ に入る西暦の下二けたの数字として最も適切なものを下の＜数字1＞の選択肢の中から一つ選びなさい。
問7　ウ に入る西暦の下二けたの数字として最も適切なものを下の＜数字1＞の選択肢の中から一つ選びなさい。

＜数字1＞
　　① 44　　　② 45　　　③ 46　　　④ 47　　　⑤ 48　　　⑥ 49
　　⑦ 52　　　⑧ 53
問8　エ に入る西暦の下二けたの数字として最も適切なものを下の＜数字2＞の選択肢の中から一つ選びなさい。
問9　オ に入る西暦の下二けたの数字として最も適切なものを下の＜数字2＞の選択肢の中から一つ選びなさい。
問10　カ に入る西暦の下二けたの数字として最も適切なものを下の＜数字2＞の選択肢の中から一つ選びなさい。
問11　キ に入る西暦の下二けたの数字として最も適切なものを下の＜数字2＞

の選択肢の中から一つ選びなさい。

問12　　ク　に入る西暦の下二けたの数字として最も適切なものを下の＜数字２＞
の選択肢の中から一つ選びなさい。

＜数字２＞

① 67　　② 71　　③ 73　　④ 75　　⑤ 78　　⑥ 81

⑦ 85　　⑧ 87

問13　下線部(a)に関連する記述として適切ではないものを次の選択肢の中から一つ選
びなさい。

① イギリスに次いで米国も金本位制から離脱したことが，経済ブロック化の流れ
を進めることになった。

② イギリスは，ウェストミンスター憲章でイギリス連邦を発足させて経済危機を
乗り切ろうとした。

③ フランスは，ベルギーとイタリアという金本位制を維持していた国とフラン＝
ブロックを形成した。

④ 欧米のブロック化に対処するために，日本は，台湾・朝鮮そして満州に円ブロ
ックを形成しようとした。

問14　下線部(b)の英語名称の略語を，アルファベット４文字で答えなさい。

問15　下線部(c)に関連する記述として適切ではないものを次の選択肢の中から一つ選
びなさい。

① 金１オンスは35ドルと定められた。

② 日本も，固定為替制度のもと，第二次大戦終結の直後から１ドル＝360円の為
替レートが1970年代初めまで維持された。

③ 国際復興開発銀行は，世界銀行とも呼ばれている。

④ 日本も国際復興開発銀行の融資を受けた経験がある。

問16　下線部(d)の日本語での名称を答えなさい。

問17　下線部(e)に関連する記述として適切ではないものを次の選択肢の中から一つ選
びなさい。

① 韓国も軍をベトナムに派遣した。

② 北緯17度線を暫定的軍事境界線として，南北ベトナムは分断された。

③ トンキン湾事件を口実に米国は北ベトナムへの爆撃をおこなったが，その時の
大統領はジョンソンである。

④ サイゴンは1975年４月に陥落して，同年，南北ベトナムの統一が果たされた。

問18　下線部(f)に関連する記述として最も適切なものを次の選択肢の中から一つ選び
なさい。

① 北ベトナムで結成された。

② ホー・チ・ミンが，有力な結成メンバーであった。

③ ベトナム戦争が始まる前の1959年に結成されている。

④　ベトナム民主共和国の支援を受けて，ゲリラ戦を展開した。

問19　下線部(g)に関連する記述として<u>適切ではないもの</u>を次の選択肢の中から一つ選びなさい。

①　このときの米国大統領はニクソンである。

②　10％の輸入課徴金が導入された。

③　ドル紙幣と金との兌換が停止された。

④　米国の貿易収支が赤字となった翌年，固定相場制から変動相場制への移行がなされた。

問20　下線部(h)に関連する記述として適切なものを次の選択肢の中から一つ選びなさい。

①　この戦争でイスラエルは勝利して，シナイ半島などを占拠した。

②　この戦争は，エジプトとヨルダンの連合軍がイスラエルに奇襲をかけることによって始まった。

③　この時のエジプトの大統領はサダトである。

④　石油輸出国機構はイスラエルを支援する諸国に対して原油輸出の停止や制限の処置をとって，第一次石油危機が発生した。

問21　下線部(i)に関連する記述として<u>適切ではないもの</u>を次の選択肢の中から一つ選びなさい。

①　この合意の直後には米国の貿易収支は急激に改善した。

②　日本は東南アジアへの直接投資を加速化させた。

③　この合意以降，約２年で，円の価値は対ドルで約２倍になった。

④　この合意は，米国のほか，日本・西ドイツ・フランス・イギリスの間でなされた。

問22　下線部(j)に関連する記述として<u>適切ではないもの</u>を次の選択肢の中から一つ選びなさい。

①　東南アジア諸国連合の結成に加盟したのは５か国であった。

②　2002年に独立した東ティモールも東南アジア諸国連合に加盟して，東南アジア10か国すべてが加盟国となった。

③　東南アジア諸国連合の結成の２年前に，マレーシアからシンガポールが分離・独立した。

④　東南アジア諸国連合に加盟した時のフィリピンの大統領はマルコスであった。

問23　下線部(k)に関連する記述として最も適切なものを次の選択肢の中から一つ選びなさい。

①　この危機は1995年に発生している。

②　この危機の震源地は外資導入を積極的に推し進めていたマレーシアである。

③　この危機は域内にとどまらず，韓国やロシアにも飛び火した。

④　世界銀行が中心となった融資によって危機の軽減が図られた。

問24 下線部(1)に関連する記述として<u>適切ではないもの</u>を次の選択肢の中から一つ選びなさい。

① 四つの現代化とは，農業・工業・国防・科学技術の近代化である。

② 四つの現代化は，1975年に，華国鋒首相が提起した。

③ 人民公社が解体されて生産請負責任制が導入された。

④ 対外経済開放の拠点として，深圳・珠海などに経済特区が設けられた。

（青山学院大〈国際政治経済・法〉）

76 ペレストロイカとソ連の解体

　ゴルバチョフがソ連共産党書記長に就任すると，東西冷戦は大きな転換を迎えた。彼は，行きづまった社会主義体制を立て直すために，抜本的な改革が必要であると認識し，(A)情報公開(グラスノスチ)による言論の自由化や国内の立て直し改革(　1　)を進め，計画経済から市場経済への移行に着手した。また，共産党以外の政党の活動を認め，複数候補者制にもとづく人民代議員大会や大統領制などの政治制度を導入した。こうした改革は共産党体制を動揺させた。

　ゴルバチョフの改革は内政面だけにとどまらない。対外関係では，彼は新思考外交を推進し，米国の　2　大統領とともに中距離核戦力(INF)全廃条約に合意した。それによって，東西冷戦の緊張緩和が進展した。さらにゴルバチョフは中国を訪問し，中ソ対立に終止符を打った。1989年，ソ連軍は　3　からの撤退を完了した。同年の12月に米国の　4　大統領とゴルバチョフは，地中海のマルタ島沖で首脳会談を実施して，(B)冷戦の終結を宣言し，戦略核運搬手段と核弾頭の削減をめぐって，　5　に署名した。

　また，ゴルバチョフは米国だけではなく，東欧諸国との関係も見直した。例えば，彼は(C)ブレジネフ＝ドクトリンの放棄と社会主義の多様性を意味する新ベオグラード宣言を発表した。しかし，それは(D)東欧の社会主義諸国を動揺させるものであり，いくつかの国では暴力を伴う紛争や内戦が発生した。ユーゴスラヴィア内戦はその代表的な例であるが，その引き金の一つになったのは同国の　6　大統領の死去だった。

　ソ邦では連邦存続を求めるクーデタが失敗すると，諸共和国が連邦からの離脱を宣言し，ソ連共産党は解散した。1991年12月，ロシアとウクライナ，ベラルーシの首脳が，ソ連邦の解体を宣言し，　7　が設立された。

問1　空欄　1　～　7　に最も適当と思われる語を入れなさい。

問2　1986年にソ連で起きた原発事故は，下線部(A)を推進させる契機となった。その原子力発電所の名称を答えなさい。

問3　下線部(B)に関連して，イラク軍のクウェート侵攻に対し，国連安保理決議にもとづいて多国籍軍が派遣された。その戦争の名称を答えなさい。

問4　下線部(C)の内容を40字以内で述べなさい。

問5　下線部(D)について，

(1)　ポーランドでは，自主管理労組「連帯」が非共産党政権を樹立した。その指導者の名前を答えなさい。

(2)　ルーマニアでは，大統領が処刑された。その大統領の名前を答えなさい。

(3) 東ドイツでは，書記長が退陣した。その書記長の名前を答えなさい。

(4) 東西ドイツでは，分断を象徴する壁があった。その壁のあった都市の名称を答えなさい。

（津田塾大〈国際関係〉）

77 20世紀後半のアジア諸国の経済成長

　第二次世界大戦の終結に伴い，東南アジアでもナショナリズムが高まり，各国は国民国家の建設に一斉に動き出した。1945年，インドネシアは独立を宣言したが，再植民地をねらうオランダと戦争が続き，4年後に締結された [(1)] によって独立が認められ，主権を確立した。フィリピンは， [(2)] 大統領のもと，議会で成立した「フィリピン独立法」に従い，1946年に独立を果たした。イギリス領のビルマは，1948年に [(3)] 内閣との交渉によって共和国として独立したが，1962年のクーデターで [(4)] による軍事政権が成立した。マレー半島では，人口の多いマレー人・中国人・ [(5)] から結成された連盟党が総選挙の勝利を背景に，1957年に [(6)] が独立した。カンボジアは，1941年に王位についた [(7)] が大戦後に独立運動を展開し，フランスやアメリカなどの国をまわって国際世論に訴えかけた結果，1953年に独立した。1955年，インドネシアの [(8)] で，アジア＝アフリカ会議が開催され，「平和十原則」が採択された。

　60年代に入って，平和を勝ち取ったアジアの国々は，経済近代化の道を歩みはじめた。日本では「所得倍増」を唱えた [(9)] 内閣のもとで，高度経済成長を成し遂げ，1968年には国内総生産（GDP）がアメリカにつぐ世界第2位となった。日本の急激な経済成長は，周辺のアジア諸国に大きな影響を与えた。朝鮮戦争後の韓国では，1961年の軍事クーデターで権力をにぎっていた [(10)] のもと，1965年に「日韓基本条約」を結び，日本からの資本と技術援助をうけながら経済開発を進めるようになった。60年代半ばに独立したシンガポールは，地理的優位を発揮して，金融・自由貿易港・ [(11)] などを柱として開発を推進した。(a)韓国とシンガポールに加えて，香港と台湾は，1970年代に顕著な経済成長をとげた。インドネシアでは，クーデターの鎮圧をきっかけに権力を掌握した [(12)] が，(b)開発独裁のもとで「緑の革命」を進めた。1967年，タイ・フィリピン・マレーシア・シンガポール・インドネシアの5か国は，東南アジア諸国連合（ASEAN）を形成した。

　80年代以後，これらの地域では政治的にも経済的にも大きな動きが生じた。韓国では，民主化と民族統一を求める気運が高まったが，その動きを抑えようとする政府の措置に抵抗して，1980年に発生した [(13)] は政府によって鎮圧された。しかし民主化の流れは変えることができず，1988年に大統領の直接選挙が実現した。マレーシアでは，1981年に首相に就任した [(14)] が，「アジアの先進国，日本に学べ」とする政策を展開した。(c)戦後のベトナムは，1986年から開放経済政策を積極的に実施した。1991年に [(15)] でカンボジアの内戦に関する和平協定が締結され，国連のもとで新憲法の

制定やカンボジア王国の設立が実現した。(d)1980年代以後，ブルネイ・ベトナム・ミャンマー(旧ビルマ)・ラオス・カンボジアは相次いで ASEAN に加盟し，東南アジア全域に広がる ASEAN10になった。しかし，経済発展はけっして順風満帆ではなかった。1997年，　⒃　の急落をきっかけにアジア通貨危機が発生し，経済構造の改革が求められた。

　中国では，1970年代末から　⒄　の指導のもとで「改革開放」を実施し始めた。1978年頃，農村部では　⒅　が導入され，都市部では企業改革や外資導入によって経済発展が進んだ。しかし同時に社会矛盾が大きくなり，1989年に学生や市民により民主化を求める　⒆　が起こり，西側諸国は対中制裁を発動した。1992年に指導部により重要談話が発表され，経済改革の加速は約束された。2001年12月に中国は　⒇　への加盟を果たし，海外からの投資の急増につながっていった。

問1　文中の空欄　⑴　～　⒇　にあてはまる最も適当な語句を下記の語群から選び，その番号を答えなさい。

- **11.** APEC
- **12.** GATT
- **13.** WTO
- **14.** アイゼンハワー
- **15.** アウン＝サン
- **16.** アトリー
- **17.** アラブ人
- **18.** 池田勇人
- **19.** インド人
- **20.** ウォン
- **21.** 観光
- **22.** 岸信介
- **23.** 九・三〇事件
- **24.** 金大中
- **25.** 建設
- **26.** 光州事件
- **27.** 五月危機
- **28.** シハヌーク
- **29.** ジャカルタ
- **30.** 周恩来
- **31.** ジュネーブ協定
- **32.** スカルノ
- **33.** スハルト
- **34.** 生産請負制
- **35.** 全斗煥
- **36.** 造船
- **37.** チャーチル
- **38.** 田中角栄
- **39.** 天安門事件
- **40.** 鄧小平
- **41.** ドル
- **42.** トルーマン
- **43.** 二・二八事件
- **44.** ネ＝ウィン
- **45.** 農地改革
- **46.** ハーグ協定
- **47.** 朴正煕
- **48.** バーツ
- **49.** ハノイ
- **50.** パリ
- **51.** パリ講和条約
- **52.** バリ島
- **53.** バンドン
- **54.** フランス人
- **55.** ポル＝ポト
- **56.** マハティール
- **57.** マラヤ連邦
- **58.** マルコス
- **59.** マレーシア連邦
- **60.** 毛沢東
- **61.** リー＝クアンユー
- **62.** ローズヴェルト

問2　下線部(a)に関連して，(ア)これらの国や地域を指す総称は何か，答えなさい。(イ)70年代に，これらの国や地域の発展における共通した特徴に**あてはまらないもの**を次の項目から１つ選び，その番号を答えなさい。

- **1**．安価な労働力
- **2**．成熟した民主主義社会
- **3**．積極的な外資導入
- **4**．輸出志向型産業の育成

問3　下線部(b)に関連して，(ア)「緑の革命」の目的は何か。(イ)「緑の革命」のために，アジアで最初に国際稲研究所がおかれた国はどこか。それぞれ答えなさい。

問4　下線部(c)に関連して，この政策を何と呼ぶか。答えなさい。

問5　下線部(d)に関連して，ASEAN の役割は，設立した当時と1990年代以降では，どんな違いがあったのか。その違いを30字以内で説明しなさい。

（慶應義塾大〈商〉 改）

78 ［現代の食糧飢饉関連史

食べるという行為は，政治，経済，社会，国家，環境，そして人間の感性のあり方と深く関係している。食の歴史に関する以下の文章をよく読んで，設問に答えなさい。

食糧の歴史にとって飢饉は常に政治状況に大きな影響を与えてきた。逆に政治や戦争が飢餓を生じさせることもあった。たとえば，世界恐慌とほぼ同時期に実施された①ソ連の農業集団化では，生産意欲の低下や生産物の強制供出により多くの農民が餓死した。また，戦争手段としてのいわゆる兵糧攻め（飢餓戦）は，歴史上でたびたび戦略として用いられた。

第二次世界大戦後のアフリカでは，②「アフリカの年」とよばれる1960年に多くの国が独立を果たしたが，その後も③干ばつや内戦を原因とする大量の難民が生まれ，食糧危機に陥り，彼らの多くが飢餓にさらされている。とくに，乳幼児の死亡率が高く，これに対しては1961年に創設された国連世界食糧計画（国連 WFP）が対策を講じているが，21世紀になっても飢餓が克服されたわけではない。現在の世界人口のおよそ1割が飢餓に苦しんでいるとされる。飢饉や異常気候の要因としては，過剰な森林伐採や地球温暖化なども挙げられよう。これらの対策は一国のみの国内政治では不十分であり，④国際社会全体での取り組みが望まれる。また，現状の深い理解と洞察のためには，本問で示された食の歴史をはじめ，戦争の歴史や植民地支配の歴史からも学ぶことが多いだろう。

問1　下線部①について，この農業集団化を含むソ連の政策の名と，当時の指導者の名の組み合わせとして正しいものを，次の(イ)～(ニ)から1つ選び，記号で答えなさい。

（イ）　新経済政策（ネップ）　－　レーニン

（ロ）　新経済政策（ネップ）　－　スターリン

（ハ）　第1次五ヵ年計画　　－　レーニン

（ニ）　第1次五ヵ年計画　　－　スターリン

問2　下線部②について，「アフリカの年」を含む，1950年代から1960年代に独立した国の名と旧宗主国の組み合わせとして適切でないものを次の(イ)～(ニ)から1つ選

び，記号で答えなさい。

（イ）　アルジェリア　－　フランス　　（ロ）　コンゴ　－　ベルギー

（ハ）　ガーナ　－　イギリス　　　　　（ニ）　エチオピア　－　イタリア

問3　下線部③について，現在もなお内戦からの混乱状態にあるアフリカの地域は複
数存在する。そのひとつである（　a　）は，「アフリカの角」と呼ばれる地域に位置
し，1980年代から内戦状態に突入し，1991年頃から飢饉が深刻化した。これを受け
て，アメリカ合衆国を中心とする国連の多国籍軍が介入したが，1995年には撤退す
ることとなった。2017年時点では，（　a　）連邦共和国と呼ぶ。（　a　）に入る国
の名を答えなさい。

問4　下線部④について，環境問題に関する国際社会の取り組みとして，1992年にリ
オデジャネイロで開催され，「持続可能な開発」を目指すことを宣言した会議の名を
答えなさい（略称でも可）。

（東京女子大〈現代教養〉　改）

79 ［20世紀の科学技術と環境問題

次の文章を読み，**問1**から**問10**までの設問に答えなさい。

20世紀は，「科学技術の世紀」という特徴を持っている。19世紀末に放射線が発見さ
れ，物質の最小単位への関心が高まり，(1)20世紀初めに時間と空間の認識が大きく変
化するとともに，物質の構造を解明する（　a　）力学が急成長した。また，20世紀初
めに（　b　）が発明した飛行機は，第一次世界大戦中に軍用機に転用され，第二次世
界大戦中の技術革新によって長距離飛行が可能となった。さらに，1938年以降，莫大
な国家予算を裏付けに科学技術が軍や産業と結合して発展するビッグ＝サイエンス時
代が始まった。そして，米・ソの軍拡競争の一環として開発が進んだ（　c　）によっ
て，(2)宇宙時代が切り開かれた。宇宙工学の発達は，軍事利用だけでなく，宇宙の実
態の解明や気象・通信衛星の打ち上げで，日常生活にも大きな影響をおよぼしている。

他方，科学技術の発展に伴う急速な経済成長や，先進国における急速な重工業化は，
（　d　）の機運を高めた。（　d　）への対応のため，1960年代以降，先進国ごとに法
律が制定されたり，担当省庁が設置された。また，1970年代に入ると，（　d　）に関
して政府や運動の(3)国際的連携がはかられるようになった。1973年の（　e　）後の経
済停滞で，（　d　）への関心は一時後退したが，1985年にオゾン＝ホールが発見され
たり，（　f　）の危険が指摘されるようになった。これを受けて，(4)1992年には「地
球サミット」が開催された。

問1　下線部(1)に関連して，相対性理論について述べた文として，①〜④のなかで最
も適切な文章はどれか，①〜④から一つ選びなさい。

① 相対性理論の提唱者は，1921年にノーベル平和賞の対象となった。

② 相対性理論の提唱者は，ドイツから亡命した後，ソ連で核開発を進めた。

③ 相対性理論は，バートランド・ラッセルによっておおやけにされた。

④ 相対性理論は，力学に大きな変革をもたらした。

問2 （　a　）に入る言葉として最も適切なものはどれか，①〜④から一つ選びなさい。

① 機械　　　② 電気　　　③ 熱　　　④ 量子

問3 （　b　）に入る言葉として最も適切なものはどれか，①〜④から一つ選びなさい。

① モールス　　　② ライト兄弟　　　③ エジソン　　　④ ベル

問4 （　c　）に入る言葉として最も適切なものはどれか，①〜④から一つ選びなさい。

① ダイナマイト　　　② ロケット　　　③ 無線電信

④ インターネット

問5 下線部(2)について述べた文として，①〜④のなかで不適切な文章はどれか，①〜④から一つ選びなさい。

① 1957年に，ソ連がスプートニク1号の打ち上げに成功した。

② 1958年に，アメリカ航空宇宙局(NASA)が設置された。

③ アポロ13号は，人類史上はじめて人間の月面着陸に成功した。

④ 宇宙ステーションが建設され，スペースシャトルによる宇宙往還が可能になった。

問6 （　d　）に入る言葉として最も適切なものはどれか，①〜④から一つ選びなさい。

① 重商主義　　　② 通商の自由化　　　③ 生命倫理　　　④ 環境保護

問7 下線部(3)について述べた文として，①〜④のなかで最も適切な文章はどれか，①〜④から一つ選びなさい。

① 世界女性会議が設立された。

② 国連貿易開発会議(UNCTAD)が設立された。

③ 国連開発計画(UNDP)が設立された。

④ 国連人間環境会議が開催された。

問8 （　e　）に入る言葉として最も適切なものはどれか，①〜④から一つ選びなさい。

① 石油危機　　　② ドル・ショック　　　③ 貿易摩擦

④ アジア通貨危機

問9 （　f　）に入る言葉として最も適切なものはどれか，①〜④から一つ選びなさい。

① クローン技術　　　② 人口爆発　　　③ 地球温暖化　　　④ 飢餓

問10 下線部(4)について述べた文として，①〜④のなかで<u>不適切な文章</u>はどれか，①〜④から一つ選びなさい。

① 気候変動枠組み条約が採択された。

② 各国が二酸化炭素の排出量を減少させる必要性で合意した。

③ ブラジルのリオデジャネイロで開催された。

④ 二酸化炭素などの温室効果ガス削減目標と，取組に対する法的拘束を決めた。

〔青山学院大〈法・経済など〉 改〕

第　II　部

地域史
・
各国史

1 香港の歴史

次の文章は，中国の国家主席，習近平が昨年，2017年7月1日に香港返還20周年を祝う式典で行なった演説の一部である。これを読み，以下の設問に答えなさい。

香港の運命はずっと祖国と密接な関係にあった。①近代以降，封建統治の腐敗と国力の衰微により，中華民族は深く大きな苦難に陥ってしまった。19世紀の40年代初め，わずか1万余りの英国遠征軍の侵入によって，80万もの軍隊を擁する清朝政府は，あろうことか，国土の割譲と賠償を迫られることになり，香港島を割譲することになってしまった。アヘン戦争後，中国はさらに繰り返し，国土も人口もわれわれに遠く及ばない国家にうち負かされ，②そのたびに九竜と「新界」とが祖国から切り離されていった。この時代の中国の歴史は，民族の屈辱と人民の悲痛に満ち満ちている。中国共産党が中国人民を指導することによって，艱難辛苦の奮闘の果て，民族の独立と解放を勝ち取り，新中国を建設して，ようやく中国人民は真の意味で自ら立ち上がり，中国的特色をもった社会主義の輝かしい道を開拓していくようになったのである。③前世紀の70年代末以来，われわれは改革開放を進め，40年近くの努力を経て，中華民族の発展における新たな局面を切り開いたのである。

改革開放という歴史的背景のもとで，鄧小平先生は「一国両制」という偉大な構想を提起し，これを指針として，④イギリスとの外交交渉を通じ，残された歴史的問題である香港問題を滞りなく解決した。20年前の今日，香港は祖国のもとに戻り，民族の100年の恥辱を洗い流し，⑤祖国の完全な統一のための重要な一歩を実現した。香港が祖国に復帰したことは中華民族の歴史における輝かしい成果であり，香港はこれ以後，祖国と決して別れず，ともに発展してゆく，広大無辺の道を歩んでいるのである。

問1 下線部①について，清朝統治の衰退はアヘン戦争前，18世紀末には顕在化していた。その象徴的な事件として，1796年に内陸の新開地で起こり，10年近く続いた反乱があった。その反乱は何か。反乱の名称を記し，そのおおよその範囲を本問末尾の地図の **a ～ d** から選びなさい。

問2 また，清朝をめぐる対外関係の変化を象徴する事件として，イギリスは新たな貿易港の開港と自由貿易とを求め，1792年に清朝に使節を派遣した。派遣されて皇帝に謁見したのは誰か。

問3 アヘン戦争の背景として，中国のある嗜好品を輸入するために，イギリスから大量の貴金属が中国に流入していたが，イギリスはこの貴金属に代えてインド産のアヘンを中国に密輸出することにしたため，逆に中国からこの貴金属が流出することになり，中国社会が疲弊したことが指摘されている。イギリスが輸入した中国産の嗜好品は何か。また，流入・流出が問題となった貴金属は何か。

問4 清朝は厳しいアヘン取締りを実施することに決したが，その厳格な実施は結局

アヘン戦争を引き起こす結果となった。皇帝の特命を受けて広州に派遣され，厳しいアヘン取締りをすることでアヘン戦争を誘引することになった官僚は誰か。

問5 このアヘン戦争の結果として締結された一連の条約で定められた内容として，以下の（**イ**）～（**ニ**）のうち，正しくないものを選びなさい。

（**イ**）　外国公使の北京駐在　　　　（**ロ**）　協定関税制

（**ハ**）　片務的最恵国待遇　　　　　（**ニ**）　領事裁判権

問6 アヘン戦争の結果，5つの港が開かれた。そのうち日明貿易など，かつて日本との貿易でも栄えた浙江省の港はどこか，地名を記し，その位置を地図の**イ**～**ヌ**から選びなさい。

問7 下線部②について，イギリスの植民地香港は，この演説にあるように，段階的に形成された。第2段階として，九竜半島南部が割譲されるきっかけとなった戦争は何か。

問8 下線部②「新界」が租借された同じ年にイギリスは，ロシアが遼東半島南部を租借したのに対抗して，別にもう一箇所を租借している。それはどこか，地名を記し，その位置を地図の**イ**～**ヌ**から選びなさい。

問9 下線部②「新界」が租借された年には，日本の明治維新にならって立憲君主制を志向する改革運動が知識人の間に起こったが，すぐに挫折した。この改革運動は何と呼ばれるか。

問10 その知識人の改革運動と同じ頃，外国勢力を排斥する民衆運動が山東で起こり，清朝政府はこれに乗じて列強に宣戦した。これに対しイギリスは南アフリカでの軍事行動のために兵力を割けず，多くの兵力を派遣した日本の存在感が増すこととなった。イギリスが南アフリカで戦っていたオランダ移民の子孫は何と呼ばれるか。

問11 演説では，香港返還は共産党の指導によって実現したという歴史観が語られているが，その中国共産党について，以下の（**イ**）～（**ニ**）のうち，正しいものを選びなさい。

（**イ**）　この党は専制王朝体制を批判する勢力によって結成され，辛亥革命を引き起こした。

（**ロ**）　この党は五四運動にみられるような，伝統文化批判と反帝国主義の高まりのなかで，新世代の知識人が参加して結成された。

（**ハ**）　この党は結成当初から毛沢東の指導の下，ソ連共産党の影響を排除して運動を進めた。

（**ニ**）　この党はコミンテルンの指導に従い，日中戦争の間も含めて一貫して中国国民党と敵対し続け，都市労働者を基盤にして社会主義政権を樹立した。

問12 下線部③について，改革開放は，10年に及ぶ中国の混乱がおさまった後，その混乱からの回復をはかるために前世紀の70年代末，すなわち1970年代末にうちだされた政策である。その混乱は何と呼ばれるか。

問13 下線部④について，中国とイギリスの間の香港返還をめぐる交渉は，1984年中

英共同声明で決着した。そのときのイギリス首相で新自由主義的政策を指導したのは誰か。

問14 下線部⑤について，香港返還は「祖国の完全な統一のための重要な一歩」であって，それだけでは「祖国の完全な統一」は実現していないというのが中国の立場である。では，「祖国の完全な統一」とは，どこが復帰することで完成すると中国は考えているのか。

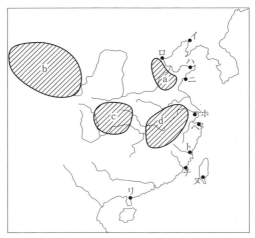

(東京女子大〈現代教養〉)

2 ⸢ 朝鮮史（古代〜19世紀末） ⸥

　朝鮮半島に成立した国々はその地理的条件により，中国や日本から政治的・軍事的圧力を受け，またそれを跳ね返す歴史を展開してきた。紀元前2世紀末には前漢が半島北部に侵攻し，　⎡ ⑦ ⎤　など4郡を設置した。一方で4郡を通じて中国の文物が流入し，(a)後に国家を形成する土着民にさまざまな影響を与えた。

　中国に隋と唐という統一王朝が成立したことは，(b)半島情勢に大きな変化をもたらし，半島北部から中国東北地方にかけて(c)渤海が成立する契機にもなった。唐が滅亡すると東アジア各地でも政権の交替がみられ，半島では新羅に替わって高麗が成立し，都を　⎡ ④ ⎤　に定めた。

　(d)高麗は文治主義による統治体制を整備して独自の社会・文化を発展させた。対外面では10世紀末から11世紀前半にかけて(e)遼の侵略を受け，都が灰燼に帰すという被害を被った。さらにモンゴル族の勃興という東アジアの変動に巻き込まれ，13世紀になると(f)その侵略を受けて降服した。元末には，(g)中国本土で白蓮教徒を中心とした反乱が起こり，反乱軍の一部が鴨緑江を越えて都にまで侵入するという事態を招いた。加えて南部沿海地域では倭寇の侵犯が激しくなり，その討伐で頭角を現したのが朝鮮

の建国者 [（ウ）] であった。

　朝鮮の前半期は明に朝貢し国内も比較的穏やかな状態が続いた。しかし16世紀後半，北方で満州族が興起し，南から日本の侵略を被った。満州族が後金を建て清に発展すると，朝鮮は明と後金・清との間で難しい立場に置かれ，17世紀前半に後金と清の侵略を受けてその藩属国となった。その後は清や日本とおおむね安定した関係を保ち，(h)特色ある政治・社会状況がみられた。19世紀後半になると，宗主国として朝鮮との関係を維持しようとする清と，朝鮮に対する清の影響力を排除しようとする日本が対立した。こうした国際環境が(i)朝鮮国内の政治・社会状況にも影響を及ぼすことになった。結局，日清両国の対立は解消されず戦争に至るのである。

問1　空欄(ア)に入る語句として最も適切なものを一つ選びなさい。
　　A．交趾郡　　　**B**．帯方郡　　　**C**．日南郡　　　**D**．楽浪郡
問2　下線部(a)に関連して，半島における国家形成の説明として最も適切なものを一つ選びなさい。
　　A．半島中部から高句麗が興った。
　　B．半島南部中央は加羅あるいは加耶と呼ばれ小国が分立した。
　　C．半島南西部の馬韓と呼ばれた地域から新羅が興った。
　　D．半島南東部の辰韓と呼ばれた地域から百済が興った。
問3　下線部(b)の説明として**誤りを含むもの**を一つ選びなさい。
　　A．高句麗は隋の侵略軍を撃退した。
　　B．新羅は唐と連合して百済を滅ぼした。
　　C．新羅は単独で高句麗を滅ぼした。
　　D．百済復興を活指す日本は新羅・唐連合軍と白村江で戦った。
問4　下線部(c)の説明として**誤りを含むもの**を一つ選びなさい。
　　A．北宋に滅ぼされた。
　　B．主に高句麗の遺民と靺鞨族によって構成されていた。
　　C．長安に倣って都の上京竜泉府が建設された。
　　D．大祚栄によって建国された。
問5　空欄(イ)に入る都市の場所を右の地図から一つ選びなさい。
問6　下線部(d)の説明として**誤りを含むもの**を一つ選びなさい。
　　A．青花と呼ばれる白磁が生産された。
　　B．モンゴル軍撃退を祈願して『大蔵経』が板刻された。
　　C．世界最初の金属活字が作られた。

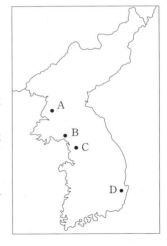

D．仏教が国家の保護を受けて隆盛した。

問7　下線部(e)の説明として**誤りを含むもの**を一つ選びなさい。

A．支配下の多民族を部族制と州県制という異なる体制で統治した。

B．北宋と澶淵の盟を結んだ。

C．耶律大石によって建国された。

D．後晋の建国を援助した代償に燕雲十六州を獲得した。

問8　下線部(f)に関連して，モンゴル・元のアジア各地に対する侵略の説明として最も適切なものを一つ選びなさい。

A．南詔を滅ぼした。　　　　　　　**B．**マジャパヒト王国を滅ぼした。

C．タウングー朝を滅ぼした。　　　**D．**陳朝に侵攻したが撃退された。

問9　下線部(g)は何を指すか，最も適切なものを一つ選びなさい。

A．紅巾の乱　　　**B．**黄巣の乱　　　**C．**赤眉の乱　　　**D．**黄巾の乱

問10　空欄(ウ)に入る人名として最も適切なものを一つ選びなさい。

A．李元昊　　　**B．**李成桂　　　**C．**李世民　　　**D．**李自成

問11　下線部(h)の説明として**誤りを含むもの**を一つ選びなさい。

A．徳川将軍の代替わりごとに通信使を派遣した。

B．明滅亡後，朝鮮が唯一の中国文化の継承者であるとする意識が形成された。

C．朱子学の学派と政治の派閥が結びついた権力闘争が激しくなった。

D．郷紳と呼ばれた支配階層が官僚の大部分を占めた。

問12　下線部(i)の説明として最も適切なものを一つ選びなさい。

A．大院君は清の勧告を受けて開国政策を推進した。

B．キリスト教の教義を取り入れた東学が浸透した。

C．甲申政変後，日清両軍の撤退などを定めた天津条約が締結された。

D．全琫準ら急進改革派が日本に接近してクーデタを決行した。

（明治大〈文〉）

3 東南アジア史（古代〜20世紀初め）

　東南アジアの歴史は，インドや中国との海上交流を中心に説明されることが多い。1世紀にメコン川沿いに建国された扶南の地では，インドの神像やローマ貨幣などが発見され，6世紀にその地を統治したカンボジアでも，ヒンドゥー教の影響を受けた文化が展開した。また11世紀にイラワディ川流域に成立したパガン朝では，ドヴァーラヴァティーを建てた　(ア)　人の信仰に影響を受け，(a)上座部仏教が流行した。これらの状況は，インドからの影響の大きさを物語っている。

　一方，唐が繁栄すると，東南アジア諸国が中国へ朝貢貿易に出向くようになるとともに，西アジア出身の(b)ムスリム商人が中国に居留し交易に従事した。しかし，唐末の農民反乱によって(c)広州が大きな被害を受けたため，ムスリム商人の多くは中国を

去った。そのような状況は，中国の商人が東南アジアに向かう一因となった。

　その後，イスラームの流入とモンゴルの海上進出が，東南アジア国家の再編に大きな役割を果たすこととなる。イスラームが東南アジアに広がる足がかりとなったのは，交通の要衝に位置したマラッカであった。古来続くムスリム商人の活躍とともに，イスラーム神秘主義者ともよばれる □(イ) の教団活動も，島しょ部のイスラーム化を促した。また，モンゴルは(d)それまでに発達してきた海上交易をさらに盛んにしようと貿易の保護に努めたため，東南アジアの港市はますます発展した。

　16世紀以降，ヨーロッパ勢力が東南アジアへ進出するようになると，イスラーム商人の活動の拠点はマラッカからアチェ・マタラムなどへ移った。のちに，マタラム王国が成立したジャワ島は，(e)東南アジアイスラーム社会の一大中心となっていった。マニラに本拠地を置いたスペインは，(f)メキシコからフィリピンへの太平洋航路を開いた。ラテンアメリカでの銀山開発の結果，メキシコ銀がアジアに流れ込むこととなる。(g)オランダが東南アジア貿易の主役となって以降も，スペインが保持したマニラは中国やラテンアメリカとの中継拠点となっていった。

　一方，大陸部では沿海都市における交易と並び，内陸での農業も王朝の基盤となっていた。インド・ヨーロッパからの技術移転や(h)華僑の移住を背景として，段階的に農業生産が増していき，それが特産物交易の進展につながった。17世紀，清の支配領域の拡大にともない，大陸部諸国の多くがその朝貢国となる中で，ベトナムは(i)キリスト教の布教を巡ってフランスの軍事介入を受け，やがてその保護国となった。他方，(j)タイは清の朝貢国で唯一，植民地化を回避した。

問1　空欄(ア)，(イ)に入る最も適切な語句を答えなさい。

問2　下線部(a)について，**誤りを含む記述**を一つ選びなさい。
　A．スリランカから東南アジアに伝わった。
　B．竜樹(ナーガールジュナ)によって理論化された。
　C．大乗仏教側から小乗仏教と呼ばれた。
　D．戒律の遵守を重視した。

問3　下線部(b)に関連して，唐代に南海交易の窓口の一つとなり，カンツーと呼ばれた都市はどこか。

問4　下線部(c)について，最も適切な記述を一つ選びなさい。
　A．隋代に初めて市舶司が設置された。
　B．明代にポルトガル人の永住が許された。
　C．康熙帝によりヨーロッパ船の来港がこの港に限定された。
　D．孫文の死後，国民政府が置かれた。

問5　下線部(d)に関連して，マムルーク朝の保護を受けてこの交易で活躍したムスリム商人を何というか。

問6　下線部(e)に関連してインドネシアではイスラームの信仰や教育が反植民地主義

的国民意識を高めた。20世紀初頭にインドネシアの民族運動を進めた団体を一つあげなさい。

問7 下線部(f)について(1)その航路で用いられた大型帆船を何というか。また，(2)ラテンアメリカ側の主な港はどこか。

問8 下線部(g)に関連して，海域アジアにおいてオランダが関わった出来事を古い順に並べなさい。

　A．台湾統治の開始

　B．コーヒーの強制栽培制度の導入

　C．マタラム王国の消滅

　D．東インド会社の設立

問9 下線部(h)に関連して，東南アジアにおける華僑(華人)の説明として**誤りを含む**ものを一つ選びなさい。

　A．アヘン戦争後，苦力(クーリー)と呼ばれる男性労働者が増加した。

　B．シンガポールは，華僑を中心にマレーシアから分離独立した。

　C．華北・東北からの移民が大半を占めた。

　D．清末の革命運動を支援するものが多かった。

問10 下線部(i)について，フランス軍への抵抗戦争で活躍した中国人部隊は何と呼ばれるか。

問11 下線部(j)に関連して，18世紀末に創始された現代につながるタイの王朝は何か。

（明治大〈文〉）

4 ベトナム史（ドンソン文化〜ドイモイ）

次の文章を読み，下線部(1)〜(15)について下記の〔**設問**〕に答えなさい。

　古来，ベトナムは，中国の文化的・政治的影響を強く受けてきた。(1)前1000年紀後半，ベトナム北部には，中国の青銅器文化の影響を受けたドンソン文化が生まれ，その後国家形成の胎動が見られたものの，前3世紀以降は，秦・南越・漢などに支配された。前2世紀末，漢の武帝は，ベトナムの北部に交趾郡，中部に(2)日南郡を置いて，南海交易の拠点にした。紀元前後，海の道を通じて東西交易が始まると，東南アジアは中継地の役割も担い，インド洋との交易も盛んになって，貿易ルート上の沿岸地に港町などが作られるようになった。中国を目指すインド系・ペルシア系の商人も来航するようになり，(3)2世紀半ばには，大秦王安敦の使者を名のる者が日南郡を訪れた。

　前漢時代以来，北部ベトナムは中国に服属していたが，10世紀になると中国からの自立性を強め，11世紀初頭には紅河デルタを中心とした地域に李朝が成立した。続く，(4)陳朝の時代には，3度にわたる元軍の侵攻を退ける一方で，中部の沿岸地域への勢力拡大を試みた。国内的には，李朝期に中国から導入した科挙制度が，陳朝期にはほ

ぼ定着し，地方行政組織も整えられた。(5)15世紀初頭，ベトナムは一時的に明に併合されるが，黎朝が独立を回復した。黎朝は，儒教や官僚制を積極的に受け入れ，中国に倣った国家の建設を進めると同時に，南進政策をとって中部から南部にまで勢力を広げようとした。16世紀に内乱が発生すると，17世紀に黎朝の支配は名目化し，実質的に南北に分裂した。(6)中部を支配していた阮氏は，隣国のカンボジアを圧迫し，南部のメコンデルタにまで勢力を伸ばした。18世紀後半に西山（たいそん）の乱を契機として農民反乱が全土に広がり，西山政権が南北統一を果たしたが，(7)阮氏の子孫である阮福暎が，フランス人宣教師などからの支援を受けて全国統一を成し遂げ，1802年に阮朝を建国した。

　19世紀初頭の東南アジア大陸部には英仏が進出し，(8)19世紀後半以降，シャム（タイ）を除く東南アジアのほぼ全域は欧米諸国による植民地統治下に入ることになった。ベトナムは，フランスによる軍事介入の結果を経て，1887年にフランス領インドシナ連邦に組み込まれた。(9)フランス植民地支配下のベトナムでは，1900年前後からナショナリズムが芽生え，知識人が中心となって自立を求める意識が高まっていった。1920年代には，独立を目指す民族運動が広がり，1925年にホー＝チ＝ミンらが広州でベトナム青年革命同志会を組織し，1930年にはベトナム共産党を結成した。直後に，(10)ある国際組織の指導によって，同党はインドシナ共産党と改称され，ベトナムの独立運動を担う主体となった。

　1930年代初頭に中国大陸に進出した日本は，軍事衝突を繰り返し，1937年8月には全面戦争に突入していった。日中戦争が泥沼化していく中で，日本は石油資源等を求めて東南アジアへの進出を企てた。(11)1940年にフランス領インドシナ北部，1941年にはフランス領インドシナ南部に進駐し，さらに1942年5月までにフィリピン，シンガポール，ジャワ・スマトラなどに侵攻して，東南アジア全域をほぼ占領した。第二次世界大戦の間に植民地本国の支配力が弱まりだすと，東南アジア各地で民族主義運動が高揚し始め，日本がポツダム宣言を受諾して1945年8月に敗戦した後，(12)同月にインドネシア共和国独立宣言，翌月にベトナム民主共和国独立宣言がなされるなど，各国は独立に向けて動き出すことになった。

　宗主国であるフランスは，ホー＝チ＝ミンによるベトナム民主共和国の独立宣言を認めず，1946年にフランスとベトナムの間にインドシナ戦争が勃発した。戦争は長引き，その間フランスは阮朝最後の皇帝バオダイを元首とする傀儡国家であるベトナム国を建て，ホー＝チ＝ミンのベトナム民主共和国に対抗させるなど，インドシナ地域からの撤退を容易に進めなかった。ホー＝チ＝ミンは当初劣勢に立たされていたが，(13)1954年5月の戦いでフランスに大勝し，戦争の終結にこぎつけた。1954年7月にフランスは，ジュネーブ休戦協定を締結してインドシナから撤退した。

　ジュネーブ休戦協定では，北緯17度線を北のベトナム民主共和国と南のベトナム国の暫定的な軍事境界線と定め，二年後に南北統一選挙が実施される予定となった。しかし，アメリカは休戦協定に調印せず，東南アジアの共産主義化を恐れ，1955年に

ゴ＝ディン＝ジエムによるベトナム共和国の樹立を後押しした。こうして，ベトナムは分断国家としての道を歩むことになり，新たにアメリカがベトナムに関与することになった。1960年に南ベトナムの解放を目指す南ベトナム解放民族戦線が結成されると，アメリカは，ベトナムへの介入を強め，(14)1965年には北ベトナムに爆撃（北爆）を開始した。ベトナム戦争は長期化し，最終的に1975年4月まで続いた。1976年に正式に南北が統一されてベトナム社会主義共和国が誕生したが，しかし，社会主義路線による国家建設は難航した。ベトナム政府は，(15)1986年から，対外開放政策を採用し，経済の活性化に努めた。

〔設問〕

(1) ドンソン文化を代表する青銅器で，祭器や支配者のシンボルとして使用されたものを何というか。漢字で答えなさい。

(2) 2世紀末に日南郡から独立したチャム人の国から，8世紀に日本の東大寺大仏開眼供養に僧侶が参加した。このチャム人の国を何というか。漢字で答えなさい。

(3) 大秦王安敦とはローマ皇帝の誰とされているか。

(4) 陳朝時代に，漢字を改造して発明された文字を何というか。漢字で答えなさい。

(5) ベトナムに出兵した明の皇帝の名は何というか。漢字で答えなさい。

(6) 阮氏はベトナム中部のフエに都を置き，日本の朱印船とも通商し，近隣には日本人町が存在した。当時日本人町があり，現在世界遺産に登録されている町の名を何というか。カタカナで答えなさい。

(7) 阮福暎を個人的に支援し，フランスから義勇兵を連れてきた宣教師の名を何というか。

(8) チュラロンコン（ラーマ5世）は，ヨーロッパ諸国による植民地支配からシャム（タイ）の独立を維持し，近代化を推進した。この近代化政策を何というか。カタカナで答えなさい。

(9) 日露戦争の勝利に触発されたファン＝ボイ＝チャウらによって提唱された日本への留学を奨励する運動は何か。カタカナで答えなさい。

(10) この国際組織を何というか。

(11) 日本のフランス領インドシナ進出時に，ベトナムの独立を目指して結成された民族統一戦線を何というか。

(12) インドネシア共和国の初代大統領スカルノは，インドネシア独立運動の指導者であったが，彼が中心となって1927年に結成した政党を何というか。

(13) 1954年5月に，フランスが大敗したベトナム北部の場所はどこか。

(14) 1965年に北ベトナムへの爆撃を開始したアメリカ合衆国大統領の名を何というか。

(15) この経済開放政策を何というか。カタカナで答えなさい。

（中央大〈文〉）

5 イラン史（7世紀〜20世紀）

　2019年はイラン・イスラーム革命40周年である。イスラーム勃興以降のイラン史について述べた次の文章を読み，問1，問2の設問に答えなさい。

　1979年，イラン革命が勃発し，〔　1　〕朝が崩壊して，アーヤトッラー・ホメイニを指導者とするイラン＝イスラーム共和国が成立した。

　イランはペルシア帝国以来，長い歴史をもつ国家である。7世紀にイスラームが勃興して，正統カリフ時代にササン朝ペルシアだった領域はイスラーム化された。ウマイヤ朝期に入ると，イラン人など異民族出身で(A)イスラームに改宗した非アラブ人が，アラブ人と同様の地位や権利が認められずに不満を募らせた。そのため，続くアッバース朝はアラブ人の特権を廃して，官僚・行政機構にイラン人なども登用した。

　アッバース朝カリフは9世紀頃から(B)騎馬と弓矢に秀でたトルコ系奴隷軍人を少年のうちから大量に購入し，親衛隊を編成した。奴隷軍人はイスラームに改宗して奴隷身分から解放され，有能な者は司令官や総督に抜擢された。

　9世紀後半になると，イラン系ムスリムがアム川の南に〔　2　〕朝を樹立した。〔　2　〕朝はアッバース朝カリフを表面的に認めたが，実質的には独立王朝となった。10世紀前半，北西イランで台頭したシーア派のイラン系の〔　3　〕朝君主はバグダードに入城し，アッバース朝カリフを存続させたまま，大アミールに任じられ，奴隷軍人の力を背景に政治の実権を握った。この時期，イスラーム世界東部では金銀が不足し，流通する貨幣が少なくなっていた。そのため，(C)それまで軍人に支払われてきた俸給の代わりに，一定の徴税権を与え，土地の管理を任せた。

　シル川下流域でスンナ派を受容したトルコ系の人々は11世紀前半，イラン北東部のホラーサーン地方に入って(D)セルジューク朝を興した。創設者である〔　4　〕はバグダードに入城し，アッバース朝カリフから初めてスルタンの称号を認められた。この王朝はイラン系官僚を登用し，宮廷ではペルシア語を用いた。

　13世紀中頃，モンゴルのフラグはアッバース朝を滅ぼし，イランに〔　5　〕国を建てた。そのため，カリフ制は一時的に途絶えた。同国第7代君主はイスラームを国教とし，自らも改宗した。その後，(E)トルコ系軍人でチンギス＝ハンの後継者と称した人物が14世紀後半，大帝国を建設した。この人物はアンカラの戦いでオスマン朝を破った。

　16世紀初頭，シーア派系神秘主義の〔　6　〕教団の教主イスマーイール1世がタブリーズを都に〔　6　〕朝を樹立した。同国王はイランの伝統的な王の称号シャーを用い，シーア派の中の〔　7　〕派を国教に採用した。第5代のアッバース1世は新都イスファハーンを造営し，「イスファハーンは世界の半分」といわれるほどの国際商業都市に発展させた。

　18世紀末にテヘランを首都とする〔　8　〕朝が成立したが，19世紀に入ると英露の

対立に巻き込まれた。ロシアはコーカサス地方の領有を求めて南下し，イランは1828年に(F)トルコマンチャーイ条約を結んでアルメニア東部をロシアに割譲した。

19世紀末，イラン政府がタバコの専売権をイギリス人に売却するとウラマーや商人層を中心にタバコ＝ボイコット運動が広がった。さらに，(G)ヨーロッパで学んだ官僚たちが改革を推進し，王朝の専制支配に対する批判が高まり，その結果，1906年には国民議会が開かれ，憲法が制定された。しかし，英露の干渉によって議会は解散，憲法も廃止された。第一次世界大戦中に起こったロシア革命の後，イランはイギリスの支配下に置かれた。

レザー＝ハーンが1925年，〔 8 〕朝を倒して〔 1 〕朝を開き，正式に国名をペルシアからイランに改めた。1951年，〔 9 〕首相が石油国有化を宣言した。しかし，アメリカの介入でシャーを支持するクーデタが発生し，石油国有化は挫折した。その後，(H)イランは親米政策を強め，上からの近代化を行った。シャーの強引な西欧化政策がイラン革命を引き起こしたのである。

問1　文章中の〔 1 〕～〔 9 〕に入れる最も適切な語句を下記の語群の中から選びなさい。なお，〔　　〕内の数字が同一の場合，同じ語句が入るものとする。

a．イル＝ハン
b．ウルグ＝ベク
c．カージャール
d．ガザン＝ハン
e．ガズナ
f．カラ＝ハン
g．キプチャク＝ハン
h．ゴール
i．サーマーン
j．サファヴィー
k．十二イマーム
l．スンナ
m．チャガタイ＝ハン
n．トゥグリル＝ベク
o．ハイドゥ
p．パフレヴィー
q．ファーティマ
r．ブワイフ
s．ムラービト
t．ムワッヒド
u．モサデグ
v．ワッハーブ

問2　文章中の下線部(A)～(H)に関する次の問いに答えなさい。
(A)　このような人びとを何と呼ぶか，答えなさい。
(B)　この奴隷軍人を何と呼ぶか，答えなさい。
(C)　この制度を何と呼ぶか，答えなさい。
(D)　この王朝に登用されて太陽暦を編み，『ルバイヤート(四行詩集)』を著した人物の名前を答えなさい。
(E)　この人物の名前を答えなさい。
(F)　この条約は日米修好通商条約と同じように不平等条約として知られているが，不平等な点を二つ答えなさい。
(G)　この事件を何と呼ぶか，答えなさい。
(H)　このような事態は何と呼ばれているか，答えなさい。

（日本女子大〈文〉）

6 エジプト史（前4世紀～20世紀）

マケドニア王 ⬜1⬜ 2世の息子，アレクサンドロス大王の名を冠して建設された (A)この街は，ナイル河口デルタという交通の要衝に位置し，以後長らく，政治や経済や文化の一大中心地として機能した。

紀元前1世紀，この街を都とした ⬜2⬜ 朝がローマに滅ぼされた後，エジプトはその属州となるが，この街は繁栄を保持した。キリスト教の公認後，この街に置かれた総主教座は，ローマやコンスタンティノープルに比肩する高い権威を有した。しかし，紀元後451年の ⬜3⬜ 公会議でいわゆる単性論が異端とされると，これを奉じていたエジプトのキリスト教徒の多くは，独自の ⬜4⬜ 教会を形成していく。

7世紀にイスラームが成立すると，この街もやがてムスリム支配の下に入り，以後，エジプトの支配者はシーア派のファーティマ朝からスンナ派の (B)アイユーブ朝，そして(C)マムルーク朝へと移り変わる。この間， ⬜4⬜ 教会の信徒の中からも，徐々にイスラームに改宗する者が増えていった。16世紀に ⬜5⬜ 1世の親征の結果，オスマン支配下に編入されたエジプトは交易網の要衝として繁栄し，その一大拠点だったこの街には，少なからぬ(D)ヨーロッパ商人が交易のために来訪した。

19世紀に入ると，エジプトでは，世襲による支配権を得た ⬜6⬜ 朝が自治的な内政を行なうようになった。近代化が進む中，イギリスの綿織物工業向けの綿花栽培が拡大し，1869年に ⬜7⬜ 運河が開通するとこの街は一層隆盛し，交易に従事するギリシア系やイタリア系の商人が富を蓄えた。これに対し，やがて国際競争力を欠くエジプト綿花の価格が下落すると，困窮したムスリムの農民や労働者の不満は高まる。それを背景として1881年に ⬜8⬜ の反乱が起きると，翌82年にはイギリスがこれを鎮圧し，以後エジプトを占領下に置いた。

第一次世界大戦後，エジプトは， ⬜6⬜ 朝の下で1922年に王国として独立する。しかしイギリスは，1936年のエジプトとの条約締結後も ⬜7⬜ 運河の経営権を保持し続け，軍の駐屯権も保持した。第二次世界大戦を経て，1952年に自由将校団が主導して生じた革命の結果，翌年にエジプトは共和国となる。以後， ⬜7⬜ 運河の国有化に代表されるように，外国資本の排除が進められた。

問1 空欄 ⬜1⬜ ～ ⬜8⬜ に最も適当と思われる語を入れなさい。
問2 下線部(A)の名称を答えなさい。
問3 下線部(B)の創始者の名前を答えなさい。
問4 下線部(C)について，マムルークとは何か，説明しなさい。
問5 下線部(D)がオスマン領で享受した通商上の諸特権を総称して一般に何と呼ぶか，答えなさい。

（津田塾大〈英文〉）

次の文章を読んで後の**問**（1〜12）に答えなさい。解答は選択肢（**a〜d**）から1つ選びなさい。

　(A)南アフリカの歴史は，アフリカ大陸においても特殊な道程をたどった。17世紀からオランダ（　ア　）が西部のケープを植民地とし，次いで19世紀にはいるとイギリスが同地に進出し，（　イ　）人と呼ばれるオランダ系とイギリスの間で南アフリカ争奪戦が展開された。1902年に3年に及んだ(B)南アフリカ戦争がイギリスの勝利により終焉し，イギリスの南アフリカ支配が成立した。イギリスは，（　ウ　）と自称するようになった（　イ　）人の植民地政治への参画を許容し，異なる出自の白人による南アフリカ支配が開始された。人口の約7割を超える黒人をはじめ，（　エ　）系，カラードなど非白人に対する白人による支配は，19世紀から実施されていたが，第二次世界大戦後に（　ウ　）を支持母体とする（　オ　）政権成立後に支配は強化された。1948年に成立した（　オ　）政権下でアパルトヘイト諸法の整備が急速に進展した。(C)アパルトヘイト政策の下では人種差別を合法化するために，全住民を人種ごとに登録する人口登録法，人種別に居住する地域，不動産所有や営業の諸権利も制限する集団地域法など多数の法律が制定された。アパルトヘイト下では白人以外のすべての人々が人種カテゴリーに沿って政治，経済，社会のあらゆる側面において隔離の対象とされた。

　アパルトヘイトの強化に反対して，（　カ　）やその他の多くの組織が反アパルトヘイト運動を展開した。(D)1960年にパス反対を唱える非暴力デモに対して，政府が武力で制圧を行った結果，69名の死者を生んだ。同事件はシャープビル事件として世界中に報道された。（　キ　）は同事件を受けて非難決議を行い，1962年には反アパルトヘイト特別委員会を創設した。シャープビル事件を契機に，（　オ　）政権は反アパルトヘイト運動を展開する諸組織を非合法化したため，反アパルトヘイト運動の一部は武装闘争に転じ，アパルトヘイトを推進する白人政権と激しい戦いを各地で展開した。

　国際社会においても反アパルトヘイト運動が展開され，経済制裁や度重なる（　キ　）の非難決議も実施された。国際社会の圧力も受けてアパルトヘイトを推進する白人政権は，1980年代半ばから徐々に歩み寄りをはじめた。その後，アパルトヘイト諸法の廃止や（　ク　）をはじめとした反アパルトヘイト運動の指導者たちの解放が相次ぎ，人種を越えた政治対話がすすめられた。1994年には南アフリカ初の全人種参加の国政選挙が実施され，（　ク　）が初の黒人大統領に就任し，（　カ　）が第一党，（　オ　）が第二党となった。

問1　空欄（ア〜ク）に入れるのにもっとも適切なものはどれか。
（**ア**）　**a**．東アフリカ会社　　　**b**．西インド会社　　　**c**．東インド会社
　　　　　d．南アフリカ会社

（イ）　**a**．コイサン　　　**b**．ブール　　　　**c**．ユダヤ　　　**d**．ツワナ
（ウ）　**a**．ズールー　　　**b**．アフリカーナー　　　**c**．ンデベレ
　　　　d．コーサ
（エ）　**a**．ブラジル　　　**b**．インド　　　**c**．ベトナム　　　**d**．中国
（オ）　**a**．国民党　　　**b**．保守党　　　**c**．自由党　　　**d**．南アフリカ党
（カ）　**a**．インカタ自由党　　　**b**．民族の槍　　　**c**．アフリカ民族会議
　　　　d．統一民主戦線
（キ）　**a**．アフリカ統一機構　　　**b**．国際連盟　　　**c**．NATO
　　　　d．国際連合
（ク）　**a**．エンクルマ　　　**b**．ルムンバ　　　**c**．ムガベ　　　**d**．マンデラ

問2　（ウ）が建国した国は，資源が発見されたことを契機にイギリスと対立を深め，
　　それが南アフリカ戦争に発展した。この戦争のきっかけとなった資源と産出地の組
　　み合わせとして正しいものはどれか。
　a．ダイヤモンド・ケープ植民地　　　**b**．ダイヤモンド・コンゴ自由国
　c．ウラン鉱・オレンジ自由国　　　**d**．金・トランスヴァール共和国

問3　（ク）は何年間投獄されていたか。
　a．12年　　　**b**．17年　　　**c**．22年　　　**d**．27年

問4　（ク）と共に1993年にノーベル平和賞を受賞し，（オ）に所属した南アフリカの政
　　治家は誰か。
　a．イアン゠スミス　　　**b**．デクラーク　　　**c**．ボータ
　d．ヘルツォーク

問5　下線部(A)について，1910年にイギリスの自治領となった際の同地の名称はどれ
　　か。
　a．ナミビア　　　**b**．南アフリカ連邦　　　**c**．南アフリカ共和国
　d．スワジランド

問6　イギリス植民地の中で最初の自治領となったのはどれか。
　a．インド　　　**b**．オーストラリア　　　**c**．ニュージーランド
　d．カナダ

問7 南アフリカにおけるイギリス植民地の首相であったセシル゠ローズの名前にちなんでつけられたローデシア植民地のうち北ローデシアは以下の現在のアフリカ地図のどこか。

　　　　a．① 　　　b．② 　　　c．③ 　　　d．④

問8 地図の⑤を1884〜85年から植民地支配した宗主国はどこか。
　a．ベルギー 　　　b．ドイツ 　　　c．フランス 　　　d．ポルトガル

問9 地図の⑥を植民地支配した宗主国はどこか。
　a．ベルギー 　　　b．ドイツ 　　　c．フランス 　　　d．ポルトガル

問10 下線部(B)について，南アフリカ戦争が始まった時のイギリスの植民地相は誰か。
　a．ディズレーリ 　　　b．ジョゼフ゠チェンバレン 　　　c．グラッドストン
　d．チャーチル

問11 下線部(C)のアパルトヘイトについて誤っている記述はどれか。
　a．アパルトヘイトは，アフリカーンス語で隔離を意味する。
　b．1948年以前に，黒人は指定された土地以外での土地取得を禁じられた。
　c．「インド独立の父」と呼ばれるガンディーは南アフリカでインド人労働者の権利
　　のために活動した。
　d．アパルトヘイト諸法が廃止されたのは1990年である。

問12 下線部(D)の1960年にアフリカ大陸で起こったことで誤っている記述はどれか。
　a．1960年には17カ国の独立が実現され，「アフリカの年」と呼ばれた。
　b．コンゴでは，独立直後から国軍による騒乱，カタンガ州の分離をめぐる政治対
　　立が露呈し，コンゴ動乱が生じた。
　c．フランス植民地であったアルジェリアが独立を果たした。
　d．イギリス植民地で同年に独立を果たしたのは2ヶ国である。

（上智大〈総合人間科学・外国語〉）

8 ポーランド史（10世紀〜20世紀末）

　以下の問題文の空欄　(1)　から　(8)　に入る最も適切な語句を語群の中から選びなさい。また，下線部に関する設問(ア)　(9)　，(ウ)および(エ)については最も適切な語句を語群の中から選び，(イ)と(オ)については最も適切な選択肢を選んで，それぞれの番号を答えなさい。

　現在のポーランドはヨーロッパ連合（EU）の一員であるが，この国が今日の姿をとるまでの道のりは決して平坦なものではなかった。その過程を見てみよう。

　ポーランド人を含む西スラヴ人は，ゲルマン人の移動後に東欧地域に西進してきたと考えられているが，(ア)ポーランドの名のもととなったポラニエ族は10世紀頃建国し，ローマ＝カトリックを受け入れた。この王朝は14世紀前半には　(1)　大王のもとで繁栄したが，1386年に女王ヤドヴィガが隣国のリトアニア大公ヤゲウォと結婚してリトアニア＝ポーランド王国となった。このヤゲウォ朝は，脅威であったドイツ騎士団をも撃退して15世紀にもっとも栄えた。(イ)16，17世紀のポーランドではシュラフタと呼ばれる貴族による選挙王政が行われていたが，対外的には近隣諸国との争いを繰り返した。

　18世紀，ポーランドは貴族の対立と列強の介入によって国力を減退させ，3度にわたってロシア・オーストリア・プロイセンに分割され，1795年に完全に消滅した。分割に抵抗して，国内では憲法制定などの近代化の試み，　(2)　率いる義勇軍の決起も見られたが，失敗に終わっている。ナポレオンが1807年に建てたワルシャワ大公国は祖国再興の期待を高めたが，1814年のウィーン会議によって成立したポーランド王国は事実上(ウ)ロシア帝国の支配下に入った。こうした中で19世紀のポーランドでは独立を求める反乱が頻発した。ポーランド人の強い民族意識は文化・学術面にも見ることができる。たとえばポーランド人作曲家　(3)　は民族音楽を用いてマズルカやポロネーズを作曲し，キュリー夫人は自分の発見した元素のひとつをポロニウムと名付けている。

　ポーランド国家の再建は，第一次世界大戦の参戦各国がポーランド人の軍事的協力を得ようと独立を支持した結果，1918年11月に実現した。しかしヴェルサイユ条約によって回復した国土は1772年の分割以前の状態には及ばず，特に海沿いの重要な都市　(4)　が国際連盟管理下の自由市となったことなどは国民には不満であったとされる。一方，現在のウクライナ西部にあたる地域では大戦中から紛争が起きていたが，ポーランドは1920年4月にこの地域に侵攻してポーランド＝ソヴィエト戦争を起こし，東方に領土を拡大した。この時にポーランド軍を率いたのが，1926年にクーデターで実権を掌握する　(5)　である。1920年代にはハンガリーでも　(6)　を摂政とする権威主義的な体制が成立した。

　ポーランドは第二次世界大戦の始まりの舞台ともなった。(エ)ナチス＝ドイツが1939年に独ソ不可侵条約を締結してポーランド侵攻を開始し，これを受けてイギリス・フ

ランスがドイツに宣戦したのである。戦後のポーランドはソ連に東部を割譲する代償にドイツ領の一部を獲得し，戦前の国境線が約200km西に移動した。しかしドイツ連邦共和国（西ドイツ）は長いこと新国境を認めず，この $\boxed{(7)}$ 線が認められたのは1970年の国交正常化条約によってであった。

　社会主義国としてのポーランドは，ソ連型の人民民主主義に基づき土地改革と計画経済による工業化を進めたが，1956年6月にはポズナニで生活改善と民主化を要求する民衆の暴動が起こり，軍や警察と衝突した。これに対して共産党は，失脚していた $\boxed{(8)}$ を第一書記として復権させることで国民の不満を抑えソ連の介入を防いだのだったが，この政権も一定の改革と自由化の後，1970年に崩壊した。

　1980年にはワレサを指導者とする自主管理労組「連帯」が設立され，「連帯」は1989年の選挙で圧勝して戦後初の非共産党政権となった。㋢同年，他の東欧諸国でも共産党政権が崩壊し，1991年のワルシャワ条約機構の解消を経て，東欧社会主義圏は消滅した。そしてその一員であったポーランドは，チェコ，スロヴァキア，ハンガリー，バルト三国などとともに2004年にEUへの参加を果たしたのである。

〔設問〕
（**ア**）　一方，東スラヴ人はこの頃ビザンツ帝国との結びつきを強めており， $\boxed{(9)}$ 川沿いの都市キエフを中心とする公国の君主ウラディミル1世は，10世紀に自らギリシア正教に改宗してこれを国教とした。

（**イ**）　この時期のポーランドと近隣諸国について，正しい記述を下から選びなさい。
　　［**01**］　16世紀末，ロシアではイヴァン4世が死去しミハイル゠ロマノフがロマノフ朝を開いたが，その後社会は混乱し，動乱時代と呼ばれた。
　　［**02**］　ポーランド人の天文学者コペルニクスは1543年に『天球回転論』を著し地動説を唱えたが，カトリック教会によって異端とされ，公開処刑された。
　　［**03**］　ポーランド国王ヤン3世は，1683年にウィーンを包囲したオスマン帝国軍を撃退するのに貢献した。
　　［**04**］　この時期スウェーデンはバルト海に進出し，1648年のウェストファリア条約でケーニヒスベルクを得てバルト帝国と呼ばれた。

（**ウ**）　ロシア帝国では19世紀から20世紀にかけて帝政批判の運動が拡大した。1905年には「血の日曜日事件」が起きたが，この時民衆のデモを率いた司祭は誰か。

（**エ**）　この年イタリアは，かねてより保護国としていたバルカン半島のある国に対して軍事行動を起こし，同君連合とした。ある国とはどこか。

（**オ**）　1980年代から1990年代の東欧諸国とソ連・ロシアについて，正しい記述を下から選びなさい。
　　［**01**］　ソ連では1990年に直接選挙によってゴルバチョフが初代ソ連大統領に選出され，彼は共産党書記長を辞して就任した。
　　［**02**］　1991年12月にソ連は崩壊し，各構成共和国は独立国として「独立国家共同体

（CIS）」を創った。しかし旧ソ連の構成共和国のうちバルト三国とグルジア（ジョージア）は一度もこれに加わっていない。

[03]　ソ連崩壊後，ロシア連邦では1993年に新憲法が成立したが，その制定過程でエリツィン大統領と議会の反対勢力とが対立し，エリツィン大統領は反対勢力の立てこもる最高会議ビルを戦車で砲撃させた。

[04]　バルカン半島ではユーゴスラヴィア解体の過程で数々の民族紛争が生じたが，NATO は時にこれらの紛争に介入し，コソヴォ紛争時の1999年には国連の決議に従ってセルビアを空爆した。

〔語群〕

01. アウシュヴィッツ　　　　02. アラリック
03. アルザス・ロレーヌ　　　04. アルバニア
05. イェルマーク　　　　　　06. ヴォルガ
07. エグバート　　　　　　　08. オーデル＝ナイセ
09. カジミェシュ　　　　　　10. カーゾン
11. カーダール　　　　　　　12. ガポン
13. キュリロス　　　　　　　14. ギリシア
15. クヌート　　　　　　　　16. クラクフ
17. クロアティア　　　　　　18. ケレンスキー
19. コシューシコ　　　　　　20. ゴムウカ
21. シコルスキ　　　　　　　22. ショパン
23. ステファン＝ドゥシャン　24. ステンカ＝ラージン
25. スメタナ　　　　　　　　26. ダンツィヒ
27. チャイコフスキー　　　　28. ドヴォルザーク
29. ドナウ　　　　　　　　　30. ドニエストル
31. ドニエプル　　　　　　　32. ドン
33. ナジ＝イムレ　　　　　　34. ハイドゥ
35. バルトーク　　　　　　　36. ピウスツキ
37. ビエルト　　　　　　　　38. プガチョフ
39. ブハーリン　　　　　　　40. ブルガリア
41. ブレスト＝リトフスク　　42. プレハーノフ
43. ベラ＝クン　　　　　　　44. ホルティ
45. ミツキェヴィチ　　　　　46. ムラヴィヨフ
47. モルダウ　　　　　　　　48. ヤルゼルスキ
49. ラインラント　　　　　　50. ラスプーチン
51. リスト　　　　　　　　　52. リューリク
53. ルーマニア　　　　　　　54. ルール
55. ワルシャワ

（慶應義塾大〈法〉　改）

9 中世〜現代のバルト海沿岸の国家と都市 ‖‖‖‖‖‖‖

バルト海沿岸の国家と都市について述べた以下の文章を読み，下線部(1)〜(10)に関する問いについて，**a**〜**d**の選択肢の中から答えを1つ選びなさい。また，波線部Aに関する問いに答えなさい。

　スラヴ人(1)，バルト人，フィン人などが居住していたバルト海A周辺の領域は，12世紀から13世紀にかけて，西欧世界との結びつきを強めていった。エルベ川以東に進出したドイツ人入植者がこの地のキリスト教化の担い手であった。こうした植民は交易を活発化させ，やがて都市への定住が進んだ。バルト海沿岸の諸都市や内陸都市は，いわゆるハンザ同盟(2)を形成して，政治・商業上の影響力を強めた。

　15，16世紀，ヨーロッパの強国となったポーランド＝リトアニア国家の拡大が進む中で，グダンスク(3)を含むプロイセンの西半分は併合(4)され（王領プロイセン），東プロイセンのアルブレヒトはプロイセン公としてポーランド国王の封臣となった。だが，ポーランド＝リトアニア国家は，ヤゲウォ朝断絶後，国力の低下をみた。

　プロイセン公とポーランド王の関係が解消され，1701年に成立したプロイセン王国(5)は，第1次ポーランド分割で，王領プロイセンを獲得した。さらに，第2次，第3次分割を経て，18世紀(6)末，ポーランド＝リトアニア国家は消滅した。ナポレオンの大陸支配(7)で国家復活を期待したがかなわず，再び独立国家となったのは第一次世界大戦(8)(9)後である。その後，第二次世界大戦を経て，旧ポーランド王領プロイセンはふたたびポーランドの領土となっている。一方，かつての東プロイセンの大半はロシア(10)となっている。

(1)　スラヴ人について，誤っている説明はどれか。
　a．スラヴ人のうち，ロシア人やセルビア人はギリシア正教を受容した。
　b．ロシアは，パン＝スラヴ主義を利用して，バルカンでの勢力拡大をはかった。
　c．キュリロスは，スラヴ語を表記するための文字を考案した。
　d．オーストリアは，スラヴ人の要求を受けて，アウスグライヒ（妥協）に同意した。
(2)　ハンザ同盟の都市でないのはどれか。
　a．アウクスブルク　　　　**b**．ケルン　　　　**c**．ブレーメン
　d．リューベック
(3)　グダンスクで，自主管理労組「連帯」が組織されたのはいつか。
　　　1956年ハンガリー事件→ **a** →1973年東西ドイツの国際連合加盟→ **b**
　　　→1985年ゴルバチョフのソ連書記長就任→ **c** →1993年マーストリヒト条約発効→ **d**
(4)　ヨーロッパ史における併合や征服について，誤っている説明はどれか。
　a．17世紀にクロムウェルは，アイルランドとスコットランドを征服した。

b．ロシア皇帝アレクサンドル1世は，クリミア半島を併合した。

c．ナチス゠ドイツは，民族統合を名目にオーストリアを併合した。

d．両大戦間期，イタリアはアルバニアを併合した。

(5) プロイセンの歴史について，正しい説明はどれか。

a．シュタインとハルデンベルクが農奴制を強化した。

b．ドイツ関税同盟の中心となった。

c．ユンカー出身のビスマルクが，議会の支持を得て軍備を拡張した。

d．オーストリアと結び，シュレスヴィヒ・ホルシュタインをめぐってスウェーデンと戦った。

(6) 18世紀の植民地をめぐる動きについて，正しい説明はどれか。

a．アメリカ合衆国が，米西戦争後，プエルトリコを併合した。

b．イギリスが，スペイン継承戦争の結果，北アメリカの領土を獲得した。

c．オランダは，アンボイナ事件を契機に，イギリス勢力をインドネシアからしめだした。

d．ヴィクトリア女王が，インド皇帝に即位した。

(7) ワルシャワ大公国を成立させた条約名とその締結地の地図上の位置の組合せとして正しいものはどれか。

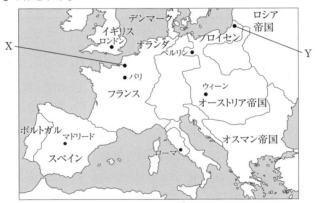

ナポレオン時代(1810－1812年)のヨーロッパ

a．アミアンの和約－X　　　**b**．ティルジット条約－X

c．ティルジット条約－Y　　**d**．アミアンの和約－Y

(8) 第一次世界大戦中の出来事について，古いほうから時代順にならべた場合，3番目にくるのはどれか。

a．ウィルソン大統領による14か条の平和原則の発表

b．キール軍港の水兵反乱

c．タンネンベルクの戦い

d．ブレスト゠リトフスク条約の締結

(9) 第一次世界大戦について述べた次の文①と②の正誤の組合せとして，正しいものはどれか。

① 英仏は，植民地の人々をヨーロッパの戦線に動員した。

② 日仏同盟を理由に，日本もドイツに宣戦した。

 a．①－正　②－正　　　　**b**．①－正　②－誤　　　**c**．①－誤　②－正

 d．①－誤　②－誤

(10) ロシアの歴史について，正しい説明はどれか。

 a．サン＝ステファノ条約で，ルーマニアを保護下に置いた。

 b．ニコライ1世が，日本に使節としてラクスマンを送った。

 c．ニコライ2世が，十月革命で退位した。

 d．ピョートル1世が北方戦争で，スウェーデンに勝利した。

設問A．　ア　，　イ　に当てはまる語を記せ。

　チャーチルは，1946年，「バルト海のシュテッチンからアドリア海の　ア　まで　イ　が降りている」とソ連を批判し，「冷戦」をさきどりする演説をおこなった。

〔早稲田大〈教育〉〕

10 シチリア史（前8世紀〜19世紀後半） |||||||||||||||||||||

　イタリア半島の南西に位置するシチリア島は，交通の要衝の地であり，また穀物の生産地でもあったため，古代からさまざまな民族の支配を受けてきた。先史時代には移住してきたシカノス人，シケロイ人が居住していたが，海上交易で活躍したフェニキア人が①クレタ文明，ミケーネ文明の衰退を機に，地中海貿易を独占するようになり，シチリアの西部に拠点を形成した。次いで，紀元前8〜前7世紀には，ギリシア人が本格的に地中海に進出して各地に植民市を形成したが，シチリア内では最大の植民市　A　を建設した。シチリアは，古代ギリシア文化の重要な一翼を担うようになり，②ペロポネソス戦争時にはポリス間の抗争に巻き込まれた。その後，ヘレニズム期に入ると，フェニキア人の植民市であるカルタゴが勢力を伸ばしてきたため，新興のローマとシチリアで武力衝突した。これがカルタゴとローマによる③ポエニ戦争の発端となった。最終的に，カルタゴはシチリアから追い払われて，シチリアはローマの最初の属州となり，長らくローマの支配下に入った。

　4世紀後半にゲルマン民族の本格的な移動が開始されると，シチリアはヴァンダル人，東ゴート人のあいつぐ侵入を受けた。しかし，6世紀後半に東ゴート王国が，④東ローマ帝国（ビザンツ帝国）のユスティニアヌス帝によって滅ぼされると，シチリアは東ローマ帝国の領土となり，軍管区制（テマ制度）がしかれた。次いで9世紀初めに，イスラーム勢力がシチリアにも押し寄せ，シチリアはイスラーム教徒が支配するシチリア首長国となった。11世紀になるとノルマン人がイタリア半島南部に侵入し，12世紀前半のルッジェーロ2世の時代に南イタリアとシチリア島をあわせた両シチリ

ア王国が建設された。この国は地中海の王国として，この時代の国際政治に大きな影響を与えたばかりではなく，ギリシア・ローマ・ビザンツ・イスラーム・ゲルマン文化が混交する独特な文化を発信する場となった。その後，12世紀末に，王国は⑤神聖ローマ帝国の皇帝位を継承したドイツの皇帝の支配下に入り，1266年からは⑥フランスのアンジュー家が引き継いだが，1282年の「シチリアの晩鐘」と呼ばれる事件の結果，　B　王国の支配するシチリア王国となった。その後，近世期に入ってからも，シチリアは諸権力の支配の交錯の場となって，スペイン・オーストリア・フランスの支配を次々と受けたが，⑦19世紀後半に，統一したイタリア王国に編入された。

設問1　下線部①に関連して，クレタ文明，ミケーネ文明について述べた次の1〜4の説明の中から，誤りを含むものを一つ選びなさい。

　1．クレタ文明はミノア文明とも呼ばれ，クノッソスの宮殿建築で知られる。

　2．クレタ文明は青銅器文明であり，イギリスの考古学者エヴァンズによって，遺跡の発掘がすすめられた。

　3．ミケーネ文明は，南下したギリシア系のアカイア人によってペロポネソス半島のミケーネを中心に紀元前1600年ごろ築かれた文明である。

　4．ミケーネ文明で使用された線文字Aは，イギリスのヴェントリスによって解読された。

設問2　下線部②に関連して，ペロポネソス戦争について述べた次の1〜4の説明の中から，誤りを含むものを一つ選びなさい。

　1．ペロポネソス戦争は，スパルタ中心のデロス同盟とアテネ中心のペロポネソス同盟の戦争となった。

　2．アテネではペリクレスが病死し，デマゴーゴスと呼ばれる扇動政治家が出現して，主戦論を唱えた。

　3．スパルタはペルシアの支援を受けて，アテネを降伏させた。

　4．歴史家トゥキディデスはペロポネソス戦争に将軍として従軍し，厳密な記述の史書とされる『歴史』を著した。

設問3　下線部③に関連して，古代ギリシア・ローマを代表する著名な学者の中に，ポエニ戦争中，殺された人物がいる。この人物は次の1〜4の誰か。あてはまる人物を一人選びなさい。

　1．アルキメデス　　　2．エラトステネス　　　3．ポリビオス

　4．プリニウス

設問4　下線部④に関連して，ユスティニアヌス帝について述べた次の1〜4の説明の中から，誤りを含むものを一つ選びなさい。

　1．ユスティニアヌス帝は，皇后テオドラと共に帝国の領土と権威の拡大に努め，北アフリカのヴァンダル王国も滅亡させた。

　2．ユスティニアヌス帝は，トリボニアヌスら法学者を集めて，『ローマ法大全』を

編纂させた。

3．ユスティニアヌス帝は，ハギア（セント）＝ソフィア聖堂を現在のイスタンブルに建立させた。

4．ユスティニアヌス帝は，貴族に軍役奉仕の代償として土地を与えるプロノイア制を実施した。

設問5　下線部⑤に関連して，11世紀から15世紀までの神聖ローマ帝国の皇帝が古いものから時代順に並んでいるものを次の**1**〜**4**の中から一つ選びなさい。

1．ハインリヒ4世　→　フリードリヒ1世（シュタウフェン朝）　→　カール4世　→　ジギスムント

2．フリードリヒ1世（シュタウフェン朝）　→　ハインリヒ4世　→　ジギスムント　→　カール4世

3．ジギスムント　→　カール4世　→　フリードリヒ1世（シュタウフェン朝）　→　ハインリヒ4世

4．カール4世　→　ハインリヒ4世　→　フリードリヒ1世（シュタウフェン朝）　→　ジギスムント

設問6　下線部⑥に関連して，フランスのアンジュー家はイギリスにも進出し王朝を創始したが，この王朝に関して述べた次の**1**〜**4**の説明の中から，誤りを含むものを一つ選びなさい。

1．フランスのアンジュー伯アンリは，国王ヘンリ2世としてプランタジネット朝を創始した。

2．国王ジョンは，貴族の諸権利を保障した大憲章（マグナ＝カルタ）を承認させられた。

3．国王エドワード1世は，1295年，シモン＝ド＝モンフォールに模範議会を招集させた。

4．国王エドワード3世は，フランスの王位継承権を主張して，百年戦争をおこした。

設問7　下線部⑦に関連して，イタリア王国の統一に至る歴史について述べた次の**1**〜**4**の説明の中から誤りを含むものを一つ選びなさい。

1．マッツィーニは1831年に亡命先のマルセイユで「青年イタリア」を組織し，革命運動を展開した。

2．トリノを首都とするサルデーニャ王国は，1848年に国王カルロ＝アルベルトの下で，憲法を制定した。

3．サルデーニャ国王ヴィットーリオ＝エマヌエーレ2世は，カヴールを首相に登用し，1859年の対オーストリア戦争に勝利した。

4．1861年にトリノで，ヴェネツィアと教皇領を含むイタリアの代表による国会が開かれ，イタリア王国の成立が宣言された。

設問8 　□A□　に入る最も適切な語を次の1～4の中から一つ選びなさい。
　　1．マッサリア　　　　2．シラクサ　　　　3．タレントゥム　　　　4．シドン
設問9 　□B□　に入る最も適切な語を次の1～4の中から一つ選びなさい。
　　1．ポルトガル　　　　2．カスティリャ　　　　3．ヴェネツィア
　　4．アラゴン

（早稲田大〈法〉）

11 ［オセアニア関連史（18世紀～1950年代）］

　オセアニアは，主に列強諸国との関係において世界史上に位置づけられてきた。まずは，探検家たちによる「発見」の対象としてのオセアニアであり，17世紀にオランダの（　イ　）によってオーストラリアなどが，18世紀にイギリスの（　ロ　）によってハワイなどが踏査されるとともに，そこでの見聞は，人類学的・博物学的資料としてヨーロッパに持ち帰られた。

　次いで，18世紀から19世紀にかけて，イギリス，ドイツ，アメリカなどがオセアニアに進出し，各地の領有を宣言したり，植民を開始したりしていく。具体的には，イギリスがオーストラリアや1）ニュージーランドを，2）ドイツがビスマルク諸島やミクロネシアの各諸島を，アメリカがグアムや3）ハワイを獲得するなど，オセアニアは列強各国によって分割されていった。

　そして20世紀に入ると，第一次世界大戦勃発後に日本がドイツに宣戦して赤道以北のドイツ領ミクロネシアを占領した。さらに大戦終了後，日本はパリ講和会議，4）ヴェルサイユ条約を経て当該地域の委任統治権を獲得するに至る。また，1921年から翌年にかけて開催されたワシントン会議では，5）太平洋地域における勢力範囲の現状維持のため，アメリカ，イギリス，フランス，日本のあいだで6）四カ国条約が締結された。

　さらにオセアニアは，7）太平洋戦争中に各地が戦場になるとともに，戦後においては核兵器開発の舞台となった。例えば，8）1954年にアメリカがマーシャル諸島の（　ハ　）環礁で水爆実験を実施しているが，その際，9）近隣の住民や近海で操業していた日本の漁船員が被ばくした。

A．文中の空所（　イ　）～（　ハ　）それぞれにあてはまる適当な語句をしるせ。
B．文中の下線部1）～9）にそれぞれ対応する次の問1～9に答えよ。
　1．イギリスはニュージーランドを統治する過程で先住民を圧迫した。ニュージーランドの先住民は何と呼ばれるか。その名をしるせ。
　2．ドイツでは，皇帝狙撃事件をきっかけとして1878年に社会主義者鎮圧法が制定された。この法律が廃止されたときの皇帝の名をしるせ。
　3．アメリカへの併合に先立って退位させられた，ハワイ王国最後の女王の名をし

るせ。

4. この条約によって定められたラインラントの非武装化は，後に締結されたある
条約によって再確認される。その条約の名をしるせ。

5. この海洋を「太平洋（おだやかな海）」と命名した人物の名を，次の**a～d**から1
つ選べ。

   a．コロンブス   **b**．ドレーク   **c**．バルボア   **d**．マゼラン

6. この条約の締結によって日英同盟が解消された。日英同盟を含む次の同盟・協
商**a～d**について，古いものから年代順に答えよ。

   a．英仏協商   **b**．英露協商   **c**．日英同盟   **d**．露仏同盟

7. この間，カイロ会談，テヘラン会談，ヤルタ会談，ポツダム会談が開催された。
これら4つの会談いずれにも出席した人物の名を，次の**a～d**から1つ選べ。

   a．蔣介石   **b**．スターリン   **c**．チャーチル

   d．フランクリン゠ローズヴェルト

8. 当時のアメリカ大統領はアイゼンハワーであるが，彼は反共軍事同盟の結成を
世界各地で推し進めた。こうした軍事同盟のうち，この年（1954年）に発足したも
のを，次の**a～d**から1つ選べ。

   a．太平洋安全保障条約（ANZUS）   **b**．中東条約機構（METO）

   c．東南アジア条約機構（SEATO）   **d**．米州機構（OAS）

9. この出来事をきっかけに原水爆禁止運動は加速していくが，1957年にカナダで
科学者が核兵器の脅威について協議した。その会議の名をしるせ。

〔立教大〈全学部〉〕

第 III 部

テーマ史

1 中国史上の分裂期と統一期

　中国史上では統一帝国の時代と分裂時代とを交互に繰り返してきた。それを大まかにまとめたものが下の表である。殷・西周時代は除外する。「状況」欄には分裂期か統一期かの特徴を記し、「持続年数」欄には概数を記している。また「統一期」とは、ある王朝が全国を統一していた期間のことで、王朝が成立した後の期間ではない。この表について、以下の**問（1〜8）**に答えなさい。解答は選択肢（**a〜e**）あるいは（**a〜h**）から適するものを選びなさい。

時代・王朝	状況	持続年数
春秋・戦国	分裂期Ⅰ	550
秦・漢	統一期Ⅰ	ア
魏・晋・南北朝	分裂期Ⅱ	イ
隋・唐	統一期Ⅱ	320
五代十国・宋・遼・金	分裂期Ⅲ	370
元・明・清	統一期Ⅲ	ウ

問1　「持続年数」欄の（**ア〜ウ**）に入る数値は何か。もっとも適するものをそれぞれ1つずつ選びなさい。

ア　**a**．400　　**b**．420　　**c**．440　　**d**．460　　**e**．480

イ　**a**．280　　**b**．310　　**c**．360　　**d**．370　　**e**．400

ウ　**a**．580　　**b**．610　　**c**．640　　**d**．670　　**e**．700

問2　「分裂期Ⅰ」の春秋時代は周王朝の存在を認めつつ、諸侯が覇権を争った時代である。そうした環境で生まれた思想は何か。もっとも適するものを1つ選びなさい。

a．中華思想　　　**b**．無為自然　　　**c**．合従連衡　　　**d**．勤皇佐幕

e．尊王攘夷

問3　「統一期Ⅰ」の秦・漢は中央集権制を確立したが、それは秦の始皇帝ー漢の高祖ー武帝の三段階を経て達成されたものであった。これに関する次の文のうち、誤っているものを2つ選びなさい。

a．秦は斉・燕など六国を滅ぼして統一を成し遂げた。

b．始皇帝は郡県制を施行して中央集権の基礎とした。

c．始皇帝は焚書坑儒を断行して思想・言論の統制をおこなった。

d．始皇帝は万里の長城を連結・修築したが、その死後陳勝・呉広の反乱を招いた。

e．秦末の混乱の際、高祖は項羽と覇権を争ったが、当初はその支配下に入っていた。

f．高祖は急激な中央集権制を修正するため，封建制と郡国制を併用した。

g．武帝は呉楚七国の乱を平定して中央集権制を強化した。

h．武帝は統一国家のシンボルともなる，最初の元号を制定した。

問4 「分裂期Ⅱ」の経緯について述べた次の文のうち，誤っているものを2つ選びなさい。

a．司馬炎は魏の禅譲によって晋を建て，呉を滅ぼすことで一時的な統一を達成した。

b．晋の統一時代は36年ほどしか続かず，匈奴の侵入によって南遷を余儀なくされた。

c．五胡十六国の乱立，抗争の中で有力になっていったのは鮮卑族であった。

d．五胡十六国を最終的に統一したのは北魏の孝文帝であった。

e．華北統一以後，95年ほどで北魏は東西に分裂した。

f．西魏を継承した北周は，東魏にとって代わった北斉を併合した。

g．六朝時代ともよばれるように，江南では呉・東晋など六つの王朝が交代した。

h．北周の外戚だった楊堅は陳を征服した後，隋を建て，統一を達成した。

問5 「統一期Ⅱ」の後半期には，分裂期の始まりともいえる大反乱があった。この事情について書いた次の文のうち，誤っているものを2つ選びなさい。

a．大規模な反乱の始まりは7世紀半ばに勃発した安史の乱であった。

b．安史の乱以前から節度使が設置されたが，周辺異民族対策が主な目的であった。

c．安史の乱が起こると，節度使の勢力は強くなり，藩鎮ともよばれるようになった。

d．安史の乱に際してウイグルは唐を援助したが，その後彼らの勢力は強大化した。

e．吐蕃は安史の乱に乗じて，一時，長安を占拠した。

f．唐の滅亡の契機となったのは9世紀に起こった黄巣の乱だった。

g．10年ほど続いた黄巣の乱は，突厥系藩鎮などの軍事力で鎮圧された。

h．黄巣軍の武将だった朱元璋は唐を滅ぼして梁を建てた。

問6 「分裂期Ⅲ」について論じた次の文のうち，誤っているものを2つ選びなさい。

a．北宋は君主独裁体制を築き，170年ほど続いた。

b．北宋は科挙を整備し，文治政治を進めた専制国家である。

c．北宋建国以前に契丹族の遼が成立していた。

d．北宋初期に金が建国し，宋に圧力をかけていた。

e．北宋の西方で西夏が建国し，宋を苦しめていた。

f．朝鮮半島では北宋成立以前に高麗が建国し，官僚政治体制を整えていた。

g．チベットでは唐代から続く吐蕃が勢力を維持し，宋の支配に影響を与えていた。

h．雲南地域で南詔の後を継いだ大理が建国し，勢力をふるっていた。

問7 「統一期Ⅲ」では，元・明の末期に反乱が起こり，混乱を極めた。これらの反乱に関する次の文のうち，誤っているものを2つ選びなさい。

a．紅巾の乱は白蓮教などの宗教結社を中核勢力としていた。

b．白蓮教は弥勒仏下生を説き，以前から禁圧されていた。

c．紅巾の乱のなかからのちの太祖が台頭し，明を建てた。

d．洪武帝は三省六部を直轄化し，皇帝独裁体制を強化した。

e．永楽帝は，北京遷都，大運河修復などの事業をおこなって国内の支配体制を固めた。

f．李自成は反乱軍の首領として，1644年に北京を占領した。

g．明の武将であった呉三桂は李自成の乱の鎮圧に成果をあげた。

h．呉三桂は清に降り，藩王に任命されたが，雍正帝の支配強化に対して反乱を起こした。

問8　「統一期Ⅲ」の清は史上最大の領域支配を実現した。次の地域のうちこの領域に含まれないのはどれか。もっとも適するものを1つ選びなさい。

a．東トルキスタン　　**b**．ジュンガル　　**c**．モンゴル　　**d**．青海

e．ソグディアナ

（上智大〈外国語・文〉）

2 　唐～清の朝貢体制

　中国と周辺諸国との関係史について述べた次の文章を読み，**問1**，**問2**の設問に答えなさい。

　漢代より19世紀に至るまで，中華王朝と周辺諸国との関係は，朝貢という独特の交易形式を通じて結ばれることが多く，東アジアの国際秩序を特徴付けた。特に唐代と明代には朝貢にもとづく対外交渉が盛んに行われた。

　唐代では，東方の(A)新羅・日本・渤海などが，朝貢を介して唐の都城制度や仏教文化を熱心に取り入れた。南方でも雲南に自立したチベット＝ビルマ系の〔　1　〕が朝貢を通じて唐の文化を導入し，ベトナム中部の〔　2　〕やスマトラ島の〔　3　〕，そしてカンボジアなどはインド文化の影響下にありながら唐に朝貢をした。しかしながら，唐が外交上最も重視したのはこれら東方・南方の朝貢国ではなく，モンゴル高原の(B)突厥・ウイグルや，チベットの〔　4　〕など，北方・西方の中央ユーラシア勢力であった。これらに対して唐は，自らが優勢なときは(C)羈縻政策を展開し，かたや劣勢なときは王室同士の婚姻や交易に応じるなど，相手との力関係によって多様な対外関係を展開した。

　唐が滅びて宋代になると，東アジアでは周辺諸国が自立して独自の文化を形成していく傾向を示したため，中国を中心とした朝貢関係は衰えを見せた。貿易においても民間交易が活発化し，中国の(D)広州・泉州・明州などは世界的な貿易港に発展した。

　モンゴル帝国の後，中華王朝を復活させた明では，東アジアからインド洋に至る広

大な範囲で朝貢を介した対外関係を展開し，国家で貿易を独占しようと図った。洪武帝が海禁政策をとって民間人の交易を禁止すると，(E)大艦隊を派遣してインド洋から北アフリカ沿岸まで遠征させ，南海諸国に明への朝貢を促した。中でも，マレー半島に成立した〔 5 〕王国は，明の艦隊の寄港地となったことを契機に急速に発展し，インド洋と東南アジアを結ぶ貿易拠点として栄えた。14世紀末に建国された(F)朝鮮や，明軍を撃退してベトナムに成立した〔 6 〕も明と朝貢関係を結び，明の制度や朱子学を取り入れた。その一方で，明は北方のモンゴル諸部族に対しても朝貢の形式を強いたため，反発した西北モンゴルの〔 7 〕が明軍を破って皇帝を捕らえるという事件に至った。また，16世紀における世界的な商業の活発化が，明の貿易統制を打破しようとする(G)「北虜南倭」の動きを生み出した。

　清代においても，琉球や朝鮮，ベトナムなどとの間に朝貢関係は継続された。しかし，19世紀後半の欧米列強の進出と日本の勢力伸長によって，清の朝貢体制はしだいに崩されていった。清朝は最後の主要朝貢国であった朝鮮との関係維持を図り，朝鮮の自立を目指した開化派が日本と結んでクーデタを起こすと，(H)ただちに武力によってこれを鎮圧した。しかし，その後に起こった日清戦争に敗れ，朝貢にもとづく国際関係は終わりを告げたのである。

問1　文章中の〔 1 〕～〔 7 〕に入れる最も適切な語句を下記の語群の中から選び，その記号を答えなさい。

　a．アユタヤ　　　　　**b**．オイラト　　　　　　**c**．阮朝

　d．ゴール朝　　　　　**e**．シュリーヴィジャヤ　**f**．ジュンガル

　g．シンガサリ　　　　**h**．真臘　　　　　　　　**i**．大理

　j．チャハル　　　　　**k**．チャンパー　　　　　**l**．吐蕃

　m．南詔　　　　　　　**n**．パガン朝　　　　　　**o**．マジャパヒト

　p．マタラム　　　　　**q**．マラッカ　　　　　　**r**．李朝

　s．黎朝

問2　文章中の下線部(A)～(H)に関する次の問いに答えなさい。

　(A)　この国独自の身分制度の名称を漢字で答えなさい。

　(B)　突厥・ウイグルのもとで貿易・外交に活躍したイラン系オアシス住民の名称を答えなさい。

　(C)　この政策について40字以内で説明しなさい。なお，句読点も一字として数える。

　(D)　海上貿易を管理するため，これらの都市に置かれた官庁の名称を漢字で答えなさい。

　(E)　この大艦隊を率いたムスリム宦官の名前を漢字で答えなさい。

　(F)　この国の建国者の名前を漢字で答えなさい。

　(G)　16世紀における「北虜」あるいは「南倭」の指導者を一人挙げ，その名前を答えなさい。なお，名前が漢字の場合は漢字で答えなさい。

3 中国と騎馬遊牧民の対立・融合

中国の歴史は，黄河や長江を有する農耕世界の人々と，その北方の遊牧世界の人々との対立と融合の歴史とも捉えることができる。(a)秦漢時代の匈奴をはじめとして，騎馬遊牧民は絶えず農耕民に圧力を加えた。さらには，農耕世界を支配する勢力も現れた。

(b)4～5世紀の中国では，「五胡十六国」と呼ばれる分裂状態の中から(c)鮮卑が建てた北魏が台頭し，華北統一を実現する。北魏ははじめ遊牧民の部族制に由来する体制と，皇帝を頂点とする中国の体制を併用したが，第6代の　[ア]　の時代になると国制や習俗の漢化を推進した。しかしこれは自民族の反発を招き，結果的に北魏は瓦解する。

10世紀には契丹族の遼，12世紀には(d)女真族の金がそれぞれ華北地域に勢力を伸ばす。遼と金はいずれも遊牧民に対しては部族制によって統治し，農耕民に対しては中国式の制度を導入して統治する(e)二重統治体制をとった。またともに(f)独自の文字を制定するなどして自らの民族意識を高めたが，中国文化の受容にも積極的であった。

13世紀，モンゴル族は強力な騎馬軍団を組織して各地に遠征し，(g)ユーラシアの東西にまたがるモンゴル帝国を築いた。第5代の　[イ]　は東方に重心を移して国号を元と称し，(h)江南に拠る南宋を滅ぼして中国全土を統一した。元は中国の統治制度を採用したが，支配層であるモンゴル人が要職を占めた。一方で，(i)モンゴル人以外の人々も能力に応じて任用された。

17世紀には，(j)満州族の清が明に代わって中国全土を支配下に収めた。清は明の諸制度を踏襲して儒教理念に基づく統治をしき，科挙を実施して漢族知識人を大いに登用した。またその一環として(k)図書編纂事業を盛んに行った。ただし，(l)北方民族王朝としての特徴も随所にみられた。

以上のように，歴代の北方遊牧民族は様々なやり方で支配する中，伝統的な中国の制度や文化の影響を受け，あるいは中国社会に同化していくものもいた。そして農耕民もまた，遊牧民族の影響を受けて多様化していったのである。

問1　下線部(a)に関連して，秦漢と匈奴の関係に関する説明として，**誤りを含むもの**を一つ選びなさい。

A．秦は，長城を修築して匈奴侵入に備えた。

B．前漢は，冒頓単于率いる匈奴に敗れた。

C．前漢は，匈奴分裂後に南匈奴を服属させた。

D．後漢は，北匈奴を破り西域を平定した。

問2　下線部(b)に関連して，この時期に流行した仏教に関する説明として，最も適切なものを一つ選びなさい。

A．仏図澄は，洛陽で仏典を漢訳した。

B．鳩摩羅什は，『仏国記』を著した。

C．法顕は，仏典を求めてグプタ朝に至った。

D．北魏は，平城近郊に龍門石窟を造営した。

問3　下線部(c)に関連して，北魏が華北を統一した年に江南に存在していた王朝として，最も適切なものを一つ選びなさい。

A．東晋　　　**B**．宋　　　**C**．斉　　　**D**．梁

問4　下線部(d)に関する説明として，最も適切なものを一つ選びなさい。

A．元来モンゴル高原西部を本拠地としていた。

B．開祖の完顔阿骨打の時に遼を滅ぼした。

C．靖難の変によって北宋を滅ぼした。

D．南宋と和議を結んで臣下の礼をとらせた。

問5　下線部(e)に関連して，遼が遊牧・狩猟民統治のために採用した制度として，最も適切なものを一つ選びなさい。

A．北面官　　　**B**．骨品制　　　**C**．千戸制　　　**D**．猛安・謀克

問6　下線部(f)に関連して，遼や金と同時代に中国西北部に存在した西夏によって制定された文字として，最も適切なものを一つ選びなさい。

A.

B.

C.

D.

問7　下線部(g)に関する説明として，最も適切なものを一つ選びなさい。

A．チンギス＝ハンは，金を滅ぼした。

B．チャガタイは，首都カラコルムを建設した。

C．フラグは，アッバース朝を滅ぼした。

D．ハイドゥは，キプチャク＝ハン国を建てた。

問8　下線部(h)に関する説明として，**誤りを含むもの**を一つ選びなさい。

A．現在の杭州市に当たる臨安を首都とした。

B．対金政策で和平派の秦檜と主戦派の岳飛が対立した。

C．「蘇湖 (江浙) 熟すれば天下足る」と言われた。

D．貨幣経済が発展して交鈔という紙幣が使用された。

問9　下線部(i)に関連して，元では旧金支配下の遺民は何と呼ばれたか。最も適切なものを一つ選びなさい。

A．南人　　　　**B**．漢人　　　　**C**．色目人　　　　**D**．華人

問10　下線部(j)に関連して，清の勢力範囲に関する出来事を古い順に並べたものとして，最も適切なものを一つ選びなさい。

（あ）　ネルチンスク条約締結　　　（い）　キャフタ条約締結

（う）　鄭氏台湾降伏　　　　　　　（え）　ジュンガル征服

　　A．（あ）→（う）→（え）→（い）　　　**B**．（あ）→（え）→（う）→（い）

　　C．（う）→（あ）→（い）→（え）　　　**D**．（う）→（い）→（あ）→（え）

問11　下線部(k)に関連して，18世紀後半に完成した図書として，最も適切なものを一つ選びなさい。

A．『四庫全書』　　　　**B**．『康熙字典』

C．『永楽大典』　　　　**D**．『古今図書集成』

問12　下線部(l)に関する説明として，**誤りを含むもの**を一つ選びなさい。

A．中央官庁において満漢併用制をとった。

B．満州族の習俗である辮髪・纏足を強制した。

C．文字の獄や禁書により言論弾圧を行った。

D．満州族の社会制度に基づく八旗を編制した。

問13　空欄(ア)，(イ)に入る語句として，正しい組み合わせを一つ選びなさい。

A．(ア)　太武帝　(イ)　フビライ＝ハン

B．(ア)　孝文帝　(イ)　モンケ＝ハン

C．(ア)　太武帝　(イ)　モンケ＝ハン

D．(ア)　孝文帝　(イ)　フビライ＝ハン

（明治大〈文〉）

4 諸子百家と儒教の形成〜朱子学の成立 ‖‖‖‖‖‖‖‖‖

　中国の春秋戦国時代には「諸子百家」と呼ばれる様々な思想家が活動した。例えば，戦国諸国の戦略的な外交を論じた縦横家として蘇秦や張儀，無差別の愛（兼愛）と戦争の否定（非攻）を説いた『（　ア　）』の著者とされる（　ア　），法律による統治を主張し法家と呼ばれた商鞅や『韓非子』を著したとされる（　イ　），『（　ウ　）道徳経』を著したとされ，無為自然を説いて荘子とともに道家の祖となった（　ウ　）などがいる。鄒衍が体系化した（　エ　）家は，五行説と結びついて「（　エ　）五行説」として，現在に至るまで東アジアの思想に影響を及ぼしている。なかでも，その言行が『論語』に残されている（　オ　）が確立した儒家は，その後の中国のみならず，東アジアの思想に決定的な影響を与えた。秦では法家が重んじられ，前漢初期までは加えて老荘思想も比較的重視されたが，第7代皇帝の（　カ　）帝は強力に儒教化を推し進め，董仲舒の建言を入れるという形で『易経』『詩経』『書経』『礼記』，時代の呼称ともなった『（　キ　）』の「五経」を教授する役職「五経博士」を設置するなどした。こうした流れの中で，諸子百家は儒教によって再解釈されていくことになるが，国家は，法家が重んじた法律なしに統治することはできず，儒家が国家の根本となって以降も，法律はいわば必要悪という形で存在し続けた。もともと儒家的なものではなかった法律はかえって唐では（　ク　）格式として高度に整備されるに至り，この体系を国家の基幹とする（　ク　）体制は，朝鮮や日本にも受け入れられた。しかし（　ク　）体制を積極的に受け入れた日本は，朝鮮に比べれば，儒教は社会に根付かなかった。また，唐宋代以降科挙がますます広がると，科挙の出題の中心となった儒教経典の研究に新たな展開が見られ，朱子と呼ばれる南宋の（　ケ　）は，北宋の周敦頤，程顥，程頤らの学を引き継ぎ，体系化して朱子学を開いた。朱子学は，南宋では一時期弾圧を受けたものの，（　コ　）帝となった朱元璋が開いた明朝以降は官学として国家的に認められるに至った。なお，この紀元前5世紀ころには，南アジアではガウタマ＝シッダールタが仏教を開き，イランではゾロアスター教がこのころ成立し，ギリシアでは諸学問を修め議論を展開したソクラテス，その弟子で『国家』を著した（　サ　）が活躍するなど，世界的にもその後に大きな影響を及ぼしている偉大な思想家が連続して輩出したため，ドイツの哲学者カール・ヤスパースはこの時期をとくに「枢軸時代」と名づけた。

問1　（　ア　）〜（　サ　）に適切な語を入れよ。なお，（　カ　）は漢字一文字，（　サ　）はカタカナであるが，他はすべて漢字二文字である。

問2　（　カ　）帝の時代に紀伝体の『史記』を書いた人物の姓名を記せ。

問3　『史記』に続く正史である『漢書』を書いた人物の姓名を記せ。

問4　『漢書』に続く正史である『後漢書』には，後漢の光武帝が日本に印綬を賜ったとの記載があるが，この印と思われるものが1784年，九州で発見されている。この印の名を常用漢字6文学で記せ。

問5 儒教思想の上で（　ケ　）と対立し，号として「象山」を名乗り，後世に影響を与えた思想家の姓名を記せ。

問6 （　ケ　）の影響を受け，号として「陽明」を名乗り，「知行一致」「心即理」を唱えた明代の思想家の姓名を記せ。

問7 ゾロアスター教では，この世を光明神と悪の神の闘争によって解釈する。光明神はアフラ゠マズダというが，悪の神は何というか。カタカナで答えよ。

（青山学院大〈文・教育人間科学〉）

5 ユーラシアの遊牧民と定住民 ||||||||||||||||||||||||||||||||||||

(1)ユーラシアの草原地帯では遅くとも紀元前9世紀から前8世紀には遊牧民が確認される。彼らの生活様式を規定する遊牧とは，家畜と共に季節的な移動をおこなって生活をおくることである。遊牧民は遊牧国家を形成し，それは時として帝国と呼ばれるほど巨大なものとなる。ユーラシアにおいて，その多くは(2)モンゴル高原から発生した。チンギス゠ハンが建国した(3)モンゴル帝国もその例に漏れないが，多くの都市や定住民が支配下に入り，もはや単純に遊牧国家と呼ぶことはできない。

遊牧民は定住世界との関わりなくしては生きてゆくことはできなかった。農耕作物や(4)手工業品の多くは遊牧経済では産出されないため，定住世界から調達する必要があった。しかし，その方法は常に略奪によっていたわけではない。むしろ，遊牧世界と定住世界の関係が安定している場合には交易によって遊牧経済が補完されていた。その関係のバランスが崩れた時，(5)遊牧民や域外民族による略奪がおこなわれたり，場合によっては戦争にまで発展したのである。

対して定住国家側も(6)軍事力で対抗するばかりでなく，(7)金銭などの代価を与えることで関係を維持しようとした。しかし，重火器が発達し，諸国の軍隊に砲兵が組み込まれるようになると，遊牧民の軍事的な優位性は徐々に失われていく。16世紀以降，(8)ロシアは次々に周囲の遊牧民や遊牧国家を服属させ，領土を拡張した。（　イ　）人が建てた(9)3ハン国も19世紀後半にはロシアの影響下に置かれた。一方，18世紀には清朝がオイラト部から派生した（　ロ　）部を支配下に置いて中央アジア東部に進出し，以後，その土地は新疆と呼ばれるようになる。

A．文中の空所（　イ　）・（　ロ　）それぞれにあてはまる適当な語句をしるせ。

B．文中の下線部(1)〜(9)にそれぞれ対応する次の**問1**〜**9**に答えよ。

1．この地域はステップ地帯と呼ばれ，ここを東西に横断する「草原の道」は，古来，交易路として利用された。「この草原の道」に含まれないものはどれか。次の**a**〜**d**から1つ選べ。

a．アルタイ山脈　　　**b**．カザフ草原　　　**c**．シル川流域

d．パミール高原

2．この地域を支配拠点とする遊牧国家を建設した民族では**ない**ものを，次の **a** ～
　　d から1つ選べ。

　　a．匈奴　　　　**b**．柔然　　　　**c**．女真　　　　**d**．鮮卑

3．これに関する次の**問 i・ii** に答えよ。

　 i．この帝国の継承者を称したバーブルにより建国された王朝の名をしるせ。

　 ii．この帝国と同じく，もともと遊牧民が建て，11世紀にその君主がバグダード
　　　　でスルタンの称号を授かった王朝は何か。その名をしるせ。

4．9世紀以後，中国と東南アジア・インドやイスラーム世界を結んだ海上交通路
　　では，陸路では運搬が困難な，ある手工業品が盛んに取引された。現在，そのル
　　ートはその品に因んで何と呼ばれているか。その名をしるせ。

5．こうした定住世界への圧迫はユーラシアの東西にわたった。5世紀半ばに中央
　　アジアからバルト海・ドナウ川に至る大国家を築き上げ，ゴート人を圧迫してロ
　　ーマ帝国領内に侵入したフン人の王は誰か。その名をしるせ。

6．これに関する次の**問 i・ii** に答えよ。

　 i．府兵制の崩壊後，辺境募兵軍団の指揮官として置かれた軍職は節度使と呼ば
　　　　れる。その統率下にあった軍事機関は何と呼ばれるか。その名を漢字2字でし
　　　　るせ。

　 ii．17世紀前半に成立した後金（アイシン）において，民族ごとに編成され，社会
　　　　組織・行政組織としても機能した軍事組織は何と呼ばれるか。その名をしるせ。

7．これに関する次の**問 i・ii** に答えよ。

　 i．金銭などを代価として和約を結んだ中国の王朝と域外民族の組み合わせとし
　　　　て正しく**ない**ものを，次の **a** ～ **d** から1つ選べ。

　　　a．漢と匈奴　　　　**b**．宋とタングート　　　　**c**．唐とカラ＝キタイ

　　　d．明とモンゴル

　 ii．モンゴルへの貢納・軍役の義務と引き替えに，ロシア諸公国の徴税権を得て，
　　　　後に独立してロシアを支配した国の名をしるせ。

8．これに関する次の**問 i ～ iv** に答えよ。

　 i．モンゴルの支配を脱し，ビザンツ皇帝の姪と結婚してツァーリ（皇帝）の称号
　　　　を初めて用いた人物は誰か。その名をしるせ。

　 ii．19世紀後半の2度にわたるロシアとイラン（カージャール朝）との戦争の結果，
　　　　イランはロシアと講和条約を結んだ。ロシアに領事裁判権を認めたこの条約の
　　　　名をしるせ。

　 iii．19世紀後半に黒海とバルカンの支配権を巡ってロシア＝トルコ戦争が起きた。
　　　　それを口実に憲法を停止し，専制政治をおこなったオスマン帝国のスルタンは
　　　　誰か。その名をしるせ。

　 iv．19世紀以後，ロシアの支配下にあった北カフカースのある地域では，ソ連の
　　　　崩壊により民族独立の動きが強まり，1994年，1999年と大規模な紛争が起こっ

た。この紛争の名をしるせ。

9．この3ハン国のうち，もっとも東側に位置し，1876年にロシアに併合された国
　の名をしるせ。

（立教大〈異文化コミュニケーション・経済・法〉）

アジア諸地域関係

6 〔古代〜中世のインド洋海域史 ‖‖‖‖‖‖‖‖‖‖‖‖‖‖‖‖‖

次の文章を読み，下線部(1)〜(10)について下記の〔設問〕に答えなさい。

　人間は古来海と海とを介してさまざまな活動を営んできた。フランスの歴史家(1)フェルナン＝ブローデルは，その空間を「海域」とみなし歴史叙述を試みた。『フェリペ2世時代の地中海と地中海世界』において，ブローデルは，地中海とその周辺に位置する国々や地域，およびそこで活動する人々を一つの場を共有する「地中海世界」として描こうとした。やがて地中海よりも壮大なインド洋海域の歴史研究も発展していった。

　こうした海域の歴史は，インド洋海域や南シナ海海域などにもみることができる。インド洋ではすでに1世紀頃から(2)モンスーン（季節風）を利用して，アラビア半島からインド西岸を往復する航海術が開発されていた。これによって海上交易が盛んになり，地中海世界との間で多くの交易品が運ばれた。

　8世紀，アジア，アフリカ，ヨーロッパを結ぶ地域にイスラーム世界が成立した。イスラームは商人の倫理を重んじ，メッカ巡礼路の安全を確保して，人，もの，情報の移動を可能とするネットワーク型社会を促進してきた。イスラーム世界では，海域世界と陸域に広がるイスラーム都市がネットワークを形成してきた。ムスリム商人は，(3)インド，(4)東南アジア，南中国の港市にもおもむくようになった。10世紀ごろから，それまで陸路に置かれていた東西交易の重要性が海上交易にシフトして海域世界が発展する。南シナ海交易では，インド洋に本拠地をもつムスリム商人がそれまで数多く来航していたが，中国商人が南シナ海交易の主体となった。元の時代には，(5)海路を利用した人の行き来も活発に行われた。海域世界では，往来を維持するために，航海活動の拠点となる港市が結節点として機能し，(6)遠距離交易にも耐える船が活躍した。

　また，アフリカ東海岸へのルートが活性化し，東アフリカが本格的にインド洋交易に組み込まれ，インド洋を中心とするムスリム商人の海洋ネットワークが形成された。(7)東アフリカの沿岸部では，ムスリム商人の来航と共に諸港市が交易の拠点として発展した。

　10世紀後半のバグダードの政治的混乱の影響を受けて，主要航路がペルシア湾ルートから紅海ルートに移った。やがてカイロがイスラーム・ネットワークの中心となり，この地域を支配したアイユーブ朝とマムルーク朝は紅海ルートの交易を掌握した。こ

のような商業活動は，イスラーム法に基づいた取引，アラビア語やペルシア語という共通語の広がり，(8)イスラーム世界で流通していた貨幣，イスラーム世界で発達した商慣行である協業組織にも支えられていた。

14世紀が生んだ大世界旅行家(9)イブン＝バットゥータのインド洋横断の旅は，とりわけ躍動感に満ちあふれたものであり，彼の『大旅行記』のなかでインド洋海域世界とともに生き生きと描かれている。

インド洋海域世界は，ヨーロッパ勢力が進出する16世紀までは，比較的平和な海域であった。(10)15世紀末にインド洋航路を開拓したポルトガルは，武力で交易ネットワークを支配しようとした。しかし軍事的優位は長く続かず，アラビア海の交易を独占できなかった。1517年にマムルーク朝を滅ぼし紅海ルートを手に入れたオスマン帝国は，貿易や東方からのメッカ巡礼のルートの確保のために，インド洋への関心を強めた。

〔設問〕
(1) 彼の主張によれば，西ヨーロッパは1571年の海戦においてオスマン帝国の海軍を打ち破って，ようやくイスラームの地中海支配に終止符を打ったという。この海戦の名を答えよ。
(2) このモンスーンを利用して遠洋航海を行う貿易商人のために1〜2世紀ごろエジプトに住むギリシア人航海者によって記されたといわれる著作は何と呼ばれるか。
(3) 14世紀に成立しカリカット・クーロンなどの港市を支配した南インドの王国は，インド洋交易でうるおい，ヒンドゥー王国でありながらイスラーム文化を受容していた。この王国は何と呼ばれるか。
(4) マラッカ海峡沿いのマレー半島やスマトラ島の沿岸には，多数の港市国家が誕生した。いくつかの港市国家は連合して宋に朝貢した。この連合国家を何というか。
(5) イタリアのフランチェスコ会修道士で，ローマ教皇の使節として，イル＝ハン国を経て海路で1294年大都にいたり，初代大都大司教に就任した人物の名を答えよ。
(6) インド洋の遠距離交易で用いられたムスリム商人の帆船を何というか。

(7) 15世紀末に喜望峰をまわって来航したヴァスコ゠ダ゠ガマが寄港し，ムスリムの水先案内人とともにカリカットに向けて出発したところとして知られる港市はどこか。下の地図の中から記号で選び，またその名称を答えなさい。

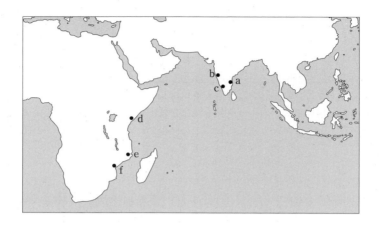

(8) アラビア語やペルシア語が共通の商業用語となり，イスラーム世界の金貨がインド洋一帯に流通するようになった。この金貨は何と呼ばれるか。

(9) イブン゠バットゥータは東アフリカ海岸を旅しているが，この地域では，ムスリム商人が移住してきたことにより，在地の人々の言語であるバントゥー系の言語とアラビア語が交じり合った商業用語として成立した言語が普及した。この言語は何と呼ばれるか。

(10) ポルトガルは1510年インド西岸の港市を占領し，総督府をおいてアジア進出の拠点とした。この港市はどこか。前の地図の中から記号で選び，またその名称を答えなさい。

（中央大〈文〉）

7) 16世紀～20世紀インドの政治・経済

次の文章を読み，空欄 ┃ 1 ┃ ～ ┃ 13 ┃ は，適切な語句を記入せよ。下線部14については，そこで言及されている当該政治勢力の特徴および同時代におけるインドの政治・経済情勢を100字以内で説明しなさい。なお，句読点・数字も1字と数える。

　16世紀にはインド亜大陸を舞台にさまざまな文化・宗教の交流がみられた。イスラームとヒンドゥーを融合した ┃ 1 ┃ 教はのちの時代にはイギリスの支配に抵抗するひとつの拠り所となる。┃ 2 ┃ を公用語としたムガル帝国ではタージ゠マハルに代表されるすぐれたイスラーム建築が生まれた。

19世紀初めにはイギリスのインド支配が強まり，インド南部では　3　と呼ばれる地税徴収の仕組みも整えられた。のちにイギリスへの抵抗を示したガンディーは，弁護士として活動していた　4　で人種差別を経験し，独立運動に進むことになった。20世紀には独立運動が高揚していった。1905年にイギリスのインド総督が独立運動の分断を企図してヒンドゥー教徒とイスラーム教徒の地域を分割するように命じた　5　はのちに撤回に追い込まれた。1906年にはインド国民会議の大会で国産品愛用を意味する　6　や民族教育の推進などが決議され，同年に結成された政治団体　7　ものちに国民会議とともに独立運動を担うことになった。1930年にはガンディーがイギリスによる物品の専売に抵抗した「　8　」を行った。ガンディーの運動は非暴力・不服従を意味する　9　という造語で表現され，世界に大きな影響を与えた。他方，ガンディーもヒンドゥー教徒とイスラーム教徒の融和を求めたが，インド独立の際には両宗教の対立を収められず，　10　を首班とするパキスタンとの分離独立を余儀なくされた。

第二次大戦後のインドは，1954年の　11　でパキスタンも交えてアジア・アフリカ会議の開催を呼びかけ，ガンディーを継いだネルーが中国の周恩来首相と　12　を提唱したが，1959年からは中国との紛争を経て核武装に突き進み，数次にわたるパキスタンとの国境紛争も経験した。中国・パキスタンとの紛争はシンハラ人政府とタミル人抵抗勢力との　13　内戦にも飛び火した。141990年代以降のインドでは，国民会議派に対抗する政治勢力がたびたび政権を獲得している。

（早稲田大〈商〉）

8][13世紀〜20世紀のマレー半島・ジャワ島]]]]]]]]

(1)東南アジア諸国連合(ASEAN)には(2)現在10か国が加盟しているが，古くからこの地域の島嶼部は，「海の道」と呼ばれる海上東西交易ルートの中継地として栄えてきた。モンスーン航海術の発達によって海上交易の確実性が高まるとともに，主要な中継拠点を設けて，物資をリレー方式で結ぶ交易方法が形成され，この結果，東南アジアには港市国家が多数うまれた。このような港市国家の例としては，マラッカ海峡が交通の要衝になって以降，7世紀頃から都市パレンバンを中心に港市国家群が連合した　1　が挙げられる。

11世紀以降，ジャワ島は内陸部の農業生産物とモルッカ諸島からの香辛料を交換して輸出する中継貿易で繁栄するようになり，13世紀には　2　が建てられ，スマトラ島にまで勢力を拡大した。13世紀末に　2　は前王朝勢力の反乱によって絶え，反乱と元の来襲を終息させた新しい指導者によって　3　が建てられた。この王国は14世紀後半には，ジャワ島だけでなく，スマトラ島東部やモルッカ諸島をも影響下においた。

14世紀末になると，マレー半島の南西岸に　4　が成立し，15世紀に入り明の派遣

した鄭和艦隊の拠点となり台頭した。 4 は明の後ろ盾を得ることで 3 やタイの 5 への従属から逃れることに成功した。

　　　 4 は，明への朝貢貿易によって東方との交易，国王のイスラーム教への改宗によって西方ムスリム世界との交易を維持し両者の結合点となることで交易ネットワークの中心となった。

　しかし，16世紀に入り，アフリカの喜望峰をまわってヨーロッパからアジアに直行する航路が確立するとヨーロッパ諸国が東南アジアに進出し，交易を行うようになった。インド航路を開拓したポルトガルは，最初に東南アジア圏に進出し，武力で交易ネットワークを支配しようとして1511年に 4 の王都を占領した。これに対して，ムスリム商人たちは，その地を回避して，スマトラ島とジャワ島の間のスンダ海峡を通るルートを開拓した。この結果，スマトラ島では北部に 6 が，ジャワ島西部は 7 が，栄えた。また，王都を占領された 4 の王族はマレー半島の南端に移り， 8 を建てた。16世紀初めに，ジャワ島西部では 3 が衰亡し， 9 が起こった。

　17世紀初頭にオランダが東インド会社を設立して，ジャワ島のバタヴィアを根拠地として東南アジア交易に参入した。オランダは遅れて東南アジアに進出したイギリスと，香辛料の特産地であるモルッカ諸島の支配権を取り合い，1623年にはアンボイナ事件を起こし，イギリス勢力を東インドから駆逐した。また，1641年にはポルトガルの占領地も奪取した。

　だが，17世紀後半に胡椒価格の暴落などによってオランダの東南アジア遠距離貿易は不振となった。18世紀中葉に，オランダは， 7 を保護国化し，さらに王位継承争いに介入して 9 を衰退させ，ジャワ島全域を支配するようになった。そして，貿易に変わって，ヨーロッパ市場で需要が高まったコーヒーや砂糖などの商品作物生産を領地で行なわせ収益を得ようとした。しかし，18世紀末にフランス革命軍と同盟した愛国党によってオランダ本国で A が樹立され，オランダ東インド会社は解散し，オランダ東インド会社領は本国の直轄領となった。さらに1806年に A はナポレオン帝政下のフランスによって占領され1810年にはフランス帝国に吸収された。この時，オランダの植民地をフランスが獲得する可能性を察知した(3)イギリスは，軍を派遣しオランダの海外領土を占領した。東南アジアにおいてもマラッカやジャワ島などのオランダ領をイギリスは占領した。その後，ウィーン会議の結果，オランダは立憲王国として復活し，ジャワ島の支配も認められた。他のイギリス占領地などの処遇について，合意に至らない部分が残されたので，両国は1824年に協定を結び，マラッカを含むマレー半島をイギリスが領有するのをオランダが認め，代わりにオランダはスマトラ島などマラッカ海峡の西と南を領有することになった。同時期にイギリスは， 8 からその南端の島シンガポールを割譲によって獲得した。この結果，イギリスはすでに(4)独自に獲得していたマラッカ海峡北部の島ペナンと合わせ，マラッカ，シンガポールを B として領有し，ベンガル湾から南シナ海に向かうための拠点を確

保したのである。

1825年にディポ＝ネゴロが率いたイスラーム諸侯の反乱である ☐C☐ が起こったが，オランダはこれを鎮圧した。その後(5)オランダは，その支配地域で強制栽培制度を開始した。さらに，19世紀後半にはティモール島の分割領有について ☐D☐ と協定を結んだ。また，20世紀初頭にオランダはスマトラ島の ☐6☐ を平定し，ほぼ現在のインドネシアに当たる地域をオランダ領東インドとして植民地化した。

オランダ領東インドでは，20世紀に入ると，ジャワの文化の再評価をして民族意識の形成を目指す団体 ☐I☐ が設立された。また，1911年には現地人の相互扶助や啓蒙活動を目的とする商人を中心とする団体 ☐II☐ が生まれた。この団体の活動は1910年代末から反オランダ独立運動に発展した。

問1．空欄 ☐1☐ ～ ☐9☐ に当てはまるもっとも適切な語句を次の選択肢から選べ。
　a．アチェ王国　　　　　　b．アユタヤ王国(朝)　　　c．クディリ王国
　d．コンバウン(アラウンパヤー)朝　　　　　　　　　e．ジャーヴァカ
　f．シャイレーンドラ朝　　g．シュリーヴィジャヤ(王国)
　h．ジョホール王国　　　　i．シンガサリ王国　　　　j．スコータイ朝
　k．タウングー(トゥングー)朝　　　　　　　　　　　l．パガン王国(朝)
　m．バンテン王国　　　　　n．マカッサル　　　　　　o．マジャパヒト王国
　p．(新)マタラム王国　　　q．マラッカ王国
問2．空欄 ☐A☐ ～ ☐D☐ に当てはまるもっとも適切な語句を次の選択肢から選べ。
　a．イギリス　　　　　　　b．オーストラリア　　　　c．オランダ王国
　d．海峡植民地　　　　　　e．ジャワ戦争　　　　　　f．スペイン
　g．ネーデルラント連邦共和国　　　　　　　　　　　h．バタヴィア共和国
　i．パドリ戦争　　　j．バリ戦争　　　　k．フランス
　l．ポルトガル　　　m．マラヤ連邦　　　　n．マレー連合州(連合マレー州)
問3．空欄 ☐I☐ と ☐II☐ に当てはまるもっとも適切な語句を次の選択肢から選べ。
　a．カティプーナン　　　　b．国民党
　c．サレカット＝イスラーム(イスラーム同盟)　　　d．タキン党
　e．ドンキン義塾　　　　f．フクバラハップ　　　g．ブディ＝ウトモ
問4．下線部(1)について，次のア～エの文章のうち，正しいものを一つ選べ。
　ア．東南アジア諸国連合は，東南アジア条約機構(SEATO)の加盟国によって結成された。
　イ．東南アジア諸国連合の発足当時の加盟国は6カ国であった。
　ウ．東南アジア諸国連合の首脳会議は，1990年代にASEAN自由貿易圏(AFTA)の創設に合意した。
　エ．東南アジア諸国連合に加盟した10番目の国はベトナムである。
問5．下線部(2)の国々の政治家について述べた下記の記述を読み，文中の空欄 ☐あ☐

〜 お に当てはまる人名を書け。

・インドネシアの大統領 あ は，第二次世界大戦前から独立運動を率い，日本の統治が終わった後に，宗主国との闘争に勝利し，独立を得た。

・フィリピンの大統領 い は，旧宗主国との親密な関係に基づいて経済開発を進めたが，1986年の大統領選挙での開票操作への批判をきっかけに起こった革命で失脚した。

・ う は，1955年にアメリカ合衆国に支援されてベトナム共和国を樹立し，初代大統領となったが，8年後に軍部のクーデタによって暗殺された。

・マレーシアの首相 え は，「ルック＝イースト」を唱え，日本をモデルに経済成長政策を進めた。

・カンボジアの国王 お は，独立を果たした後，国家元首となったが，クーデタで追放され長い海外生活を送った。しかし，晩年に帰国し，再度国王となった。

問6. 下線部(3)の後，ウィーン会議でイギリスの領有が認められた場所はどこか。下記の語群のうち，あてはまる場所のすべてを選べ。

a．ケープ植民地　　　**b**．ゴア　　　　　　　　**c**．セイロン

d．台湾　　　　　　　**e**．ニューアムステルダム　**f**．ボルネオ

問7. 下線部(4)のペナンをイギリスはどこから獲得したのか。次の**ア〜エ**の文章のうち，正しいものを一つ選べ。

ア．ポルトガル　　　**イ**．クダー(ケダー)王国　　　**ウ**．コンバウン朝

エ．ラタナコーシン朝

問8. 下線部(5)について，強制栽培制度に関連する次の**ア〜エ**の文章のうち，正しいものを一つ選べ。

ア．強制栽培制度は，1830年からスマトラ島を中心に実施された。

イ．強制栽培制度の下では，イギリス植民地のゴム栽培に対抗するため，主にゴムの栽培が強制された。

ウ．強制栽培制度の下で米生産が不十分になり，飢饉が起こった。

エ．強制栽培制度の下では，各村落の耕作地の3分の1でオランダ政庁が指定した作物を栽培することが義務づけられた。

（法政大〈経済・社会〉）

9 ユダヤ人関連史(前1500年頃〜19世紀末)

　後にユダヤ人と呼ばれるようになるセム系の遊牧民ヘブライ族が，カナーンと呼ばれた現在のパレスチナの地に定住したのは，紀元前1500年頃のことである。農耕をはじめたユダヤ人はこの地に　A　王国を建設する。この王国は　B　王やソロモン王が統治した時期に全盛期を迎えた。イェルサレムにユダヤ教の神殿の造営がおこなわれたのもこの頃のことである。

　その後ユダヤ人たちの王国は分裂し，たびたび(1)他民族による支配を受けたが，その過程で唯一神　C　に対するユダヤ教の信仰を固めていった。ローマが東方に進出してくると，ユダヤ人たちはその勢力下に入ったが，紀元1〜2世紀に2度の反乱を起こし，その鎮圧過程でローマ軍はイェルサレムを陥落させ，神殿を破壊した。これにより，パレスチナの地に残っていたユダヤ人たちも，各地に移動した。移動先では多くの者は商業や手工業に従事したが，現地の文化に同化はせず，ユダヤ教信仰と共通の文化を維持した。中世ヨーロッパでは，フランク王国の初期においてはユダヤ人は法により保護されていた。ユダヤ人商人のなかには金融業や(2)国際貿易をおこなう者もおり，一部には財務や外交の官僚に登用された者もいた。

　しかし，西ヨーロッパではユダヤ人に対する圧力や迫害がしだいに強まってきた。11世紀に教皇　D　の提唱で聖地イェルサレムをイスラームから奪回しようとする(3)十字軍が起こされると，同じく異教徒であるユダヤ人は各地で目の敵にされた。12世紀以降，経済活動の活発化とともに商業や金融業に従事するユダヤ人は憎悪や暴力の対象になることが多かった。疫病が流行するとユダヤ人に責任があるという噂が流され，多くのユダヤ人が虐殺された。13世紀末から14世紀にかけてはイギリスや北フランスでユダヤ人の追放令がたびたび出された。(4)レコンキスタの進展とともにユダヤ人への改宗圧力・暴力事件がしだいに増えていたスペインでも，1492年にユダヤ人の追放令が発布された。ヨーロッパ各地ではユダヤ人たちは，16世紀以降ゲットーと呼ばれることになる，都市内の一定の地区に分離・隔離されて生活するようになった。そのようなゲットーとしては，17世紀以後(5)ボヘミア王国の首都プラハにつくられたものが最大といわれる。

　こうした西ヨーロッパにおける迫害の激化は，多くのユダヤ人を東欧に移動させることになった。とくに，13世紀に　E　の侵略を受け荒廃していたポーランドやリトアニアではユダヤ人の入植は歓迎された。ポーランドのユダヤ人は1264年には身分上キリスト教徒と同じ権利を認められ，1344年には国王　F　によって大幅な自治権が認められた。こうしてユダヤ人はポーランドでは，大規模な国際貿易から零細な行商にいたるまでのさまざまな規模の商人や，貴族の領地の管理人として活躍した。

　18世紀以降，それに先立つ合理論や経験論をふまえ，理性にもとづいて伝統や慣習

を批判し，人間社会の進歩と改善をめざす　あ　が広まり，また人間は本来自由かつ平等で，宗教などによって差別されてはならないとする理念が出現した。このことの影響により，ヨーロッパ諸国の多くではユダヤ人もキリスト教徒と同じ権利を認められ，居住や宗教・職業についての制限は撤廃されていった。イギリスでは17世紀からユダヤ人が再定住し始め，17世紀末にはユダヤ教の礼拝が公認された。大陸諸国ではポーランド王国が18世紀に3次にわたる分割の結果消滅したが，ユダヤ人人口とともにその領土を引き継いだ諸国のうち，プロイセン王国では(6)国制改革の一環として1812年にユダヤ人解放令が出され，オーストリアでは1780年代以降，皇帝　G　の発した宗教寛容令を皮切りに，19世紀半ばまでかかって徐々にユダヤ人に対する法的な平等が認められた。しかしもっとも多くのユダヤ人人口を領内にもつことになったロシア帝国は，ユダヤ人の解放には消極的であり，かえって18世紀の末から19世紀の初頭にはユダヤ人の居住を一定の定住区域に限る制度が作られ，管理が強化された。

　このようにユダヤ人を取り巻く環境が変化するなかで，経済的に成功をおさめるユダヤ人があらわれてきた。なかにはドイツのフランクフルトで商業や銀行業を営んでいた　H　家のように，やがて国際的に活躍し始めるユダヤ人もいた。また高い学識や教養をもち，学問や芸術の分野に進出するユダヤ人も多数出現した。キリスト教に改宗したり，キリスト教徒と結婚する者もあらわれた。外観上も周囲と区別がつきにくくなった彼らは同化ユダヤ人と呼ばれ，上流階級の一員となったり政治権力の中枢にまでのぼりつめていった。イギリスでは19世紀後半にはユダヤ人出身の最初の首相(7)ディズレーリが活躍した。

　こうしたユダヤ人の成功と同時に，彼らに対する反感や反発もまた広まってきた。19世紀には各国で　い　の観念が強まった。この観念によれば，国民または民族は政治的な単位であると同時に人種的に純粋な共同体と見なされた。ここから，ユダヤ人はそうした共同体に属さないよそ者であり，国際的につながりをもち活動する彼らは危険分子であるという見方が浮上してきた。以前からの宗教的・経済的な理由に加え，こうした人種的な理由からもユダヤ人を排斥する考えを　う　という。ドイツの歴史家トライチュケが発した「ユダヤ人は我々の不幸である」という言葉は大変有名になった。フランスでは1894年に(8)ドレフュス事件が起こった。ユダヤ系陸軍将校が冤罪でスパイとされたことに対し，作家ゾラは公然と批判し，世論を二分する騒動になった。また，ロシア帝国で1903年に秘密警察が作成した偽書『シオン長老の議定書』は，ユダヤ人が世界支配の陰謀を企んでいるという誤った解釈を世界各国に広めた。

　1881年，ロシア帝国で専制政治をおこなっていた皇帝　I　が暗殺されると，その責任を押しつけられたユダヤ人への迫害がロシア南部を中心に広がり，それを逃れて1890年代末までに約100万人のユダヤ人人口がドイツ，オーストリアといった隣国経由で流出した。これらは「東方ユダヤ人」と呼ばれ，多くは貧しく，身なりや言語，生活スタイルも，西欧に多い同化ユダヤ人とは異なっていた。こうしたユダヤ人移民のロシアからヨーロッパへの大量流入はその後も続き，各地でユダヤ人への偏見や差別

を加速させた。

　こうした反感の高まりは，ユダヤ人たち自身にも影響を与え，自らをユダヤ民族として自覚する動きがあらわれた。ジャーナリストで作家のヘルツルを指導者とする一派は，やがて「約束の地」であるパレスチナへの復帰と，ユダヤ民族国家の樹立を要求するようになる。この動きを　え　と呼ぶ。

問1　文中の空欄　Ａ　〜　Ｉ　に入るもっとも適切な語句を，下記の語群のなかからそれぞれ一つずつ選べ。

　　a．アレクサンドル2世　　　**b**．イシュトヴァーン1世

　　c．イスラエル　　　　　　　**d**．インノケンティウス3世

　　e．ウルバヌス2世　　　**f**．オスマン　　　　　**g**．カジミェシュ3世

　　h．キエフ公国　　　　　**i**．クルップ　　　　　**j**．ゼウス

　　k．ダヴィデ　　　　　　**l**．ニコライ1世　　　**m**．フッガー

　　n．ヘロデ　　　　　　　**o**．マリア＝テレジア　**p**．メシア

　　q．モーセ　　　　　　　**r**．モンゴル　　　　　**s**．ヤハウェ

　　t．ユダ　　　　　　　　**u**．ヨーゼフ2世　　　**v**．ロスチャイルド

問2　下線部(1)に関連して，ユダヤ人の受けた他民族からの支配について述べた下記の文章のうち正しいものを一つ選べ。

　　a．紀元前13世紀に一部がエジプトに移住し，その地で古王国による圧政に苦しめられた。

　　b．分裂したユダヤ人たちの王国の一方は，紀元前8世紀にアッシリアに滅ぼされた。

　　c．分裂したユダヤ人たちの王国の一方は，紀元前5世紀，新バビロニアにより征服され，住民は首都クテシフォンへと連れ去られた。

　　d．紀元前1世紀，パレスチナを支配していたセレウコス朝シリアは，ローマの将軍クラッススによって滅ぼされた。

問3　下線部(2)に関連して，アジアの物産を地中海経由で中世ヨーロッパ各地にもたらした国際貿易を何と呼ぶか，その名称を答えよ。

問4　下線部(3)に関連して，中世のヨーロッパでおこなわれた十字軍について述べた下記の文章のうち誤りをふくむものを一つ選べ。

　　a．第1回十字軍の結果建国されたイェルサレム王国はアイユーブ朝のサラディンによって滅ぼされた。

　　b．第3回十字軍の際の参加者を中心に結成されたドイツ騎士団は，その後は北東ヨーロッパに活動の場所を移し，後の国家プロイセンの母体になった。

　　c．第5回十字軍の直前には，フランスやドイツから多数の子どもや貧民が聖地をめざして移動する少年十字軍と呼ばれる動きがあった。

　　d．フランス国王ルイ9世は南フランスの異端派を討伐するアルビジョワ十字軍を

終結させた。

問5 下線部(4)に関連して，イベリア半島でレコンキスタが完成した15世紀末の時期の出来事について述べた下記の文章のうち誤りをふくむものを一つ選べ。

  a．カスティーリャのイサベル女王の援助を受けたコロンブスがバハマ諸島に到達した。

  b．フランス王シャルル8世がイタリアに侵入し，以後同地の支配権をめぐってフランスと神聖ローマ帝国を中心とする勢力とのあいだに戦争が続いた。

  c．ポルトガルとスペインは海外の領土の分割を定めた条約を結んだ。

  d．マキァヴェリの著書『君主論』が刊行された。

問6 下線部(5)に関連して，ボヘミアについて述べた下記の文章のうち誤りをふくむものを一つ選べ。

  a．初代の神聖ローマ皇帝オットー1世は，侵入してきたアジア系のチェック人を撃破し，ボヘミアは以後，神聖ローマ帝国の支配下に入った。

  b．首都プラハの文化的発展に尽力した神聖ローマ皇帝カール4世であったが，金印勅書の発布は皇帝の権力を弱めた。

  c．ボヘミアの宗教改革者であったフスは，そのカトリックを批判する教説のゆえに死刑になった。

  d．ハプスブルク家のプロテスタント圧迫政策に対するボヘミアの反抗が三〇年戦争の引き金になった。

問7 空欄 ┃ あ ┃ に入るもっとも適切な語句を答えよ。

問8 下線部(6)に関連して，この改革の時期の出来事について述べた下記の文章のうち誤りをふくむものを一つ選べ。

  a．ナポレオンとのティルジット条約により，プロイセンは国土の大半を失った。

  b．農民解放がおこなわれ，農奴は人格的な自由や職業選択の自由を与えられた。

  c．改革の総仕上げとしてプロイセン欽定憲法が公布された。

  d．哲学者フィヒテは国力を強化する上で教育の重要性を説いた連続講演をおこなった。

問9 下線部(7)に関連して，首相ディズレーリのとった政策について述べた下記の文章のうち正しいものを一つ選べ。

  a．第2回選挙法改正をおこない，比較的豊かな工業労働者の男性にも選挙権を与えた。

  b．スエズ運河株式会社の株を買収し，エジプトへの影響力を強めた。

  c．東インド会社のインド貿易独占権を廃止した。

  d．アイルランド土地法を制定し，アイルランド人の権利の擁護に努めた。

問10 空欄 ┃ い ┃ に入るもっとも適切な語句を答えよ。

問11 空欄 ┃ う ┃ に入るもっとも適切な語句を答えよ。

問12 下線部(8)に関連して，ドレフュス事件のあったフランス第三共和政時代の出来

事について述べた下記の文章のうち正しいものを一つ選べ。

a．当初は王党派の勢力が強かったが，しだいに共和派が力をつけた。

b．フランス人クーベルタンの提唱で，パリで第1回オリンピック大会が開かれた。

c．セーヌ県知事のオスマンがパリの大改造をおこなった。

d．フランス人レセップスの努力によりスエズ運河が開通した。

問13　空欄　え　に入るもっとも適切な語句を答えよ。

（法政大〈法・文〉）

10 キリスト教史（成立期〜宗教改革）

キリスト教史に関する次の文章を読み，設問に答えなさい。

　ナザレ出身のイエスは，バプテスマのヨハネから洗礼を受け，その後「神の国は近づいた。悔い改めて福音を信ぜよ」という教えを広め始めた。彼はモーセの律法を尊重しつつも，安息日に病人を癒し，取税人など下層と見なされている人々を招くなどして，祭司階級や　①　と対立した。彼はペテロらを弟子に選んで活動したが，その一人であるユダの裏切りによって捕えられ，反乱を企てる者としてローマのユダヤ総督ピラトに訴えられ，十字架の刑に処せられた。しかし弟子たちは彼が復活したと考え，彼をメシアと見なす信仰が生まれた。

　イエスの死後，その言行が弟子たちによって伝えられ，信者たちの共同体として教会が形成された。活動はユダヤの地域を越えてギリシアおよびローマ世界に，またユダヤ人から異邦人へと広まり，②各地に教会が建てられ，新約聖書が編纂され，キリスト教が成立した。

　キリスト教は，皇帝崇拝を旨とするローマでは，まず　A　帝による迫害にあった。そののち　B　帝の大規模な迫害が失敗に終わると，　C　帝は，313年，キリスト教を公認した。380年には，　D　帝によりローマ帝国の国教となった。③教会内部では，325年のニケーア公会議で，アリウス派が異端とされ，アタナシウス派が正統の地位を占めた。431年のエフェソス公会議ではネストリウス派が，また451年のカルケドン公会議では単性論が，異端とされた。ローマ教会はやがてカトリック（普遍的）と称し，その首長は教皇としての権威を持つようになった。

　ローマ帝国は395年に東西に分裂する。西ローマ帝国が滅亡すると，カトリック教会はフランク族との結びつきを強め，496年にはその王クローヴィスを改宗させた。レオ3世は800年にフランク王カールに帝冠を授け，西ヨーロッパ中世世界が成立した。他方，東ローマ帝国では，ギリシア正教会が皇帝に支持され，東欧からロシアまで拡がった。④両教会は1054年に分裂した。

　西ヨーロッパ世界で，⑤教皇権は13世紀初めのインノケンティウス3世のときに絶頂に達した。しかし，このころから教会の世俗化が目立ち始め，それを批判してフラ

ンチェスコ修道会など，修道院の外に出て民衆を教化しようとする托鉢修道会の運動が始まった。他方で，11世紀末，進出してきたイスラーム勢力に対して聖地を奪回するという名目で教皇ウルバヌス2世が呼びかけて始まった十字軍は，数度に及んだが失敗し，教皇権は衰退に向かった。

　教会と世俗の乖離はいっそう拡大した。そのような動きの中で，ルターは1517年，免罪符の発行を機会に九十五カ条の論題を出してカトリック教会を批判し，「人が救われるのはただ信仰による」という福音主義を主張した。この主張に拠る人々はプロテスタントと，また運動は⑥宗教改革と呼ばれた。この考えはヨーロッパの主に西方および北方に広まり，イングランドでは，ヘンリ8世の時にイギリス国教会を成立させた。⑦そののち，大陸では新旧両派の宗教戦争が繰り返された。カトリック教会は，宗教改革に対抗する体制を整え，あらたな布教に乗りだした。

設問1　空欄①に入るもっとも適切な語句を，次の中から一つ選びなさい。
　　イ．カタリ派　　　**ロ**．パリサイ派　　　**ハ**．再洗礼派　　　**ニ**．ストア派
設問2　下線部②について，次の中から古代の主要な五つの教会（五本山）に該当しないものを一つ選びなさい。
　　イ．ローマ　　　**ロ**．コンスタンティノープル　　　**ハ**．アテネ
　　ニ．イェルサレム
設問3　空欄A〜Dにはローマ皇帝の名前が入る。その組み合わせとして正しいものを一つ選びなさい。
　　イ．A：ネロ　　　　　　　　　B：ディオクレティアヌス
　　　　C：コンスタンティヌス　　　D：テオドシウス
　　ロ．A：コンスタンティヌス　　B：ディオクレティアヌス
　　　　C：ネロ　　　　　　　　　　D：テオドシウス
　　ハ．A：テオドシウス　　　　　B：コンスタンティヌス
　　　　C：ネロ　　　　　　　　　　D：ディオクレティアヌス
　　ニ．A：ネロ　　　　　　　　　B：テオドシウス
　　　　C：コンスタンティヌス　　　D：ディオクレティアヌス
設問4　下線部③のキリスト教にあった複数の考えについての記述のうち，明白な誤りを含むものを一つ選びなさい。
　　イ．アタナシウス派は父なる神と子なるイエスは同質だとし，この考えはのちに三位一体説として確立された。
　　ロ．アリウス派はイエスを神によって創られた人間と見なし，異端とされた後もスラヴ民族に拡がった。
　　ハ．ネストリウス派はイエスの神性と人性を分離して考え，中国まで伝播して景教と呼ばれた。
　　ニ．単性論はイエスに神性のみを認め，エジプトのコプト教会などに受け継がれた。

設問5 下線部④の東西の両教会についての記述のうち，明白な誤りを含むものを一つ選びなさい。

イ．キリスト教は元来偶像崇拝を禁止するが，コンスタンティノープル教会では，異教徒への布教の必要から聖像の使用を容認した。これに対してローマ教会では，イスラームに対抗するために，聖像が禁止されていた。

ロ．西ヨーロッパ世界では皇帝と教皇の二つの権力が並立していたが，ビザンツ帝国では皇帝がキリストの代理人として教会を支配し，最高の権力者であった。

ハ．第四回十字軍は，コンスタンティノープルを占拠してラテン帝国をたてたため，ギリシア正教会とローマ＝カトリック教会は不仲となった。

ニ．ビザンツ帝国の文化と宗教は，帝国の滅亡後，ロシアに受け継がれ，モスクワの教会は，ギリシア正教の中心であると主張し，ロシア正教が発展した。

設問6 下線部⑤の教皇権に関わる出来事についての記述のうち，明白な誤りを含むものを一つ選びなさい。

イ．神聖ローマ帝国皇帝ハインリヒ4世が，聖職叙任権を争って教皇グレゴリウス7世から破門され，それを取り消してもらうため，カノッサで許しを請わねばならなかった。

ロ．十字軍に参加した諸侯や騎士の家系が断絶することも多く，その所領を没収した国王が権力を伸ばした。

ハ．教会の堕落に対する批判は，アルビジョワ派など内部での異端信仰となって現れた。討伐のためにしばしば十字軍と呼ばれる軍隊が派遣されて，鎮圧を行った。

ニ．イタリアの政情不安により，教皇クレメンス5世はアヴィニョンに教皇庁を移したが，逆に70年の間フランス王の監視下に置かれることになった。これは「大シスマ」と呼ばれる。

設問7 下線部⑥の運動についての記述のうち，明白な誤りを含むものを一つ選びなさい。

イ．ラテン語の聖書を，イギリスではウィクリフが英語に，ベーメンではフスがチェコ語に訳した。

ロ．ルターの教えに従ったドイツの諸侯は，カトリック教会の権威から離れ，領内の教会の首長となり，修道院の接収などを行った。

ハ．カルヴァンはフランスから亡命してジュネーヴで活動し，救いは意志や善行と無関係で神によって決められているという「予定説」を唱えた。

ニ．カルヴァン派は，スコットランドではプレスビテリアン，フランスではゴイセン，オランダではユグノーと呼ばれた。

設問8 下線部⑦の時期の宗教上の動きについての記述のうち，明白な誤りを含むものを一つ選びなさい。

イ．神聖ローマ帝国内にあったベーメンでは，ハプスブルク家がカトリック信仰を強制したのに反抗して貴族や民衆が反乱を起こし，三十年戦争と呼ばれる長期の

戦乱が始まった。

ロ. フランスでは，新教徒であったブルボン家のアンリは，王位に就くとアンリ4世となってカトリックに改宗したが，ナント勅令を発して，新教徒にも信教の自由を与えた。

ハ. 新旧両派の調停をはかって，フランスのクレルモンで公会議が開かれたが，新教側がほとんど出席せず，旧教側が教皇の至上権を確認するに終わった。

ニ. スペイン貴族であったロヨラはイエズス会を結成して海外布教に乗りだし，同会のザビエルはインドから東南アジアへと布教したのち日本へはじめてキリスト教を伝えた。

（早稲田大〈法〉）

11 〕〔16世紀〜19世紀ヨーロッパの社会と経済 ‖‖‖‖‖‖

16世紀からのヨーロッパ諸国では，絶対王政のもとで必要な莫大な経費を賄う貨幣を獲得するために，□(1)□と呼ばれる経済政策が遂行された。その初期段階は，国内に金銀などの貴金属や貨幣を，直接蓄積することに努めて，国内や植民地の鉱山開発が行われた。その後，アジアとの交易が拡大して金銀流失の抑制が困難になると，(a)輸出を盛んにして輸入を極力抑えることによって国家財政の増大を目指した。フランスでは，ルイ14世の時代に，財務総監□(2)□が，直接，輸出産業の育成に努め，輸入品の国産化を図った。

ヨーロッパの有力国は，自国製品を売るための国外市場が必要とされたことから，植民地を求めて積極的に海外に進出した。イギリスは，1623年に発生したアンボイナ事件を転機に，勢力を□(3)□からインドに移し，ボンベイ，□(4)□，カルカッタを基地として，盛んな通商活動を展開した。そして，1651年に制定された□(5)□を原因として発生した□(6)□の後，世界貿易の覇権争いで優位に立った。

18世紀前半のイギリス農村部では，(b)輪作を中心とする新しい農法が導入されて生産性が高まり，これを容易にするために土地の集約が進められた。これにより土地を失った農民の多数が，都市に流入して工場労働者となり産業革命を推進した。(c)また，毛織物業を中心に問屋制手工業と呼ばれる資本主義的生産方式が確立していった。

18世紀後半から始まった産業革命によって，経済活動に機械や動力が導入され，機械制工場が展開された。これを契機に，経済の在り方や社会構造が根本的に転換し，人々の生活も一変した。資本家の中でも商人や農業経営者に代わって，工場経営者などが有力となる□(7)□の時代が到来する。1820年代に入ると，強い経済力を有する資本家の働きかけによって，1828年の□(8)□の廃止や，(d)1829年のカトリック教徒解放法の制定など，内政・外交両面で，自由主義改革が進められた。

国家規制の強かったフランスでは，『経済表』を著した□(9)□や，百科全書派でルイ16世の時代に財務総監を務めた□(10)□らが，(e)自由放任主義を唱えた。さらに，資本

主義を体系的に考察した『諸国民の富』を著した ⑾ は，自由主義的な古典派経済学を確立した。

　大規模な工場生産が拡大するにつれて，大都市には，大量の未熟練労働者が集中するようになった。全国規模の労働組合も誕生し，団体交渉やストライキによって，その賃金や労働条件の改善を試みた。マルクスとエンゲルスは，1848年に『共産党宣言』を発表して，(f)万国の労働者が団結して革命によって社会主義を実現するように説いた。

　ヨーロッパ諸国での労働者勢力の運動方針は多様であった。ドイツでは，ビスマルクが「飴と鞭」の政策を進めて， ⑿ を制定する一方で，社会保険制度を導入した。各国の労働者政党は，国際的連帯を重視したため，社会主義運動の国際組織として，1889年に ⒀ を結成し，帝国主義戦争への反対を主張した。これに対して，イギリスでは， ⒁ 内閣の下で，(g)1911年に国民保険法を制定し，国民生活の安定に対しても責任を負うようになった。

　19世紀末に，資本主義諸国では， ⒂ と電力を新しい動力源とする第二次産業革命が進展して，少数の大企業が市場を支配する状況が生まれた。アメリカでは，(h)1890年に大企業の市場支配を阻止しようとして法律を制定したが，企業資本の集中はますます進んでいった。

問1　文中の空欄 ⑴ 〜 ⒂ にあてはまる最も適当な語句を下記の語群から選びなさい。

- **11.** アダム＝スミス
- **12.** アロー
- **13.** インドネシア
- **14.** 英西戦争
- **15.** 英仏戦争
- **16.** 英蘭戦争
- **17.** 貨幣主義
- **18.** 共産党
- **19.** 金融資本主義
- **20.** ケネー
- **21.** ゴア
- **22.** 航海法
- **23.** 穀物法
- **24.** コルベール
- **25.** 産業資本主義
- **26.** 社会主義運動鎮圧法
- **27.** 社会主義者鎮圧法
- **28.** 重金主義
- **29.** 重商主義
- **30.** 修正主義
- **31.** 自由党
- **32.** 審査法
- **33.** スマイルズ
- **34.** 石炭
- **35.** 石油
- **36.** 第1インターナショナル
- **37.** 第2インターナショナル
- **38.** 第3インターナショナル
- **39.** ダランベール
- **40.** 団結禁止法
- **41.** ディドロ
- **42.** 鉄
- **43.** テュルゴー
- **44.** 天然ガス
- **45.** フィリピン
- **46.** 保守党
- **47.** ポンディシェリ
- **48.** マザラン
- **49.** マドラス
- **50.** マレーシア
- **51.** リカード
- **52.** リシュリュー
- **53.** 労働組合法
- **54.** 労働党

問2　下線部(a)について，この経済政策を何主義というか。

問3　下線部(b)について，この当時に，イギリス東部で開発された輪作農法を何という か。

問4　下線部(c)について，この問屋制手工業の仕組みはどのようなものであったか。 40字以内で説明しなさい。

問5　下線部(d)について，アイルランドの独立運動指導者として同法の成立に尽力し た人物の名前は何か。

問6　下線部(e)について，自由放任主義を象徴的に表すフランス語の標語は何か。

問7　下線部(f)について，マルクスらは，それまでの社会主義思想を批判して，自分 たちの社会主義思想のことをどう呼んだか。

問8　下線部(g)について，この時に発足した2つの保険制度は何であったか。それら の保険の名前は何か。

問9　下線部(h)について，この時に成立した法律の名前は何か。

（慶應義塾大〈商〉　改）

12) アメリカ合衆国の大統領

以下の文章を読み空欄Ａ～Ｊにもっとも適切な人名を入れ，設問に答えなさい。

　英国は元来，北米植民地の自治に比較的寛大であったが，戦費調達の必要から，印 紙税の導入や植民地が輸入する茶への課税などの措置を取ると，植民地の人々の怒り を買うことになった。13の英植民地の代表がフィラデルフィアに集まった大陸会議で 1776年7月4日に採択したのが，有名な「アメリカ独立宣言」で，後に第3代大統領に なる（　Ａ　）が起草した。

　19世紀の前半は，アメリカのフロンティアが徐々に西へ広がっていった時代である。 とりわけ（　Ａ　）が大統領であった1803年には，フランスから広大なルイジアナの地 を購入し，領土は一気に倍増した。さらに，モンロー大統領の時代にはフロリダをス ペインから500万ドルで購入，第10代大統領のタイラーはテキサスを併合，第11代の ポークの時代には，メキシコとの戦争（1846～48年）で勝利を収め，1500万ドルを支払 って，カリフォルニアやニューメキシコを含む広大な領地を獲得し，現在のアメリカ の領土をほぼ確定することになった。

　一方で，モンロー大統領は1823年12月の年次教書の中で，アメリカが欧州に干渉し ない代わりに，欧州諸国もラテンアメリカ諸国を再植民地化したり，独立を阻もうと しないよう警告した。当時のラテンアメリカでは，アルゼンチン，メキシコ，ブラジ ルなどが宗主国のスペインやポルトガルから独立し，欧州の列強と対峙していた。モ ンローはこれらラテンアメリカ諸国を側面支援する形で，欧州の影響力排除に乗り出 すと同時に，ラテンアメリカにおけるアメリカの優越的な地位を確立しようとしたの である。アメリカはまだ欧州列強と軍事的に競うだけの力はなかったが，強大な海軍

力で大西洋を支配していた英国が，モンローの主張は自国の利益にかなうと判断したのが幸いであった。

　奴隷制をめぐる南北の対立は，19世紀前半に徐々に深刻さを増していたが，1860年の大統領選挙で奴隷制に反対する共和党から出馬したリンカーンが当選したことにより，南部諸州の離脱は避けられなくなった。リンカーンが第16代大統領に就任した直後の1861年4月，ついに南北戦争が始まった。

　戦争は1863年7月のゲティスバーグの戦いでの勝利や（　B　）総司令官（後の大統領）による南部地域攻略作戦の成功などにより，物量に勝る北軍が次第に南軍を圧倒していった。リンカーンが2期目の就任式を行った直後の1865年4月9日，南軍のリー将軍がバージニア州アポマトックスで降伏して，戦争は終結した。

　終戦直後の北軍占領下では急進的な改革が各地で行われたものの，1876年の大統領選で共和党のヘイズが当選した際の南北の妥協による占領軍撤退などを経て，南部保守派の抵抗は強まっていった。白人優位を唱える秘密結社クー゠クラックス゠クラン（KKK）によるリンチも，猛威を振るった。①こうして奴隷解放後の黒人の市民権尊重と投票権の確保は，20世紀に入ってもアメリカの大きな社会問題として続いていく。

　工業面でも農業面でも英国など欧州諸国をしのぐ大国に成長してきたアメリカが，欧州列強と並んで世界の舞台で国益を追求する大国へと急速に成長したのが，19世紀末から20世紀初頭である。

　この間に，アメリカはスペインとの米西戦争（1898年）に勝ってカリブ海から太平洋地域にまで勢力を広げる基礎を築き，（　C　）の時代には「こん棒外交」を展開して，パナマ運河の建設に乗り出す。19世紀前半の「モンロー主義」から大きく踏み込んで，ラテンアメリカ地域への介入の時代に入ったのはこの頃である。中国に関しても，欧州列強や日本に対して，「門戸開放政策」を呼び掛け（1899年），アジア進出の足掛かりを求めた。さらに，第一次世界大戦では，当初中立を維持するが，2期目に入った（　D　）は「世界は民主主義にとって安全でなければならない」と宣言して参戦し，英仏など連合国側のドイツに対する勝利に貢献した。

　内政面で見ると，この時期のアメリカは基本的に「共和党の時代」であった。

　1896年に民主党候補のブライアンとの激戦を制して当選した（　E　）は産業界の支持を背景に，高い保護関税（ディングリー法：1897年）を導入しつつ，金本位法を制定（1900年）し，経済的な繁栄と輸出の拡大を図った。この時代に都市部の中産層や農民，そして労働者層が共和党の支持基盤として固まり，再びブライアンとの対決になった1900年選挙では楽々と再選された。（　E　）は1901年9月に暗殺されたものの，副大統領から昇格した（　C　）は，これまで大統領の死で昇格したどの副大統領経験者よりも精力的で有能であり，猛烈な勢いでアメリカを引っ張る指導者に成長した。

　順調に発展していたアメリカ経済が一気に暗転したのが，1929年10月24日のいわゆる「暗黒の木曜日」である。株価が大暴落し，それは世界中を巻き込む大恐慌へと発展していった。1933年の失業率は実に25％に達し，労働者の4人に1人が職のない状態

になった。当時の（　F　）大統領は，実業家としても成功した尊敬を集める人物であった。しかし，基本的に自由主義経済を信奉し，連邦政府の過度な介入を潔しとしない姿勢が完全に裏目に出て，アメリカ経済は想像を絶する危機に陥っていった。

　未曽有の大恐慌で疲弊したアメリカの経済・社会の立て直しという重責を担ったのは，久しぶりに民主党から大統領となった（　G　）であった。その過程で民主党の支持基盤は都市部の中産層や低所得労働者，黒人，農民と広範に広がり，強固な民主党支持基盤を築くことに成功した。（　G　）は空前絶後の４選を果たし，この強固な民主党支持基盤は1968年の大統領選で共和党の（　H　）が登場するまで基本的に維持された。南北戦争当時から南部を支持基盤にする少数党に甘んじていた民主党が，北部に勢力を伸ばし，多数派政党に脱皮したのが，（　G　）の時代なのである。

　第二次大戦末期の数カ月間は，（　G　）の死で副大統領から昇格した（　I　）がアメリカを中心とする連合諸国を指導した。その彼が直面した戦後の危機はソ連との「冷戦」である。チャーチルが1946年３月にミズーリ州のフルトンで行った演説の中で，西欧と東欧の間に「鉄のカーテン」が下ろされたと非難したように，大戦が終わって今度は東欧を支配下に置いた共産主義国ソ連と西側とのイデオロギー対立が，長く世界を引き裂く時代に突入したのである。

　（　H　）はベトナム戦争における「ベトナム化」を進めて米軍の関与を縮小する一方，中国との関係正常化という思い切った外交転換に踏み出した。ソ連とも緊張緩和を進め，戦略核兵器の制限に踏み切るなど冷戦を既成事実と認めた上でアメリカ外交のダイナミックな展開を演出した。しかし，ベトナム戦争は1975年４月，南ベトナムの首都サイゴン（現ホーチミン市）陥落という劇的な形で終結。南北ベトナムは社会主義国として統一され，アメリカは外交的に手痛い打撃を被った。

　一方，1972年選挙で（　H　）は圧勝するが，共和党陣営が選挙戦の最中に民主党本部の盗聴を図っていた事実が発覚。大統領がもみ消し工作にかかわっていたとして，大統領の犯罪として重大事件に発展した。（　H　）は結局，議会での弾劾が確実になったのを見極めて辞任（1974年８月９日）。建国以来初めて，任期途中で辞任に追い込まれた不名誉な大統領となった。

　（　J　）のアメリカは財政赤字と貿易赤字の二つの赤字に苦しみ，特に１期目は失業率も高かったが，カーター時代の負の遺産を背負って出発した彼は，持ち前の楽天的な性格と有能な人材に政権運営を任せる企業の会長的な態度を取って，アメリカを徐々に回復に導いた。1980年代のアメリカは1990年代以降の経済的飛躍のスタートとなった。（　J　）は1981年の就任演説で，「政府は我々の問題の解決にはならない」と語り，民主党時代に続いた大きな政府こそ問題であり，政府の関与はできるだけ少なくして「小さな政府」を目指すと明言。国民の創造力と民間企業の活力に国家再生の期待を掛けたのである。彼は「（アメリカの）衰退は不可避ではない。何もしなければ，破滅が降りかかってくるのだ」と述べて，国民を奮い立たせた。

問 下線部①に関連して，以下の語句をすべて用いて，公民権運動に対するケネディ大統領とジョンソン大統領の取り組みについて150字以内で論じなさい。なお，用いた語句に下線を引きなさい。ただし，数字は１マスに２字書くことができる。

冷戦　　　暗殺　　　公民権法　　　「偉大なる社会」　　　人種差別

13 アメリカ合衆国におけるマイノリティ問題

以下の文章の空欄 (1) から (6) に入る最も適切な語句を語群より選びなさい。また，下線部(ア)から(カ)に関連する**設問1から6**に答えなさい。

(1) は，アメリカ合衆国の独立戦争に際してワシントン総司令官の副官を務め，(ア)ワシントン大統領の下で合衆国初代財務長官になった。彼はのちに，政敵との決闘で死亡したことでも知られる。この人物を主人公とし2015年にニューヨークで初演されたミュージカルは，主人公を含むアメリカ合衆国建国の父をすべて有色人種の役者が演じていることから，移民や難民等のマイノリティをめぐる議論に一石を投じている。

以下では，アメリカ合衆国におけるマイノリティに関するいくつかの場面を振り返ってみよう。

19世紀にアメリカ合衆国の領土が西部へと拡大すると，多くの人が西部での農地獲得を求めて移住した。この西部開拓により，先住民は開拓を邪魔する者として虐げられた。先住民の (2) 族が，(イ)ジャクソン政権の下で成立した法律によりミシシッピ川東岸から現在のオクラホマ州の保留地に強制移住させられたのは1838年から1839年のことであった。強制移住の途上では4000人もの死者が出たとされ，この旅は「涙の旅路」と呼ばれるようになった。

このように西部へと領土が拡大するにつれて，(ウ)北部と南部の対立が激化した。1861年には南北戦争が勃発した。北部は1862年の (3) 法により西部農民の支持を得て戦局を有利とした。戦闘が長期化すると，当時の大統領は1863年1月に奴隷解放宣言を発し，この戦争を奴隷解放の戦いであると位置づけた。同年には南北戦争最大の戦闘である (4) の戦いが生じた。

南北戦争後，連邦憲法の修正により，奴隷制は廃止された。しかし，一部地域では，(5) 法と総称される一連の法律が，州法として可決されていった。これらの法律は，読み書きテストなどによる黒人の投票権制限や，公共施設での人種隔離を容認するものであった。また，黒人の要求していた土地改革は無視され，解放された多くの黒人はシェアクロッパーとしてプランターに隷属した。選挙権や公共施設での人種差別を禁止する法律が成立するのは，はるかのちの1964年のことであった。

(エ)1920年代のアメリカ合衆国では，富裕層のみならず労働者も家庭電化製品のある

生活を享受し，人々は空前の繁栄を謳歌した。　⑥　大統領が，1929年に，「われわれは貧困に対する最終的勝利に近づいている」と演説したことも有名である。㈹女性参政権が認められたのもこの時代である。しかし，1920年代は，不寛容の時代とも呼ばれる。白人至上主義を唱えたクー＝クラックス＝クラン（KKK）が復活し，日本等からのアジア系移民を事実上禁止した法改正が行われたのもこの頃である。

　日系人にとっては厳しい時代が続いた。ローズヴェルト大統領は，対日宣戦布告演説を行い，日本がアメリカ合衆国に奇襲攻撃をかけたと強調した。この演説は，㈺日系人に対する反感をいっそう強めることとなった。

[設問1]　下線部㈠に関連して，この政権で初代国務長官を務めた者についての記述として，最も適切なものを下から選びなさい。

　[01]　この人物は，連邦政府の権限強化を主張し，憲法草案を支持した。

　[02]　この人物が大統領のとき，下院が設立され，連邦議会の二院制が確立した。

　[03]　この人物が大統領のとき，アメリカ合衆国はミシシッピ川以西のルイジアナを買収した。

　[04]　この人物を中心に結成された政党は，都市部富裕層の利益を重視した。

[設問2]　下線部㈤に関連して，ジャクソン政権誕生よりも前に生じた出来事を下から選びなさい。

　[01]　テキサス併合

　[02]　モンロー教書の発表

　[03]　カリフォルニアにおける金鉱発見

　[04]　アメリカ＝メキシコ戦争

[設問3]　下線部㈡に関連する記述として最も適切なものを下から選びなさい。

　[01]　南部は，奴隷制を非難する北部に対して抵抗し，合衆国として奴隷制を採用するべきだと主張した。

　[02]　南部は，イギリスからの安価な工業製品の流入を防ぐため，輸入品に高い関税をかけるよう要望した。

　[03]　ミズーリ州は，奴隷州であったが，南部連合には参加しなかった。

　[04]　グラントが率いた南軍は，リーが率いた北軍に降伏した。

[設問4]　下線部㈢に関連して，アメリカ合衆国で1920年代に生じた出来事として誤っているものを下から選びなさい。

　[01]　ラジオの定時放送が始まった。

　[02]　ボクシングやベースボールなどのプロスポーツが盛んになった。

　[03]　チャップリン監督の映画「モダンタイムス」が公開された。

　[04]　ハリウッドで制作されたアメリカ映画が，世界映画市場の90％を占めるに至った。

[設問5]　下線部㈹に関連して，次に列挙する諸国のうち，女性参政権が認められた

時期が早い国から年代順に並べた場合，4番目に位置する国はどこか。

[01]　日本　　　　[02]　オランダ　　　　[03]　スイス

[04]　トルコ　　　[05]　オーストラリア　　[06]　ニュージーランド

[07]　フィンランド

[設問6]　下線部(カ)に関連して，アメリカ合衆国における日本人移民や日系人をめぐる記述として最も適切なものを下から選びなさい。

[01]　第二次世界大戦中に収容所に強制的に移住させられたのは合衆国の市民権を持たない日本人移民のみであり，合衆国の市民権を持っている者は日系であっても収容されなかった。

[02]　日露戦争後，黄禍論の台頭もあり，東部で排日運動が激化した。

[03]　第二次世界大戦中，日系人は差別され，希望しても従軍することはできなかった。

[04]　20世紀初頭の日系人排斥運動において，その先頭に立ったのはアイルランド系や南欧・東欧系の移民であった。

〔語群〕

01. アパッチ	02. イヌイット	03. 移民
04. 印紙	05. ウッドロー＝ウィルソン	
06. カンザス・ネブラスカ		07. 寛容
08. クーリッジ	09. ケチュア	10. ゲティスバーグ
11. 航海	12. 公民権	13. 穀物
14. コロンビア特別区	15. コンコード	16. 砂糖
17. サラトガ	18. ジム＝クロウ	19. 審査
20. 人身保護	21. スー	
22. セオドア＝ローズヴェルト		23. タフト
24. チェロキー	25. チチメカ	26. 茶
27. ドーズ	28. トマス＝ペイン	29. トルテカ
30. ナヴァホ	31. バー	32. ハーディング
33. ハミルトン	34. 反トラスト	35. フーヴァー
36. フォード	37. フランクリン	38. ブレイディ
39. ホームステッド	40. マディソン	41. モホーク
42. ヨークタウン	43. リッチモンド	44. レキシントン
45. ローラット		

（慶應義塾大〈法〉　改）

14 アメリカ合衆国における経済格差

　これまでの歴史の中では，経済的な発展が**A**一定の階層の者たちによる奴隷などの階層の者たちに対する虐待や搾取などから成り立っていたということがくりかえしみられてきた。今日，世界経済を牽引しているアメリカにおいても，その歴史の中で同様の現象がくりかえしみられてきている。

　アメリカでは，植民地時代から**B**一部の白人入植者らによる搾取行為がみられていたし，**C**アメリカ合衆国の独立や南北戦争などを経た19世紀後半以降も，　**D**　人，ユダヤ人，　**E**　人などの移民が都市や工場において低賃金で労働に従事するなど，同様の状況がみられていた。**F**1920年代には，好調な経済，大量生産・大量消費社会の下で，いわゆる中間層は経済的な繁栄を謳歌したが，**G**ウォール街での株価暴落に端を発する世界恐慌により，そうした時代も終焉を迎えた。

　H第二次世界大戦の後も，いわゆる貧困層や黒人が虐げられる時代が長く続いた。**I**公民権運動などを経て，人種による差別などは表面的には減少したものの，20世紀後半以降も，**J**製造業の衰退，**K**金融業や**L**IT産業の隆盛，より近年でいえば，AI（人工知能）に関する技術の進展などによる経済や社会の大幅な変化に伴い，富める者とそうでない者，さらには地域間での格差はより一層の拡大傾向にある。

問A　下線部**A**に関連して，古代ローマにおける奴隷に関する記述として誤っているものはどれか。
　1．平民派の指導者となったマリウスはもともと奴隷出身であった。
　2．いわゆるラティフンディウムのもとで，ブドウやオリーブなどの生産に従事した。
　3．前2世紀後半にシチリアにおいて2度の反乱を起こした。
　4．コロッセウムなどで開かれた闘技会で戦った剣闘士の多くは奴隷であった。
問B　下線部**B**に関連して，ヴァージニア植民地において，とくに17世紀の後半以降にタバコの生産における主要な労働力となっていったのはどれか。
　1．北米大陸における先住民　　　**2**．黒人奴隷
　3．白人年季奉公人　　　　　　　**4**．西インド諸島出身のインディアン
問C　下線部**C**に関連して，独立宣言およびその起草に関わったトマス=ジェファソンに関する記述として誤っているものはどれか。
　1．トマス=ジェファソンが起草した独立宣言の草稿の中には，奴隷制を強く批判する内容が含まれていた。
　2．トマス=ジェファソンの大統領在任中に，アメリカ合衆国連邦裁判所における違憲立法審査権を確立したとされるマーベリー対マディソン事件が起こった。
　3．トマス=ジェファソンは，ヴァージニアの古い入植者の家系に生まれ，広い農園と奴隷を相続していた。

4．最終的な独立宣言は，白人はもちろん，黒人および女性を含む全ての人が平等であり，それら全ての人が等しく生命，自由および幸福の追求に関して，奪うことのできない権利が与えられていることを文言上明らかにした。

問D　　D　　にはいる国は，1920年に起こった強盗殺人に関するえん罪事件において犯人とされ，死刑に処された者ら，すなわち製靴工場の職人であったニコラ＝サッコと魚の行商人であったバルトロメオ＝ヴァンゼッティの出身国である。その国はどれか。

1．イタリア　　　**2**．スロベニア　　　**3**．スペイン　　　**4**．ギリシア

問E　　E　　にはいる国に関して，現在，イギリスに移り住んでいる外国籍の移民の中では，同国の出身者が最も多い状況となっている。その国はどれか。

1．アイルランド　　　**2**．インド　　　**3**．ポーランド　　　**4**．ルーマニア

問F　下線部Fに関連して，アメリカの1920年代の出来事に関する記述として誤っているものはどれか。

1．商業的長編映画としてのトーキー映画が公開された。

2．ベーブ＝ルースがシーズン60本塁打というそれまでのシーズン最多本塁打記録を作った。

3．テネシー川流域開発公社が多目的ダムを建設し，同流域に水力発電による電力を供給した。

4．ラジオ放送が開始された。

問G　下線部Gに関連して，ウォール街が位置するニューヨークに関する記述として誤っているものはどれか。

1．1914年，連邦準備制度の下で第2区を管轄する連邦準備銀行が設立された。

2．もともとはオランダ西インド会社によって1620年代中盤頃から本格的な植民が開始された都市であった。

3．2011年に富裕層が保有する資産の多さや金融機関の救済政策などを批判する大規模なデモや運動が起こった。

4．1920年に発足した国際連盟の本部が置かれた。

問H　下線部Hに関連して，同大戦期間中には，各地で日本の植民地支配や軍事占領に反抗し，抗日・反日闘争を行うに至った組織・団体・戦線などがみられた。それらに該当しないものはどれか。

1．ベトナム独立同盟(ベトミン)　　　**2**．ラオス愛国戦線

3．東北抗日聯軍　　　　　　　　　　**4**．フクバラハップ

問Ⅰ　下線部Ⅰに関連して，1964年に成立した公民権法が定めていた内容として誤っているものはどれか。

1．黒人高齢者に対する医療費の補助

2．公共施設における人種差別・分離の禁止

3．投票適格者を認定する際の人種差別の禁止

4．雇用における人種差別の禁止

問J　下線部Jに関連して，フォード・モーター社がフォード・モデルTの生産のための工場を建設したことなどをきっかけとして自動車産業が発達したものの，2009年にゼネラルモーターズが倒産したことなどにより，同産業の衰退がみられている都市はどれか。

　1．ロサンゼルス　　　2．デトロイト　　　3．ヒューストン　　　4．シカゴ

問K　下線部Kに関連して，1997年にアメリカおよびヨーロッパのヘッジファンドが短期資金を過剰に流入させたり，通貨の空売りを行ったことによって起こったアジア通貨危機の際，経済的な危機は生じたものの，IMFの緊急支援を受けることはなかった国はどれか。

　1．韓国　　　2．インドネシア　　　3．マレーシア　　　4．タイ

問L　下線部Lに関連して，IT技術の発展，とくにソーシャルネットワークサービスやスマートフォンの普及は，2010年にはじまったアラブ諸国における民主化運動（アラブの春）の大きな要因にもなり，いくつかの国では当時の政権の打倒に結実した。次のうち，アラブの春の際に政権の打倒にまで至らなかった国はどれか。

　1．チュニジア　　　2．リビア　　　3．サウジアラビア　　　4．エジプト

（早稲田大〈商〉）

政治・社会・経済的テーマ関係

15 混合政体論と後代への影響

　混合政体論は古典古代の政治理論が現代に至るまで影響を及ぼした重要な思想の一つである。

　ギリシア都市国家に政治的安定をもたらすため，さまざまな思想上の試みがなされた。一人支配（王政），少数支配（貴族政），多数支配（民主政）というように，統治を担う者の数によって政体を分類し，それぞれの類型の中に善き政体と悪しき政体があるとして，善き政体を組み合わせることで国家を安定させようという思想が生まれた。伝わっている限りで政体を混合するという言葉を始めて用いたのは，ペロポネソス戦争の歴史を叙述した（　①　）である。②古代ギリシア思想では，さまざまな混合政体論が唱えられた。例えば，プラトンは王政と民主政の混合を，アリストテレスは富者・中間層・貧者が混合され中間層が権力を持つ政体を構想した。古代ギリシア思想で一般に理想的とされたのは，③スパルタの混合政体だった。こうした思想はローマにも受け継がれた。とりわけ，ポリビオスは，ローマが前216年に（　④　）で大敗北を喫したにもかかわらず，前168年にはマケドニア王国を解体するほどの世界勢力となった理由を混合政体に求めた。彼によれば，ローマ政体は，コンスル（王政），元老院（貴族政），民会（民主政），それぞれが権力を分有し，互いに抑止し合い，全体の均衡を維持する権力分立のシステムだった。ポリビオスより1世紀後に，キケロは，

⑤前2世紀末から続く「内乱の1世紀」という状況に危機を感じ，「内乱の1世紀」に先立つ時期のローマ政体を三つの善き政体が協調するものと捉え，その復活を主張した。けれども，ローマ帝政という一人支配の開始によって，混合政体論はその実質を失ってしまう。

　混合政体論は，⑥中世を通じての古典古代文化復興の動きの中で復活した。14世紀には，アリストテレスの政体分類に基づいて，より小さな都市にはアリストテレス的な混合政体が望ましく，ヴェネツィアやフィレンツェには貴族政が望ましいとする見解が示された。とりわけ，フィレンツェの政治家・歴史家である（　⑦　）は，16世紀初頭に著した『ローマ史論』でポリビオスに近似する混合政体論を展開した。⑧17世紀にはイギリスで，チャールズ1世が，議会に対抗するため，イングランドの古くからの政体は王政・貴族政・民主政の混合であると主張した。さらに，⑨アメリカ合衆国憲法の準備に当たって，ジェファソンがポリビオス等の古代の文献をパリからアメリカに送ったことが知られている。アメリカ政体は諸機関への権力分割と各機関相互の抑止による均衡のシステムである。古典古代に由来する混合政体論は現代に至るまで大きな影響を持ち続けているのである。

設問1　空欄（　①　）に入る最も適切な人名を以下の**ア〜エ**から一つ選びなさい。

　　ア．ヘシオドス　　　　**イ**．ピンダロス　　　　**ウ**．ヘロドトス

　　エ．トゥキディデス

設問2　下線部②に関し，古代ギリシア思想について明白な誤りを含む文章を以下の**ア〜エ**から一つ選びなさい。

　　ア．プロタゴラスは，「万物の尺度は人間」とし，真理は個人の主観や判断のうちに存在すると主張した。

　　イ．ソクラテスは，客観的真理の存在を主張し，「無知の知」を自覚させるためさまざまな著作を残した。

　　ウ．プラトンは，真に存在するのは善や美という観念で現実世界はその観念が現れたものにすぎないという，イデア論を主張した。

　　エ．アリストテレスは，諸学を体系的・網羅的に集大成し「万学の祖」と呼ばれ，イスラーム哲学にも影響を与えた。

設問3　下線部③に関し，スパルタについて明白な誤りを含む文章を以下の**ア〜エ**から一つ選びなさい。

　　ア．スパルタは，ドーリア人が先住民族を征服して建設し，ペロポネソス半島南部に位置するポリスである。

　　イ．スパルタでは穀物の自給が可能で，市民の商工業活動や貴金属貨幣の使用が禁じられた。

　　ウ．ヘイロータイ（ヘロット）は，スパルタの不完全市民で，貢納・従軍の義務を負わされたが参政権を持たなかった。

エ．リュクルゴスは，被征服民の反乱を抑止するため，軍国主義的諸制度を確立したと伝わる。

設問4　空欄（　④　）に入る最も適切な地名を以下の**ア〜エ**から一つ選びなさい。

　ア．カンナエ（カンネー）　　**イ**．ザマ　　**ウ**．アクティウム

　エ．トイトブルク

設問5　下線部⑤に関し，「内乱の1世紀」について明白な誤りを含む文章を以下の**ア〜エ**から一つ選びなさい。

　ア．マリウスは無産市民の志願者に武器を支給し軍団を構成するという軍政改革を行い，この改革は有力将軍によるローマ軍団私兵化の先駆となった。

　イ．スラは，閥族派の政治家・軍人として元老院の権威を復興しようとし，任期無期限のディクタトルに就任して平民派を弾圧した。

　ウ．トラキア出身の剣奴スパルタクスが起こした反乱は，多数の奴隷が合流して大反乱となったが，クラッススやポンペイウスによって平定された。

　エ．キケロは，騎士出身の政治家・文筆家として活躍したが，カエサルによって暗殺された。

設問6　下線部⑥に関し，中世を通じての古典古代文化復興の動きについて明白な誤りを含む文章を以下の**ア〜エ**から一つ選びなさい。

　ア．アルクインは，カール大帝に招かれて宮廷学校の運営にあたり，カロリング＝ルネサンスで中心的役割を果たした。

　イ．12世紀には，商業活動や十字軍を通じてビザンツ帝国やイスラーム圏からギリシア古典がもたらされ，それらがラテン語に翻訳されることで，学問や文芸が大きく発展した。

　ウ．14世紀頃にイタリアで生じたルネサンスは，古代ギリシアやローマの文化を模範とし，ミラノ公やローマ教皇などの保護の下で展開された。

　エ．ダンテはヴェネツィア地方の口語を用いて『神曲』を著し，その言葉から現在のイタリア語の標準語が発展した。

設問7　空欄（　⑦　）に入る最も適切な人名を以下の**ア〜エ**から一つ選びなさい。

　ア．コジモ＝デ＝メディチ　　**イ**．ロレンツォ＝デ＝メディチ

　ウ．サヴォナローラ　　**エ**．マキァヴェリ

設問8　下線部⑧に関し，17世紀のイギリス文化について明白な誤りを含む文章を以下の**ア〜エ**から一つ選びなさい。

　ア．イギリス最古の学術団体である王立協会が設立され，チャールズ1世の勅許を得た。

　イ．ニュートンは，『プリンキピア』を著し，万有引力の法則など，力学の諸法則を体系化した。

　ウ．ボイルは，気体の圧力と体積の関係を解明し，気体力学の基礎を確立した。

　エ．フランシス＝ベーコンは，『新オルガヌム』を著し，知に至る過程を阻害する要

因を考察した。

設問9　下線部⑨に関し，アメリカ合衆国憲法について明白な誤りを含む文章を以下の**ア**〜**エ**から一つ選びなさい。

ア．1787年，ワシントンを議長とする憲法制定会議がフィラデルフィアで開催された。

イ．中央政府への権力集中を批判し各州の自治権尊重を主張して，ハミルトンを中心に反連邦派が形成された。

ウ．アメリカ合衆国憲法は，1787年に制定され，1788年に9州の批准により発効した。

エ．アメリカ合衆国憲法は，外交の権限に加え，徴税権・通商規制権を中央政府に与えた。

（早稲田大〈法〉）

16 「基本的人権」の歴史

以下の史料［**A**］〜［**E**］は，歴史上において，基本的人権に関わることがらに言及したとされる文書の一部である。よく読んで問いに答えなさい。

［**A**］　第1条　すべての人間は，生まれながら自由で，尊厳と権利について平等である。人間は，理性と良心を授けられており，同胞の精神をもって互に行動しなくてはならない。第2条　(1)　何人も，人種，皮膚の色，性，言語，宗教，政治的その他の意見，国民的もしくは社会的出身，財産，生出もしくはその他の地位のような，いかなる種類の差別もうけることなく，この宣言にかかげられているすべての権利と自由を享有することができる。…第3条　何人も，生存，自由，および身体の安全を享有する権利を有する。…第6条　何人も，あらゆる場所において，法の下に人としてみとめられる権利を有する。第7条　すべての人は，法の前に平等であり，また，いかなる差別もうけることなく，法の平等な保護をうける権利を有する。

［**B**］　第130条　(1)　（　イ　）国民に，以下の基本権が保障さるべきである。これらの基本権は，（　イ　）各邦の憲法に規準として役立つべきものであって，（　イ　）各邦のいかなる憲法，または法律も，決してこれを廃止し，また制限し得ざるべきである。…第137条　(1)　法律の前に，身分の区別は存しない。身分としての貴族は廃止されたものとする。(2)　すべての身分的特権は，除去されたものとする。(3)　（　イ　）人は，法律の前に平等である。…第138条　(1)　人身の自由は不可侵である。…第143条　(1)　各（　イ　）人は，言語，文書，印刷および具象的表現によってその意見を自由に表現する権利を有する。…第144条　(1)　各（　イ　）人は，完全な信仰および良心の自由を有する。(2)　何人も，宗教上の確信を公表する義務を負わない。

［C］　第12条　いかなる軍役免除金また御用金も，王国の全体の協議によるのでなければ，①朕の王国において課せらるべきでない。ただし，①朕の身体を請け戻し，①朕の長子を騎士に叙し，①朕の長女を一度結婚せしめる場合は除かれる。…第39条　いかなる自由人も，彼と同輩の者の判決によるか，または国法による以外には，逮捕され，監禁され，また自由を奪われ，また法の保護外におかれ，また追放され，またいかなる方法にてもあれ侵害されることはなく，また①朕は彼に敵対することはなく，彼に対して軍勢を派遣することはない。第40条　①朕はいかなる者に対しても正義と司法とを売らず，またいかなる者に対しても正義と司法とを拒否し遅延せしめることはない。

［D］　１　(1)　ロシアは労働者・兵士および農民代議員（　ロ　）の共和国である。中央と地方のすべての権力は，これらの（　ロ　）に属する。…２　第３回全ロシア労働者・兵士および農民代議員（　ロ　）大会は，人間による人間のあらゆる搾取の廃止，階級への社会の分裂の完全な廃絶，搾取者に対する容赦ない抑圧，社会主義的な社会組織の確立，およびあらゆる国における社会主義の勝利を，自分の基本的な任務として，つぎのように決定する。(1)　土地の社会化の実現によって，土地の私有を廃止し，すべての土地フォンドを全人民の財産とし，これを平等な土地利用の原理にもとづいて無償で勤労者に与える。すべての森林，地下資源および全国家的な重要性をもつ水域，ならびにすべての家畜と農具，模範的な農園と農業企業を国有財産とする。

［E］　第１条　人間は自由で権利において平等なものとして生まれ，かつ生きつづける。社会的区別は共同の利益にもとづいてのみ設けることができる。第２条　あらゆる政治的結合の目的は，人間のもつ絶対に取り消し不可能な自然権を保全することにある。これらの権利とは，自由，所有権，安全，および圧政への抵抗である。第３条　すべての主権の根源は，本質的に国民のうちに存する。いかなる団体も，またいかなる個人も，明示的にその根源から発していない権限を行使することはできない。…第６条　法は，一般意志の表現である。市民はすべて，自分自身で，あるいはその代表者をつうじて，その形成に協力する権利をもつ。法は，保護するのであれ，あるいは処罰するのであれ，万人にたいして同一でなければならない。

問１　史料［A］は（　Ｘ　）の一部である。（　Ｘ　）は国際社会の平和と安全ならびに社会的，経済的発展のための協力を目的に設置された国際機構の第３回総会において採択された。この（　Ｘ　）に法的拘束力はないが，あらゆる人と国が達成しなければならない共通の基準とされた。（　Ｘ　）を採択した第３回総会はパリでの開催であったが，この国際機構の本部はニューヨークにおかれ，過去に同種の機関が陥った失敗の反省から大国の協調を重視し，紛争解決のための軍を組織することもできる。空欄（　Ｘ　）にあてはまる語句を答えなさい。

問２　史料［B］は，（　イ　）の統一と憲法制定を話し合うために招集された②会議で

憲法として作成された文書の一部である。この②会議は，（　イ　）統一の方式をめ
ぐって深刻な対立を経験し，また統一（　イ　）の皇帝に推した人物からは受諾の返
答を得ることができず，最終的に武力弾圧によって解散させられた。そのため，こ
の憲法も施行されなかった。下線部②の会議の名称を答えなさい。

問3　空欄（　イ　）にあてはまる語句を答えなさい。

問4　史料［**C**］のなかの下線部①の人物は，西ヨーロッパのある国の国王であるが，
隣国との戦争で領土を失い，またローマ教皇との対立から破門も経験した。この国
王は，貴族から失政を批判されて課税に対する貴族の同意や法による支配を明文化
した文書を認めさせられたことでも知られ，史料［**C**］はその文書の一部である。こ
の文書の名称を答えなさい。

問5　下線部①の人物の名前を答えなさい。

問6　史料［**D**］は，比例代表制の普通選挙で選出されたロシア最初の議会に（　ロ　）
が提出した宣言の一部だが，社会革命党などが多数を占める議会では採択されなか
った。しかし，翌日には共産党の前身である（　Ｙ　）が強制的に議会を解散させた。
こうして事実上の（　Ｙ　）独裁が生まれ，この宣言の内容は（　ロ　）・ロシア最初
の憲法のなかに組み込まれた。空欄（　Ｙ　）にあてはまる語句を答えなさい。

問7　空欄（　ロ　）にあてはまる「会議」を意味する語句を答えなさい。

問8　史料［**E**］の起草者の一人は，啓蒙思想の影響を受けた自由主義的な貴族で，他
国の独立戦争に義勇兵として従軍した経験を持つ。この人物は母国で新たな政治運
動がはじまると，立憲君主主義の立場に立ってこれに参加し，首都の国民軍司令官
となった。その後，政治状況が変化すると一時は亡命したが，やがて帰国し，その
後も政治的な影響力を発揮する機会を得た。この人物の名前を答えなさい。

問9　史料［**E**］の内容には，人間の自由と平等を実現する手段を論じた著作で社会契
約に基づく直接民主政を構想したことで知られる思想家の影響がみられる。『人間
不平等起源論』の著者でもあるこの人物の名前を答えなさい。

問10　史料［**A**］～［**E**］を，書かれた年代が古い方から新しい方に向かって並べなさい。
なお，答えはアルファベットで記すこと。

（東京女子大〈現代教養〉）

17 近世～現代のグローバリゼーション

　今日の世界は，人が，モノや資本とともに地球大に広がって移動する「グローバリ
ゼーション」の時代といわれる。その始まりは諸説あるが，特に，15世紀から17世紀
にかけてのヨーロッパが経験した大航海待代に求められる。アジアの富をめざして，
まず，(a)ポルトガルとスペインが競って探検・航海に乗り出し，これを機に，世界の
一体化は進んでいったと考えられたのである。同時期にハプスブルク家支配下にあっ
たスペインでは，(b)マドリードを中心とした宮廷文化が開花した。積極的な海外進出

はまた，17世紀以降の市民文化に新たな活力を与えたといわれる。

　ポルトガル・スペインに続いて海外に進出した(c)オランダは，ジャワ島のバタヴィアを拠点にして，日本などにも進出し銀や銅を得るなど，大きな利益を手にした。そのオランダの覇権を奪った(d)イギリスはフランスと争って，両国間の戦争は，もはやヨーロッパ内にとどまらず，植民地においてまで繰り広げられた。

　19世紀のヨーロッパでは，世界の一体化がますます進み，産業革命と資本主義化が加速した。(e)広大な海外市場を確保したイギリスでは農業革命が起こった。また，交通網の整備拡大を進めた交通革命はヨーロッパを中心に，人の移動を促進した。都市人口が急増するなか，大規模な機械制工場が普及したため，この生産形態に対応した，より安価な労働力が求められ，女性や児童の労働が広がった。反対に，(f)手工業者らが没落の一途をたどったことは，しばしば指摘されるとおりである。

　資本主義の進展を背景に，人の移動は新たな労働の場を求めて起こることもあった。(g)1840年代以降，(h)ヨーロッパやアジアからアメリカ合衆国へ行く移民が増加したこともこうした文脈で理解できよう。しかし，アメリカ合衆国は1875年に移民法を制定して以来，徐々に移民の流入に制限を設ける政策を展開していった。

　大規模な人の移動を誘発する原因の一つとして，戦争や紛争をあげることもできよう。二つの世界大戦はもとより，(i)冷戦が本格化した20世紀後半においても戦争の火種は完全に消え去ることはなく，朝鮮戦争やヴェトナム戦争，さらにはアフリカ独立に伴う様々な内戦の結果，多くの難民が生まれた。同様の傾向は冷戦終結後も続き，たとえば，(j)ユーゴスラヴィアの内戦にみられるように，多くの人々が住み慣れた土地を離れなければならなかった。

　確かに，1945年以後の世界では，安全保障を強化する国際体制の一つとして(k)国際連合が発足した。また，深刻化する貧困問題や様々な差別の問題を背景に，いろいろな領域で人権や平和を重視する活動や理念も模索されてきた。しかし，昨今のシリア難民の問題が示すとおり，人間の生きる権利を脅かす危機が生じている。こうした状況を背景に，人の移動の自由を域内に実現してきた(l)ヨーロッパ連合(EU)は，大きな試練の時を迎えている。難民受け入れの是非をめぐってEU加盟諸国とその周辺国の間で意見が分かれるなど，グローバリゼーションがもたらすもう一つの現実は，人間の共生がいかに難しいかを如実に物語っているといえよう。

問1　下線部(a)に関連する説明として，最も適切なものを一つ選びなさい。
　A．リスボンは，世界商業の中心として栄えた。
　B．ポルトガルは，アメリカ大陸でエンコミエンダ制をしいた。
　C．ラス＝カサスは，先住民の奴隷化を推し進めた。
　D．マゼランは，西回りによる世界周航に成功した。
問2　下線部(b)を代表する画家として，最も適切なものを一つ選びなさい。
　A．ブリューゲル　　B．ワトー

C．ジョット **D**．ベラスケス

問3 下線部(c)に関連する記述として，**適切でないもの**を一つ選びなさい。

A．17世紀前半には，アムステルダムが金融や造船の中心地となった。

B．オランダはウィーン会議で正式に独立を承認された。

C．オランダ東インド会社はイギリスに対抗して設立された。

D．アフリカ南端にはケープ植民地が建設された。

問4 下線部(d)に関連して，ヨーロッパ内の戦争と植民地戦争の組み合わせとして**適切でないもの**を一つ選びなさい。

A．ファルツ継承戦争——カーナティック戦争

B．七年戦争——フレンチ＝インディアン戦争

C．スペイン継承戦争——アン女王戦争

D．オーストリア継承戦争——ジョージ王戦争

問5 下線部(e)に関連する記述として，最も適切なものを一つ選びなさい。

A．新農法(ノーフォーク農法)により休耕地が設けられた。

B．大地主は牧羊のために四輪農法を推進した。

C．資本主義的な大農場経営が確立した。

D．農場領主制により都市部の労働者が増加した。

問6 下線部(f)が自主的に仕事を休んだ習慣を何とよぶか。最も適切なものを一つ選びなさい。

A．「聖月曜日」 **B**．「聖木曜日」 **C**．「聖金曜日」 **D**．「聖土曜日」

問7 下線部(g)の説明として，**適切でないもの**を一つ選びなさい。

A．アイルランドではジャガイモ飢饉が起き，大規模な死者が出た。

B．カリフォルニアでの金鉱発見はゴールドラッシュを引き起こした。

C．ベルリンやウィーンに続き，パリでは二月革命が起きた。

D．マルクスとエンゲルスは『共産党宣言』を発表した。

問8 下線部(h)に関連する記述として，最も適切なものを一つ選びなさい。

A．1924年の移民法により，日本人以外のアジア系移民はすべて禁止された。

B．中国系移民(「苦力(クーリー)」)は大陸横断鉄道の建設に従事した。

C．秘密結社クー＝クラックス＝クラン(KKK)は，移民の規制に反対した。

D．1880年代以降，東欧や南欧からの移民が減少した。

問9 下線部(i)に関連して，この時期の出来事(あ)～(え)を起きた順に並べたものを一つ選びなさい。

（あ） ベルリンの壁が建設された。

（い） アメリカ，イギリス，ソ連の3ヶ国の間で，部分的核実験禁止条約が調印された。

（う） チェコスロヴァキアでは，ドプチェク政権が誕生した。

（え） ポーランドのポズナニで，民主化を求める抗議行動が発生した。

A．(あ)→(う)→(え)→(い)　　B．(え)→(あ)→(い)→(う)

C．(い)→(う)→(あ)→(え)　　D．(え)→(い)→(う)→(あ)

問10　下線部(j)に関連して，最も適切なものを一つ選びなさい。

A．チャウシェスクが処刑された。

B．NATO が国連決議なしにクロアチアを空爆した。

C．セルビアとコソヴォ自治州は新ユーゴスラヴィアを結成した。

D．ミロシェヴィッチが国際戦犯裁判にかけられた。

問11　下線部(k)に関連して，国際連合の下部機関の日本語名称と略称との組み合わせが**適切でないもの**を一つ選びなさい。

A．国際通貨基金――IMF

B．国際連合教育科学文化機関――UNCTAD

C．世界貿易機関――WTO

D．国際労働機関――ILO

問12　下線部(l)の説明として，最も適切なものを一つ選びなさい。

A．ヨーロッパ石炭鉄鋼共同体(ECSC)の原加盟国は，フランス，西ドイツ，イギリス，オランダ，ルクセンブルク，ベルギーの6ヶ国であった。

B．ヨーロッパ共同体(EC)は，ヨーロッパ石炭鉄鋼共同体(ECSC)，ヨーロッパ経済共同体(EEC)，ヨーロッパ原子力共同体(EURATOM)の3つの組織が統合してつくられた。

C．ヨーロッパ連合(EU)の全加盟国は，域内統一通貨であるユーロを導入済みである。

D．ヨーロッパ自由貿易連合(EFTA)は，イタリア主導で結成された。

(明治大〈文〉)

18 ｜ 近代以降のアフリカ人・アジア人の移住

　古くから世界の各地で人々は移動，接触，交流，そして紛争を続けてきたが，とりわけ大航海時代にヨーロッパ人がアメリカ大陸を征服し，また新たなアジア貿易ルートを開発し，世界的な分業体制が形成されて以降，より大規模な人の移動が行われるようになり，今日の地球上の住民分布を形成していった。近代世界史における巨大な人口移動としては，第1にアフリカ人のアメリカ大陸への強制移住(奴隷貿易)，第2にヨーロッパ人のアメリカ大陸への移住(自由移民)，第3に中国系，インド系などのアジア人の海外移住(出稼ぎを含む)をあげることができる。ここでは，第1と第3の移住について，みてみよう。

　スペインは，コロンブスの探検以後，アメリカ大陸への進出を本格化し，1521年にはメキシコの(**A**)王国を滅ぼし，1533年にはインカ帝国を征服した。スペイン人征服者(コンキスタドール)は新しい領土で鉱山開発や大農園の経営を行い，そのため

の労働力として（　B　）と呼ばれた先住民を使役したが，苛酷な労働と新たに広まった伝染病により，先住民の人口は激減した。ポルトガルの支配したブラジルや，イギリス，フランス，オランダ等が進出したカリブ海諸島は，もともと先住民人口が希薄であったことに加えて，大規模なプランテーションが開発されたため，労働力不足はより深刻であった。こうして，アフリカから中南米地域に大規模な奴隷の導入が行われた。

　この大西洋奴隷貿易を盛んに行ったのは，ポルトガル，イギリス，フランスであった。彼らの船は，西欧から（　C　）や雑貨，織物などを積み込んで船出し，西アフリカでこの積荷と交換で奴隷を獲得し，ついでカリブ海諸島やアメリカ大陸に向かった。運ばれた奴隷はカリブ海諸島やアメリカ大陸で（　D　），タバコ，コーヒー，藍などの農産物と交換され，これらはまたヨーロッパへと運ばれた。この三角貿易はヨーロッパ諸国に巨大な利益をもたらしたほか，ヨーロッパ人の消費生活を大きく変えた。

　奴隷貿易はやがて道徳的に非難されるようになり，イギリスでは1807年に廃止され，1833年には英帝国全域の奴隷制が廃止されたが，南北アメリカではなお奴隷制が続き，アメリカ合衆国では南北戦争後の1865年，スペイン領キューバでは1880年，ブラジルでは1888年にようやく奴隷制が廃止された。この4世紀にわたる奴隷貿易によってアフリカから強制的に移動させられた成年人口は1000万人以上と推計されており，①アフリカ社会の発展に深刻な打撃を与えた。

　19世紀には，交通・通信の技術革新が起こり，「世界の一体化」が急速に進行した。そして，綿花，茶，鉱物などの世界市場向け生産の発展や鉄道建設等の進展と，世界的な奴隷制廃止の動きの中で生じた労働力需要に応えて，中国人やインド人などのアジア系住民による移住または出稼ぎが大量に行われた。

　中国では，歴史的に黄河中流域から周辺へ，また北から南へという人口の流れが続き，漢族の居住地域が拡大してきた。中国の人口は②明代には1億人に達したといわれるが，清代には爆発的に増大し，18世紀末には3億人，19世紀半ばには4億人あまりに達したとされる。これは，社会の安定，アメリカ大陸起源の新たな農作物の普及とともに，周辺部及び山間部への移住，開拓による農耕地の面積の拡大によってもたらされた。だが，③移住に伴う社会的摩擦を背景に大きな反乱が起きることもあった。

　19世紀半ば以降，アヘン戦争による開港の後，中国東南部の沿海地域から海外に移住する中国人（華僑）が激増し，④開発の進む東南アジアや南北アメリカを中心に，さらにカリブ海地域やオーストラリア，アフリカにまで移住または出稼ぎをするようになった。中国系移民は当初は劣悪な労働条件の下に置かれ，現地で差別に直面することもあったが，中には商業で成功するものも現れ，本国への送金や投資は巨額にのぼった。また，「華僑は革命の母」（孫文）と言われるように，彼らは清末以来，中国ナショナリズムの先駆者となり，⑤中国国内の政治的変革を支援したが，現地社会への融合は容易に進まず，時に摩擦をもたらすこともあった。

　他方，インドは伝統的に人口過剰でありながらも，ヒンドゥーの教えにより，域外移住は好まれなかったが，19世紀後半には世界的な奴隷制廃止による代替労働力需要

を受けて，年季契約労働者として海外にわたるインド人が急増した。その行き先は，カリブ海諸島，太平洋諸島等の遠隔地に及び，労働条件はきわめて悪く，契約期間終了後も帰国できず，永住するものが少なくなかった。ついで，同じくイギリス植民地であり，より近いスリランカ，ミャンマー，マラヤ，さらには東アフリカへの出稼ぎや自由移民も大量に行われた。インド人が海外でついた職業は，農場や鉱山で働く労働者から，商人，兵士，医師，弁護士などさまざまであった。たとえば，（　E　）は南アフリカで弁護士として長く活動し，人種差別に抗議し，現地インド人の平等な権利獲得のための闘いを指導し，非暴力闘争の端緒を開いた。

　第2次世界大戦後，欧米の旧植民地が続々と独立するようになると，これらの地域の中国系，インド系住民は複雑な民族問題に直面した。1960年代には東アフリカのザンジバル，70年代にはウガンダでインド系住民が圧迫され，多くの者が他国に脱出，再移住を余儀なくされた。また，マレー半島では1957年のマラヤ連邦独立を経て，1963年に周辺の旧英領地域もあわせてマレーシア連邦が成立したが，マレー人優遇政策に対する中国系住民の反発から，1965年には（　F　）が分離独立した。

　近代世界史の中では膨大な数の人々が自発的あるいは強制的に移住を行ってきた。そこではさまざまな悲劇や苦難もあったが，他方，移住によってよりよい生活を得たもの，新天地を切り開き，活躍の場を見いだしたものも少なくない。今日，グローバル化の進展する中，移民たちのもつ活力や多文化性，言語力，国境を越えたネットワークは，彼らが世界のビジネスで活躍する上で重要な資産となっている。

問1　空欄A～Fに当てはまるもっとも適切な語句を記しなさい。

問2　下線部①に関連して，当時アフリカ沿岸部には奴隷貿易に依存して栄えた国が存在した。そのような国の名称を一つあげなさい。

問3　下線部②に関連して，明代とはいつからいつまでか。下記の(ア)～(オ)から正しいものを選びなさい。

(ア)　1279年～1368年　　　(イ)　1338年～1573年　　　(ウ)　1368年～1644年

(エ)　1603年～1868年　　　(オ)　1644年～1912年

問4　下線部③に関連して，18世紀末から19世紀初めにかけて四川と湖北の山間部で起きた大規模な反乱の名称を記しなさい。

問5　下線部④に関連して，イギリス植民地のマレー半島では，缶詰用ブリキ生産の発展による需要増大に応えるべく，鉱山が盛んに開発され，多くの中国系移民が使役された。これらの鉱山で採掘された鉱物の名称を記しなさい。

問6　下線部⑤に関連して，孫文による革命組織創立から辛亥革命に至る過程について，下記の語句を用いて100字以内で述べなさい。なお，解答中で指定語句には下線を引きなさい。ただし，数字は1マスに2字書くことができる。

　　　　袁世凱　　　臨時大総統　　　1894年　　　1905年　　　1911年

（中央大〈経済〉）

19 19世紀の移民・難民関連史

　人びとは経済的豊かさを求めて，あるいは，紛争・環境悪化から逃れるために移動してきた。19世紀は国境や海を越える大量の移民を生み出した世紀だったが，その背景には，世界規模の政治的・経済的変動があった。とりわけ，不況や1）飢饉によって大量の移民がヨーロッパを離れて流出した。そのうちの多数が，新しい生活を求めてアメリカに向かい，労働力となって経済的発展を支えた。また，1848年，カリフォルニアで金鉱が発見されたことをきっかけに，太平洋岸に2）アジアなどからの大量の移民労働者が流入し，西部の開拓はますます進んだ。しかし，3）西部開拓とは合衆国の領土拡大にほかならず，同時に，先住民の生活圏を奪っていく過程でもあった。合衆国第7代大統領（　イ　）は，先住民をミシシッピ川以西に設定した保留地に強制的に移住させる政策を推進した。とくに，1838年から翌年にかけてのチェロキー族の移動ではおよそ4000人が病気と飢餓のため命を落としたといわれる。この移動はその過酷さゆえに，「（　ロ　）」と呼ばれた。

　移民を運ぶための手段であった4）鉄道は，ヨーロッパの帝国主義列強が，世界各地に領土や権益を拡張する手段としても用いられた。19世紀末，5）オスマン帝国が衰退してくるにつれ，列強はその領土へと進出した。その中でドイツは，海軍の拡張に努めると同時に，いわゆる（　ハ　）鉄道の敷設権をオスマン帝国から獲得するなどして，中東方面に進出する政策をおしすすめた。これは6）世界政策と呼ばれるドイツの対外拡大政策の重要な一部となった。こうして7）列強の争いは激化していった。

　20世紀に入ると，株価の大暴落が引き金となり，世界恐慌がもたらされた。その後の混乱の中でファシズム国家が台頭したが，とくにナチス＝ドイツの反ユダヤ主義政策によって多くの8）亡命者が生まれた。その後も，民族紛争，9）内戦などにより，中東，バルカン半島，アフリカ等々の諸地域で，多くの10）難民が生まれ，今日になってもなお，難民となって移動する人びとは世界各地に存在している。

A．文中の空所（イ）〜（ハ）それぞれにあてはまる適当な語句をしるせ。

B．文中の下線部1）〜10）にそれぞれ対応する次の問1〜10に答えよ。

　1．1840年代半ば，ジャガイモの疫病が大流行し「ジャガイモ飢饉」が発生した。とくにその被害がはなはだしく，アメリカに多くの移民を送り出すことになった地はどこか。その名をしるせ。

　2．このうち，ときに過酷な条件で労働させられた，中国を中心とするアジアからの移民は何と呼ばれたか。その名をしるせ。

　3．これに関する次の問 i・ii に答えよ。

　　i．その過程で起きた次の出来事 a〜d を古いものから年代順に答えよ。

　　　a．イギリスとの協議によってオレゴンを併合した

　　　b．スペインからフロリダを買収した

c．フランスからルイジアナを買収した

d．ロシアからアラスカを買収した

ⅱ．先住民の犠牲の上に推し進められた西部開拓を神の意志によるものとして正当化するために1840年代から用いられるようになった言葉は何か。その名をしるせ。

4．これに関する次の出来事 **a** ～ **d** を古いものから年代順に答えよ。

a．インド帝国の成立後まもなくダージリン゠ヒマラヤ鉄道が開通した

b．北アメリカ大陸で，最初の大陸横断鉄道が開通した

c．ロシアが三国干渉の代償として清から東清鉄道の敷設権を獲得した

d．ロシアでシベリア鉄道の建設が始まった

5．この帝国に関する次の**問** ⅰ・ⅱ に答えよ。

ⅰ．この帝国の攻撃を受けて1517年に滅亡した，シリア・エジプトを拠点とする王朝の名をしるせ。

ⅱ．この帝国は18世紀末から19世紀に外からの圧力にさらされ，内政改革を進めた。同帝国で1876年に発布された憲法は，起草の中心となった大宰相の名にちなみ何と呼ばれるか。その名をしるせ。

6．19世紀末にこの政策を開始したドイツの皇帝の名をしるせ。

7．この過程で結ばれた同盟・協商関係について，次の **a** ～ **d** を古いものから時代順に答えよ。

a．イギリスと日本が日英同盟を結んだ

b．イギリスとフランスが英仏協商を結んだ

c．イギリスとロシアが英露協商を結んだ

d．ロシアとフランスが露仏同盟を結んだ

8．ナチス゠ドイツから逃れて亡命した人物として正しくないのは誰か。次の **a** ～ **d** から１つ選べ。

a．アインシュタイン　　　**b**．トーマス゠マン　　　**c**．ハイデガー

d．フロイト

9．このうち，1990年代初頭に中央アフリカ内陸国で，フツ族（人）とツチ族（人）との対立の激化を引き起こした内戦の名をしるせ。

10．これに関する次の**問** ⅰ・ⅱ に答えよ。

ⅰ．1950年に設立された，難民を救済し保護する国際的機関である国連難民高等弁務官事務所の略称を，次の **a** ～ **d** から１つ選べ。

a．UNEP　　　**b**．UNESCO　　　**c**．UNHCR　　　**d**．UNICEF

ⅱ．難民には，飢餓から逃れる人びともいる。1930年代にイタリアに併合されたアフリカのある国では，北部での内戦や隣国との領土紛争に加えて，1980年代に干ばつが続き，多くの飢餓難民が発生した。その国の名をしるせ。

（立教大〈異文化コミュニケーション・経済・法〉）

20 〕〔大西洋における奴隷売買・奴隷交易 |||||||||||

(a)奴隷と呼ばれる身分は古代から存在し，奴隷売買や奴隷貿易もおこなわれていた。アフリカでは，中世以来，ムスリム商人が東海岸の港湾都市で奴隷貿易に従していたが，それは彼らが営むインド洋貿易の一部としてであった。

15世紀から大航海時代が始まると，(b)ポルトガル人のアフリカ西海岸の探検航海や(c)スペイン人による西まわり航路の開拓を背景に，新たに大西洋ルートの奴隷貿易が開始された。アフリカ南海岸で購入された黒人奴隷が，ヨーロッパ諸国の奴隷商人によってアメリカ大陸や西インド諸島へと大量に移送されるようになった。これらの地域で黒人奴隷が必要とされるようになったのは，(d)16世紀における中南米地域の植民地化に伴う過酷な労働や伝染病によって先住民人口が激減し，労働力が急速に不足するようになったからである。

アフリカでは，黒人諸王国が部族間抗争を繰り返し，奴隷狩りなどで得た他部族の黒人をヨーロッパ諸国の奴隷商人に売却した。大航海時代以前から栄えていたベニン王国や17世紀に成立した ［ ア ］ 王国などは，こうした奴隷の供給を大きな収入源としていたのである。奴隷貿易でアメリカ大陸や西インド諸島へ移送された黒人の数は，19世紀までに一千万人以上にのぼるといわれる。その結果，アフリカ社会の人的資源が急速に枯渇し，その被害は甚大であった。

この奴隷貿易は，武器や綿製品などの工業製品をヨーロッパから西アフリカに輸出し，それと交換で得た奴隷をアメリカ大陸や西インド諸島に移送し，そこから［ イ ］・タバコ・綿花などをヨーロッパに持ち帰って売却するという大西洋三角貿易の一環としておこなわれたものであった。18世紀に最盛期を迎えるこの三角貿易は，とくにイギリスに莫大な利益をもたらし，その富が産業革命を推進するための資本蓄積に貢献したといわれる。

イギリスは1713年のユトレヒト条約で ［ ウ ］ を認められ，奴隷貿易にかわった中西部の ［ エ ］ や南西部のブリストルなどの港湾都市は大いに栄えた。しかしながら，19世紀前半には，人道主義や福音主義の立場からウィルバーフォースらの尽力による奴隷貿易の廃止を経て，［ オ ］ 年には奴隷制度廃止法が制定された。この法は，(e)自由主義的改革の一つとして実現したものであった。

19世紀には，欧米のアフリカに対する関心が，次第に内陸部へ向かっていった。その先導役となったのは宣教師や探検家たちで，そのなかには伝道のために南部アフリカの内陸部を探検したリヴィングストンやベルギー王の支援でコンゴ地方を調査した ［ カ ］ も含まれる。こうした調査活動の後，アフリカ人の抵抗にもかかわらず，(f)ヨーロッパ諸列強によるアフリカの植民地化が進められていくことになる。たとえば，(g)イギリスはエジプト・スエズ運問地帯から，ケニアさらに南アフリカとを結ぶ縦断政策をとったのである。

問1　空欄(ア)〜(カ)に入る最も適切な語句を答えなさい。

問2　下線部(a)に関連して，古代のスパルタでは，多数の被征服民を奴隷身分の農民としたが，彼らは何と呼ばれるか。

問3　下線部(b)に関連して，この探検事業を支援し，重要な役割を果たした人物はだれか。

問4　下線部(c)に関連してコロンブスは，大地は球形で大西洋を西に向かって進むほうが「インド」への近道であるとする説を信じたといわれる。その説を唱えた天文・地理学者はだれか。

問5　下線部(d)に関連して，先住民に対する不正を告発して，彼らの救済に努め，『インディアスの破壊に関する簡潔な報告』を著したドミニコ会の聖職者はだれか。

問6　下線部(e)に関連して，19世紀前半イギリスの自由主義的改革に関する説明として，最も適切なものを一つ選びなさい。

　A．オコンネルらの努力で団結禁止法が廃止された。

　B．コブデンらの主導で産業資本家を保護する穀物法が廃止された。

　C．第2回選挙法改正が実現し，腐敗選挙区が廃止された。

　D．国教徒以外の者が公職につくことを禁じた審査法が廃止された。

問7　下線部(f)に関連して**A**〜**D**はそれぞれアフリカの植民地化に関連する出来事を古い順に並べたものである。最も適切なものを一つ選びなさい。

　A．南アフリカ戦争→モロッコ事件→ファショダ事件→ベルリン会議

　B．モロッコ事件→ベルリン会議→ファショダ事件→南アフリカ戦争

　C．ベルリン会議→ファショダ事件→南アフリカ戦争→モロッコ事件

　D．ファショダ事件→南アフリカ戦争→ベルリン会議→モロッコ事件

問8　下線部(g)に関連してこの結果イギリス帝国支配の基本線としてアフリカとインドを結びつける政策を固めることができたが，その政策は何と呼ばれるか。

（明治大〈文〉）

21 ┃貨幣の歴史

　古代から貨幣は財取引の媒介になるとともに，1)貸付にも用いられてきた。貨幣として貴金属が使用されていたという記録は，メソポタミアや2)エジプトの各文明にもみられるが，3)金属貨幣が初めてつくられたのは，紀元前7世紀のリディア王国であった。貨幣の製法は間もなくギリシア，特にアテネをはじめとする各4)ポリス，さらにシリアや5)キプロスなどに広まり，地中海沿岸の多くの地域で独自の貨幣が製造された。

　貨幣は各地で独自につくられていたために大きさや重さがバラバラであったが，大帝国を樹立した6)アレクサンドロス大王はそれらを統一し，新たな貨幣を製造した。一方，7)ローマ帝国では，当初，銀貨を中心とする貨幣制度を採用していたが，財

政の行き詰まりなどを背景として銀の含有量を減らした貨幣の発行が相次ぎ，貨幣の信頼性は大きく損なわれていった。こうした事態に対し，コンスタンティヌス帝は（　イ　）と呼ばれる金貨をつくらせて金貨を中心とする貨幣制度への移行と，貨幣価値の安定化を実現させた。（　イ　）金貨は東ローマ帝国でも使用され，信頼性の高い貨幣としてヨーロッパのみならず広範な地域で数世紀にわたって流通した。

　8)8世紀から10世紀にかけて，さまざまな民族の侵入によって動揺していた西ヨーロッパの国々では，その後次第に成立していった封建社会の下で荘園の農業生産が増大し，余剰生産物の交換を行う定期市が開かれるなど，商業が再び活況を呈するようになった。また，9)ムスリム商人やノルマン人の商業活動によって貨幣経済が大きな広がりを見せるようになった。さらに，大規模な物資の交易が盛んになったため，10)貿易で発展する都市も現れた。しかし，ヨーロッパにおける貨幣経済の浸透は，同時に封建社会のあり方を根底から変え，1381年に11)イギリスで（　ロ　）の乱が生じるなど，農民が不自由な身分からの解放を求める動きが現れるようになった。

　12)15世紀に入ると，ヨーロッパ諸国では13)オスマン帝国を介さずに14)胡椒などの香辛料を手に入れる新航路を開拓するため，15)絶対的な支配権力をもつ君主の支援の下で多くの16)探検が行われ，世界規模の貿易・17)植民地建設が展開された。そのなかにあってネーデルラントの港町（　ハ　）は，16世紀後半にスペイン軍によって占領されて衰退するまで，アジアの香辛料やイギリス産毛織物が集散する商品取引の中心地としても，国際的な決済の行われる金融取引の中心地としても大いに繁栄した。

　（　ハ　）にはまた，新大陸からの銀も集積した。ラテンアメリカに進出した18)スペインによってヨーロッパにもたらされた大量の銀は国際通貨として使用され，16世紀以降の世界的な規模の交易を支えるとともに，ヨーロッパでの貨幣流通の発展を助けた。しかし，ヨーロッパへの銀の大量流入は，19)通貨価値の低下を起こし，定額地代に依存する封建貴族を苦境に陥れるなど，封建主義的な経済から資本主義的な経済への移行を促進した。

A．文中の空所(イ)～(ハ)それぞれにあてはまる適当な語句をしるせ。

B．文中の下線部1)～19)にそれぞれ対応する次の問1～19に答えよ。

　1．これをおこなう銀行家(両替商)として14世紀に台頭し，15世紀には当主が共和国元首としてフィレンツェを支配した大富豪一族の名をしるせ。

　2．古代エジプトの歴史を解明するための重要な考古学的発見のひとつは，20世紀前半にほぼ未盗掘のまま見つかったツタンカーメンの王墓の発見であった。この発見があった頃のエジプトに関する次の問i～iiiに答えよ。

　　i．第一次世界大戦後，エジプト王国が成立したが，それはいつか。次のa～dから1つ選べ。

　　　a．1919年　　　b．1922年　　　c．1925年　　　d．1928年

　　ii．エジプト王国を含むアラブ7ヵ国は1945年にアラブ連盟を結成するが，この

連盟に含まれない国はどれか。次の**a**〜**d**から1つ選べ。

 a．イラン **b**．サウジアラビア **c**．シリア **d**．レバノン

ⅲ．エジプト王国を含むアラブ連盟加盟の5ヵ国が，第1次中東戦争において戦った相手の国家の名をしるせ。

3．中国において製造・使用された次の金属貨幣**a**〜**c**について，古いものから年代順に答えよ。

 a．五銖銭 **b**．宋銭 **c**．半両銭

4．古代ギリシアのポリス社会では，市民は家族と数人の奴隷の労働で世襲農地を耕作して経済的自立を保った。市民に分配されたこの世襲農地は何と呼ばれるか。次の**a**〜**d**から1つ選べ。

 a．アゴラ **b**．クレーロス **c**．コロナトゥス

 d．ラティフンディア

5．イギリスがキプロス島の行政権を得た条約を，次の**a**〜**d**から1つ選べ。

 a．サン・ステファノ条約 **b**．パリ条約 **c**．ベルリン条約

 d．ロンドン条約

6．この大王のディアドコイの1人は，大王の故地に王朝を開いた。前168年のピュドナの戦いに敗れて滅亡したその王朝の名をしるせ。

7．この帝国のアウグストゥス帝の時代，『ローマ建国史』を著した人物は誰か。その名をしるせ。

8．732年のトゥール・ポワティエ間の戦いにおいてイスラーム軍を退けたメロヴィング朝の宮宰は誰か。その名をしるせ。

9．彼らが海上交易の際に利用していた船の名を，次の**a**〜**d**から1つ選べ。

 a．カラック船 **b**．ガレオン船 **c**．ジャンク船 **d**．ダウ船

10．こうした都市が結成した都市同盟の1つにハンザ同盟がある。ハンザ同盟の有力加盟都市であり，1460年に帝国都市となった，エルベ川下流に位置する港湾都市を，次の**a**〜**d**から1つ選べ。

 a．ダンツィヒ **b**．ハンブルク **c**．ブレーメン

 d．リューベック

11．18世紀半ばに3度にわたっておこなわれ，イギリスがフランスを破ったインド争奪戦争を何と呼ぶか。その名をしるせ。

12．15世紀にアジアで起こった出来事に関する次の**問ⅰ・ⅱ**に答えよ。

 ⅰ．15世紀半ばにオイラト軍を率いて土木の変で明軍を破った人物は誰か。その名をしるせ。

 ⅱ．15世紀にアユタヤ朝に併合された，タイ族最古の王朝の名をしるせ。

13．この帝国のアフメト3世の治世は，対外的には戦争がほとんどない穏やかな時代であった。文化的にもフランスの影響を受けて爛熟期を迎えたこの時代は，ある花に例えて呼ばれる。この花の名をしるせ。

14. 西部ジャワ島に成立したイスラーム国家で，16世紀から17世紀に胡椒交易で栄えた港市国家の名をしるせ。

15. 王権を絶対視する政治体制が市民革命によって倒されていく代表例としてフランス革命がある。この革命に先立って三部会議員となり，革命勃発後はパリ国民軍司令官として活躍し，『人権宣言』の起草にも携わった自由主義的な貴族は誰か。その名をしるせ。

16. ヘンリ7世の命令を受けて北西航路を探検し，1497年に北米大陸に上陸したジェノヴァ出身の航海者は誰か。その名をしるせ。

17. 1620年にメイフラワー号で北アメリカにわたったピルグリム＝ファーザーズは，上陸した地にメイフラワー号の出港地であったイギリスの港市の名を付け，そこに植民地を建設した。その港市の名をしるせ。

18. この国では，ポルトガル・オランダ・フランスなどの外国商人と契約を結んで黒人奴隷を輸入し，新大陸の銀山などで労働に従事させた。この奴隷供給請負契約のことを何と呼ぶか。その名をしるせ。

19. 通貨価値の低下の事例には，第一次世界大戦後のドイツを挙げることができる。その際，レンテンマルクを発行して，これを克服することに成功したドイツ首相は誰か。その名をしるせ。

（立教大〈異文化コミュニケーション・経済・法〉）

学問・文化・宗教的テーマ関係

22 近世〜現代の情報伝達手段の発展

　諸君が商学部に入学したら学ぶ経営学では，企業経営に役立つさまざまな要素や能力のことを「経営資源」と呼び，特にヒト，モノ，カネ，情報の4つを四大経営資源と言う。ここではその四大経営資源の一つである，情報の歴史について概観してみよう。

　情報の伝達でまず重要な事柄は，15世紀半ばごろの，(a)ルネサンスの3大発明の1つである，活版印刷術である。後漢の宦官，[(1)]によって改良された製紙技法は，8世紀半ばの[(2)]で捕虜となった製紙職人たちからヨーロッパに伝わった。活版印刷はその製紙技法と合わさり，それまでは(b)一部の人しか持ちえなかった情報が飛躍的に広まるきっかけになった。

　やがて17世紀半ばになると，イギリスでは新聞や雑誌も多数刊行された。晩年，小説家として有名になる[(3)]も，政治ジャーナリストとして新聞を発刊している。この時代，比較的豊かな都市市民は，[(4)]が発祥地とされる，新聞や雑誌を備えた(c)コーヒーハウスにあつまり，社交や情報交換を行った。世界的に有名な[(5)]であるロイズも，ニュートンなど科学革命を生み出した科学者の[(6)]も，これらコーヒーハウスから始まった。新聞の普及は言論の自由とも関係する。19世紀半ば，ウィーンで起きた[(7)]で検閲が廃止され，言論の自由がもたらされた際，街が新聞や壁新

聞でうめつくされたのは，その一例であろう。

　19世紀後半になると， (8) による電信機や， (9) による初の上映がその始まり
とされる映画など，紙以外の音と映像による情報伝達手段が登場してきた。それらの
技術は20世紀になり，ラジオやテレビという形で一般家庭に普及した。

　ラジオ放送は1920年にアメリカで始まった。その最初の番組は， (10) の大統領当
選を伝える開票速報だった。ラジオはニュースの他，南部の (11) が発祥地と言われ
るジャズや，野球中継など，大衆文化の伝達にも役立ったが， (12) はそのラジオの
普及率に着目し，ホワイトハウスから「炉辺談話」を行い，国民に政策を説明して支持
を求めた。

　第二次世界大戦後，情報伝達の主役はラジオからテレビに移った。テレビや写真な
どの映像によるニュース配信は，情報量が多いため人々に与えるインパクトも大きか
った。たとえば (13) の「安全への逃避」は， (14) でアメリカの攻撃から逃れようと
川を渡る母子の姿を撮影したもので，世界に大きな衝撃を与えた。この戦争は連日テ
レビで世界中に報道され，(d)正義の戦争と信じていたアメリカ国内世論に疑問を呈し
た。また，1993年に内戦中の(e)スーダン南部で南アフリカの写真家が撮影し，翌年に
(15) を受賞した「飢餓でたおれた少女を狙うはげわし」は，世界の指導者たちに強い
メッセージを残した。

　芸術面では，20世紀の絵画も社会に対して強いメッセージを示すようになった。
(16) で母国が爆撃されたことに抗議し， (17) が制作した「ゲルニカ」はその例であ
る。また広告・報道写真などの情報伝達手段そのものを素材にポップアートを展開す
る動きもある。「キャンベルスープ」のシルクスクリーンで知られる (18) はその代表
だ。

　こうしてみると，情報は単にニュースとして捉えるのではなく，その背後にある発
信者の意図やメッセージを汲み取ることが大事であることがわかる。大学に入学した
ら是非，そういう目で情報を見てほしい。

問1 文中の空欄 (1) ～ (18) にあてはまる最も適当な語句を下記の語群から選び
　　なさい。

11. 安史の乱	**12.** イスタンブル	**13.** ウィーン
14. ウィルソン	**15.** ウォーホル	**16.** エディソン
17. 王立協会	**18.** 科学アカデミー	**19.** 甘英
20. クーリッジ	**21.** 蔡倫	**22.** 沢田教一
23. 三月革命	**24.** シアトル	**25.** シカゴ
26. 四月普通選挙	**27.** スウィフト	**28.** スペイン内戦
29. 船舶会社	**30.** 第二次世界大戦	**31.** タラス河畔の戦い
32. ダリ	**33.** チャップリン	**34.** 張衡
35. 朝鮮戦争	**36.** チョコレート会社	**37.** デフォー

38. 二月革命　　　　　**39.** ニハーヴァンドの戦い

40. ニューオーリンズ　　**41.** ノーベル賞　　　　　**42.** ハーディング

43. ピカソ　　　　　　　**44.** ピュリッツァー賞　　**45.** ファラデー

46. フィールズ賞　　　　**47.** フーヴァー　　　　　**48.** フーコー

49. ベトナム戦争　　　　**50.** 保険会社　　　　　　**51.** モールス（モース）

52. リュミエール兄弟　　**53.** ローズヴェルト　　　**54.** ロダン

55. ロバート゠キャパ　　**56.** 湾岸戦争

問2　下線部(a)に関連して，ルネサンスの3大発明の残りの2つは何か。

問3　下線部(b)に関連して，活版印刷発明以前は，何故，一部の人しか情報を持ちえ
なかったのか。その主たる理由を2つ答えなさい。

問4　下線部(c)に関連して，コーヒーハウスの流行とともに，砂糖の需要がイギリス
では増えた。17世紀後半，プランテーションを用いて砂糖を生産した中心地域はど
こであったか。最も適当な地域を答えなさい。

問5　下線部(d)に関連して，当時のアメリカ大統領は，何故この戦争を正義の戦争と
したのか。40字以内で説明しなさい。

問6　下線部(e)に関連して，スーダンは1956年に独立したが，以下の（ア）・（イ）に答
えなさい。

（ア）　それまでどこの支配下にあったのか。

（イ）　また上記（ア）がスーダンを支配するきっかけとなった事件を何と呼ぶか。

（慶應義塾大〈商〉　改）

23) 感染症関連史 ||||||||||||||||||||||||||||||||||||||||||||

次の文を読み，文中の下線部1)～19)にそれぞれ対応する下記の設問1～19に答え
よ。

　感染症は，歴史の様々な局面で流行し，人びとは多様に反応し，対策を講じてきた。
　天然痘は，古代から存在する感染症のひとつと言われる。紀元前12世紀に亡くなっ
た1)エジプト王の遺体の顔・首・肩には，天然痘と疑われる多くの膿疱（のうほう）の跡が確認
されている。その後，ユーラシア各地に広がり，15世紀末以降にはアメリカ大陸をは
じめ世界中で猛威を振るった。例えば，16世紀の2)インカ帝国の滅亡は，この病の
伝播と深い関わりをもつと考えられている。18世紀末には，3)オーストラリア・シ
ドニー近郊の先住民が罹患（りかん）し，その半数近くが死亡したと報告されている。天然痘の
予防法である種痘は近世以降，世界各地に広まった。18世紀末のフランスでは時の国
王に種痘が施された。4)先代の国王が1774年にこの病で亡くなったためであった。
20世紀後半になると，5)世界保健機関によって天然痘撲滅キャンペーンがすすめら
れ，20世紀末には，その根絶が宣言された。

腸チフスも古代における流行が疑われてきたが，判然としない。腸チフスだと判断しうる，最初の詳細な記録は，15世紀末，6）グラナダをめぐる戦いでスペイン人兵士がかかった病の所見だとされる。イタリア戦争中の7）1528年にナポリを包囲していたフランス軍兵士に関しても，同様の所見が記された。近代になると，腸チフスは世界各地を席巻した。8）ナポレオンのロシア遠征時や，9）「諸国民の春」の時期には各国で猛威を振るい，その後も，10）フランクリン＝ローズヴェルト大統領がアメリカ腸チフス委員会を設立し対策にあたるなど，20世紀中葉になっても公衆衛生上の重要な問題でありつづけた。

近代以降に世界的な流行をみた感染症として，コレラがある。この病は19世紀以前から11）インド各地で度々流行したが，その外へは広まらなかった。しかし，1817年3月にコルカタのイギリス軍要塞で発生したコレラは，数年のうちに12）ビルマ，セイロンといった隣接地域や東南アジア各地へと広がり，1829～1831年にはヨーロッパ各地を襲った。その後，19世紀末になると13）細菌学が発展し，コレラの病理は徐々に解明されていった。

黒死病（腺ペスト）の歴史的影響も忘れられてはならない。この病は，1346～1347年に14）クリミアに登場すると，続く5年ほどの間にヨーロッパ全土を席巻し，人口の三分の一が失われたと言われるほど深刻な被害をもたらした。ただし，ミラノなどでは相対的に死亡率は低く，15）ニュルンベルクではほとんど被害がでなかった。なお，16）ユダヤ人は中世以来迫害されてきたが，この病の流行に際しても迫害は相次いだ。

罹患者が迫害を受けた病には，ハンセン病がある。中世のヨーロッパにおいてハンセン病は，キリスト教の影響下で人間の罪の証と理解され，迫害の対象となった。ただしイギリスでは，17）第1回十字軍遠征の帰還兵の一部がハンセン病にかかると，キリスト教徒の擁護を目的とする十字軍に従事した者が罪を犯したのかという疑念が生まれ，この病を聖なる証と読み替えようとする動きもみられた。近代以降になるとハンセン病は，18）ハワイをはじめとする太平洋の島嶼部に広がり，各地で迫害や隔離が起こった。19世紀末，19）ノルウェー人医師アルマウェル＝ハンセンによる「らい菌」の発見，20世紀中葉の特効薬プロミンの開発は，こうした状況を変えていった。

1．シリアからこの国に流入し，中王国時代を終わらせた諸民族の混成集団を何と呼ぶか。その名をしるせ。

2．この国の説明として正しくないものはどれか。次のa～dから1つ選べ。

　　a．キープ（結縄）によって情報が記録された

　　b．最後の皇帝はアタワルパだった

　　c．太陽崇拝が行われた

　　d．鉄器が使用された

3．この地域を，オランダ東インド会社の命により，17世紀中葉に探検したオランダ人航海者の名をしるせ。

4．この王の治世期に七年戦争が起こった。この戦争の終結に際して，イギリス，スペイン，フランス間で結ばれた条約の名をしるせ。

5．この組織は1948年に国際連合の専門機関として設立された。国際連合の専門機関の略号と専門分野の組み合わせとして正しくないものはどれか。次の **a**〜**d** から1つ選べ。

　　a．FAO － 農業　　　**b**．ILO － 労働　　　**c**．UNESCO － 教育
　　d．WMO － 金融

6．この都市を首都とした，イベリア半島最後のムスリム王朝の名をしるせ。

7．このときのフランス国王と神聖ローマ皇帝の組み合わせとして正しいものはどれか。次の **a**〜**d** から1つ選べ。

　　a．アンリ4世　　－　　マクシミリアン1世
　　b．シャルル7世　　－　　マクシミリアン2世
　　c．シャルル9世　　－　　フェルディナント1世
　　d．フランソワ1世　　－　　カール5世

8．この遠征の後，ナポレオンがプロイセン，ロシア，オーストリアなどの連合軍に敗れた1813年の戦いの名をしるせ。

9．このときフランスで起きた二月革命の結果，イギリスに亡命したフランス政府首相の名をしるせ。

10．この大統領の任期中に成立した法律でないものはどれか。次の **a**〜**d** から1つ選べ。

　　a．社会保障法　　　**b**．スムート゠ホーリー関税法　　　**c**．全国産業復興法
　　d．農業調整法

11．この地を含むアジアでの貿易活動を振興するために，1664年，フランスは東インド会社を再建した。このとき財務総監を務めていた人物の名をしるせ。

12．ここでは18世紀中葉以降，コンバウン朝が支配を確立していた。19世紀初頭にこの王朝からイギリスの領地となった地域として正しいものはどれか。次の **a**〜**d** から1つ選べ。

　　a．アッサム　　　**b**．カシミール　　　**c**．パンジャーブ　　　**d**．ビハール

13．結核菌を発見するなど，この学問の発展に貢献したドイツ人医学者の名をしるせ。

14．この地域を支配していたクリム゠ハン国は，15世紀後半にオスマン帝国に服属した。このときのオスマン帝国の皇帝の名をしるせ。

15．この都市は，1219年に神聖ローマ皇帝から特許状を得て自治権を獲得した南ドイツの帝国都市である。同様に南ドイツに位置し，フッガー家が本拠地とした帝国都市の名をしるせ。

16．この迫害に関する記述として正しくないものはどれか。次の **a**〜**d** から1つ選べ。

　　a．11世紀後半に即位したフランスのフィリップ1世はユダヤ人追放令を発した
　　b．1492年，スペインにおいてユダヤ人追放令が出された

c．第４回ラテラノ公会議によって，ユダヤ人は黄色の目印をつけることを強いられた

　　d．東ヨーロッパではユダヤ人はセファルディームと呼ばれ差別された

17．この遠征の後，聖地守備や巡礼者保護のために，いくつかの騎士団が結成された。そのうち，イェルサレムに創設され，赤十字の入った白衣を着用した騎士団の名をしるせ。

18．1893年に廃位された，この地の王は誰か。その王の名をしるせ。

19．この国を19世紀初頭から1905年まで領有した国の名をしるせ。

（立教大〈文〉）

24 ［世界の文化遺産関連史 |||||||||||||||||||||||||||||||||||||||||

　世界の文化遺産に関する以下の文章（**A～E**）を読んで，問（**1～6**）に答えなさい。解答は，選択肢（**a～e**）からもっとも適切なものを１つ選びなさい。

（**A**）　アンコール遺跡は，東南アジアにある。この遺跡の中心のアンコール＝ワットは，12世紀前半に（　**1**　）により造営された。アンコール朝は，９世紀初頭から26代の王を数える（　**2**　）の王朝である。ジャヤヴァルマン７世の時代が最後の黄金期といわれ，13～14世紀になると，アンコール朝は衰退期をむかえる。この頃から，タイ人の王朝が台頭し，15世紀には，（　**3**　）の支配によりアンコール朝は崩壊した。

（**B**）　アグラ城塞は，インドにある。アグラは，1598年以降の約50年間ムガル帝国の首都であった。この帝国の基礎を築いたバーブルは，1526年に，（　**4**　）の戦いでロディー朝の軍に勝利をおさめた。ムガル帝国の実質的な建国者は，第３代皇帝（　**5**　）である。アグラは，（　**5**　）が建設した新都市であった。（　**5**　）は，ヒンドゥー教徒とイスラーム教徒との融合をはかり，非イスラーム教徒に課せられていた人頭税である（　**6**　）を廃止した。

（**C**）　ロードスの中世都市は，（　**7**　）騎士団が築いた城塞都市である。（　**7**　）騎士団は，第１回十字軍の際に結成され，聖地守護にあたっていた。イスラーム勢力が，再び聖地を奪回するなど盛り返してくると，（　**7**　）騎士団も，キプロス島さらにはロードス島へと拠点を移した。（　**8**　）のもとで最盛期を迎えたオスマン帝国によってロードス島を追われると，（　**7**　）騎士団は，1530年に皇帝（　**9**　）からマルタ島を与えられた。

（**D**）　（　**10**　）大聖堂は，スペインにあり，メスキータ（スペイン語でモスクの意味）ともよばれる。それは，８世紀に（　**11**　）により建立された大モスクが，13世紀に（　**10**　）がキリスト教徒に奪回されても壊されず，その後にキリスト教の教会に改変されたものである。イスラーム教徒からイベリア半島の領土を奪回しようとした

キリスト教徒の戦いは，レコンキスタとよばれ，（　12　）年のグラナダ陥落により完了した。

（E）（　13　）大聖堂は，フランスの代表的なゴシック聖堂である。この聖堂の建設事業は1220年に開始したとされ，その大半は13世紀に建立された。この時期に第6回・第7回十字軍を主導した（　14　）は，敬虔なことで知られ，聖王とよばれた。（　13　）においては，（　15　）年に，フランスとイギリスの間で講和条約が結ばれ，第2回対仏大同盟が解消された。

問1　空欄（1〜15）に入る語句はどれか。

（　1　）　**a**．カンビュセス2世　　　　　　**b**．ジャヤヴァルマン2世
　　　　　c．スールヤヴァルマン2世　　　**d**．ダレイオス3世
　　　　　e．チャンドラグプタ1世

（　2　）　**a**．クメール人　　**b**．シンハラ人　　**c**．チャム人
　　　　　d．ピュー人　　**e**．モン人

（　3　）　**a**．アユタヤ朝　　　　　　**b**．シンガサリ朝　　　　**c**．スコータイ朝
　　　　　d．チャールキヤ朝　　　　**e**．ラタナコーシン（チャクリ）朝

（　4　）　**a**．アンカラ　　　　**b**．ニコポリス　　　**c**．パーニーパット
　　　　　d．プラッシー　　　**e**．モハーチ

（　5　）　**a**．アウラングゼーブ　　　　　**b**．アクバル
　　　　　c．シャー＝ジャハーン　　　　**d**．ティムール　　　**e**．ナーナク

（　6　）　**a**．ジズヤ　　　**b**．ジャーギール　　　**c**．シャリーア
　　　　　d．ハラージュ　　**e**．マンサブダール

（　7　）　**a**．カラトラバ　　**b**．サンチャゴ　　**c**．テンプル
　　　　　d．ドイツ　　**e**．ヨハネ

（　8　）　**a**．セリム3世　　　**b**．スレイマン1世　　　**c**．バヤジット1世
　　　　　d．マフムト2世　　**e**．メフメト2世

（　9　）　**a**．カール5世　　　　**b**．ハインリヒ4世
　　　　　c．フランツ2世　　　**d**．フリードリヒ2世
　　　　　e．ヨーゼフ2世

（　10　）　**a**．コルドバ　　**b**．サンチャゴ＝デ＝コンポステラ
　　　　　c．セビリャ　　**d**．トレド　　**e**．レオン

（　11　）　**a**．後ウマイヤ朝　　　　**b**．サーマーン朝　　　**c**．トゥールーン朝
　　　　　d．ファーティマ朝　　　**e**．ブワイフ朝

（　12　）　**a**．1402　　**b**．1455　　**c**．1479　　**d**．1485　　**e**．1492

（　13　）　**a**．アミアン　　**b**．シャルトル　　**c**．ブールジュ
　　　　　d．ランス　　**e**．ルーアン

（　14　）　**a**．オットー1世　　**b**．シャルル2世　　**c**．フィリップ4世

　　　　　d．ルイ９世　　　　　**e**．ロタール１世

（　15　）　**a**．1795　　　**b**．1799　　　**c**．1802　　　**d**．1805　　　**e**．1807

問２　東南アジアにおいては，16世紀後半に，ビルマ人の王朝が，タイ・ラオスまで
　　を支配下におく広大な王国に発展した。その王朝はどれか。

　　a．コンバウン（アラウンパヤー）朝　　　　**b**．タウングー（トゥングー）朝

　　c．チョーラ朝　　　　**d**．パガン朝　　　　**e**．パッラヴァ朝

問３　インド＝イスラーム文化にもみられるように，イスラーム文明は，各地の地域
　　的・民族的特色を加えながら，いたるところで受け入れられた。イスラーム文明に
　　おける業績に関する説明として，誤っているものはどれか。

　　a．イスラーム学者のガザーリーが，スンナ派神学の確立に貢献した。

　　b．イブン＝シーナー（アヴィケンナ）が，『医学典範』を著した。

　　c．イブン＝ハルドゥーンが，『世界史序説』を著した。

　　d．イブン＝ルシュド（アヴェロエス）が，『政治学』を除くプラトンの全著作を注釈
　　　　した。

　　e．フワーリズミーが，インド数字を導入してアラビア数学を確立した。

問４　第１回十字軍から第７回十字軍の間（1096〜1270年）に起こった次の出来事を年
　　代順に並べたとき，３番目にくるものはどれか。

　　a．アイバクが，デリー＝スルタン朝の最初となる奴隷王朝を建てた。

　　b．イギリス議会の起源とされる議会が，シモン＝ド＝モンフォールにより招集さ
　　　　れた。

　　c．教皇権隆盛の頂点にたつことになるインノケンティウス３世が，ローマ教皇に
　　　　即位した。

　　d．バトゥ率いるモンゴル軍が，現ポーランド領のリーグニッツ近郊において，ド
　　　　イツ・ポーランド連合軍を破った。

　　e．完顔阿骨打（ワンヤンアグダ）が，中国東北地方にツングース系女真人の王朝を
　　　　建国し，皇帝を称した。

問5 空欄(4)は，地図（Ⅰ）上のどこにあるか。

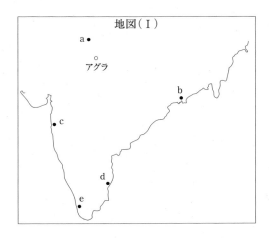

問6 空欄(13)は，地図（Ⅱ）上のどこにあるか。

（上智大〈外国語・文〉）

25 アラム文字・漢字の伝播と受容

　人類の歴史における文字の登場は，話し言葉に比べではるかに遅い。しかも，(a)すべての文化に文字があるわけでもない。さらに文字には汎用性・機能性が求められるため，ある集団が独自の文字を生み出しても，交流や征服によって外来の文字に取って代わられることがある。

　たとえば古代メソポタミアの交易民族　ア　人が用いた文字から，内陸通商路を通じて，多くの民族の文字が派生した。その一つが　イ　を記録したためイスラーム世界へ広まった　ウ　文字である。また　ア　文字は中央アジアの交易民族に受け継がれて　エ　文字となり，中央アジアから北東アジアで広く使われるようになった。この文字に改良を加えて自分たちの言葉を表記しようとしたのがトルコ系の　オ　人である。彼らはその後イスラーム化して　ウ　文字を使用するようになった。一方　カ　では，チベット文字を利用して　キ　文字が作られたものの，それは普及しないまま廃れ，より書きやすい　オ　文字を改良した　カ　文字が残り，今も使用されている。そして　カ　文字から，満州文字が派生している。

　東アジアで広く用いられた漢字は上記の文字と系統をまったく異にする。漢字の起源はまだ明らかではないが，(b)甲骨文字から発展して広く用いられるようになったと考えられる。さらに情報の伝達手段としてだけではなく，毛筆によって漢字を芸術的に表現する(c)書道も生まれた。古代東アジア世界にとって漢字はほぼ唯一の文字であり，やがて周辺民族が国家体制を整えると，(d)漢字を応用した独自の文字を作りだした。

　近代になると，(e)トルコ共和国のように政策として文字改革がおこなわれるようになる。東アジアの漢字文化圏でも，漢字の簡略化や廃止が試みられた。　あ　は漢字をほぼ全廃し，　い　でも全廃を提唱する運動があったが，結局，簡略化する道を選択した。正字体の漢字の常用を保持しているのは　う　などとなっている。

問1　空欄(ア)～(キ)に入る最も適切な語句を答えなさい。

A. クルアーン(コーラン)　　　　**B.** ウイグル

C. パスパ　　　　　　　　　　　**D.** アラム

E. ドラヴィダ　　　　　　　　　**F.** アラビア

G. モンゴル　　　　　　　　　　**H.** アヴェスター

I. サンスクリット　　　　　　　**J.** ソグド

問2　下線部(a)に関連して，文字の代わりにキープとよばれる縄の結び目による記録法を使った文明を一つ選びなさい。

A. アステカ　　　**B.** インカ　　　**C.** マヤ　　　**D.** テオティワカン

問3　下線部(b)に関する説明として**誤りを含むもの**を一つ選びなさい。

A. 殷では亀甲や獣骨に占いの結果を記録した。

B．文字の各地への普及は各地にさまざまな字体を生みだした。

C．周王は王権の強化のため文字の統一をおこなった。

D．漢代には，文字の記録に木簡・竹簡が広く使われるようになった。

問4　下線部(c)に関連して，唐代を代表する書家を一人選びなさい。

　A．欧陽詢　　　**B**．呉道玄　　　**C**．王羲之　　　　**D**．顔真卿

問5　下線部(d)に関連して，漢字を簡略化して作られた表音文字を一つ選びなさい。

　A．契丹文字　　　**B**．チュノム(字喃)　　　**C**．仮名文字　　　**D**．女真文字

問6　下線部(e)に関する説明として**誤りを含むもの**を一つ選びなさい。

　A．文字改革の目的の一つは教育の普及だった。

　B．文字改革は政教分離の一環でもあった。

　C．文字改革によってキリル文字に統一された。

　D．文字改革はケマル＝アタテュルクによって推進された。

問7　空欄(あ)〜(う)に入る組み合わせとして最も適切なものを一つ選びなさい。

　A．(あ)韓国とベトナム　　(い)日本と中国大陸　　(う)台湾と香港

　B．(あ)ベトナムと香港　　(い)台湾と日本　　　(う)中国大陸と韓国

　C．(あ)韓国とベトナム　　(い)台湾と香港　　　(う)日本と中国大陸

　D．(あ)ベトナムと香港　　(い)日本と中国大陸　　(う)台湾と韓国

(明治大〈文〉)

第 **IV** 部

論述問題

1　唐～宋代の社会経済上の変化

　次の主題について，与えられたキーワードをすべて用い，200字以内で歴史的に論述しなさい。なおキーワードには下線を付しなさい。句読点は１マスに１つずつ，数字は１マスに２字まで入れなさい。

主題　唐から宋にかけての社会経済上の変化について
キーワード：荘園・地主・佃戸

（学習院大〈文〉　改）

2　明・清代の税制

　明代と清代に税制の変化がみられた。その変化の内容を，それぞれの社会経済的背景に言及しながら，次の語をすべて用いて述べなさい。（250字以内）

　　　　　一条鞭法　　　メキシコ銀　　　地丁銀制

（津田塾大〈英文〉）

3　洋務運動～辛亥革命期の中国

　次の主題について，与えられたキーワードをすべて用い，200字以内で歴史的に論述しなさい。なおキーワードには下線を付しなさい。句読点は１マスに１つずつ，数字は１マスに２字まで入れなさい。

主題　19世紀後半から20世紀初頭の中国における改革と革命について
キーワード：洋務運動・戊戌変法・日清戦争

（学習院大〈文〉　改）

4　共和政ローマの変質

　次の主題について，与えられたキーワードをすべて用い，200字以内で歴史的に論述しなさい。なおキーワードには下線を付しなさい。句読点は１マスに１つずつ，数字は１マスに２字まで入れなさい。

主題　前２世紀半ば以降，共和政ローマの社会に起こった変化について
キーワード：長期の征服戦争・ラティフンディア・閥族派

（学習院大〈文〉　改）

5　中世ドイツにおける聖職叙任権闘争

　10世紀から12世紀にかけての中世ドイツにおける「聖」（教皇権）と「俗」（世俗権力）の関係の歴史的変遷を以下の用語をすべて用いて，250字以上300字以内で説明しなさい。

なお，句読点，数字は1字に数え，指定の語句には必ず下線を付しなさい。

オットー1世　　　グレゴリウス7世　　　カノッサの屈辱　　　ヴォルムス協約

（早稲田大〈法〉）

6 14世紀～15世紀の百年戦争

百年戦争について，3行（120字）以内で説明しなさい。

（明治大〈商〉）

7 啓蒙専制主義

啓蒙専制主義について，3行（120字）以内で説明しなさい。

（明治大〈商〉）

8 大西洋の三角貿易

17世紀以降，大西洋ルートで行われた「三角貿易」とはどのようなものであったか，次の語をすべて用いて説明しなさい。（200字以内）

武器・綿製品　　　砂糖・コーヒー　　　プランテーション

（津田塾大〈英文〉　改）

9 神聖ローマ帝国の解体～ドイツ帝国の成立

ナポレオンによるドイツ支配からドイツ帝国の誕生に至るまでの歴史的過程を，オーストリアの役割に留意しながら，以下の語句を列記した順に用いて，250字以上300字以内で記述しなさい。なお，句読点，数字は1字に数え，所定の語句には必ず下線を付しなさい。

ライン同盟　　　ウィーン体制　　　1848年革命　　　ビスマルク

（早稲田大〈法〉）

10 ロシアの南下政策の経緯と東アジア進出

17世紀末からロシアは，不凍港を求めて，黒海のアゾフを陥落させるなど，いわゆる「南下政策」を実行したが，その後「東アジアへの進出」を試みるところとなった。18世紀から19世紀末までの時期におけるロシアの「南下政策」の経緯と「東アジア進出」について，以下の語句をすべて用いて，250字以上300字以内で説明しなさい。なお，句読点，数字は1字に数え，指定の語句には必ず下線を付しなさい。

クリミア戦争　　　サン＝ステファノ条約　　　ベルリン条約　　　北京条約

（早稲田大〈法〉）

11 19世紀～20世紀のメキシコ・アメリカ関係

メキシコの独立達成後から20世紀末までの間，メキシコとアメリカ合衆国との関係

はどのように変遷してきたか，以下の語句をすべて用いて，250字以上300字以内で説明しなさい。なお，句読点，数字は1字に数え，指定の語句には必ず下線を付しなさい。

テキサス併合　　メキシコ革命　　キューバ革命　　北米自由貿易協定

（早稲田大〈法〉）

12　ヴェルサイユ体制とヨーロッパの覇権

次の文章を読んで，下記の設問に答えなさい。

フランスの作家・思想家ポール・ヴァレリーは，1919年に発表された「精神の危機」のなかで次のように述べている。

> 現在，我々は次のような決定的な問題に直面している。ヨーロッパは果たしてそのあらゆる分野における優位性を保っていけるだろうか，という問題である。
> ヨーロッパは，実際にそうであるところのもの，すなわちアジア大陸の小さな岬の一つになってしまうのか？
> それともヨーロッパは，いまのところ，そう見えるところのもの，すなわち地球の貴重な部分，球体の真珠，巨大な体躯の頭脳として，とどまり得るのか？
> 　　　　　　　（『精神の危機　他15篇』恒川邦夫訳，岩波文庫）

ヨーロッパの覇権の揺らぎについて，ヴァレリーは天秤の比喩も用いながら説明を加えている。「秤の一方の皿にインド帝国をのせ，もう一方に連合王国をのせてみよう。すると見よ，秤は重りの軽い方へ傾くのだ！　これは均衡の破断としては異常である。しかしその後起こってきたことはさらに尋常ならざる事態である。このままいくと秤が徐々に反対方向に傾きだしそうなのである」。

＊＊＊

1919年1月18日からパリで開催された第一次世界大戦の講和会議では，戦勝国のイギリス，フランス，アメリカが主導権を握った。このパリ平和会議の基礎となったのは，ウィルソン米大統領が1918年1月に議会宛教書として発表した「十四ヵ条の平和原則」である。ところで，この文書は，1917年11月のロシア革命（ロシア暦十月革命）において発せられた「平和に関する布告」を踏まえたものである。

「平和に関する布告」（1917年11月8日）
　公正な，または民主的な講和は，戦争で疲れはて苦しみぬいているすべての交戦諸国の労働者階級と勤労者階級の圧倒的多数が待ちのぞんでいるものであり，ツァ

ーリ君主制の打倒後にロシアの労働者と農民がもっともきっぱりと根気よく要求してきたものであるが，政府がこのような講和とみなしているのは，無併合（すなわち，他国の土地を略奪することも他の諸国民を強制的に統合することもない），無賠償の即時の講和である。

　ロシア政府はこのような講和を即時に締結することをすべての交戦諸国民に提議し，すべての国とすべての国民の人民代表が全権をもつ会議によってこのような講和のすべての条件が最終的に確認されるにいたるまで，いささかのためらいもなくあらゆる断固たる行動をただちにとる用意があることを表明する。

　政府が併合または他国の土地の略奪と理解しているのは，民主主義一般，とくに勤労者階級の法意識に従って，弱小民族が同意または希望を正確に，明白に，自由意志で表明していないのに，強大な国家が弱小民族を統合することである。その際，その強制的な統合がいつ行われたか，また，強制的に統合される，あるいは強国の領域内に強制的にひきとめられる民族がどれだけ発展しているか遅れているかにはかかわりない。さらに，その民族がヨーロッパに住んでいるか，遠い海外諸国に住んでいるかにもかかわりない。

（歴史学研究会編『世界史史料10』，岩波書店より）

「十四ヵ条の平和原則」（1918年1月8日）

　われわれが，この戦争の結末として要求することは〔……〕世界が健全で安全に生活できる場となることであり，とりわけ，すべての平和愛好国家にとって安全となることです。〔……〕

　五，すべての植民地に関する要求は，自由かつ偏見なしに，そして厳格な公正さをもって調整されねばならない。主権をめぐるあらゆる問題を決定する際には，対象となる人民の利害が，主権の決定をうけることになる政府の公正な要求と平等の重みをもつという原則を厳格に守らねばならない。

　一〇，われわれは，オーストリア＝ハンガリーの人々が民族としての地位を保護され保障されることを望んでいる。彼らには自治的発展のため，最大限の自由な機会を与えられるべきである。

（歴史学研究会編『世界史史料10』，岩波書店より）

　たしかに，ウィルソンの十四ヵ条には，普遍的な射程を備えた民族自決論と解釈できる内容が含まれている（五）。だが，実際に力点が置かれていたのは，ハプスブルク帝国の支配下にあるヨーロッパの人々であったと言えよう（一〇）。

　また，パリ講和会議におけるフランスやイギリスの態度は，ドイツに対して報復的なものであった。1919年6月28日に調印されたヴェルサイユ条約は，ウィルソンの掲げた理想主義的な平和原則からは懸け離れていたというのが定評である。

　さらに，十四ヵ条の提案に基づいて設立された国際連盟に，アメリカは参加しなか

った。こうしてヴェルサイユ体制は，民族自決と国際協調を原則としながらも，敗戦国ドイツに敵対的で，共産主義国となったソ連を排除し，また世界一の経済大国となったアメリカを欠くなど，さまざまな矛盾を抱えていた。

＊＊＊

　第一次世界大戦中または戦後に終焉を迎えた帝国として，ロシア帝国，ハプスブルク帝国(オーストリア＝ハンガリー帝国)，オスマン帝国の３つを数えあげることができる(あるいはこれにドイツ帝国を加えて４つとすることもできるかもしれない)。ロシア帝国はソ連として再編されたが，ハプスブルク帝国とオスマン帝国は解体されることになった。これらの旧帝国は大きな版図を持ち，さまざまな民族が混在する地帯を曲がりなりにも統治してきた歴史を持つ。解体されたハプスブルク帝国を民族自決の原則によって再編することは，中東欧に新たな独立国家を産み落としたが，そのことは，いかなる国家によっても公式に代表されず保護もされない少数民族さらには無国籍者の存在を浮かびあがらせることにもなっていく。

　このように，旧ハプスブルク帝国地域に対する民族自決の原理の適用は，新たな問題と課題を生んだ。他方，民族自決の原理は，旧オスマン帝国が統治していた地域には適用されなかった。アフリカやアジアに広がっていた旧ドイツ植民地，そして英仏の植民地においても適用されることはなかった。

＊＊＊

　冒頭のヴァレリーの言葉に立ち戻ろう。第一次世界大戦後のヨーロッパは「アジア大陸の小さな岬の一つ」になってしまったのだろうか。それとも「巨大な体躯の頭脳」の地位にとどまり得たのだろうか。おそらく答えは排他的な二者択一ではなく，両方が同時に当てはまるようなものであるだろう。その両義的な性格を押さえることが重要である。

設問　本文全体を読み，特に波線部に留意しながら，第一次世界大戦後の世界においてヨーロッパの覇権はどのような形で揺らぎ，どのような形で立て直されたと言えるのかを350字程度で論じなさい。その際，以下の用語をすべて使い，その用語に下線を引くこと(同じ用語を複数回使用する場合には，下線は初出の１箇所のみで構わない)。
　　〔用語〕
　　ワシントン体制，旧オスマン帝国，サイクス・ピコ協定，委任統治，植民地

(上智大〈TEAP 利用型〉　改)

13 スペイン内戦期のイタリアと枢軸国

スペイン内戦で反乱軍側を支援した国々の1つであるイタリアが、エチオピアに侵攻してから、すでに国際連盟を脱退していた国々と結束を強め、ついには国際連盟を脱退するまでの経緯を、次の語をすべて用いて述べなさい。(200字以内)

経済制裁　　　スペイン内戦　　　三国防共協定

(津田塾大〈英文，多文化・国際協力〉 改)

14 20世紀半ばの核開発と核軍縮

核兵器に反対する運動が各地で展開を見せ始める背景となった、1940年代末からの核開発競争と1950年代の反核運動の具体的な展開について、以下の語をすべて用いて述べなさい。(200字以内)

水素爆弾　　　第五福竜丸　　　パグウォッシュ会議

(津田塾大〈国際関係〉 改)

15 ヨーロッパ統合とイギリスのEU離脱

次の文章は、第二次世界大戦後のヨーロッパ統合に関するものである。この文章を読んで、設問に答えなさい。

第二次世界大戦後のヨーロッパ最初の国際問題は、敗戦国ドイツの処遇であった。第二次世界大戦中、ヒトラー・ドイツによる占領状態にあったフランスでは反独感情が収まらず、戦後、1945年に分割占領されたドイツの復活には難色を示す声も少なくなかった。しかし、米英は、弱体化したドイツよりもその東に位置するソ連の脅威を危惧していた。衛星国を増やして膨張を図るソ連の西進を防ぐには、ドイツを国として復活させ、ソ連圏に対する防波堤として機能させる必要がある。そのため、米国はドイツのみならず英仏にも多大な支援の手を差しのべ、疲弊した西ヨーロッパの復興に努めたのである。

このソ連の脅威は、ドイツの隣国フランスにとってはさらに切実な問題であった。脆弱なドイツが社会主義化されれば、フランスは敵陣営と国境を接することになるからである。1949年にドイツが東西に分断されて建国された後も、このドイツ問題はフランスを悩ませたのである。そこで、フランスは、西ドイツの主権回復に同意しながらも、再度の軍事大国化を阻止すべく、西ドイツの主権の制限を画策した。フランスは、国内の地下資源に乏しいことから、西ドイツ国内の石炭や鉄鉱石の採掘権が移譲された国際機関の創設を発案した。これは、複数の国で共同管理する超国家的な機関であり、具体的にはシューマン外相の提唱したヨーロッパ石炭鉄鋼共同体(ECSC)を指す。この提案は、敗戦国西ドイツにとっては、戦勝国フランスとの関係強化により、ソ連に対する自国の安全保障上の拠り所を得たことを意味した。こうした歴史的な独

仏和解を基盤にしたECSCは1952年に発足し，ヨーロッパ統合の先駆けとなった。

　ヨーロッパ諸国の首脳たちは，さらに軍事面での共同体案も検討した。各国の軍隊の寄せ集めではない，単一の欧州軍を創設しようとしたのである。しかし，石炭・鉄鋼のような経済部門の統合は加盟国それぞれに相応の恩恵をもたらす効果があったものの，軍事部門は各国の主権の根幹にかかわるため，権限移譲によるヨーロッパ防衛共同体(EDC)の創設には至らなかった。代わってヨーロッパの軍事部門で中心的役割を果たしたのは，米国・カナダなども加盟する北大西洋条約機構(NATO)である。NATOは，挫折したEDCとは異なり，あくまで国家間協力に基づく国際組織である。各加盟国は主権を移譲せずに，相互に協力しながら対共産圏の共同防衛体制を築いた。

　ヨーロッパで西ドイツのNATO加盟に積極的なイニシアチブを発揮したのは，イギリスであった。当時のイギリスは，まだ世界各地に植民地を残し，独仏などの大陸ヨーロッパにこだわらない独自の経済圏を維持していた。それゆえ，ECSCのような超国家機関に主権の一部を譲渡することには消極的だったのである。一方，ECSCの発展により，経済と原子力分野でも同様の共同体が設立され，1967年には三機関が合併し，ヨーロッパ共同体(EC)が結成された。こうしてECは，植民地の独立などにより経済的に衰退しつつあったイギリスにとって無視できない存在になってくる。その結果，1973年にイギリスはEC加盟を果たしたのである。

　もっとも，統合ヨーロッパの一加盟国になったとはいえ，イギリスのECに対するスタンスは，独仏などとは一線を画していた。独仏が将来の理想主義的なビジョンを掲げて統合の進化を模索する一方で，イギリスはあくまで現状での利益を追求する現実主義路線に固執した。超国家機関の発展によるヨーロッパのさらなる一体化・連邦制化まで視野に入れた独仏に対して，イギリスでは国家主権が最優先となっていたのである。その背景には，かつての世界大国として狭いヨーロッパ地域に埋没できないというプライドが見え隠れする。

　そのようなイギリスのヨーロッパ政策が如実に現れたのは，1980年代のサッチャー首相の時代であろう。当時のヨーロッパが米国や日本といった経済大国に対抗するには，再び統合を加速させる必要があった。そのためには，一国単位でなく，複数国の共同体の活性化で経済規模を拡大させるのが最善の策である。80年代のECは，域内の市場統合を最優先の目標に掲げた。各加盟国の規制を撤廃し，EC域内のヒト・モノ・資本・サービスの(国境を越えた)移動の自由を確立する壮大な計画を描いた。これにサッチャーは同調する。イギリス一国に限定されないECレベルの巨大な市場の登場により，イギリス企業の増益が見込まれよう。そして何より，規制緩和による市場経済の活性化という政権の方針に合致する。だが，サッチャーがヨーロッパに同調するのは，ここまでであり，独仏が求める政治面でのさらなる統合には難色を示す。その結果，自国経済に利する市場統合や依然として数多く存在する経済・社会規制の緩和には賛同するが，移民の自由な移動や国境を越えた社会福祉政策の調和，通貨統合には両手を挙げて賛成することはなかった。

サッチャー首相に代表されるヨーロッパ政策を，イギリスはサッチャー以降も基本的に存続させた。そして，2016年，イギリスはヨーロッパ連合(EU)からの脱退に舵を切った(EUは，マーストリヒト条約によりECから発展した機構)。不測の事態によるとはいえ，この決定は，これまでのイギリスのヨーロッパ政策を振り返れば，理解できないことではなかろう。

設問1　上記の文章からすると，ヨーロッパ統合については，これを加速させる要因と抑制する要因が見受けられる。この2つの要因を250字から300字で述べなさい。

設問2　上記の文章からすると，ヨーロッパ統合には2つの異なる形態が見受けられる。この形態に対するイギリスの立場を明示しながら，なぜイギリスがEU脱退の決定に至ったのか，イギリスのそれまでのヨーロッパ政策を振り返り，250字から300字で説明しなさい。その際，以下の用語を<u>すべて</u>使い，その用語に<u>下線</u>を引くこと(同じ用語を複数回使用する場合には，下線は初出の1箇所のみでかまわない)。

〔用語〕移民　　　自由市場経済　　　国民投票　　　国家主権　　　共通通貨

(上智大〈TEAP利用型〉　改)

かんとうなんかんしだいせかいしもんだいしゅう
関東難関私大世界史問題集

2021 年 4 月 15 日　第 1 版 1 刷印刷
2021 年 4 月 25 日　第 1 版 1 刷発行

編者	いまいずみ　ひろし 今泉　博 はまの　ゆうすけ 濵野　勇介 ますもと　よしひで 増元　良英
発行者	野澤　武史
印刷所	明和印刷株式会社
製本所	有限会社　穴口製本所
発行所	株式会社　山川出版社

〒 101-0047　東京都千代田区内神田 1-13-13
電話　03-3293-8131（営業）　03-3293-8134（編集）
https://www.yamakawa.co.jp/
振替口座　00120-9-43993

関東難関私大 世界史問題集

解答・解説

山川出版社

第 1 章 古代オリエントと地中海世界

1 古代メソポタミアとオリエント統一

解答 問1.

A	B	C	D	E	F	G	H	I	J
m	b	d	s	r	h	y	c	j	x

問2. 1-g　2-j　3-e　4-i

問.

3	4	5	6	7	8
ウ	エ	エ	イ	オ	ア

解説 問1. **A.** メソポタミア南部に数多く
の都市国家を建設したのは，**楔形文字**を考案
した，民族系統不明の**シュメール人**。**B.** 前
24世紀頃にシュメール人を征服してメソポタ
ミアを最初に統一したのは，セム語系の**アッ
カド人**。**C.** 前19世紀初めに**バビロン第1王
朝**を建てたのは，セム語系の**アムル人**。**D.**
前17世紀半ばアナトリアに国家を建て，メソ
ポタミアに侵入してバビロン第1王朝を滅ぼ
したのは，インド＝ヨーロッパ語系の**ヒッタ
イト人**。**鉄製の武器**を使用した。前14世紀に
は，シリアをめぐりエジプト新王国と戦った。
E. 中王国末期のエジプトに，シリア方面か
ら流入した遊牧民は**ヒクソス**。**F.** バビロン
第1王朝滅亡後，イラン地方から侵入してメ
ソポタミア南部を支配したのは民族系統不明
の**カッシート人**。**G.** **ミタンニ王国**はバビロ
ン第1王朝滅亡後のバビロニア～北メソポタ
ミアを，外来のミタンニ人が先住のフルリ人
やアムル人と統治した王国。なお，ミタンニ
王国はその後，ヒッタイトに服属した。**H.**
前10世紀末頃から強国化に向かった**アッシリ
ア王国**は，鉄製の武器や戦車・騎兵隊などを
用いて，前7世紀前半に**全オリエントを統一**
した。アッシュルバニパル王のとき最大版図
となり，首都ニネヴェには王宮付属図書館も
つくられた。王の死後，重税や圧政に対する
服属民の反抗をまねき，612年の王国崩壊後，
オリエント世界は4王国に分立した。**I.** 4
王国のなかでメソポタミア南部を支配したの
が，**カルデア人**の建てた**新バビロニア王国**。

J. 前550年，インド＝ヨーロッパ語系の**ペ
ルシア（イラン）人**がアケメネス朝を建てた。
問2. 1. アッカド王国の建国者は**サルゴン
1世**。**2.** 新バビロニアのネブカドネザル2
世によってユダ王国が征服され，「**バビロン
捕囚**」がおこなわれた。**3.** アケメネス朝の
建国者**キュロス2世**は，新バビロニアを滅ぼ
し，捕囚されていたユダヤ人を解放した。
4. アケメネス朝第3代の王**ダレイオス1世**
は，その治世下でギリシアとのペルシア戦争
をおこした。**問3. ウ.** 「**死者の書**」は古代エ
ジプトにおける冥界への案内書。**問4. エ.**
ハンムラビ法典は「目には目を，歯には歯を」
の**同害復讐**を原則とするが，被害者の身分に
よって刑罰が異なる**身分法**も原則とした。
問5. エ. 巨大なピラミッドが造営されたの
は古王国時代のエジプト。**問6. イ.** 各州に
サトラップ（知事）をおいたのはアケメネス朝
のダレイオス1世。**問8. ア.** アケメネス朝
第2代の王カンビュセス2世が，前525年に
エジプト王国を征服した。

2 アテネ民主政の推移

解答

(1)	(2)	(3)	(4)	(5)	(6)	(7)	(8)	(9)	(10)
③	④	①	①	③	③	③	②	③	②

解説 (1)③**ミレトス**は，小アジアのイオニア
地方南部のギリシア人植民市。アケメネス朝
がフェニキア人を優遇していたことから，こ
の地域のギリシア人は不満をもっていた。(2)
④**デロス同盟**は，アケメネス朝の再攻に備え
てアテネを盟主として結成された軍事同盟。
加盟都市は，軍艦と乗組員を提供するか，ア
テネが定めた税をおさめる取り決めがあった。
(3)①**テミストクレス**はアテネの政治家で，三
段櫂船からなる艦隊を建造し，前480年のサ
ラミスの海戦でアケメネス朝艦隊に勝利した。
その後，陶片追放にあい，アケメネス朝に亡
命した。(4)①**無産市民**は，武具をみずから調
達することができず，軍艦の漕ぎ手として戦
争に参加した。この結果，彼らの発言力が強
まることとなった。(5) (6)③将軍**ペリクレス**
の指導下，アテネで直接民主政が完成した。

成年男性市民の全体集会である③**民会**が最高議決機関であり，将軍など一部を除く官職が抽選で選出された。一方で，奴隷・在留外国人・女性には参政権がなかった。⑺③**民衆裁判所**では，一般市民から抽選によって選出された陪審員が裁判をおこない，投票によって判決がくだされた。⑻②**デマゴーゴス**とは，扇動政治家の呼称。問題文中のクレオンのように，ペロポネソス戦争中のアテネにおいて無責任な言動で主戦論をとなえ，社会を混乱させた。以後，民主政治は堕落して衆愚政治となった。⑼③**ソクラテス**は，古代ギリシアの哲学者で，プラトンの師。対話を通じて相手に無知を自覚させる「無知の知」を実践した。⑽②**アリストテレス**は，古代ギリシアの哲学者で，プラトンの弟子。アレクサンドロス大王の教育係でもあった。諸学問を体系的に集大成したことから「万学の祖」と呼ばれる。『政治学』『形而上学』『ニコマコス倫理学』などを著し，イスラーム哲学や中世ヨーロッパの哲学にも影響を与えた。

3 ┃ペルシア戦争とペロポネソス戦争

解答 問1．あ．ヘロドトス　い．トゥキディデス　問2．イ．サラミス　ロ．デロス
問3．ベヒストゥーン碑文
問4．ペイシストラトス
問5．フェイディアス
問6．⑴アリストファネス　⑵－3
問7－4　問8－3　問9－2　問10－3

解説 問2．イ．**サラミスの海戦**でギリシア連合艦隊は，テミストクレスの指揮のもとでアケメネス朝艦隊に勝利した。戦後，軍艦の漕ぎ手として参加した無産市民の発言力が強まることとなった。ロ．**デロス同盟**は，アケメネス朝の再攻に備えてアテネを盟主に結成された軍事同盟。問3．イラン西部の岩壁にダレイオス1世の業績を刻んだ碑文は，**ベヒストゥーン碑文**。イギリスのローリンソンがその一部を解読し，楔形文字解読の手がかりとした。問4．アテネの僭主**ペイシストラトス**は，中小農民の保護や商工業の振興につとめた。問5．パルテノン神殿再建の監督であ

り，「アテナ女神像」の制作者としても知られるのは，アテネの彫刻家**フェイディアス**。問6．⑴『女の平和』や『女の議会』を書いて当時の社会を風刺した，アテネ最大の喜劇作家は**アリストファネス**。⑵3．ペロポネソス戦争に従軍した**ソクラテス**は，戦後アテネの民主政を衆愚政治と批判した。なお，彼は対話を通じて若者を堕落させたとして告訴され，前399年に死刑判決を受けたのち，みずから毒をあおって死亡した。問7．1．オリエント世界は，**アッシリアの滅亡後**にリディア・メディア・新バビロニア・エジプトによる**4王国分立**の時代に入った。2．**ダレイオス3世**がイッソスの戦いとアルベラの戦いでアレクサンドロス大王に敗れたのち，アケメネス朝は滅亡した。3．オリエント世界を最初に統一した**最初の世界帝国**は，前7世紀前半のアッシリア。問8．3．テルモピレーの戦いは，サラミスの海戦と同じく前480年におこなわれ，スパルタ軍がアケメネス朝に敗れた。問9．1．クレイステネスの改革で導入された**オストラキスモス（陶片追放）**は，前487年にはじめて実施された。テミストクレスは，前480年のサラミスの海戦後，政敵との争いと名声への嫉妬から陶片追放にあった。3．市民を財産額によって4等級にわける国制改革をおこなったのはソロン。4．**クレイステネス**は，従来の4部族制を10部族制に改め，各部族から50人を選ぶ500人評議会を創設した。問10．1．スパルタを盟主とする**ペロポネソス同盟**は，前6世紀に結成された軍事同盟。2．デロス同盟は，サラミスの海戦後の前478年頃に結成された。4．デロス同盟の金庫は，はじめデロス島におかれていたが，前454年以降アテネに移された。

4 ┃共和政ローマ

解答 1．エトルリア　2．コンスル（執政官）
3．独裁官（ディクタトル）　4．元老
5．護民　6．リキニウス・セクスティウス
7．ホルテンシウス　8．ノビレス
9．カルタゴ　10．ポエニ　11．ハンニバル
12．スキピオ　13．グラックス

14．マリウス　15．閥族　16．スパルタクス
17．カエサル　18．ポンペイウス

解説　**1**．**エトルリア人**は，民族系統不明の
イタリア半島の先住民。アーチ工法・芸術・
政治組織など，ローマに大きな影響を与えた。
2．**コンスル**（執政官）は，共和政ローマにお
ける最高官職。当初は貴族が独占していた。
3．**独裁官**（ディクタトル）は，非常時に設置
されて全権を委任された臨時職。**4**．**元老院**
は，共和政ローマの最高諮問機関で，公職経
験者の終身議員によって構成されていた。
5．**護民官**は，平民保護のために設置された
官職。平民会で選出され，コンスルや元老院
の決定に対する拒否権をもっていた。**6**．前
367年制定の**リキニウス・セクスティウス法**
は，コンスルの1名を平民から選出すること
などを定めた。**7**．前287年制定の**ホルテン
シウス法**は，平民会の決議が元老院の承認を
得ずとも国法となることを定めた。**8**．**ノビ
レス**（新貴族）は，貴族に加えて，リキニウ
ス・セクスティウス法にともなってコンスル
などに就いた上層市民からなる支配階層を指
す。**9・10**．**ポエニ戦争**は，地中海の覇権を
めぐるローマとフェニキア人植民市**カルタゴ**
とのあいだの戦争で，3回にわたっておこな
われた。第1回で勝利したローマは**シチリア
島**を初の属州とした。**11・12**．第2回では，
カルタゴの将軍**ハンニバル**が前216年のカン
ネーの戦いでローマに勝利したものの，ロー
マの将軍**スキピオ**が前202年のザマの戦いで
カルタゴを破った。第3回でローマがカルタ
ゴの街を破壊してポエニ戦争を終結させた。
13．**グラックス兄弟**の兄ティベリウスは，リ
キニウス・セクスティウス法を更新して大土
地所有の制限や土地の再分配などを決定した
が，元老院に反対され，暗殺された。弟ガイ
ウスも改革に取り組み，元老院の勢力をおさ
えようとしたが失敗し，混乱のなかで自殺し
た。**14・15**．**平民派のマリウス**は，元老院の
伝統を重視する**閥族派のスラ**と抗争した。
16．剣闘士**スパルタクス**が指導した奴隷反乱
は，最終的にクラッススやポンペイウスが率
いる軍隊によって鎮圧された。**17**．**カエサル**
は，ガリア遠征後，ポンペイウスを打倒し，
前46年には独裁官となった。諸改革を実施し
たが，元老院を無視したため，共和派によっ
て暗殺された。**18**．**ポンペイウス**は，カエサ
ルやクラッススとともに第1回三頭政治を結
成したが，その後カエサルと対立してエジプ
トへ逃亡し，暗殺された。

5 古代ローマにおけるキリスト教関連史

解答　設問.

1	2	3	4	5	6	7	8	9
ウ	イ	イ	ウ	エ	エ	イ	エ	エ

解説　**設問1**．**ウ**．**イスラエル王国**は前722
年に**アッシリア**によって滅ぼされた。前586
／587年に**ユダ王国**が新バビロニアに征服さ
れて，住民は移住を強制された（**バビロン捕
囚**）。**設問2**．**イ**．おもにペテロやパウロの
伝道について記された『**使徒行伝**』は，イエス
死後の紀元後90年頃に書かれた。**設問3**．**イ**．
タキトゥスは，アウグストゥス帝の死からネ
ロ帝の死までのできごとを『**年代記**』に著した。
設問4．**ア**．五賢帝時代は，ネルウァ帝・ト
ラヤヌス帝・ハドリアヌス帝・アントニヌ
ス＝ピウス帝・マルクス＝アウレリウス＝ア
ントニヌス帝の順で続いた。**イ**．**トラヤヌス
帝**の時代にローマ帝国の最大領土が実現した。
エ．マルクス＝アウレリウス＝アントニヌス
帝は**ストア派**の哲学者。**設問5**．**エ**．『博物
誌』を著したのは，ローマの軍人・博物学者
プリニウス。ウェスウィウス火山の噴火の際
に，艦隊司令長官として殉職した。**設問6**．
エ．ササン朝様式の水差しである漆胡瓶は，
東大寺の宝物倉である**正倉院**で保存されてい
る。**設問7**．**ア**．ディオクレティアヌス帝は，
皇帝を神として礼拝させ，**専制君主政**（**ドミ
ナトゥス**）を開始した。**ウ**．212年にアントニ
ヌス勅令を発布し，ローマ帝国内の全自由人
にローマ市民権を与えたのは**カラカラ帝**。**エ**．
養蚕技術を取り入れて絹織物産業発展の基礎
をつくったのは，ビザンツ帝国のユスティニ
アヌス大帝。**設問8**．**エ**．コンスタンティヌ
ス帝がつくらせた**ソリドゥス金貨**は，その後
も東ローマ帝国（ビザンツ帝国）で使用されて，

ノミスマと呼ばれた。**設問9. ア. ユリアヌス帝**は，古来の多神教を復興しようとしたため，キリスト教会から「背教者」と呼ばれた。**イ.** 中世の南フランスで**アルビジョワ派**と呼ばれたのは，きびしい禁欲と善悪二元論を特徴とする**カタリ派**。**ウ.** ネストリウス派は，中国に伝わり**景教**と呼ばれた。

第2章 アジア・アメリカの古代文明

6 インダス文明〜ヴァルダナ朝

解答 **設問1. 1.** ドラヴィダ
2. パンジャーブ **3.** リグ＝ヴェーダ
4. コーサラ **5.** アレクサンドロス
6. パータリプトラ
7. 竜樹(ナーガールジュナ)
8. エフタル **9.** ラージプート
設問2. ドーラヴィーラー(またはロータル)
設問3. あ-① い-② う-①
設問4-⑤ **設問5.** ダルマ
設問6. ローマ帝国 **設問7**-③
設問8. バクティ運動

解説 **設問1. 1. ドラヴィダ人**は，インダス文明の担い手と考えられているが，現在，おもに南インドに居住している。**2. パンジャーブ地方**は，アーリヤ人が最初に定住したインダス川中流域にあたる。**3.** バラモン教の聖典であり，神々への賛歌をまとめたものが**ヴェーダ**。最古のものが『**リグ＝ヴェーダ**』。**4. コーサラ国**は，前6世紀〜前5世紀の有力国の一つで，マガダ国と覇権を争った。**5.** アレクサンドロス大王は東方遠征をおこない，前330年にアケメネス朝を滅ぼし，さらに東進してインダス川にまで達したが，部下の反対で進軍を断念してバビロンに戻り，そこで急死した。**7. 竜樹(ナーガールジュナ)**は，仏教の「空」の思想をまとめ，**大乗仏教**を理論化した。**8. エフタル**は，5〜6世紀に中央アジアの大部分を支配した騎馬遊牧民。インドへの侵入は**グプタ朝衰退**の一因をつくったが，6世紀半ば過ぎに突厥とササン朝による挟撃で滅亡した。**9. ラージプート**とは，ヴァルダナ朝滅亡後の北インドで多くの小王国を形成した戦士カースト集団。クシャトリヤの血統(王の子)であることを自称した。**設問2.** インド西部グジャラート地方の**ドーラヴィーラー**で，インダス文明の大遺跡が発掘された。同じく**ロータル**でも，インダス文明の都市遺跡が発掘されている。**設問3. い. シヴァ神**や**ヴィシュヌ神**などを主神にまとめられた多神教は**ヒンドゥー教**。**設問5. ダルマ(法)**とは，インド思想の概念の一つで，倫理や法などの規範のこと。マウリヤ朝の**アショーカ王**は，ダルマによる統治を理想として，各地に石柱碑や磨崖碑を設置した。**設問6. クシャーナ朝**は，交通路の要衝に位置していたため，ローマ帝国との交易で大量の金がもたらされた。**設問7.** グプタ朝の公用語は，インド＝ヨーロッパ語系に属する**サンスクリット語**。この語を用いて『マハーバーラタ』『ラーマーヤナ』『シャクンタラー』などの文学作品が著された。**設問8.** バクティ運動は，仏教やジャイナ教を攻撃し，ヒンドゥー教の神々への絶対的帰依を説いた。これはヒンドゥー教がインドに浸透する要因の一つとなった。

7 仏教の成立と周辺地域への伝播

解答 **問1.**

1	2	3	4	5	6	7
p	d	e	b	i	h	m

問2. (A)ガンダーラ美術 (B)鳩摩羅什
(C)孝文帝 (D)周敦頤
(E)漢人を伝統的な州県制で，女真人などを部族制に基づく軍事・行政制度の猛安・謀克で統治した。(44字) (F)アルタン＝ハン
(G)ジュンガル (H)『南海寄帰内法伝』

解説 **問1. 1.** マウリヤ朝の**アショーカ王**は，最大領土を実現する一方，仏教に帰依して，第3回仏典結集やスリランカへの布教をおこなった。**2.** クシャーナ朝の**カニシカ王**は，仏教を保護し，第4回仏典結集をおこなった。**3.** 東晋時代の僧**法顕**は，戒律の経典を求めて**グプタ朝**時代のインドを訪れ，旅行記『**仏国記**』を著した。**4.** 唐僧の**玄奘**は，**ヴァルダナ朝**時代のインドを訪れ，ハルシャ王の厚遇を受けて**ナーランダー僧院**で学んだ。

また，旅行記『大唐西域記』を著した。**5.** シュリーヴィジャヤ王国は，スマトラ島に成立した港市国家で，パレンバンを中心に海上交易で栄えた。唐僧の**義浄**は，インドへの往復の途中に滞在し，大乗仏教の隆盛について記している。**6.** **シャイレンドラ朝**はジャワ島に成立した大乗仏教国で，大乗仏教の石造遺跡である**ボロブドゥール**を建立した。**7.** ビルマ初の統一王朝である**パガン朝**では，スリランカから上座部仏教が導入され，仏教文化が栄えた。**問2.** (A)**ガンダーラ美術**は，ガンダーラ地方を中心に発達した仏教美術。仏教とヘレニズムの技術が融合し，写実的なギリシア的要素の強い仏像が制作された。(B)**鳩摩羅什**は，五胡十六国時代の亀茲（クチャ）出身の僧。後秦に迎えられて，長安で仏典の漢訳に従事した。(C)**孝文帝**は，均田制や三長制の施行，平城から洛陽への遷都，鮮卑族の服装や言語を漢人風に改める漢化政策を実施した。(D)宋学の形成に影響を与えた北宋の儒学者は**周敦頤**。『易経』と『中庸』をもとに，道徳論を宇宙哲学から基礎づけようとした。(F)**アルタン＝ハン**は，韃靼（タタール）の族長。明代の中国に侵入し，1550年に北京を包囲した。チベット仏教に帰依し，黄帽派の指導者へダライ＝ラマの称号を贈った。(G)**ジュンガル**はオイラトの一部族で，イリ地方を中心に栄えた。清の康熙帝に敗れ，乾隆帝によって18世紀半ばに滅ぼされた。(H)義浄の旅行記は『**南海寄帰内法伝**』。インドからの帰路，シュリーヴィジャヤ滞在中に著した。

8 黄河文明～秦代

解答

問1.

A	B	C	D	E	F	G
a	b	s	o	v	e	l

問2.

あ	い	う	え	お	か
g	q	k	j	p	f

問3. Ⅰ－e　Ⅱ－b　**問4**－ウ　**問5**－ウ
問6. 韓・魏・趙〔順不同〕　**問7.** ①－a
②－c　③－f　④－i　**問8**－イ
解説 **問1.** **A.** 殷は黄河中流域の大邑商を中心として成立した国家。殷の王は占いにも

とづく神権政治をおこなった。**B.** 禹は古代中国の伝説の帝王の一人で，黄河の治水に成功し，夏をおこしたとされている。**C・D.** 武王は，前11世紀頃の牧野の戦いで殷の紂王に勝利して**周**を開き，鎬京を都とした。**E.** 『**春秋**』は，五経の一つで魯国の年代記。孔子が整理・編集したとされている。『春秋』の解釈の一つに「公羊伝」がある。**F.** 『**戦国策**』は，前漢の劉向がまとめた，戦国時代の縦横家の策略などを国別に編集したもの。**G.** 秦は，韓・趙・魏・楚・燕・斉の順に六国を滅ぼした。**問2.** **あ.** 仰韶文化は黄河中流域に成立した新石器文化で，彩陶を使用し，アワやキビなどを栽培した。**い.** 竜山文化は黄河下流域に成立した新石器文化で，黒陶を使用した。**う・え・お.** 犬戎は，中国の西方にいた遊牧民で，前771年周に侵入した。この混乱のなかで周の幽王は殺害され，以後，周は鎬京から洛邑へ遷都した。**問3.** Ⅰ. シュリーマンは，トロイアやミケーネの遺跡を発掘したドイツの考古学者。Ⅱ. エヴァンズは，クノッソス宮殿を発掘したイギリスの考古学者。**問4.** **ウ.** 孔子の仁を差別的だと批判し，無差別の愛を説いたのは墨子。**問5.** **ウ.** 斉の桓公は，宰相に管仲を用いて斉を強国とし，覇者の一人となった。**問6.** 春秋時代の晋は文公が覇者になるなど強国であったが，権臣によって**韓・魏・趙**に分裂した。**問7.** 諸子百家とは，春秋・戦国時代の諸学派の総称。儒家（孔子・孟子・荀子）・墨家（墨子）・道家（老子・荘子）・法家（商鞅・韓非・李斯）・兵家（孫子・呉子）・縦横家（蘇秦・張儀）・陰陽家（鄒衍）・名家（公孫竜）・農家（許行）などがある。**問8.** **イ.** 商鞅は，秦の孝公に仕えた法家の政治家で，改革（変法）を実施して秦を強国としたが，反発もまねいて，孝公の死後に処刑された。

9 周～漢代

解答 **設問1.** 1. 封建　2. 郡県
3. 郡国　4. 呉楚七国　5. 王莽
6. 洛陽　7. 班超　8. 党錮の禁
9. 司馬遷　10. 班固

設問２．あ—① い—① う—②
設問３．あ—② い—① う—①
設問４．物資が豊富な時に貯蔵し，物価が上昇すると売り出す物価抑制法。(30字)
設問５—③ 設問６．あ—② い—①
う—① 設問７—①

解説 設問１．１．周の統治体制は**封建制**。周王が一族・功臣らに領地を与えて諸侯とし，諸侯に対して祭祀への参加や軍役・貢納の義務を課した。諸侯も家臣団に領地を与えるかわりに，忠誠の義務を課した。**２**．秦の始皇帝は統治体制として**郡県制**を全国に施行した。全国を36郡(のち48郡)にわけ，郡の下には県を設置し，中央から派遣した官吏におさめさせた。**３**．前漢の高祖(劉邦)は直轄地では郡県制，それ以外の地では封建制を復活させ，この体制は**郡国制**と呼ばれる。呉楚七国の乱以後の武帝の時代に，実質上は郡県制に移行した。**４**．**呉楚七国の乱**は，前漢の景帝による諸侯王抑圧策に対して，呉や楚などの諸侯が起こした反乱。反乱は短期間で鎮圧され，以後は中央集権体制が確立された。**５**．**王莽**は，前漢末の外戚として権力を握り，**新**を建国した。**７**．**班超**は後漢の西域都護として活躍した将軍。西域の50余国を服属させた。**８**．**党錮の禁**とは，後漢末におきた宦官による官僚弾圧事件。弾圧は黄巾の乱の勃発まで続き，後漢滅亡の一因となった。**９**．前漢の歴史家**司馬遷**は，中国最初の通史である『史記』を著し，紀伝体による叙述形式を創始した。**10**．後漢の歴史家**班固**は，前漢の通史である『漢書』を紀伝体で著した。班超の兄。
設問２．**う**．亀甲や獣骨に占いの記録として刻まれた**甲骨文字**は，**殷代**に使用された。
設問３．**あ**．成人男性に租・調・庸を課した税制は，**隋代**に始まった。設問５．①戦国時代の**長城を修築**して匈奴に対抗したのは秦の始皇帝。②華南征服後，秦の始皇帝が南海郡・桂林郡・象郡の３郡をおいた。④「**兵馬俑**」は，**始皇帝陵**の墓域に埋められた。⑤江南と華北を結ぶ**大運河**を建設したのは，隋の**文帝**と煬帝。設問６．**あ**．豪族は，地方長官の推薦にもとづく官吏任用制度である**郷挙里選**によって，官僚として国政に進出した。
設問７．『**五経**』とは，儒学の経典として前漢の武帝の頃に定められた，『易経』『書経』『詩経』『礼記』『春秋』を指す。

10 古代アメリカ文明

解答 問１．①オルメカ ②テオティワカン ③マヤ ④チャビン ⑤インカ帝国
問２．(ア)テノチティトラン (イ)二十進法 (ウ)クスコ (エ)キープ(結縄) (オ)ラス＝カサス

解説 問１．①**オルメカ文明**は，前1200年頃にはメキシコ湾岸に成立していた文明で，巨石人頭像を多く残した。②**テオティワカン文明**は，前１世紀にメキシコ高原に成立し，**太陽のピラミッド**などの建造物を残した。③**マヤ文明**は，ユカタン半島を中心とした文明。ピラミッド状神殿・マヤ文字・精密な暦を残したが，16世紀にスペイン人によって征服された。④**チャビン文化**は前1000年頃にペルーの山岳地域に成立し，その代表的な遺跡としてはチャビン＝デ＝ワンタルがある。⑤**インカ帝国**は，アンデス地域に栄えた国家で，1533年にスペイン人の**ピサロ**によって征服された。問２．(ア)**テノチティトラン**は，テスココ湖上に建設された**アステカ王国**の都。現在のメキシコシティ。アステカ王国はメキシコ中央高原で栄えたが，1521年にスペイン人の**コルテス**によって征服された。(ウ)**クスコ**はインカ帝国の都。同市の中心部には石造建築物などの遺構が数多く残されている。(エ)**キープ(結縄)**は，インカ帝国で用いられた情報伝達手段で，結節の数と位置によって数字を表した。(オ)**ラス＝カサス**は，スペインのドミニコ会修道士。先住民の教化と保護を条件に植民者へ征服地の住民の統治を委任するエンコミエンダ制下でのインディオの悲惨な状況を，『インディアスの破壊に関する簡潔な報告』に著した。

11 ｜突厥時代までの騎馬遊牧民

解答　1－c　2．ヒッタイト
3．スキタイ　4．ⅰ－b　ⅱ－b　ⅲ－c
ⅳ－c　5．イ．冒頓単于　ロ．月氏
ハ．武帝　6．アッティラ王　7－a
8－d

解説　**1**．c．約9000年前の西アジアで麦の栽培とヤギ・羊・牛などの飼育が始まったことが，**農耕**と**牧畜**の開始とされる。**2**．**ヒッタイト**は，小アジアに建国された，インド＝ヨーロッパ語系の人々による国家。都はハットゥシャ。馬や戦車，鉄製の武器を使用したことで知られる。バビロン第１王朝を滅ぼし，前14世紀にはシリアをめぐり新王国時代のエジプトと対立した。**3**．**スキタイ**は，前７世紀頃に黒海北岸で栄えたイラン系の騎馬遊牧民国家。動物文様をもつ装飾品を使用していた。**4**．ⅰ．b．秦王政は，**前221年**に中国を統一して，始皇帝と称した。ⅱ．b．財政再建のために**塩・鉄・酒の専売**をおこなったのは**前漢の武帝**。ⅲ．c．始皇帝の死後におこった農民反乱は**陳勝・呉広の乱**。反乱は半年で鎮圧されたが，陳勝が挙兵の際に「王侯将相いずくんぞ種あらんや」といったとされる。**5**．**イ**．**冒頓単于**は前３世紀末にモンゴル高原を統一し，匈奴の最盛期を現出した君主。前漢の高祖（劉邦）を屈服させて和平を結ばせた。**ロ**．**月氏**はイラン系と考えられている騎馬遊牧民。前２世紀前半より匈奴や烏孫による攻撃を受けてアム川上流域へ移動し，同世紀中頃にはそこで大月氏と称した。**ハ**．前漢の武帝は，北方では匈奴を撃退し，西方ではタリム盆地のオアシス都市まで支配を広げた。**6**．**アッティラ王**は，騎馬遊牧民フン人の王で，パンノニア平原を根拠地とした。451年のカタラウヌムの戦いでは，西ローマ帝国・ゲルマン連合軍に敗れた。**7**．**柔然**は，5～6世紀にモンゴル高原を支配したモンゴル系の騎馬遊牧民。鮮卑の支配から自立し，5世紀初めに可汗を称し，北魏と対立した。6世紀中頃に突厥によって滅ぼされた。**8**．

突厥文字で書かれた碑文は，モンゴルのオルホン川流域で発見されたことから，オルホン碑文と呼ばれている。

12 ｜魏晋南北朝～隋の滅亡

解答　問1．黄巾の乱　問2．占田・課田法
問3．八王の乱　問4．五胡十六国
問5．拓跋氏　問6．均田制　問7．寇謙之
問8．『文選』　問9．九品中正（九品官人法）
問10．a．江南　b．突厥

解説　**問1**．後漢滅亡の原因となった**黄巾の乱**は，張角がとなえた太平道の信徒を中心とした農民反乱。**問2**．**占田・課田法**は，西晋の土地制度で，武帝（司馬炎）が発布した。占田は身分に応じて土地所有の最高限度を定め，課田は一般戸民に公有地を強制的に割りあてて収穫の一部を税としておさめさせた制度といわれるが，解釈には諸説ある。**問3**．**八王の乱**は，武帝（司馬炎）の死後に一族の８人の諸王がおこした内乱。諸王が兵力増強のために周辺諸民族を頼ったため，五胡の侵入をまねくこととなった。**問4**．五胡とは，匈奴・羯・鮮卑・氐・羌のこと。**五胡十六国時代**は，匈奴による前趙の建国から北魏による華北統一までを指す。**問5**．**拓跋氏**は鮮卑の中心氏族で，拓跋珪が386年に北魏を建国した。**問6**．北魏の**均田制**は，孝文帝が485年に実施した土地制度で，国家による土地の給付と返還が原則であった。15歳以上の男性とその妻・奴卑・耕牛にも給田された。**問7**．**寇謙之**は，天師道（五斗米道）を改革して北魏の太武帝の尊信を受け，道教の国教化に成功した。**問8**．『**文選**』は，梁の昭明太子が編纂した詩文集で，名文・詩を800余り収録しており，日本の平安文学にも影響を与えた。**問9**．**九品中正（九品官人法）**は，三国時代の**魏**で始まった官吏任用制度。中央から派遣された中正官が，郷里の評判によって人材を9等級にわけて評定し，中央はそれに応じた官品を与えた。しだいに豪族が高級官職を独占するようになり，「上品に寒門なく，下品に勢族なし」と風刺された。**問10**．**a**．長江下流域を表す**江南**では，戦乱の続く華北からの移住者が増

加し，水田開発がおこなわれた。**b．突厥**は，モンゴル高原から中央アジアを支配したトルコ系騎馬遊牧民。内紛と隋の離間策により，6世紀後半に東西に分裂した。

13 ▌唐の建国～滅亡

解答 問．

1	2	3	4	5	6	7	8	9	10
③	③	①	③	④	③	③	③	④	②

11	12	13	14	15
②	④	②	③	③

解説 **問2．**③**太宗**(李世民)は，東突厥などを征服し，律令体制も整備するなど唐の基礎を築いた。その治世は貞観の治と呼ばれている。**問4・5．** 六部とは，尚書省に属した六つの官庁で，文官の任免をする吏部，財政の③戸部，祭祀と教育の礼部，軍事の兵部，司法の④刑部，土木の工部からなる。**問6．** ③**進士**は，科挙の科目の一つで，宋代以降は中心科目になった。合格者は高等文官に昇進することができた。**問7．** 均田制は**北魏**の孝文帝が485年に施行したことから始まる。**問8．** 李淵(高祖)が唐を建国した時期は7世紀前半。①任那は，3世紀初め～6世紀半ばの朝鮮半島中南部の小国群で，加耶(加羅)とも呼ばれた。②楽浪郡は，前漢の武帝により前108年に設置された。④広開土王(好太王)は，4世紀末～5世紀初めの高句麗最盛期の王。**問9．** ④**安南都護府**は，唐がベトナム北部を統治するために設置された。**問10．** ②安禄山はソグド人の武将で三つの節度使を兼ねたが，宰相の楊国忠と権勢を争い，755年に**安史の乱**をおこした。**問11．** ②『**五経正義**』は太宗(李世民)の命で孔穎達らが編纂した五経の注釈書。科挙の基準となったが，解釈が固定化して儒学の停滞をまねいた。**問12．** ④**司馬光**は北宋の政治家・学者で，編年体の史書『資治通鑑』を著した。**問13．** ②顔真卿は唐中期の書家で，力強い書風をおこした。安史の乱の際には，義勇軍を率いて抵抗した。**問14．** ①ネストリウス派キリスト教は**景教**。②マニ教は摩尼教。④イスラームは回教(清真教)。**問15．** ③**黄巣の乱**は唐末に発生した農民反乱

(875～884年)。一時は長安を占領したが，節度使の李克用によって鎮圧された。鎮圧後の唐は，滅亡へと向かった。

14 ▌唐の滅亡と周辺諸民族の動き

解答 (1)王仙芝 (2)ウイグル (3)高宗 (4)朱全忠 (5)耶律阿保機 (6)王建 (7)安東都護府 (8)開封

解説 (1)塩の密売商人であった王仙芝が875年唐に対して挙兵し，黄巣もこれに呼応して黄巣の乱に発展した。(2)突厥にかわり，8世紀半ばにモンゴル高原を支配したトルコ系の騎馬遊牧民は**ウイグル**。安史の乱の際には，唐の要請で鎮圧に協力した。9世紀半ばトルコ系遊牧民のキルギスによって滅ぼされた。(3)唐の最大版図を実現した第3代皇帝は**高宗**。則天武后は高宗の死後，政治の実権を握った。(4)**朱全忠**は，黄巣の乱の幹部となった後，唐に投降して節度使となり，907年に唐の哀帝を廃して**後梁**を建国した。(5)926年に渤海国を滅ぼした指導者は，契丹(キタイ)の諸部族を統合した遼の建国者**耶律阿保機**。(6)新羅などを滅ぼして朝鮮半島を統一した高麗の建国者は**王建**。(7)**安東都護府**は，唐が設置した六都護府の一つ。高句麗を滅ぼして平壌におかれたが，新羅の反抗を受けて遼東郡に退き，安史の乱の際に廃止された。(8)汴州(**開封**)は，黄河と大運河の合流地点にある都市で，交通・商業・軍事の要衝。後唐を除く五代や北宋の都として繁栄した。

第4章 イスラーム世界の形成と発展

15 ▌イスラームの成立と発展

解答 A・B．問．

1	2	3	4	5	6	7	8	9	10
d	c	b	a	c	a	b	c	b	c

11	12	13	14	15	16	17	18	19
c	a	b	d	a	b	c	a	c

解説 **問1．** d．『**エリュトゥラー海案内記**』は，1世紀に**ギリシア人**によって著された。**問2．** c．ビザンツ帝国は，1453年オスマン帝国によって滅ぼされた。**問3．** **b．** ササン

朝は，イスラーム勢力に642年のニハーヴァンドの戦いで敗れたのち，651年に滅亡した。**問4．a．**サーマーン朝の都がおかれた**ブハラ**は，1924年に**ウズベキスタン**に編入された。**問5．c．**ヒジャーズ地方は，メッカやメディナのあるアラビア半島西岸地域。**問6．a．**ヨルダンの正式名称は**ヨルダン＝ハーシム王国**。ムハンマドの生家のハーシム家の末裔が国王であるため，ヨルダン国王はアラブ世界で影響力をもっているともいわれる。**問7．b．**預言者の時代順は，**モーセ**(前13世紀頃)→**ダヴィデ**(在位前1000年頃から)→**ソロモン**(在位前960年頃から)→**イエス**(前7年頃／前4年頃の生まれ)。**問8．ア．**白村江の戦いは663年。**ウ．**義浄がインドへおもむいたのは，インドのヴァルダナ朝滅亡後の7世紀後半。**問9．b．**カーバ神殿(聖殿)はメッカの聖モスク内に位置する。**問10．c．**『**コーラン(クルアーン)**』は第3代正統カリフの**ウスマーン**の時代に，現在のかたちに編纂された。**問11．c．**聖人は，使徒・伝道者・殉教者などの，キリスト教において崇拝される人物のこと。六信とは，アッラー・天使・啓典・預言者・来世・神の予定の六つ。**問12．a．ジハード(聖戦)**は，ウンマ(宗教共同体)の防衛・拡大のためのムスリムの義務とされるが，現在では一般に「異教徒との戦争」の意味で用いられる。五行とは，信仰告白・礼拝・ザカート(喜捨)・断食・メッカ巡礼の五つ。**問13．b．ヒジュラ(聖遷)**は，622年にムハンマドがメッカからメディナへ移住したできごと。この年が**イスラーム暦(ヒジュラ暦)の紀元**とされる。**問14．d．**3王朝の成立年は，サーマーン朝が875年→ファーティマ朝が909年→ブワイフ朝が932年。**問15．a．ミスル**はアラブの軍営都市。征服活動で各地に建設された。**問16．b．**ファーティマ朝のチュニジア時代の都がマフディーヤ。**a．**ダマスクスはウマイヤ朝の都。**c．**バグダードはアッバース朝の都。**d．**コルドバは後ウマイヤ朝の都。**問17．c．**サラディン(サラーフ＝アッディーン)の建てたアイユーブ朝は，**スンナ派**の王朝。**問18．a．**モスクに付随する尖

塔はアラビア語でミナレット。**b．**ミンバルはモスク内の高壇。**c．**ミフラーブはモスク内にあるメッカの方角を示す壁のくぼみ。**d．**ミッレトはオスマン帝国における非ムスリムの宗教共同体。**問19．a．アズハル学院**は，ファーティマ朝のもとでシーア派のマドラサ(学院)としてつくられ，アイユーブ朝の時代からスンナ派のマドラサとなった。**b．**アズハル学院は，現存するイスラーム世界最古のマドラサ。**d．**アズハル学院をカイロに創設したのはファーティマ朝。なお，**c．**19世紀後半にアフガーニーの弟子となったムハンマド＝アブドゥフは，パン＝イスラーム主義を広め，またアズハル学院の改革にも取り組んだ。

16 【 7世紀～18世紀初めのイスラーム世界 】

解答 問1．

(1)	(2)	(3)	(4)	(5)	(6)	(7)	(8)	(9)	(10)
22	11	37	28	14	36	26	30	39	25

(11)	(12)	(13)	(14)	(15)	(16)	(17)	(18)	(19)	
45	21	38	29	34	18	35	12	46	

問2．クライシュ族　**問3．**ヒジュラ暦
問4．「啓典の民」(またはズィンミー)
問5．マワーリー　**問6．**アリストテレス
問7．ラージプート　**問8．**イスファハーン

解説　問1．(2)**ウマイヤ朝**は，アラブ人が免税などの特権をもっていたことから，「アラブ帝国」と呼ばれることもある。(3)**アッバース朝**時代，**ハラージュ(地租)**はムスリム・非ムスリムを問わず，土地をもつ者に課せられるようになった。(4)アッバース朝時代，**ジズヤ(人頭税)**はムスリムであれば課せられなくなった。(6)(7)(8)セルジューク朝の建国者**トゥグリル＝ベク**は，1055年にバグダードに入城し，イラン系シーア派の**ブワイフ朝**を打倒した。ブワイフ朝の君主が，946年のバグダード入城後にアッバース朝カリフから**大アミール**の称号を授かったのに対し，トゥグリル＝ベクは，**スルタン**の称号を授かった。(9)(10)(11)ファーティマ朝に仕えて権力を握ったクルド人の**サラディン(サラーフ＝アッディーン)**は，スンナ派の**アイユーブ朝**を建てた。

彼の死後，領土は一族の有力者の連合体制となり，エジプトの政権は**マムルーク軍団**のクーデタで滅んだ。⑬**スレイマン１世**率いるオスマン帝国軍は，モハーチの戦い(1526年)に勝利して，**ハンガリー**を征服した。⑭⑮オスマン帝国軍の中核であったトルコ系騎士は**シパーヒー**と呼ばれ，封土からの徴税権を与えられ，戦時に軍事奉仕を義務づけられた**ティマール制**のもとにおかれた。⑯イスラーム法にもとづき裁判をおこなう行政官はカーディーと呼ばれ，多くのウラマー(知識人)が担った。⑰⑱**オスマン帝国**は，バルカン半島でキリスト教徒の子弟を徴発して訓練する**デヴシルメ**と呼ばれる制度を採用した。そのなかから編制された，スルタン直属の歩兵常備軍が**イェニチェリ**。⑲ムガル帝国の皇帝**アクバル**は，支配階層の組織化のため**マンサブダール制**を採用した。**問２**．ムハンマドのハーシム家は，メッカの名門**クライシュ族**の一族。クライシュ族はカーバ神殿の管理権をもっていた。**問３**．イスラーム暦はムハンマドがメッカからメディナに移住した622年を紀元元年とするため，**ヒジュラ暦**とも呼ばれる。**問４**．正統カリフ時代からユダヤ教徒とキリスト教徒は「**啓典の民**」と呼ばれ，ジズヤを支払うことで信仰の維持や生命・財産の安全を保障された。なお，「啓典の民」はムスリムの支配下で一定の保護を認められた非ムスリムとして，**ズィンミー**(庇護民)とみなされる。**問５**．ウマイヤ朝末期まで，非アラブ人の新改宗者は**マワーリー**と呼ばれ，当時イラン人が多かった。**問６**．**イブン＝ルシュド**(アヴェロエス)は**アリストテレス哲学**の注釈書を著し，中世ヨーロッパのスコラ学に大きな影響を及ぼした。**問７**．アクバル帝時代にムガル帝国と連携してその軍事力の中心となった，インド中西部のヒンドゥー教徒の戦士カースト集団は，**ラージプート**を自称していた。**問８**．「世界の半分」と称された都市は，**アッバース１世**によってサファヴィー朝の新都とされた**イスファハーン**。

17 **ムスリム商人の交易活動とアフリカ**

解答 問．

1	2	3	4	5	6	7	8	9	10	11	12
a	c	b	c	b	c	d	a	b	c	b	d

解説 **問１**．**a**．パッラヴァ朝は，３〜９世紀にマドラス近郊のカーンチープラムを都としたタミル系王朝。海上交易で繁栄した。**b**．パーンディヤ朝は，前３世紀頃〜後14世紀にインド南端を支配したタミル系王朝。**c**．チョーラ朝は，前３世紀頃〜後４世紀頃と９〜13世紀に南インドを支配したタミル系王朝。11世紀には，シュリーヴィジャヤ遠征をおこなった。**d**．チャールキヤ朝は，６〜８世紀にデカン高原から南インドを支配したドラヴィダ系王朝。**問２**．**c**．『後漢書』には，166年に大秦王安敦の使者が**日南郡**に到着したと記述されている。**問３**．**b**．マルクス＝アウレリウス＝アントニヌス帝以外の五賢帝は，いずれも養子を後継者とした。**問４**．**c**．アッバース朝第２代カリフの**マンスール**は，中央集権を確立し，新都バグダードを建設した。**問５**．図中の川は，**a**がザイール(コンゴ)川，**c**がリンポポ川，**d**がオレンジ川。**問６**．**c**．マリンディはケニアにある港市。インド洋交易の拠点として繁栄し，15世紀には鄭和の艦隊が訪れ，ヴァスコ＝ダ＝ガマもここで水先案内人を雇ったとされている。**問７**．**d**．キルワはタンザニアにある港市。インド洋交易の拠点として繁栄し，14世紀にはイブン＝バットゥータが訪れた。**問８**．**a**．スワヒリとは，アラビア語で「海岸に住む人々」を意味する。**問９**．**b**．モノモタパ王国はショナ人が建てた王国で，インド洋交易で繁栄した。16〜17世紀にポルトガルの圧迫を受け，のちに内紛などで衰退した。**問10**．**c**．ガーナ王国は，西アフリカのサハラ南縁にあった王国で，岩塩と金を交換するサハラ縦断交易で栄えた。11世紀にムラービト朝の攻撃を受けて衰退した。**問11**．**b**．マラケシュは，モロッコ中南部の内陸都市で，ムラービト朝の都として建設され，つづくムワッヒド朝でも都とされた。**問12**．**d**．カネム＝ボルヌー王国は，アフリカ中部のチャド湖周辺にあった国家。11世紀

にイスラームを受け入れて国教とし，交易で栄えた。図中の**a**はガーナ王国，**b**はベニン王国，**c**はコンゴ王国。

18 〕【中世イスラームの学問

解答 問1．①シャリーア　②ハディース
③イブン゠ルシュド　④神秘主義
⑤ウラマー
問2．(ア)スコラ学　(イ)ワクフ
(ウ)カーリミー商人　(エ)『集史』
(オ)タラス河畔の戦い

解説 問1．①②シャリーアとはイスラーム法のことで，ウラマーが『コーラン（クルアーン）』のほか，預言者ムハンマドの言行や伝承の記録であるハディースなどをもとにして導き出した法解釈の集成。③イブン゠ルシュドは，ムワッヒド朝期に活躍した哲学者・法学者・医学者。ラテン名はアヴェロエス。哲学者としてアリストテレスの著作の注釈書を著し，中世ヨーロッパにおけるスコラ学に影響を与えた。また，医学書として『医学大全』を著した。④神秘主義は，スーフィズムともいう。イスラーム法に従った秩序の維持や形式化への反発から生まれ，神との合一などを追求した。思想家としては，ガザーリーが有名。⑤ウラマーとはイスラーム諸学をおさめた学者・知識人のこと。おもに法官としての役割を果たした。問2．(ア)スコラ学とは，中世においてキリスト教神学の体系化を試みた学問のこと。おもにアリストテレスの哲学が典拠となった。(イ)ワクフとは，イスラーム世界における財産寄進制度のこと。収益の所有者がその権利を放棄して，モスクやマドラサの運営に寄進した。(ウ)カーリミー商人は，アイユーブ朝やマムルーク朝の保護を受けて，アレクサンドリアなどを中心に東西交易をおこなったムスリム商人団。(エ)『集史』は，イル゠ハン国の宰相ラシード゠アッディーンがガザン゠ハンの命を受けて著した，ユーラシア世界史。モンゴル史・諸民族史・地理書・系譜書で構成されていた。(オ)751年のタラス河畔の戦いでアッバース朝軍の捕虜となった唐の紙漉工から，製紙法がイスラー

ム世界に伝わったとされる。

第 5 章　ヨーロッパ世界の形成と発展

19 〕【ノルマン人の活動

解答 問1．

1	2	3	4	5	6	7	8	9	10	11
k	c	u	m	i	a	f	d	p	t	l

問2．(A)-3
(B)ヴェルダン条約→メルセン条約
(C)-3　(D)3番目-1　5番目-2
(E)ウラディミル1世　(F)-4
(G)ピルグリム゠ファーザーズ

解説 問1．1・2．ヴァイキングは，スカンディナヴィア半島やユトランド半島を原住地とするゲルマン人の一派。ノルマン人と同義で用いられている。3・4．ノルマン人の首領であったロロは，北フランスを攻略して定住し，911年に西フランク王からノルマンディー公に封ぜられた。5．ノルマン人のルッジェーロ2世は，12世紀前半にシチリア島とイタリア半島南部を含む両シチリア王国を建国した。6．アングロ゠サクソン人のアルフレッド大王は，9世紀後半にデーン人の侵入を撃退し，軍制改革・行政改革・学芸の保護をおこなった。7．デンマーク王の子クヌート（カヌート）は，イングランドを征服して1016年にデーン朝を開き，のちにデンマークやノルウェーなども支配して「北海帝国」を建設した。8・9．ノルマンディー公ウィリアムは，王位を要求してイングランドに侵入し，1066年のヘースティングズの戦いに勝利して，ウィリアム1世としてノルマン朝を開いた。これをノルマン゠コンクェストという。10・11．ノルマン人の一派であるルーシの首領であったリューリクは，ロシアに入り，ノヴゴロド国を建てた。問2．(A)1．ノルウェーは，ウィーン会議でスウェーデン領となった。2．スウェーデンは，第二次世界大戦中，中立を維持した。4．デンマークがプロイセンとオーストリアに敗れ，シュレスヴィヒ・ホルシュタインを奪われた。(B)ヴェルダン条約が843年，メルセン条約が870年。(C)3．アンコ

ール = ワットは，ヒンドゥー寺院として造営され，のちに仏教寺院に改修された。⒟できごとは，大憲章（マグナ = カルタ）の承認（1215年）→ワット = タイラーの乱（1381年）→テューダー朝の成立（1485年）→イギリス国教会の成立（1534年）→ステュアート朝の成立（1603年）の順。⒠キエフ大公**ウラディミル1世**は，ビザンツ皇帝の妹との結婚や**ギリシア正教の国教化**をおこない，ビザンツ化を進めた。⒡**1**．ビザンツ帝国は，1453年にオスマン帝国によって滅ぼされた。**2**．ヴァンダル王国や東ゴート王国を滅ぼしたのは**ユスティニアヌス大帝**。**3**．貴族（パトリキ）と平民（プレブス）のあいだで身分闘争がおこったのは，共和政時代のローマ。⒢ステュアート朝のジェームズ1世による弾圧に対して，宗教的自由を求めて北アメリカへ移住したピューリタンの一団は，**ピルグリム = ファーザーズ**と呼ばれる。

20 ▐ ビザンツ帝国の歴史

解答

(1)	(2)	(3)	(4)	(5)	(6)	㋐	㋑	㋒	㋓	㋔	㋕
13	67	60	47	61	07	15	65	43	08	14	35

解説 (1)**ウマイヤ朝**は，674〜678年と717〜718年にコンスタンティノープルを包囲したが，いずれも撤退した。(2)ビザンツ皇帝**レオン3世**は，軍管区の長官から皇帝となり，ウマイヤ朝を撃退し，726年には聖像禁止令を発布した。(3)**マケドニア朝**は，9世紀後半〜10世紀半ばにビザンツ帝国の盛期を現出した。クレタ島・キプロス島・アルメニア・シリアを領土に加え，ブルガリアも征服した。(4)ローマ帝国のコンスタンティヌス帝がつくらせた**ソリドゥス金貨**は，ビザンツ帝国では**ノミスマ**と呼ばれた。(5)1071年のマラーズギルド（マンジケルト）の戦いで，ビザンツ帝国がセルジューク朝に敗北した。以後，小アジアのトルコ化とイスラーム化が進んだ。(6)小アジアがセルジューク朝に奪われたため，教皇ウルバヌス2世に十字軍の派遣を要請したビザンツ皇帝は，アレクシオス1世。㋐330年に首都をビザンティウムに遷したローマ皇帝は，

コンスタンティヌス帝。キリスト教最初の教会史家であり，『教会史』のほか『コンスタンティヌス伝』を著したのは，エウセビオス。㋑ビザンツ様式の**サン = ヴィターレ聖堂**は，北イタリアの**ラヴェンナ**にある。㋒ビザンツ帝国はユスティニアヌス大帝（1世）時代の551年，イベリア半島の南東部を**西ゴート王国**から奪った。西ゴート王国が6世紀半ばから8世紀初めまで首都としていた都市は**トレド**。㋓総主教座は，ローマ・アレクサンドリア・アンティオキア・コンスタンティノープル・イェルサレムにおかれたが，このうちセレウコス朝シリアの首都であったのは**アンティオキア**。㋔第2代正統カリフの**ウマル**がイラク・シリア・エジプト・イランを征服して統治領域を拡大した。㋕ビザンツ帝国では11世紀末から，問題文の下線部に該当する**プロノイア制**が導入された。その影響を受けたとされるのがオスマン帝国の**ティマール制**。この制度ではトルコ系騎士の**シパーヒー**に徴税権を認めるかわりに，軍事奉仕を義務づけた。

21 ▐ 中世ヨーロッパの戦争・紛争関連史

解答 問.

1	2	3	4	5	6	7	8	9	10	11	12
d	a	b	c	a	c	c	b	a	d	c	b

解説 **問1**．㋐の都市は**コンスタンティノープル**。**d**．この都市は1453年オスマン軍に占領されたが，**ハギア = ソフィア聖堂**は破壊されず，尖塔も付設されて**モスク**として使われた。**問2**．コンスタンティノープルは「**第二のローマ**」と呼ばれた。画像**a**がローマの**フォロ = ロマーノ**。**b**は古代アテネのオストラコン（陶片），**c**はラヴェンナのサン = ヴィターレ聖堂のモザイク壁画，**d**はアケメネス朝のダレイオス1世が建設したペルセポリス。**問3**．**b**．㋑の地でおこなわれた戦闘は1066年の**ヘースティングズの戦い**。ノルマンディー公ウィリアムはこの戦いでアングロ = サクソン軍に勝利し，ノルマン朝初代国王となり「征服王」と呼ばれた。**問4**．**c**．ベネディクトゥスは，6世紀に**モンテ = カシノ修道院**を創設し，戒律を定めた。**問5**．㋒の地でおこ

なわれた戦闘は**ワールシュタットの戦い**。**b**．説明文の内容は，732年の**トゥール・ポワティエ間の戦い**。**c**．説明文の内容は，1071年にセルジューク朝軍がビザンツ軍を撃破した**マラーズギルド（マンジケルト）の戦い**。**d**．説明文の内容は，13世紀にカペー朝のもとで展開された**アルビジョワ十字軍**。**問6**．ワールシュタットの戦いは1241年。**c**．ヨーロッパにおける**火砲**の発明は14世紀。**問7**．**エ**の戦闘は**カタラウヌムの戦い**。**c**．ここで**アッティラ王**の率いる**フン人**の軍が，西ローマ帝国・ゲルマン人連合軍に敗れた。**問8**．カタラウヌムの戦いは451年におこなわれた。**a**．**ブルグンド人**はガリア東北部に建国した。なお，ゲルマン最古の部族法をつくったのはフランク人。**c**．**東ゴート王国**は建国者テオドリック大王のもとで繁栄した。**d**．巡察使を設けたのは**カロリング朝**の**カール大帝**。**問9**．**a**．**オ**の地で1346年に**クレシーの戦い**がおこなわれた。**b**．1347年以降，イギリスが大陸側で確保した地は海岸部の**カレー**。**c**．1356年にエドワード黒太子率いるイギリス軍は，フランス中西部でおこなわれた**ポワティエの戦い**で勝利した。**d**．**シャルル7世**は，ジャンヌ＝ダルクが登場したオルレアンの戦いによる戦況好転で，パリ東北にあるランス（大聖堂の所在地）で戴冠した。**問10**．百年戦争の期間は1339〜1453年。**d**．イギリスで**模範議会**が招集されたのは1295年。**問11**．**c**．**カ**の都市はグラナダ。**問12**．**a**．**後ウマイヤ朝**の首都は**コルドバ**。**b**．説明文の歴史遺産とはグラナダの**アルハンブラ宮殿**。**c**．イベリア半島で「12世紀ルネサンス」を牽引した都市は**トレド**。**d**．**アラゴン王国**に編入されたカタルーニャ地方の中心都市は**バルセロナ**。

22 ▐ 十字軍とヨーロッパ世界の拡大

解答 **問1**．

1	2	3	4	5	6	7	8	9	10	11	12	13
d	q	k	g	j	a	f	x	y	c	h	z	p

問2．A—3　B—1
C．ヴェネツィア　D．「大空位時代」
E．イサベル・フェルナンド〔順不同〕

F．ヤゲウォ（ヤゲロー）朝
解説 **問1**．**1**．異端のカタリ派は，南フランスではアルビジョワ派と呼ばれた。彼らを討伐するため，13世紀前半に**アルビジョワ十字軍**がおこなわれた。**2**．ドイツ騎士団は，バルト海沿岸への東方植民と，スラヴ系・バルト系住民のキリスト教化につとめた。**3**．**後ウマイヤ朝**は，最盛期を現出した10世紀の**アブド＝アッラフマーン3世**の時，ファーティマ朝に対抗して**カリフ**を名乗った。**4**・**5**．**教皇ウルバヌス2世**は，ビザンツ皇帝の要請を受けて，1095年に**クレルモン宗教会議**を開き，聖地奪回をとなえた。**6**．ファーティマ朝の宰相だったサラディン（サラーフ＝アッディーン）は，12世紀後半にアイユーブ朝を建て，さらにイェルサレムを奪回した。**7**・**8**．教皇インノケンティウス3世によって提唱された**第4回十字軍**は，ヴェネツィア商人の要求にせまられて，商業上のライバルであるコンスタンティノープルを占領して**ラテン帝国**を建てた。**9**．アルビジョワ派（カタリ派）を討伐したカペー朝の**ルイ9世**は，第6回・第7回十字軍を率いた。**10**．イェルサレム北方の海港都市**アッコン**は，イェルサレム王国（十字軍諸国家）の最後の拠点で，1291年マムルーク朝によって陥落した。**11**．**ナスル朝**の都グラナダは，1492年にスペイン王国によって陥落した。なお，ここにはスペイン＝イスラーム建築を代表するアルハンブラ宮殿がある。**12**．**ワールシュタットの戦い**は，バトゥ率いるモンゴル軍がリーグニッツ近郊でドイツ・ポーランド連合軍を破ったとされる戦い。**13**．**ニコポリスの戦い**でオスマン帝国の**バヤジット1世**は，ハンガリー王ジギスムント率いる連合軍に勝利した。**問2**．(A)**3**．セルジューク朝はニザーミーヤ学院を創設し，**スンナ派**の学問の振興につとめた。(B)**2**・**3**・**4**の3国の君主が第3回十字軍に参加した。**1**．ハインリヒ4世は1077年に**カノッサで教皇に謝罪した**ドイツ国王・神聖ローマ皇帝。(C)**第4回十字軍**は，商業圏拡大をめざす**ヴェネツィア商人**が主導した。(D)シュタウフェン朝断絶後，神聖ローマ皇帝が事実

上不在となった時期を「**大空位時代**」と呼ぶ。Eカスティリャ王女**イサベル**とアラゴン王子**フェルナンド**は結婚後，1479年に両国を統合して**スペイン王国**を成立させ，共同統治をおこなった。Fリトアニア大公とポーランド女王が結婚して**ヤゲウォ**（ヤゲロー）**朝**（リトアニア＝ポーランド連合王国）が成立した。この王朝のもとで，ポーランドは16世紀に最盛期を現出した。

23 【中世ヨーロッパのキリスト教と学問】

解答

1	2	3	4	5	6	7	8	9	10
③	②	③	①	④	④	②	③	①	①

解説 (1)③ヨーロッパ最古の大学は，法学が有名な**ボローニャ大学**。①ケンブリッジ大学の設立は13世紀初め。②フィレンツェ大学の設立は14世紀。④オクスフォード大学の設立は12世紀後半。(2)②中世ヨーロッパの大学は，教会や修道院の付属学校を起源とする高等教育機関。教授や学生たちによる自治的な**ギルド**として形成された。(3)③スコラ学は，アリストテレス哲学の影響を受けて，中世においてキリスト教神学の体系化を試みた学問。(4)①教皇**レオ3世**は，フランク王国との連携を目的に，800年にローマ皇帝の冠をカール（シャルルマーニュ）に授けた。(5)(6)(7)**カロリング＝ルネサンス**は，フランク王国のカール大帝の宮廷を中心とした古典文化の復興運動。イングランドから**アルクイン**などの学僧がまねかれ，**ラテン語**の普及につながった。(8)③**アンセルムス**はイングランドのカンタベリ大司教もつとめた学僧。実在論の立場から唯名論に反論し，「スコラ学の父」とも呼ばれる。(9)①神や普遍は事物に先立って存在すると考えるのが**実在論**，普遍的なものは実在せず，個別につけられた名前にすぎないと考えるのが**唯名論**。(10)①**イデア**とは，プラトン哲学の中心的な概念で，真・善といった不変の観念を指した。

24 【8世紀～13世紀の内陸アジア】

解答 問1．1．突厥　2．安史
3．キルギス　4．カラハン
5．バグダード　6．ホラズム＝シャー
7．耶律阿保機　8．燕雲十六州　9．金
問2．乾隆帝
問3．(1)イル＝ハン国に中国絵画が伝わり，イランで細密画（ミニアチュール）が発達した。　(2)イスラーム天文学の影響を受けて，郭守敬が授時暦をつくった。

解説 問1．1・2・3．トルコ系騎馬遊牧民の**ウイグル**は，**突厥**を破って建国し，8～9世紀にモンゴル高原を支配した。**安史の乱**の際には，唐の要請で鎮圧に協力したが，その後内紛が激しくなり，トルコ系遊牧民の**キルギス**によって滅ぼされた。**4．カラハン朝**は，中央アジア初のトルコ系イスラーム王朝。10世紀にサーマーン朝を滅ぼして東西トルキスタンを支配した。**5．**セルジューク朝のトゥグリル＝ベクは，アッバース朝カリフの要請で1055年**バグダード**に入城してブワイフ朝を倒し，スルタンの称号を授かった。**6．ホラズム＝シャー朝**は，セルジューク朝のトルコ人奴隷（マムルーク）が建てた国家。イラン・アフガニスタンに進出したが，13世紀にチンギス＝ハンの侵攻を受け，その後滅亡した。**8．燕雲十六州**は，現在の北京を中心とした地域で，後晋の建国を援助した代償として，契丹（遼）がこの地を獲得した。**9．金**は完顔阿骨打がツングース系女真人を統合して建国した王朝。北宋とともに契丹（遼）を挟撃して滅ぼした。また，行政・軍事組織の猛安・謀克の編成や女真文字の制定をおこなった。**問2．乾隆帝**は，18世紀半ばにジュンガルを滅ぼして東トルキスタン全域を征服し，「新疆」と称した。

25 【五代～宋と遼・金】

解答 問1．

1	2	3	4	5	6
i	b	q	h	e	l

問2.

あ	い	う	え	お	か
p	n	j	c	d	g

問3.

A	B	C	D	E	F
k	g	h	j	n	i

問.

4	5	6	7	8	9
c	イ	ア	ウ	オ	エ

解説　問1.　1.　**後唐**は突厥系沙陀族の出身者が建てた，五代2番目の王朝。　2.　**契丹（遼）**は，唐の滅亡後，**耶律阿保機**が遼河流域の遊牧狩猟民を統合して建てた国家。　3.　**渤海**は，**大祚栄**が高句麗の遺民と靺鞨人の部族を統合して建てた国家。都は**上京竜泉府**。唐に朝貢して律令体制をしき，仏教文化も栄え，日本とも通交した。　4.　**後晋**は五代3番目の王朝で，石敬瑭が契丹の支援を受けて建てた。　5.　五代最後の王朝が**後周**。　6.　**西夏（大夏）**は，チベット系**タングート人**の**李元昊**が中国西北部に建てた国。1044年に宋と慶暦の和約を結び，宋に臣下の礼をとるかわりに，歳賜として**銀・絹・茶**を贈らせた。　問2.　**い**．後周の有力武将から宋の初代皇帝となった**趙匡胤**は，文治主義の重視・殿試の導入・禁軍（中央軍）の再編などで中央集権化をおこなった。　**う**．北宋の第6代皇帝**神宗**は，**王安石**を登用して**新法**を実施し，財政再建をめざした。　**え・お**．北宋の第8代皇帝**徽宗**は，文芸を保護し，みずから「桃鳩図」を描くなど「風流天子」と呼ばれた。一方，金と画策して契丹（遼）を挟撃してこれを滅したが，翌年に**靖康の変**をまねき，帝位を譲った欽宗とともに金に連れ去られた。**か**．靖康の変を逃れた欽宗の弟が，**南宋**の初代皇帝**高宗**となった。金に対して臣下の礼をとる和議を成立させ，同時に毎年多額の銀・絹を贈った。　問3.　**B**．**澶淵の盟**（1004年）は宋とのあいだで結ばれた和議。宋が兄，契丹が弟の関係だが，宋から毎年多額の銀・絹が贈られた。　**E**．**淮河**は黄河と長江のあいだに位置する川。金と南宋の境界線となった。　**F**．宋代に長江下流域で稲田の開発が進み，「**蘇湖（江浙）熟すれば天下足る**」と呼ばれる穀倉地帯となった。　問4.　**c**．**燕雲十六州**には現在の**北京**や大同が含まれる。　問5.　**イ**．**遼**では，南面官が中国の伝統的な

州県制にもとづいて農耕民を統治した。　問6.　**ア**．門下省をおかず，地方の行政・軍事・財政を司る機関として**行中書省**を設置したのは**元**。　問7.　**ウ**．農閑期に農民へ軍事訓練を課し，常備軍を補強しようとした政策は**保甲法**。　問9.　**エ**．朱熹（朱子）の「**性即理**」を批判して，陸九淵は「**心即理**」を提唱した。

26　モンゴル帝国

解答

(1)	(2)	(3)	(4)	(5)
20	06	34	21	07

設問.	1	2	3	4	5	6
	02	03	05	01	02	01

解説　(1)アルタイ山脈周辺で活動した遊牧トルコ系部族の**ナイマン**は，ウイグル文字を使用し，ネストリウス派キリスト教を信仰していた。(3)第6回・第7回十字軍を指揮したフランス王**ルイ9世**は，**ルブルック**をモンゴルへの使節として派遣した。(4)『漢宮秋』は，前漢の王昭君の故事を劇化した馬致遠の作品。(5)クリミア半島に成立したイスラーム国家は，キプチャク＝ハン国から自立した**クリム＝ハン国**。エカチェリーナ2世の時，ロシアの支配下に入った。設問1.　[02]**A**は**チャガタイ＝ハン国**で都はアルマリク。**B**はバトゥによって建てられた**キプチャク＝ハン国**で都はサライ。**C**はフラグがイラン地域に建てた**イル＝ハン国**で都はタブリーズ。ガザン＝ハンのときイスラームを国教化した。設問2.　[03]モンゴル帝国は，ホラズム＝シャー朝（1231年）→キエフ公国（1240年）→大理（1254年）→アッバース朝（1258年）の順に滅ぼした。設問3.　[01]**マルコ＝ポーロ**はヴェネツィア生まれ。陸路で元を訪れ，海路で帰国した。[02]面会は，**プラノ＝カルピニ**がグユクと，**ルブルック**がモンケと，マルコ＝ポーロが**フビライ**との順である。[03]マルコ＝ポーロは，ジェノヴァの獄中で自己の見聞を語り，別の同囚者が記述した。これがのちに『**世界の記述（東方見聞録）**』として出版された。[04]プラノ＝カルピニが面会した皇帝はグユク。設問4.　[02]ジャムチでは，約10里ごとに駅

が設けられた。[03]新運河は大都と江南との交通・輸送を目的に整備された。[04]元では，基本通貨である**銀**の補助通貨として紙幣の**交鈔**が使われた。[05]大運河の南端に位置し，マルコ＝ポーロが**キンザイ**と呼んだ港市は**臨安（杭州）**。**設問5.** [01]郭守敬はイスラーム天文学を取り入れて**授時暦**を作成した。[03]中国画法がイル＝ハン国経由で伝わり，イスラーム世界で**細密画（ミニアチュール）**が発達した。[04]**火薬**は，唐末には軍事転用が始まり，金を経てモンゴル帝国に受け継がれた。[05]イブン＝バットゥータが著したのは『**旅行記（三大陸周遊記）**』。**設問6.** [02]ティムール朝の都ははじめ**サマルカンド**におかれ，その後一時的に**ヘラート**に移った。[03]ティムール朝はトルコ系の**遊牧ウズベク（ウズベク人）**によって滅ぼされた。[04]ティムール朝は，**アンカラの戦い**でオスマン帝国の**バヤジット1世**を捕虜とした。[05]**ウルグ＝ベク**はティムール朝第4代君主で，首都サマルカンドに**天文台**を建設したことで知られる。

第7章　アジア諸地域の繁栄

27 明の建国～滅亡

解答　問1.

	a	b	c	d	e	f	g
	19	2	16	1	6	4	17

問.

2	3	4	5	6	7	8
e	d	b	a	b	a	d

問9. 朱元璋　**問10.** ツォンカパ
問11. 一条鞭法　**問12.** 『水滸伝』

解説　問1. **b.** 洪武帝の第4子の朱棣（永楽帝）は，**燕王**として北平周辺に封じられ，モンゴルに備えていた。**c.** 修築された**万里の長城**は，西の嘉峪関から東の山海関まで続いた。**d.** 安徽省出身の商人集団は，**徽州（新安）商人**とも呼ばれ，塩の販売から発展して全国的に金融業で活動するようになった。**e.** **会館**や**公所**は，同郷・同業などの商人や職人が建てた，親睦・互助・活動拠点のための施設。**f.** **王守仁**（王陽明）は「心即理」の原理を悟り，陽明学を確立した。また，「知行合一」や「致良知」を説いた。**g.** **李贄**（李卓吾）は，陽明学急進派の思想家で，生まれながらの心を「童心」として尊んだ。**問2.** **e.** 里長や甲首に10年ごとにつくり直させたのは，租税台帳である**賦役黄冊**。**問3.** **d.** 兼愛・非攻は墨子の主張。**問4.** **b.** 朱棣（永楽帝）は，南京を占領して帝位についた。**問5.** **b.** ダライ＝ラマの称号を贈ったのは，韃靼（タタール）の**アルタン＝ハン**。**c.** オイラトの最盛期を築いたのは**エセン＝ハン**。**d.** 韃靼（タタール）のアルタン＝ハンが1550年に**北京を包囲**した。**問6.** **b.** 16世紀半ばに王直などに率いられた倭寇が密貿易や略奪を繰り返したため，明は海禁政策をゆるめて民間人の海外貿易を許した。**問7.** **b.** 明代では，従来の染付に加えて赤絵と呼ばれる陶磁器の生産が増えた。**c.** **景徳鎮**は江西省北東部の都市。**d.** 長江中流域の**湖広**は現在の湖北省や湖南省にあたる。**問8.** **a.** **東林書院**は，宦官の魏忠賢による大弾圧を受けて閉鎖された。**b.** 顧憲成の死は1612年。魏忠賢が失脚して自殺したのは1627年。**c.** 東林書院は，宋代の書院を復興したもの。**問9.** **朱元璋**は，紅巾の乱で頭角を現して明を建国し，洪武帝と称した。**問10.** チベット仏教の改革運動をおこし，黄帽派（ゲルク派）を創始したのは**ツォンカバ**。**問11.** **一条鞭法**は各種の税や徭役を銀に一本化して納入させた。**問12.** 『**水滸伝**』は，北宋末に山東の梁山泊を根拠地とした義賊108人の武勇を題材とした作品。元代につくられ，明代に口語小説として編纂された。

28 清の建国～滅亡

解答　問1. A－8　B－7　C－6
D－10　**問2.** ア－9　イ－6　ウ－3

問.

3	4	5	6	7	8	9
c	b	d	c	d	b	a

問10. 『四庫全書』　**問11.** 同治の中興
問12. 李鴻章　**問13.** 袁世凱

解説　問1. **A.** ヌルハチは，中国東北地方の盛京（瀋陽）を都とした。**B.** 1757年，乾隆帝はヨーロッパ船の来航を**広州1港**に限定した。**C.** 1858年の天津条約の追加条約である1860年の**北京条約**で，**天津の開港**が追加され

た。**D**．湖北省**武昌**での1911年の革命派の蜂起が，辛亥革命の発端となった。**問2**．**ア**．清は**地丁銀制**で，丁税（人頭税）を地銀（地税）に繰り込んで，地銀（地税）に一本化した。**イ**．**雍正帝**によって**軍機処**が創設され，軍事・行政の最高機関となった。**ウ**．**藩部**を統括する中央官庁として**理藩院**が設けられた。**問3**．**a**．ヌルハチは女真を統一して，1616年に**アイシン（後金）**を建国したのち，サルフの戦い（1619年）で明軍に勝利した。**b**．**女真文字**は**金**でつくられた民族文字。**d**．ヌルハチのときに**八旗**を創設した。**問4**．**b**．鄭成功は**オランダ人**を駆逐して台湾を占領した。**問5**．**a**．乾隆帝の時代に，東トルキスタンを征服して**「新疆」**と呼んだ。**b**．**康熙帝**はロシアと**ネルチンスク条約**を結んで，アルグン川とスタノヴォイ山脈（外興安嶺）を国境とした。**c**．**雍正帝**がロシアと**キャフタ条約**を結んで，モンゴル地区における両国の国境を画定した。**問6**．**a**．**カスティリオーネ**（郎世寧）はイタリア出身のイエズス会宣教師。**b**．ブーヴェ（白進）は康熙帝に仕えた。**d**．康熙帝は**典礼問題**がおこると，イエズス会以外の宣教師を国外退去させた。**問7**．**d**．アロー戦争後の北京条約では，外国公使の北京駐在などが認められた。清が**外国軍の北京駐屯権**を認めたのは，義和団事件後の**北京議定書**（辛丑和約）。**問8**．**a**．**太平天国**は，占領した南京を**天京**と改称して都とした。**c**．太平天国は「**滅満興漢**」をスローガンとした。**d**．太平天国は，キリスト教の影響を受けた宗教結社である**拝上帝会**を中心に樹立された。**問9**．**b**．**光緒新政**で1908年に**憲法大綱**を発布し，9年以内の憲法制定と国会開設を公約した。**c**．憲法大綱は日本の明治憲法（大日本帝国憲法）を模範とした。**d**．**「中体西用」**の考えは**洋務運動**の基本原則。**問10**．乾隆帝が編纂させた中国最大の叢書は**『四庫全書』**。**問11**．同治帝時代（1861～75年）の内政・外交の相対的な安定を，「同治の中興」と呼ぶ。**問12**．淮軍を率いて太平天国を鎮圧し，洋務運動を主導した人物は**李鴻章**。**問13**．**袁世凱**は，新軍を整備した清末の軍人・政治家で，

辛亥革命がおこると革命派と交渉し，宣統帝を退位させた。

29 建国～18世紀のオスマン帝国

解答

(1)	(2)	(3)	(4)	(5)	(6)	(7)	(8)	(9)	(10)
①	②	②	④	①	②	②	③	①	③

解説 **(1)**オスマン帝国は，①**アナトリア西部**の遊牧民の族長オスマン1世によって建国された。**(2)**オスマン帝国に最盛期をもたらしたスルタンの②**スレイマン1世**は，「立法者」や「壮麗王」と称され，1526年のモハーチの戦いでハンガリーを征服し，29年には第1次ウィーン包囲をおこなった。38年のプレヴェザの海戦では，スペイン・ヴェネツィア・ローマ教皇の連合艦隊を破り，地中海の制海権を手に入れた。**(3)**スレイマン=モスクなどの公共建築にたずさわったオスマン帝国の建築家は②**シナン（スィナン）**。**(4)(5)**オスマン帝国ではバルカン半島のキリスト教徒の子弟を徴集して訓練する④**デヴシルメ**によって官僚や歩兵を組織した。スルタン直属の歩兵常備軍が①**イェニチェリ**。**(6)**②**スーフィー**とは，イスラーム法に従った秩序の維持や形式化に反し，神との合一などを追求した神秘主義者のこと。**(7)**②**ハンマーム**はイスラーム世界における公衆浴場で，社交や娯楽の場でもあった。**(8)(9)**セリム2世の時代に，③**フランス商人**に領内での居住と通商の自由が公認された。これを①**カピチュレーション**という。この特権は，のちにイギリスやオランダなどの国々にも与えられた。18世紀末以降オスマン帝国が衰退期に入ると，逆に事実上の不平等条約とみなされるようになった。**(10)**③**ミッレト**は，オスマン帝国における非ムスリムの宗教共同体。納税を条件に，みずからの信仰・自治・慣習を認められた。

30 インドのイスラーム化～ムガル帝国

解答 問1．ア－B　イ－D

問.

2	3	4	5	6	7	8	9	10	11
C	B	C	A	C	B	D	D	A	C

解説 **問1. ア.** ゴール朝の奴隷出身の武将**アイバク**が，デリー周辺で独立して奴隷王朝を創始した。彼は，インド最古のモスクの塔である**クトゥブ＝ミナール**を建設したとされる。**イ.** シク教を創始したインドの宗教指導者は**ナーナク**。**問2. C.** 預言者ムハンマドの言行を記録したものは**ハディース**。『クルアーン（コーラン）』はイスラーム教の聖典であり，ムハンマドに啓示された神のことばの集成。**問3. B.** ボロブドゥールはジャワ島にある大乗仏教の遺跡。**問4. A.** ウマイヤ朝の首都は**ダマスクス**。**B.** ウマイヤ朝軍は，宮宰カール＝マルテルが率いるフランク軍に**トゥール・ポワティエ間の戦い**で敗北した。**D.** ウマイヤ朝では，**アラブ人**が支配者集団を形成して，異民族とは異なる特権を与えられた。**問5. A. サーマーン朝**は，中央アジアで成立した**イラン系**イスラーム王朝で，首都は**ブハラ**。ブハラはソグディアナ地方の文化の中心地で，医学者・哲学者として知られるイブン＝シーナー（アヴィケンナ）の出身地はその近郊。**問6. C. アクバル**が側近に編年体で記述させた歴史書は『アクバル＝ナーマ』。『王の書』は，フィルドゥシーがガズナ朝君主にささげたペルシア文学の傑作。**問7. B. シャー＝ジャハーン**が妃のために造営した墓廟は**タージ＝マハル**。Aはサーンチーにあるストゥーパ（仏塔）。Cはシク教の黄金寺院。Dはスレイマン＝モスク。**問8. D.** 18世紀のヨーロッパでは，毛織物より綿織物の需要が高かった。そのためイギリスで産業革命が始まった。**問9.** 出来事の年代順は，（あ）人頭税（ジズヤ）の復活（1679年）→（え）イギリスがコルカタ（カルカッタ）に商館を建設（1690年）→（う）プラッシーの戦い（1757年）→（い）マラーター同盟の崩壊（1818年）。**問10.** できごとの年代順は，（い）インド帝国の誕生（1877年）→（う）インド国民会議の開催（1885年）→（え）ベンガル分割令の公布（1905年）→（あ）ローラット法の施行（1919年）。**問11. C.** インドの初代首相は**ネルー**。

第8章　近世ヨーロッパ世界の形成

31 大航海時代とポルトガル

解答

(1)	(2)	(3)	(4)	(5)	(6)	(7)
53	46	06	50	21	08	38

設問.	1	2	3	4	5
	30	36	03	29	03

解説 **(1)レヴァント貿易（東方貿易）**とは，地中海東岸にもたらされたアジアの香辛料・絹織物・宝石などの奢侈品を，ヴェネツィアやジェノヴァのなどの北イタリア諸都市がヨーロッパ各地へもたらした貿易のこと。**(2)マリンディ**はケニアの港市で，インド洋交易の拠点。15世紀に鄭和の艦隊が訪れ，またヴァスコ＝ダ＝ガマはここで水先案内人を雇ったとされている。**(3)ヴィジャヤナガル王国**は，南インドのヴィジャヤナガルを都とした王統の異なる4王朝の総称。ヒンドゥー王国であり，香辛料や綿織物の交易で栄えた。**(4)**東アフリカの**モノモタパ王国**はインド洋交易で繁栄したが，16〜17世紀にポルトガルに圧迫された。ポルトガルの初代インド総督アルメイダは，インド洋におけるイスラーム勢力の排除などをめざした。**(5)**1529年にスペイン・ポルトガル間で成立したサラゴサ条約の後も，東アジア地域における領有権問題の議論は続いた。**(6)**エルミナはギニア湾におかれたポルトガルの拠点で，奴隷貿易の中心となった。**(7)ホルムズ島**はペルシア湾の出入口にある要衝の島。1515年以来ポルトガルが占領していたが，1622年にサファヴィー朝のアッバース1世が奪回した。**設問1. セウタ**はモロッコ西北端の港市で，ポルトガルは1415年にこの地を占領し，西アフリカ航路探検の拠点とした。**設問2.** インドネシア東部にあるモルッカ（マルク）諸島は，香辛料を豊富に産出する島々で，クローヴと**ナツメグ**の主産地であった。ヨーロッパ諸国が争奪戦を繰り広げたが，17世紀前半にオランダが支配下においた。**設問3. [03]オランダ東インド会社**はジャワ島の**バタヴィア**（現在のジャカルタ）を拠点とした。**設問4.** ムスリム商人たちは，ポルト

ガルの支配するマラッカ海峡を避けて，スマトラ島とジャワ島のあいだにあるスンダ海峡を抜けてジャワ海に入るルートを開拓した。**設問5.** [03]**ダホメ王国**は，17世紀前半にアフリカ大陸西岸に成立した国家。ヨーロッパ人から武器・弾薬を得て強大化し，奴隷狩りをおこなった。19世紀末にイギリスやフランスの介入によって弱体化し，1894年にフランスの植民地となった。

32 ルネサンスと宗教改革

解答

(1)	(2)	(3)	(4)	(5)
d	b	a	c	c

設問A. ゴイセン

解説 (1)**a**．コペルニクスは，プトレマイオスの天動説に疑問をもち，**地動説**を主張した。**b**．ダンテは**フィレンツェ**出身で，トスカナ語で『**神曲**』を著した。**c**．システィナ礼拝堂の壁に「**最後の審判**」を描いたのは**ミケランジェロ**。(2)**b**．「祈り，働け」はベネディクト修道会の標語。(3)**b**．『**ユートピア**』はイギリスの人文主義者**トマス＝モア**の作品。**c**．ルターはドイツ農民反乱軍に対して，はじめ同情的であったが，彼らが社会変革をめざして急進化すると，弾圧する諸侯の側に立った。**d**．**アウクスブルクの和議**では，諸侯はカトリック派かルター派のいずれかを選択できるようになった。(4)**c**．**宗教裁判**は，対抗宗教改革がおこなわれる前の13世紀に教会の制度として確立していた。(5)**c**．①オランダ独立戦争後は，アントウェルペンにかわり，**アムステルダム**が国際金融の中心となった。**設問A.** ネーデルラントにおけるカルヴァン派の呼称は**ゴイセン**。「乞食」を意味する。カルヴァン派は，イングランドではピューリタン（清教徒），スコットランドではプレスビテリアン（長老派），フランスではユグノーと呼ばれた。

33 ドイツにおける宗教改革

解答 **問.**

1	2	3	4	5	6	7	8	9	10
4	1	3	3	4	2	2	4	1	4

解説 **問1.** **4**．ルターは**ヴィッテンベルク大学**の神学教授で，ヴィッテンベルクがドイツにおける宗教改革の中心地となった。**問2.** **2**．ルターは，人間が神の恩寵によってのみ救われると主張した。**3**．ルターは，善行よりも信仰を上位に位置づけた。**4**．ルターは，人は神への信仰によってのみ義とされると主張した。**問3.** **3**．教皇**レオ10世**はメディチ家出身の教皇。サン＝ピエトロ大聖堂の新築のために贖宥状販売を許可したため，宗教改革をまねいた。**問4.** **3**．分裂状態にあった神聖ローマ帝国において，贖宥状が積極的に販売されたことを揶揄する表現が「ローマの牝牛」。**問5.** **4**．サン＝ピエトロ大聖堂は，現在のヴァチカン市国にあるカトリックの総本山。**問6.** **1**．ルターは，カール5世によって**ヴォルムス帝国議会**に召喚された。**3**．ルターの教えを採用した諸侯は，修道院の廃止や教会儀式の改革を進めた。**4**．ルターの教えを採用した諸侯は，ドイツ農民戦争では農民たちを弾圧した。**問7・8.** ドイツ農民戦争の際，ルターは当初農民に同情的であったが，農民たちが**ミュンツァー**の指導で農奴制・領主制・十分の一税の廃止などの社会変革をめざすようになると，弾圧する諸侯の側に立った。**問9.** **1**．**シュマルカルデン戦争**は，新教派の諸侯と帝国都市が結んだシュマルカルデン同盟と，神聖ローマ皇帝カール5世とのあいだでおきた最初の宗教戦争。**問10.** **1**．アウクスブルクの和議では，領民個人には信仰の自由は認められず，またこうしたことで**領邦教会制**が広まった。**2**．アウクスブルクの和議の後，ルター派は**北欧諸国**に広がった。**3**．アウクスブルクの和議で，諸侯はカトリック派とルター派のいずれかを選択できるようになった。

34 フランス王家とハプスブルク家の対立

解答 **A．** マクシミリアン1世　**B．** フランソワ1世　**C．** カール5世　**D．** カレー　**E．** カトー＝カンブレジ　**F．** ヴァロワ　**G．** フロンドの乱　**H．** ナントの王令　**I．** フェリペ5世

J．シュレジエン
問1－エ　問2－ア　問3－オ　問4－ア
問5．カトリック派とルター派のいずれかを諸侯が選択するが，領民個人には信仰の自由がなく，諸侯の宗派に従うことが原則となった。(59字)
問6－ウ
問7．ハプスブルク家のカトリック強制に対するベーメンの新教徒がおこした反乱に始まる三十年戦争は，のちに旧教国フランスが新教国側と同盟して参戦するなど，当初の宗教戦争から国益優先の国際戦争へと変化した。(97字)
問8－イ　問9－ア　問10－オ

解説　A．イタリア戦争開始時の神聖ローマ皇帝はマクシミリアン1世。B．イタリア戦争は，フランス王フランソワ1世と神聖ローマ皇帝カール5世の時代に拡大した。C．スペイン王カルロス1世が皇帝選挙でフランソワ1世に勝利して，1519年に神聖ローマ皇帝カール5世として即位した。D．フランス北部の港市カレーは，百年戦争後，イギリスが領有する大陸唯一の拠点として残っていた。E．イタリア戦争の講和条約であるカトー＝カンブレジ条約で，フランスはイタリアに対する権利を放棄し，ハプスブルク家はミラノ・ナポリ・シチリアを領有した。F．ユグノー戦争中にフランスでヴァロワ朝の男系後継者が絶え，1589年にブルボン朝が開かれた。G．フロンドの乱は，ルイ14世の幼少期の1648～53年におこった王権に対する高等法院や貴族の反乱。H．ナントの王令は1598年にアンリ4世によって発布され，新教徒に対して個人の信仰の自由を保障した。しかしルイ14世は，カトリックによる宗教的統一をめざして，1685年に廃止した。I．ルイ14世の孫のフェリペ5世は，スペイン継承戦争後のユトレヒト条約で即位が認められ，スペイン＝ブルボン朝を開いた。J．石炭・鉄の産地であるオーデル川流域のシュレジエンは，16世紀以降オーストリア領であったが，オーストリア継承戦争時にプロイセンに占領された。問1．エ．神聖ローマ皇帝フリードリヒ2世

は，外交交渉で一時イェルサレムを回復した。問2．ア．神聖ローマ皇帝カール4世が発布した「金印勅書」で，マインツ・ケルン・トリーアの大司教と，ファルツ伯・ザクセン公・ブランデンブルク辺境伯・ベーメン王の七選帝侯が定められた。問3．オ．1519年時，ジェノヴァは独立の共和国であった。問4．ア．スレイマン1世は，1526年のモハーチの戦いに勝利して，ハンガリーに進出した。問6．ウ．サンバルテルミの虐殺では，多くの新教徒（ユグノー）が殺害された。問7．三十年戦争については，フランスの動向をおさえて，宗教戦争から国際戦争への性格の変化を指摘することがポイント。問8．イ．イギリスはユトレヒト条約において，スペインからジブラルタルとミノルカ島を獲得した。問9．ア．プロイセンのフリードリヒ2世（大王）が，地主貴族であるユンカーを統治の中心勢力としたため，農民の地位改善は進まなかった。問10．オ．フレンチ＝インディアン戦争後のパリ条約（1763年）で，イギリスはミシシッピ川以東のルイジアナを獲得した。なおこのとき，ミシシッピ川以西のルイジアナを獲得したのはスペイン。

第9章　近世ヨーロッパ世界の展開

35　中世後期～近代の北欧・東欧

解答　問1．

1	2	3	4	5	6	7	8	9	10	11	12
b	b	c	d	d	a	c	a	c	b	c	d

問．

2	3	4	5	6	7	8	9	10	11
c	a	d	a	a	a	d	a	c	c

解説　問1．1・2．カルマル同盟は，デンマーク・スウェーデン・ノルウェーの同君連合。デンマーク王女マルグレーテが摂政として実権を握るなど，デンマークに優位なものだった。4・5・6．リトアニア大公とポーランド女王の結婚で，ヤゲウォ（ヤゲロー）朝（リトアニア＝ポーランド連合王国）が成立した。16世紀後半のヤゲウォ朝断絶後，ポーランドでは貴族による選挙王政が導入された。

7. 1683年の**第2次ウィーン包囲**の際，ポーランドはオーストリア（神聖ローマ帝国）に援軍を出した。8. **スウェーデン**は，国王グスタフ＝アドルフのもとでバルト海に勢力を拡大し，三十年戦争にも介入した。9・10. **モスクワ大公国**は，**イヴァン3世**時代の1480年にキプチャク＝ハン国から自立した。16世紀の**イヴァン4世**は，シベリア進出や農奴制の強化をおこない，**ツァーリの称号を正式に採用**し，専制政治を強化して「雷帝」と呼ばれた。11. 1613年のミハイル＝ロマノフの即位によって，**ロマノフ朝**が開かれた。12. **ピョートル1世（大帝）**は，みずから西欧諸国を視察してロシアの近代化につとめる一方，オスマン帝国やスウェーデンとの戦いに勝利した。**問2.** c. **ポルトガル**が，1557年に**マカオ**の居住権を明朝から獲得した。**問3.** a. ドイツの天文学者**ケプラー**は，惑星の運行に関する三法則を発見した。**問4.** d. 絶対王政期には，フランスでも国王に直属する**常備軍**が整備された。**問5.** a. 1603年にステュアート朝を開始した**ジェームズ1世**は，**王権神授説**をとなえて議会と対立した。また，迫害されたピューリタンの一団が，1620年に北アメリカ大陸に移住した。**問6.** a. 1793年の**第2回ポーランド分割**に際して，**オーストリア**はフランス革命への対応に追われていたため参加しなかった。**問7.** a. 三十年戦争の際，スウェーデンは新教国側で参戦した。**ヴァレンシュタイン**は，神聖ローマ皇帝と契約して，傭兵隊長として旧教国側で戦った。**問8.** d. **北方戦争**（1700〜21年）のなかで，ピョートル1世はネヴァ川河口に**ペテルブルク**を建設し，1712年に遷都した。**問9.** a. モスクワ大公国のイヴァン3世は，ビザンツ帝国最後の皇帝の姪ソフィアと結婚した。**問10.** c. **アレクサンドル2世**によって，1861年に農奴解放令が発布された。**問11.** c. ピョートル1世はオスマン帝国と戦い，17世紀末に**アゾフ海**に進出した。

36 18世紀〜19世紀の英仏植民地戦争

解答 問1.

1	2	3	4	5	6	7
c	h	r	g	o	i	e

問2. (A)ニューヨーク (B)ユトレヒト条約
(C)①七年戦争 ②フレンチ＝インディアン戦争 (D)カーナティック戦争
(E)イギリスではイングランド銀行による国債引き受けなどの財政革命がおこなわれたのに対し，フランスではナントの王令廃止や多額の戦費と宮廷費により財政が圧迫されていた。（80字）
(F)リヴィングストン
(G)ウラービー（オラービー）
(H)ファショダ事件

解説 問1. 1. **ヴァージニア**はイギリスの北アメリカ最初の植民地。ジェームズタウンが起源であり，「処女王」エリザベス1世にちなんで名づけられた。2. **ケベック**は，アンリ4世の時のフランスが北アメリカで建設した植民地。3. **ルイジアナ**は，フランスがミシシッピ川流域に建設した植民地。ルイ14世にちなんで名づけられた。4. イギリス東インド会社は，東岸部のマドラス，西岸部のボンベイ，ベンガル地方の**カルカッタ**などをインド支配の拠点とした。5. フランス東インド会社は，東岸部の**ポンディシェリ**，ベンガル地方のシャンデルナゴルなどを拠点とした。6. イギリスは1814〜15年のウィーン会議で，オランダが1652年にアフリカ南端に建設した**ケープ植民地**を獲得した。7. ドイツは，ギニア湾に面する**カメルーン**を1884年に保護領とした。問2. (A)ニューネーデルラント植民地の中心都市ニューアムステルダムを，1664年にイギリスが獲得して**ニューヨーク**と改称した。(B)1713年の**ユトレヒト条約**は，スペイン継承戦争の講和条約。イギリスは，フランスからニューファンドランド・アカディア・ハドソン湾地方を獲得し，スペインからはジブラルタルとミノルカ島を獲得した。(C)①ヨーロッパでは**七年戦争**。並行して②北アメリカでは，イギリスとフランスによる**フレンチ＝インディアン戦争**が起こった。(D)18世紀半ばにイギリスとフランスは，南インドで，

3次にわたる**カーナティック戦争**を展開した。⑤イギリスの**リヴィングストン**は，宣教のために南アフリカに赴任し，奥地を探検してヴィクトリア滝を発見した。その後消息を絶ったが，探検家スタンリーによって発見された。⑥エジプトの軍人**ウラービー**(オラービー)は，「エジプト人のためのエジプト」を掲げて武装蜂起したが，イギリスによって鎮圧された。⑪**ファショダ事件**は，アフリカ縦断政策を展開するイギリスと，アフリカ横断政策を展開するフランスが，スーダンのファショダで遭遇した事件。

37 17世紀～18世紀ヨーロッパの文化

解答 問1－② 問2－① 問3－③
問4．自然法 問5－② 問6．万人の万人
問7－④ 問8－③ 問9－④ 問10－①
問11．ルソー 問12－② 問13．百科全書
解説 **問1・2．** イギリスの②**経験論**とは，個別的・具体的な経験的事実を認識の基礎におく考え方。経験と観察にもとづく科学的な真理探究をおこなった①**フランシス＝ベーコン**に始まった。**問3．** ③フランスの**合理論**とは，認識の根拠を理性とする考え方。**デカルト**などによって確立された。**問4．自然法**とは，人間および人間社会の本性に根ざし，あらゆる時代の社会を通じて妥当性をもつとされる法や規範のこと。**問5．** ②**社会契約**とは，社会や国家は，自然状態での個人の契約によって成立したとする考え方。**問6．ホッブズ**は主著『リヴァイアサン』のなかで，自然状態を「万人の万人に対する闘い」と表現した。**問7．** ④**ロック**は『**統治二論**』のなかで，抵抗権の肯定や契約による政府の樹立を説き，名誉革命を理論的に擁護した。**問8．** ③**啓蒙思想**とは，理性を絶対視して，理性によって従来の慣習・制度・社会の諸問題を批判する考え方。**問9．** ④『**法の精神**』でイギリスの憲政をたたえたフランス人思想家は，**モンテスキュー**。**問10．** ①『**哲学書簡**』でイギリスを賛美したフランス人思想家は，**ヴォルテール**。**問11．ルソー**は，『人間不平等起源論』で私有の開始が不平等を発生させたと主張し，『**社会契約論**』では人民主権にもとづく国家形成を主張した。**問12・13．** ②**ディドロ**はダランベールらの協力を得て『**百科全書**』を編集した。『百科全書』の刊行は，啓蒙思想を広め，フランス革命にも思想的な影響を与えた。

第10章　近代ヨーロッパ・アメリカ世界の成立

38 産業革命

解答 **設問．** (1)飛び杼 (2)ジェニー紡績機
(3)クロンプトン (4)ノーフォーク農法
(5)ニューコメン (6)ダービー (7)木炭
(8)スティーヴンソン (9)フルトン
(10)ラダイト運動 (11)フランクリン
(12)マンチェスター
解説 (1)ジョン＝ケイが発明した織布道具の**飛び杼**は，幅広の布を織る速度を速くした。そのため糸不足を引きおこし，紡績分野の発明をうながした。(2)ハーグリーヴズは多軸紡績機とも呼ばれる，人力を動力源とする**ジェニー紡績機**を製作した。(3)**クロンプトン**は，ハーグリーヴズの多軸紡績機(ジェニー紡績機)とアークライトの水力紡績機の長所を結合して**ミュール紡績機**を発明した。(4)**ノーフォーク農法**は，農地を四つの区画にわけ，1年ごとに大麦・クローヴァー・小麦・カブの順に栽培して，4年で一巡する輪作農法。(5)**ニューコメン**は，炭鉱での地下水の汲み上げポンプの動力源を蒸気機関とすることに成功した。しかし，燃料消費量が大きかったため，のちにワットの蒸気機関に取ってかわられた。(6)**ダービー父子**は，コークスを利用して高純度の製鉄を可能とする技術を考案・発展させた。その結果，鉄工業が産業革命を支えることとなった。(7)産業革命が始まると，エネルギー源が木炭や水力から**石炭**にかわった。(8)**スティーヴンソン**が蒸気機関車の実用化に成功した。1825年にはストックトン・ダーリントン間，30年にはマンチェスター・リヴァプール間での走行を可能にした。(9)**フルトン**は外輪式蒸気船を建造し，1807年にハドソン川を航行させることに成功した。(10)機械打ちこわしの予告状に，伝説的人物である「ラッ

ド゠ネッド」の署名がみられたため，**ラダイト運動**と呼ばれた。⑪**フランクリン**は，「代表的なアメリカ人」とされる人物で，独立宣言の起草に関わる一方，駐仏大使としてヨーロッパで遊説した。科学者としては，雷が電気であることを解明して避雷針を発明した。⑫イギリスのランカシャー地方の**マンチェスター**は，海港都市であるリヴァプールと結びつき，綿織物工業の中心として栄えた。

39 アメリカ独立革命

解答 問1－4　問2－1
問3．フレンチ゠インディアン　問4－2
問5－4　問6．代表
問7．ボストン茶会事件　問8－2
問9．フィラデルフィア
問10．トマス゠ジェファソン
問11－1　問12－4
問13．人権（人間および市民の権利の）
問14－1　問15．憲法制定会議
問16．三権分立

解説 **問1．4**．**フロリダ**は，アメリカ合衆国が1819年に**スペイン**から買収した地域。**問2．1**．イギリス議会をモデルとした**植民地議会**は，1619年に**ヴァージニア**で最初に設けられた。**問3**．北アメリカ大陸でイギリスとフランスが展開した植民地戦争は，フレンチ゠インディアン戦争。**問4．2**．イギリスは本国の商工業を保護するため，重商主義政策をとって植民地の自由な貿易や産業をおさえようとした。**問5・6**．植民地人は，**印紙法**に対する反対運動のスローガンとして，「**代表なくして課税なし**」と主張した。**問7**．1773年，**茶法**に反対した急進派の市民がボストン港に停泊していたイギリス東インド会社の船を襲い，茶箱を海中に投げ捨てる**ボストン茶会事件**が起こった。**問8．2**．1775年，**レキシントン**と**コンコード**でイギリス軍と植民地民兵とのあいだで武力衝突がおこり，アメリカ独立戦争の発端となった。**問9・10**．ペンシルヴェニア州の中心都市**フィラデルフィア**で，**トマス゠ジェファソン**らが独立宣言を発表した。**問11．2**．13植民地軍の総司令

官に任命されたのはワシントン。**3．武装中立同盟**はロシアの**エカチェリーナ2世**の提唱で，1780年に組織された。当時，イタリア半島は分立状態の時代で，イタリアと呼ばれる統一国家は存在していない。**4．ヨークタウン**の戦いでイギリス軍は敗北した。**5．奴隷解放宣言**は，南北戦争中の1863年に発表された。**問12．4**．独立宣言には，人民主権（主権在民）・人民の革命権（抵抗権）など，**ロック**の思想が反映されている。**問13**．1789年に国民議会で採択された**人権宣言**（人間および市民の権利の宣言）は，フランス革命の理念を表す文章。**問14．1**．イギリスは1783年の**パリ条約**で，アメリカの独立を認め，アメリカにミシシッピ川以東のルイジアナを割譲した。**問15．憲法制定会議**は，ワシントンを議長として，フィラデルフィアで開催された。**問16**．国家権力を立法・行政・司法に分ける**三権分立**は，近世では**モンテスキュー**によって体系化され，**アメリカ合衆国憲法**ではじめて成文化された。

40 フランス革命とナポレオン時代

解答 設問1．問1－b　問2．(1)－a
(2)－c　(3)－d　問3－d　問4－d
問5．(1)－b　(2)－c　(3)－d　(4)－a
問6－d　問7－d　問8－e
設問2．問1．(1)－b　(2)－d　問2－b
問3－b　問4－c　問5－b　問6－e

解説 設問1．**問1．a**．テュルゴーは**ギルド**を廃止した。**c**．ネッケルはスイス出身の銀行家。**d**．『第三身分とは何か』を執筆したのは**シェイエス**。**e**．テュルゴーとネッケルはフランス革命で処刑されていない。**問2**．(1)立法議会の成立は1791年，(2)ルイ16世の処刑は1793年，(3)テルミドール9日のクーデタは1794年。**問3．d**．パリ市民がバスティーユ牢獄を襲撃した7月14日は，**第三共和政期**に国民の祝祭日として制定された。**問4．ア**．国民議会は1789年8月4日に封建的特権の廃止を宣言した。一方，1789年11月以降に教会財産の国有化がおこなわれた。**イ**．封建地代の廃止は有償とされた。**問5**．人権宣言（人

間および市民の権利の宣言）の条文には，以下のように書かれている。

> 第1条. 人間は**自由**かつ権利において**平等**なものとして生まれ，また，存在する（後略）。
>
> 第2条.（前略）それらの権利とは，**自由・所有権・安全**および圧政への抵抗である。
>
> 第17条. **所有権**は神聖かつ不可侵の権利であるから…（中略）…それを奪われることはない。

問7. d. 立憲君主派にはミラボーやラ＝ファイエット，ジロンド派にはブリッソ，ジャコバン派（**山岳派**）にはダントン・マラー・ロベスピエールらの政治家がいた。**問8. e**. ジャコバン派政権は，**公安委員会を中心に徴兵制の導入・革命暦（共和暦）の制定・理性崇拝の宗教の創始**などを実施した。また，1791年にハイチでおこった黒人奴隷反乱に対応するため，94年に**黒人奴隷解放宣言**を決議した。**設問2. 問1.** 大陸封鎖令の発布は1806年，ロシア遠征は1812年。**問2. b**. イギリスは，**マイソール戦争**に勝利して南インドの支配を確立した。ベンガル地方の実質的な支配権獲得は，1757年の**プラッシーの戦い**に勝利してのこと。**問3. b**. ロゼッタ＝ストーンには，上段に神聖文字（ヒエログリフ），中段に民用文字（デモティック），下段に**ギリシア文字**が刻まれている。**問4. c**. 1801年にナポレオンと**宗教協約**（コンコルダート）を結んだ教皇はピウス7世。ナポレオンは，カトリック教会の復権を認めるかわりに，フランス革命政府が没収した教会領などを返還しないことを確認して和解した。**問5. b**. アウステルリッツは現在のチェコ南東部に位置する町。**問6. e**. 大陸封鎖令は1806年に**ベルリン**で発せられた。図中のほかの都市は，**a**がアムステルダム，**b**がミラノ，**c**がウィーン，**d**がワルシャワ。

41 ウィーン体制の成立とその崩壊

解答　問.

1	2	3	4	5	6	7	8	9	10
B	C	A	A	A	D	C	A	D	D

解説　問1. A. 農奴制の廃止は**シュタイン**が首相の時（1807年）。**C**. ナポレオンの圧力で首相を罷免されたのは**シュタイン**。**D**. ハルデンベルクは，**行政改革・農業改革**とともに**営業の自由化**も進めた。**問2. A**. フランス外相の**タレーラン**が正統主義を提唱した。**B**. ウィーン議定書で**ロシア**が，**フィンランド**をスウェーデンから獲得し，1812年にオスマン帝国から獲得していたベッサラビアの領有も認められた。**D**. **ケープ植民地**の領有権はオランダから**イギリス**に移った。**問3. A**. **ワーテルローの戦い**は，ナポレオン軍とイギリス・オランダ・プロイセン連合軍とのあいだでおこなわれた。なお，**ベルギー**は，1830年の七月革命の影響下にオランダから独立した。**問4. B**. **コルベール**はルイ14世に仕えた。**C**. ナントの王令では個人の信仰の自由が認められた。**D**. **フロンドの乱**はルイ14世の治世下でおこった。**問5. B**. **ドイツ連邦**の盟主は**オーストリア**。**C**. ドイツ連邦は1866年のプロイセン＝オーストリア（普墺）戦争の結果，最終的に解体した。**D**. **ライン同盟**は，プロイセン・オーストリアを除くほぼドイツ全土に拡大したが，1813年のライプツィヒの戦い（諸国民戦争）でナポレオン軍が敗れ，崩壊した。**問7. C**. 四国同盟の構成国は**イギリス・ロシア・オーストリア・プロイセン**。**問8. B**. カルボナリでの活動後，**マッツィーニ**は1831年に亡命地マルセイユで「**青年イタリア**」を結成した。**C**. 1820年のスペイン立憲革命は，復活したブルボン朝の支配に対しておこった。**D**. 1825年の**ニコライ1世**の即位に際して，**デカブリスト（十二月党員）の乱**がおきた。**問9. A**. ハイチ共和国は**フランス**から独立した。**B**. メキシコの独立運動は神父**イダルゴ**によって開始されたが，直後に彼は処刑され，のち別の神父に引

き継がれた。**C．アルゼンチンはサン＝マル
ティンの指導で独立した。**ホセ＝リサールは
フィリピンの独立運動家。**問10．　A．二月革
命**によって成立したのは**第二共和政。B．**二
月革命直後の臨時政府は共和主義者を中心に，
急進派と２名の社会主義者・労働者代表も参
加して構成された。**C．**臨時政府に入閣した
ルイ＝ブランは社会主義者。

42 【ウィーン体制とドイツ・イタリアの統一

解答　問．

1	2	3	4	5	6	7	8
④	②	①	③	②	③	②	④

9	10	11	12	13	14	15
①	①	④	④	②	④	③

解説　**問１．**　④ブルシェンシャフトは，自由
と統一を求めてイエナ大学で結成されたドイ
ツの大学生組合。なお，③「白いバラ」は，第
二次世界大戦中のドイツでおこなわれた，非
暴力主義の反ナチ抵抗運動。**問４．**　③1848年
５月から，ドイツ統一と憲法制定を求める目
的で**フランクフルト国民議会**が開催された。
問６．　③七月革命は共和主義者に率いられた
市民の蜂起で，ブルボン復古王政の打倒に成
功した。しかし，民衆のあいだにはフランス
革命期のジャコバン派による恐怖政治への否
定的感情が強く残っており，最終的な政体の
選択では共和派にかわって**立憲君主派**が主導
権を握った。**問７．**　②植民地生まれの白人で
地主階級の多い**クリオーリョ**は，スペイン王
室に優遇されるスペイン本国生まれの白人で
あるペニンスラールに不満をいだき，独立運
動を主導した。**問９．**　①オーストリア領南ネ
ーデルラント（ベルギー）は，ウィーン会議で
オランダ領とされていたが，七月革命の影響
下で武装蜂起して独立を宣言し，1831年に立
憲君主政が成立した。**問11．**　④アヘン戦争は，
イギリスが1840～42年に清とおこなった戦争。
ナポレオン３世は1852年の国民投票で皇帝と
なった。**問13．**　②イタリア王国は，**プロイセ
ン＝オーストリア（普墺）戦争**の際にプロイ
セン側で参戦し，オーストリアとの講和条約に
よって**ヴェネツィア**を獲得した。**問14．**　①東

プロイセンが飛び地となっている地図は，第
一次世界大戦後～第二次世界大戦勃発まで
（**ヴァイマル共和国～ナチス＝ドイツ時代**）の
ドイツの領域図。②1867年に成立した**北ドイ
ツ連邦**の領域図。ここにはバイエルンなど南
ドイツ４邦が加わっていない点から，③**ドイ
ツ帝国**（1871年成立）の領域図と異なることが
判別できる。④ベーメン・オーストリアを含
む一方，プロイセン王国下の東プロイセン地
域が除外されていることから，1815年成立の
ドイツ連邦の領域図。

43 【「諸国民の春」とイタリア統一

解答　問１．１－r　２－c　３－q
４－l　問２．Ⅰ－n　Ⅱ－a　Ⅲ－d
問３．A．両シチリア　B．サルデーニャ
C．カルボナリ　問４－ウ　問５．デカブリ
スト（十二月党員）の乱　問６－イ　問７－エ
問８．①－ク　②－オ
解説　**イタリア統一の歩み**

1820 ～21	**カルボナリの蜂起**（ナポリ・ピエモンテ）
1831	**マッツィーニが青年イタリア**結成
1848	サルデーニャ王国（国王カルロ＝アルベルト）の対オーストリア戦争
1849	**ローマ共和国の樹立・崩壊**
1855	**クリミア戦争に参戦**
1859	**イタリア統一戦争→ロンバルディア獲得**
1860	フランスに**サヴォイア・ニース割譲→中部イタリア併合**
同	青年イタリアのガリバルディが**両シチリア王国**を征服→サルデーニャ王に献上
1861	**イタリア王国**成立（国王ヴィットーリオ＝エマヌエーレ２世）
1866	プロイセン＝オーストリア（普墺）戦争にプロイセン側で参戦→**ヴェネツィア併合**
1870	プロイセン＝フランス（普仏）戦争（ドイツ＝フランス戦争）によるフランス軍撤退に乗じてローマ入城→**ローマ教皇領併合**

問4. **ウ**. 四国同盟は，ナポレオン打倒の中心となった**イギリス・ロシア・オーストリア・プロイセン**で結成された軍事的・政治的同盟で，1818年にフランスの加入が認められて五国同盟となった。問6. **ナポレオン3世**の第二帝政期におこなわれた軍事行動の開始年順は，クリミア戦争（1853〜56年）→アロー戦争（1856〜60年）→インドシナ出兵（1858〜67年）→メキシコ出兵（1861〜67年）となる。問7. **エ**. 1929年にローマ教皇とムッソリーニ政権が**ラテラノ（ラテラン）条約**を締結し，1870年以来の絶縁状態に終止符を打ち，イタリアは**ヴァチカン市国**の独立を認めた。問8. ②イタリアがフィウメの領有をめぐって争ったのは**セルブ＝クロアート＝スロヴェーン王国**で，同王国は1929年に**ユーゴスラヴィア王国**と改称した。

44 ▶ 19世紀後半のヨーロッパの国際的協力

解答 問1.

	①	②	③	④	⑤
	N	M	Q	B	D

問2.

（ア）	（イ）	（ウ）	（エ）	（オ）
C	A	E	A	E

解説 **問1**. ①**クリミア戦争**によって，ウィーン会議以降の列強体制の規制がゆるみ，ヨーロッパでは戦争が頻発するようになった。②国際郵便のため，1874年に万国郵便連合が設立された。④スイスのデュナンは，1859年のサルデーニャとオーストリアの戦争（イタリア統一戦争）で戦争犠牲者救援の活動をおこなった。その後，64年のジュネーヴ条約により**国際赤十字**を創設した。⑤**国際労働者協会**は，**第1インターナショナル**とも呼ばれる，1864年にロンドンで結成された国際的な労働者の組織。**問2**. **（ア）C**. 1878年，ロシアは**サン＝ステファノ条約**でブルガリアの領土拡大と**自国の保護下でのブルガリアの自治国化**を取り決め，エーゲ海への南下をいったん成功させた。これに反発したオーストリア・イギリスの意向を受けて，ビスマルクの調停のもと，**ベルリン条約**でブルガリアの領土縮小と**オスマン帝国下での自治国化**へと変更された。**（イ）A**. 1840年代に都市労働者の生活環

境に対して，上下水道の建設などが訴えられるなか，1848年にホイッグ党政権下で最初の公衆衛生法が制定された。**（ウ）E**. 保守党の**ディズレーリ**は，第2次内閣時代に**帝国主義政策**を開始した。その代表的なできごとが1875年の**スエズ運河会社株の買収**であり，全体の44％を獲得して会社の支配権を握った。**（エ）A**. **万国平和会議**は，オランダのハーグで開かれた国際会議。ロシア皇帝**ニコライ2世**の呼びかけで，1899年と1907年に開かれた。**（オ）E**. **常設国際司法裁判所**は，オランダのハーグに設置された国際連盟付属の機関。**A**. **国際通貨基金（IMF）**は国際連合の専門機関。**B**. 常設仲裁裁判所（PCA）は，1899年の第1回万国平和会議で採択され，ハーグに設置された機関。**C**. **世界貿易機関（WTO）**は自由貿易体制促進をはかるため，GATTを受け継いで1995年に設けられた国際機関。**D**. 世界食糧計画（WFP）は食料援助などをおこなう国際連合の補助機関。

45 ▶ 19世紀のラテンアメリカ諸国

解答 問1. A－b B－f C－h D－e

問2.

1	2	3	4	5	6
j	i	g	f	d	a

問3－ウ 問4－エ

問5. ア－g イ－f ウ－d エ－a

解説 **問1**. **B**. ペニンスラールと呼ばれるスペイン本国生まれの白人が，王室の優遇策のもとで植民地行政府の高官の多くを占め，植民地生まれの白人である**クリオーリョ**の不満をまねいた。**C**. ラテンアメリカでは，白人と先住民の混血は**メスティーソ**，白人と黒人の混血は**ムラート**と呼ばれた。**問2**. **1**. 1780年，スペインの支配に対して先住民族がペルーで反乱をおこした。その指導者がインカ帝国滅亡後の亡命政権最後の皇帝トゥパク＝アマルの末裔と称したため，この反乱はトゥパク＝アマルの反乱と呼ばれた。**2**. トゥサン＝ルヴェルチュールの獄死後，同志が独立運動をすすめ，1804年に初の黒人共和国として**ハイチ**が誕生した。**5**. イギリス外相

カニングは，産業革命の進展を背景に自国製品の市場開拓をめざして，ラテンアメリカ諸国の独立を支持した。**問3．ウ．**1820年の**ミズーリ協定**では，奴隷州としてミズーリの昇格を認めるとともに，以後，新州は北緯36度30分以北を**自由州**，以南を**奴隷州**と定めた。**問4．**自由主義運動を発生順に並べると，ブルシェンシャフトの結成（1815年）→カルボナリ指導によるナポリ・ピエモンテでの反乱とその鎮圧（1821年）→スペイン立憲革命の終結（1823年）→デカブリストの乱の発生（1825年）となる。**問5．エ．アメリカ＝メキシコ戦争**の勝利で合衆国が獲得した**カリフォルニア**は，直後に**ゴールドラッシュ**で人口が増え，1850年には自由州として州に昇格した。さらに53年，合衆国はアリゾナとニューメキシコの南端部をメキシコから購入した。

46 西部開拓と南北戦争

解答 問1－3 問2－3 問3．民主
問4．ホイッグ 問5．先住民強制移住
問6－3 問7－5 問8．共和 問9－4
問10－5 問11－2 問12－4 問13－2
問14－4 問15－2
問16．シェアクロッパー
問17．クー＝クラックス＝クラン（KKK）

解説 **問1．**古い順に並べると，**フロリダ買収**（1819年）→**カリフォルニア買収**（1848年）→**アラスカ買収**（1867年）となる。**問4．**アメリカのホイッグ党は，南部の反ジャクソン派と北部の企業家などを支持基盤とするグループが合同して結成された。党内の南北対立などで消滅したのち，1850年代に北部の有力派を中心に共和党が生まれた。**問5．**1830年に**ジャクソン大統領は先住民強制移住法**を制定し，先住民にミシシッピ川以西の保留地への移住を強制した。

問6．南北戦争期の南北の比較

北部	南部
商工業中心	大農園中心
保護関税貿易	自由貿易
奴隷制反対	奴隷制賛成
連邦主義	州権主義

共和党支持	民主党支持

問10．5．アメリカ連合国の首都となったのは，ヴァージニアの州都**リッチモンド**。**問12．4．**第1回万国博覧会開催は1851年。**1．**プロイセン＝オーストリア戦争は1866年。**2．**ロシアの農奴解放令は1861年。**3．**国際赤十字社の結社は1863年。**5．**スエズ運河完成は1869年。**問13．2．**世界産業労働者同盟（IWW）は，1905年にアメリカ合衆国の社会主義者が結成した急進的労働組合。**問14．4．コークス製鉄法**は，18世紀前半にイギリス人のダービー父子によって開発された。**問15．2．**1865年，憲法修正第13条で**奴隷制が正式に廃止**された。

47 ルネサンス～19世紀のヨーロッパ文化

解答 問.

1	2	3	4	5	6	7	8
④	③	②	④	②	③	④	②
9	10	11	12	13	14	15	
③	③	④	②	①	③	④	

解説 **問1．**④**ブルネレスキ**は，フィレンツェの**サンタ＝マリア大聖堂**の大円蓋を設計・完成させた。①**ジョット**はルネサンス絵画の先駆者。代表作は壁画「聖フランチェスコの生涯」。②**ドナテルロ**は，写実的な作風をもつルネサンス初期の彫刻家。③**ブラマンテ**は，サン＝ピエトロ大聖堂の最初の設計者。**問2．**③高い尖塔と尖頭アーチが特徴の建築様式は**ゴシック様式**。代表的建築物は，ノートルダム大聖堂(パリ)のほか，アミアン大聖堂，シャルトル大聖堂，ケルン大聖堂などがある。①**クリュニー修道院はロマネスク様式**の代表的建築物。②**サン＝ピエトロ大聖堂はルネサンス様式**の代表的建築。④**ピサ大聖堂はロマネスク様式**の代表的建築物。**問3．**①「ヴィーナスの誕生」はボッティチェリの作品。**問4．**②「誇張的表現，豪壮・華麗な芸術様式」は**バロック様式**の特徴。**問5．**④**ワトー**はフランスの**ロココ様式**の画家。**問6．**②**バッハ**がドイツの**バロック音楽**の作曲家。①**ハイドンは古典主義音楽**の基礎を築いたオーストリアの作曲家。③**ムリリョ**はスペインのバロック絵画を代表する画家。④**リスト**は

ハンガリーのロマン主義音楽の作曲家。
問7. ③モンテーニュは『エセー（随想録）』で
有名な16世紀フランスの人文主義者。**問8.**
②ゲーテは，青年期に疾風怒濤運動を牽引し，
晩年は友人のシラーとともに**ドイツ古典主義
文学**を大成させた作家。代表作に『**ファウス
ト**』がある。**問9.** ③**古典主義音楽**の完成者
の一人とみなされるのは，オーストリアの作
曲家**モーツァルト**。①**チャイコフスキー**は，
ロシアの民族的伝統と西欧近代音楽を融合し
た作曲家。②ベルリオーズはフランスのロマ
ン主義音楽の作曲家。④ワグナーはドイツの
ロマン主義音楽の作曲家で，楽劇を創始した。
問10. ③ショパンは「ピアノの詩人」とも呼ば
れる，ポーランドのロマン主義音楽の作曲家。
問11. ③ダヴィドはフランスの古典主義絵画
を代表する画家。代表作に「ナポレオンの戴
冠式」がある。**問12.** ②ディケンズはイギリ
スの写実主義作家。**問13.** ①「近代演劇の父」
と称される自然主義劇作家・詩人はスウェー
デンの**イプセン**。代表作『人形の家』は，女性
解放劇としても評価されている。②トゥルゲ
ーネフはロシアの写実主義作家。③ドストエ
フスキーはロシアの作家で，写実主義から出
発し，のちに人間の魂の救済をめざす小説
を著した。④トルストイはロシアの作家で，
写実主義と人道主義の融合をめざし，晩年，
すべての戦争への反対と無抵抗主義を含む独
自の宗教観をとなえた。**問14.** ③ブリューゲ
ルはルネサンス期のフランドルの画家で，
「農民の踊り」など農民の素朴な生活や風俗を
描いた。①クールベは「石割り」などを描いた，
フランス**写実主義**の画家。②ドーミエは風刺
画を多く残した，フランス写実主義の版画
家・画家。④ミレーは「落ち穂拾い」「晩鐘」な
どで，働く農民を描いたフランス**自然主義**の
画家。**問15.** 下線部(11)は**「印象派」**の説明。④
ロダンは人間の内面性を追求し，苦悩や官能
を力強く表現したフランスの彫刻家。なお，
①のマネは，同時代の印象派の画家たちを支
援して「印象派の父」とも呼ばれるが，自身は
独自の画風で，一度も印象派展に参加してお
らず，①も「誤り」と解答できる。

48 ムハンマド＝アリー時代のエジプト

解答 問1.

1	2	3	4	5	6	7	8	9	10	11
c	w	s	p	t	x	i	r	g	q	m

問2．(A)ブリュメール18日のクーデタ
(B)シャンポリオン　(C)南北戦争　(D)メッカ，
メディナ〔順不同〕　(E)①マフディー
②ゴードン　(F)バイロン　(G)東方問題

解説 問1. **1.** **ムハンマド＝アリー**は，マ
ケドニア地域生まれのアルバニア人といわれ
ている。**5.** オスマン帝国が衰えはじめると，
エジプトでは旧勢力の**マムルーク**たちが実権
を握った。**9.** ギリシア独立戦争時，オスマ
ン帝国からの要請で，エジプト軍は1823年に
ギリシア南方の**クレタ島**を占領した。**11.** ム
ハンマド＝アリーは，ギリシア独立戦争の際
の支援の代償として，シリアの領有権を要求
した。問2．(C)**南北戦争**の影響でアメリカ産
綿花の輸出が激減すると，エジプトでは綿花
の栽培が増加し，イギリス市場へ大量に輸出
されるようになった。なお，南北戦争終了で
アメリカ産綿花が国際市場に復活すると，エ
ジプトは大きな打撃を受け，財政悪化の一因
となった。(E)①神が遣わしたとされるイスラ
ームの救世主は，アラビア語で**マフディー**。
19世紀末の**スーダン**では，ムハンマド＝アフ
マドがマフディーを名乗り，イギリス・エジ
プト連合軍と戦った（**マフディー運動**）。(E)②
ゴードンは，中国での太平天国との戦いで**常
勝軍**を率いた。その後スーダンに派遣された
が，マフディー軍との戦いのなか，1885年に
ハルツームで戦死した。(G)1820年代のギリシ
ア独立戦争から70年代のロシア＝トルコ戦争
までの，オスマン帝国領を舞台として展開さ
れたヨーロッパ諸列強による外交的干渉は，
「**東方問題**」と呼ばれる。

49 ロシア・オスマン帝国の近代化政策

解答 問.

1	2	3	4	5	6	7	8
④	③	②	①	①	③	④	①

9	10	11	12	13	14	15	16
②	④	①	②	④	③	④	①

解説 問2．③農奴解放令によるロシアでの「上からの改革」に乗じて，1863～64年にポーランドで独立をめざす蜂起がおきたが，弾圧された。問4．①1699年の**カルロヴィッツ条約**によるハンガリーなどの割譲で，オスマン帝国は東欧(ドナウ川地域)での覇権を失った。なおオーストリアは，ハンガリーを獲得したことで，「ドナウ帝国」とも呼ばれる東欧の強国として勢力を回復した。問7．④大規模な西欧化改革である**タンジマート**によって，オスマン帝国は，伝統的なイスラーム国家から法治主義にもとづく近代国家へと体制を改めた。問8．③1908年に「統一と進歩団」の要求・活動(青年トルコ革命)により**ミドハト憲法**が復活した。問9．②1853年ロシアの**ニコライ1世**は，オスマン帝国内の「正教徒の保護」を理由に**クリミア戦争**を開始した。背景には聖地イェルサレムの管理権問題があった。イェルサレムは16世紀以降，ローマ教会の保護者としてのフランス王の管理下にあったが，フランス革命の時，正教徒がロシアの支持を得て管理権を握った。第二帝政開始後，フランスのナポレオン3世が，オスマン帝国に圧力をかけて聖地管理権を回復すると，ロシアはこれを阻止しようとして戦争になった。問11．①**ウィーン体制**は，ウィーン会議の原則として採用された**正統主義**を特徴とする国際体制。なお，列強の協議によって勢力均衡と平和を維持する仕組みから，「列強体制」とも呼ばれる。問12．a．1861年の**農奴解放令**では，農地の分与は個人単位で有償とされた。しかし，多くの農民は十分な買い戻し金をもっていなかったため，分与予定地は買い戻し金の支払い完了まで農村共同体(ミール)のもとにおかれた。b．ソ連で1920年代に設立された国営農場(ソフホーズ)の説明。問13．④ナロードニキの一部は，農民を啓蒙して，農村共同体を基盤とする新社会(社会主義的社会)の建設をめざした。問14．a．オーストリア帝国の成立は神聖ローマ帝国消滅前の1804年。b．オーストリア継承戦争は1740～

48年。c．オーストリア＝ハンガリー二重帝国の成立は1867年。問15．**ミドハト憲法**は，帝国内のムスリムと非ムスリムおよび全住民の平等を認める**オスマン主義**に立っていた。したがってa・bとも誤り。問16．①空欄**ア・イ**を含むこの文章は，1878年のベルリン会議を説明したもの。

50 イギリスのインド支配関連史

解答 設問．
1	2	3	4	5	6	7	8
イ	ニ	ロ	ハ	ニ	ニ	ロ	ハ

解説 設問1．ロ．**アクバル**はデリーから**アグラ**へ遷都した。ハ．アクバルはイスラームとヒンドゥーなど諸宗教の融合をはかった。ニ．ティマール制はオスマン帝国の軍事封土制度。設問2．イ．**ファルツ戦争**(アウクスブルク同盟戦争)はルイ14世がおこした戦争。ロ．フランスは**ユトレヒト条約**でニューファンドランドなど北米植民地を失った。ハ．**オーストリア継承戦争**でプロイセンはフランスと同盟を結んだ。設問3．ロ．**ザミンダーリ一制**は，イギリスがベンガル地方を中心に導入した，現地のザミンダール(在地領主層)に広大な領域の土地所有権を与え，永代定額の地税納入の義務を負わせた制度。設問4．イ．**オランダ東インド会社**は1799年に解散している。**強制栽培制度**は，1830年よりオランダ領東インド総督ファン＝デン＝ボスがジャワ島を中心に実施した経済政策。ロ．北アメリカ南部のプランテーションでは，17世紀末頃から米・タバコ・藍などが，19世紀以降は綿花が中心的な作物だった。ニ．青年期の**ガンディー**がインド人の権利保護活動をおこなったのは**南アフリカ**。設問5．ニ．**ヴィクトリア女王**の即位は1837年。穀物法廃止は1846年。イ．審査法廃止は1828年。ロ．奴隷貿易禁止法施行は1807年。ハ．団結禁止法廃止は1824年。設問6．ニ．日本は**日露戦争**後，ポーツマス条約でロシアから東清鉄道支線の長春～旅順間の利権を獲得し，南満州鉄道株式会社を設立し，鉄道とその沿線を経営した。設問7．イ．インドネシアでは，イスラーム教徒の**イスラーム同盟**(サレカット＝イスラ

ーム）が，オランダからの独立運動を主導した。ハ．**ベトナム光復会**は，**ファン＝ボイ＝チャウ**が中国の**広東**で組織した反仏秘密結社。ニ．**イラン立憲革命**（1906年）は，イギリスとロシアの干渉で挫折した（1911年）。設問8．古い順に，**ローラット法**の制定（1919年3月）→アムリットサールでの虐殺事件（1919年4月）→**塩の行進**（1930年），1935年インド統治法（新インド統治法）の制定（1935年）。

51)【東南アジアの植民地化】

解答 問.

1	2	3	4	5	6	7	8	9
c	b	d	b	b	a	d	d	d

10	11	12	13	14	15	16	17	18
a	c	c	c	b	b	d	d	c

解説 **問3．d**．14世紀末頃マレー半島南西部に成立した**マラッカ（ムラカ）王国**は，15世紀中頃には港市である**マラッカ**を中心に東南アジアの貿易拠点として繁栄したが，1511年に**ポルトガル**に占領された。なお，この地はその後，1641年には**オランダ**，1824年からは**イギリス**の植民地となった。**問4・5．b**．ポルトガルの航海者**マゼラン**（マガリャンイス）は，**b**．スペインのカルロス1世の支援を受けて1519年に出発し，西回り航路で21年にフィリピンに到達したが，現地での抗争でマクタン島首長ラプラプに殺された。しかし彼の部下が22年にスペインに帰国し，史上最初の**世界周航**が達成され，大地が球形であることも証明された。**問9．d**．自動車のタイヤなどでゴムの需要が高まると，19世紀末にイギリスがゴムの苗をブラジルからマレー半島に持ち込んだ。20世紀にマレー半島でゴムのプランテーションが盛んになると，労働力として南インドからの**タミル人**が活用された。**問10．a**．工業原料として錫の需要が急増したため，イギリスはマレー半島で錫鉱床の開発を進めた。労働力不足を補うため，広東や福建から**苦力（クーリー）**と呼ばれた多数の**中国人**がマレー半島に移民した。**問11**．16世紀以降，ベトナムは**c**．黎朝の名目的な支配のもとで政治勢力が南北に分裂していた。なお，

選択肢を含めたおもなベトナムの支配者の変遷は，**a**．李朝（11〜13世紀）→**b**．陳朝（13〜14世紀）→明の支配（1407〜27年）→黎朝（15〜18世紀）→西山政権（1778〜1802年）→**d**．阮朝（1802〜1945年）。**問12・13．c．阮福暎**は，西山の勢力に滅ぼされた広南王国阮氏の生き残りで，**c**．フランス人宣教師ピニョーが本国からつれてきた義勇兵やタイ・ラオスなどの援助を受け，西山政権を倒して1802年に全土を統一し，**阮朝**を建てた。**問14．b**．19世紀半ばにフランスは，カトリック教徒への迫害を理由にベトナムに軍事介入しはじめ，ベトナム南部を支配下に入れた。さらに領土拡大をはかるフランスに対し，太平天国滅亡後にベトナムに亡命して阮朝に帰順した**劉永福**は，**黒旗軍**を率いてベトナム北部を拠点にフランスに抵抗した。しかし，それを口実にフランスは北部に進出し，1883年のユエ条約によりベトナム北部と中部を支配下においた。**問16．d**．ベトナムの植民地化に成功したフランスは，1863年以来保護国としてきた**カンボジア**とあわせて，87年に**フランス領インドシナ連邦**を成立させ，99年には**ラオス**も編入した。**問17．d**．イギリスは1826年にペナン・マラッカ・シンガポールからなる**海峡植民地**を成立させ，1867年に直轄植民地とした。**問18**．**オランダ**は，1624年に**台湾**，1641年に**マラッカ**，1658年には**セイロン島**を占領した。**c**．ミクロネシアの**マーシャル諸島**は，16世紀にスペイン人が領有を宣言するも実質的統治はなされず，19世紀に**ドイツ**が買収して保護領とした。

52)【アヘン戦争〜辛亥革命期の中国】

解答 問.

(1)	(2)	(3)	(4)	(5)	(6)	(7)	(8)	(9)	(10)
①	③	①	①	③	②	④	②	③	①

解説 **(3)アヘン戦争**でイギリスに敗れた清朝は，**南京条約**で**上海・寧波・福州・厦門・広州**の5港の開港と領事の駐在を承認した。①寧波は唐代には明州と呼ばれていた。**(4)**南京条約後に清朝は，アメリカと①**望厦条約**，フランスと③**黄埔条約**を結んだ。**(5)**①〜④はい

ずれもイエズス会宣教師。**円明園**の設計には清代に③**カスティリオーネ**が関わった。①**アダム＝シャール**は明末に徐光啓とともに『**崇禎暦書**』を作成，②**マテオ＝リッチ**は明代に漢訳世界地図である「**坤輿万国全図**」を刊行，④**フェルビースト**は清代の三藩の乱に際し多くの**大砲**を鋳造したことで知られる。⑹②**淮軍**を組織したのは李鴻章。淮軍は太平天国滅亡後も活動を続けた捻軍（塩の密売や盗賊行為を働く集団が農民を巻き込んだ反乱軍）を鎮圧した。①**湘軍**を組織したのは**曾国藩**で，太平天国鎮圧の主力として，1864年に**天京**（南京）を攻略した。⑺**新**（8〜23年）を建てたのは④**王莽**。①劉秀は後漢（25〜220年）の建国者，②司馬懿は三国時代の蜀の宰相である諸葛亮と争った魏の軍人・政治家，③劉備は蜀（221〜263年）の建国者でその初代皇帝。⑼ドイツが清朝より租借したのは③**膠州湾**。①広州湾はフランス，②威海衛と④九竜半島はイギリスが租借した。⑽①**中国同盟会**は，1905年に東京で設立された政治結社で，孫文らの④興中会，章炳麟らの光復会，黄興・宋教仁らの華興会などの革命諸団体が結集したもの。

53 ▌19世紀後半〜辛亥革命期の中国・朝鮮

解答 問1．1．淮 2．北洋 3．西太后 4．宣統 5．大総統 問2．大院君 問3．金玉均らの開化派は，日本と結び，清からの独立や近代化など急進的な改革を進めようとした。閔氏らの事大党は，清との関係を維持して政権の維持をはかりつつ，漸進的な改革をおこなおうとした。 問4．科挙の廃止，憲法大綱の発布（または国会開設の公約，学校の設立，新軍創設など） 問5．中国の主権を無視するものとしてはじめは拒否したが，軍事力を背景にした日本の圧力のもとに，主要な要求を承認した。

解説 問1．2．**北洋軍**は，北洋大臣を兼ねた**袁世凱**が，義和団事件後に李鴻章からその基盤を継承した軍を増強・私兵化した新軍の呼称。問2．高宗の実父である**大院君**は，高宗の親政が始まると王妃閔氏の一族に権力を奪われた。閔氏一族の専横に対して軍人たちが漢城で反乱（**壬午軍乱**）をおこすと，この反乱に乗じて大院君が政権についたが，介入した清軍に抑留された。**問3．** 金玉均を中心とする開化派（独立党）は，日本と結んで清から独立し，朝鮮の近代化を進めようとしたグループ。閔氏政権は事大党と呼ばれ，清の支持のもとで日本に対抗して政権を維持しようとしたグループ。**問5．** 日本の**大隈重信**内閣は，第一次世界大戦中の1915年の**二十一カ条の要求**で，中国の袁世凱政府に対して山東省のドイツ権益の譲渡のほか，日本人の政治・財政顧問の招聘など屈辱的な内容を要求した。最終的に袁世凱政府の抵抗などで内容は変更された。この要求は中国の民族運動を高揚させ，欧米諸国に日本への警戒心をいだかせた。

第13章 帝国主義とアジアの民族運動

54 ▌19世紀後半の世界各地の動向

解答 問1．（a）ゴードン （b）洪秀全 （c）ムハンマド＝アフマド （d）グラッドストン

問2．⑴2→3→5→4 ⑵ア−1 イ−2 ウ−2

問3．⑴アヘン吸飲・纏足・辮髪を廃止し，天朝田畝制度による土地均分化を掲げた。（35字）

⑵ア−8 イ−3 問4−2

問5．1858年にイギリスは，ムガル皇帝を廃し，東インド会社を解散させ，インドを間接統治から直接統治に移行させた。また従来の藩王国とりつぶしなどの強圧的政策から，宗教・カースト・地域の違いを利用して，インド人同士の対立をつくり出す分割統治に転換した。（120字）

問6．最初に占拠した国が領有するという先占権と，治安維持を義務とする実効支配の原則。（39字）

問7．⑴ア−3 イ−2 a−1 b−4 c−3 d−7 ⑵a−6 β−1

問8−2

問9．(1)－2　(2)a－7　b－5　c－6
d－8　e－3

解説 **問1．** (d)自由党の**グラッドストン**は４次にわたり首相をつとめ，1882年に**エジプトを事実上保護国化**している。**問2．** (1)ヴィクトリア朝期は1837〜1901年。カトリック教徒解放法制定は1829年なので除外。残る四つの出来事を年代順に並べると，1846年の穀物法廃止→1851年の第１回万国博覧会開催→1871年の労働組合法制定→1884年の第３回選挙法改正となる。**問3．** (1)「太平天国が掲げた政策」なので，提唱だけで終わっているが，**天朝田畝制度**も指摘する。(2)ア．**洪秀全**が挙兵したのは**8**．江西省金田村。イ．太平天国は**3**．南京を占領して**天京**と改称した。**問4．** **2**．八旗は，当初の満州人による**満州八旗**のほか，中国入関前に，モンゴル人による**蒙古八旗**，漢人による**漢軍八旗**が編制されていた。**問5．** イギリスのインド統治方法は，①インド大反乱発生までは**東インド会社**による強圧的な間接統治，②1858年の東インド会社解散後は**イギリス政府**による直接統治と分割統治，③1877年のヴィクトリア女王の皇帝即位による**インド帝国**の成立(分割統治は継承)と推移した。分割統治体制は，イギリス政府の直轄領と，藩王に一定の自治が認められた多くの**藩王国**からなっていた。**問6．** 実効支配とは，植民地として支配する国が，その地域でのヨーロッパ人の安全や商業活動を保障できることが原則。**問7．** (2)a．ファショダは現在の南スーダン共和国に位置する。**問8．** **2**．ムハンマド＝アリーは，ギリシア独立戦争ではオスマン帝国側に立ち参戦した。**問9．** (1)**2**．**タバコ＝ボイコット運動**は，シーア派ウラマーの主導のもとで展開され，民衆は利権の撤廃に成功した。ただし，カージャール朝は軍人レザー＝ハーンによって1925年に滅亡した。(2)a．**ラサール**は1860年代に全ドイツ労働者協会を創設し，大衆的な労働運動を指導した。b．**ベーベル**はマルクス主義にもとづき，1860年代末に社会民主労働党を創設した。c．議会主義的改革をめざす**ベルンシュタイン**らの考え方は，マルクス主

義の「正統」を自認する人たちから**修正主義**と批判された。d．スパルタクス団とドイツ共産党の創設者で，ドイツ革命中の1919年に殺害された指導者は，**ローザ＝ルクセンブルク**とカール＝リープクネヒト。e．イギリスの**フェビアン協会**の中心人物は，理論的指導者のウェッブ夫妻や劇作家のバーナード＝ショー。

55 帝国主義時代の列強による併合

解答

(1)	(2)	(3)	(4)	(5)	(6)	(7)	(8)	(9)	(10)
①	④	④	②	④	④	②	①	③	④

解説 (1)①**琉球王国**は，明が開始した海禁政策下，東シナ海と南シナ海を結ぶ交易の要衝として繁栄した。16世紀に明の海禁緩和とポルトガルの参入で朝貢による中継貿易が衰退すると，1609年に薩摩藩島津氏の侵攻を受け，琉球は**日本と中国に両属**することとなった。(2)④日本は1872年に琉球藩を設置し，74年の琉球漁民殺害事件による台湾出兵を機に支配権を確認，79年には琉球藩を廃して沖縄県を設置した。こうした一連の出来事を**琉球処分**と呼ぶ。(3)④ペリーは，1854年３月に江戸幕府と神奈川条約を締結したのち，帰路琉球へと向かい，琉球政府とのあいだで琉米修好条約を締結して，薪水の供給，交易の自由化，外国人墓地の保護などを認めさせた。(4)②ハワイ王国は1893年の親アメリカ系市民のクーデタで滅亡した。この時退位をよぎなくされたのが女王**リリウオカラニ**。(6)④共和党出身の第26代大統領**セオドア＝ローズヴェルト**は，「**棍棒外交**」と呼ばれる，武力を背景とした強圧的なカリブ海政策を推進した。(9)③**義和団事件**(1900〜01年)の時期，イギリスは**南アフリカ戦争**(1899〜1902年)をおこなっていたため，東アジアで兵力を増員することができず，「光栄ある孤立」を捨てて，1902年に日本と**日英同盟**を締結した。(10)④韓国皇帝の高宗が，1907年にオランダのハーグで開かれた第２回万国平和会議に密使を送った(**ハーグ密使事件**)。

56 アメリカ合衆国の拡大とメキシコ革命

解答 設問1．1．カニング　2．キューバ
3．セオドア＝ローズヴェルト　4．マデロ
5．サパタ
設問2．あ－②　い－①　う－②
設問3．モノカルチャー
設問4．あ－①　い－②　う－①
設問5－①・③・④
設問6．「棍棒外交」　設問7．フアレス

解説 設問1．4．1910年の大統領選挙後，開票不正を訴えた**マデロ**が独裁者ディアス打倒を呼びかけ，**メキシコ革命**が始まった。
5．マデロの呼びかけに呼応して，メキシコ南部で**サパタ**が農民軍を組織して革命に加わり，土地改革を要求した。設問2．モンロー宣言（教書）は，ヨーロッパ諸国へ西半球（アメリカ大陸）に対する**非植民地主義**と**非干渉主義**を呼びかけるとともに，ヨーロッパの国内問題に対する合衆国の**不干渉主義**を表明した。**あ**．当時ラテンアメリカ諸国でおこなわれていたのはクリオーリョの指導による独立運動であり，労働運動は生まれていない。**い**．これは上記の原則に一致。**う**．**アメリカ合衆国**は上院の反対で国際連盟には参加していない。設問3．イギリスなどが進出先の様々な領地でおこなったプランテーション経営のうち，「特定の農産物や鉱産物を生産（そして輸出）させた経済構造」は，一般に**モノカルチャー**と呼ばれる。設問4．**あ・う**．17世紀以降にスペインの植民地で展開された大土地所有制（大農園）は**アシエンダ制**と呼ばれる。**い**．「キリスト教に改宗させることを条件に先住民を奴隷的労働者として使用することを認めた」のは，16世紀に国王がスペイン人植民者に認めた**エンコミエンダ制**の説明。設問5．アメリカ＝スペイン（米西）戦争の結果，合衆国はカリブ海で④プエルトリコ，太平洋で③フィリピン・①グアムを獲得した。設問7．メキシコでは1850年代から先住民出身の大統領**フアレス**が，土地改革を断行し，保守派の政府と戦った。そのためメキシコは内戦状態となり，この混乱に乗じて，ナポレオン3世が外債の利子未払い問題を理由にメキシコ出兵をおこなった。

57 仇教運動と義和団事件

解答

(1)	(2)	(3)	(4)	(5)	(6)	(7)	(8)	(9)	(10)
④	②	④	①	③	④	②	②	④	③

解説 (2)②第2次アヘン戦争（アロー戦争）によりイギリス・フランスは1858年に**天津条約**を結んだが，翌年，批准書交換使節の入京を清軍が武力で阻止したことを機に北京を占領し，60年に**北京条約**を結んだ。(4)(5)①ドイツは，1897年に宣教師殺害事件を口実に③**膠州湾**を占領し，98年に期限99カ年で租借した。(7)②義和団が掲げたスローガンは，「清を扶けて，洋（外国）を滅ぼす」という意味の「**扶清滅洋**」。①「経世致用」は，おもに明末清初の儒学において現れた，学問は現実の社会問題を改革するために用いるべきとするスローガン。③「滅満興漢」は，**太平天国**が掲げた清朝打倒と漢民族国家の復興をめざすスローガン。④「反清復明」は，清の中国支配に対して明の再興をめざした鄭成功らが掲げたスローガン。(8)②義和団事件の際に，在留外国人の保護を名目として，**日本・ロシア**を中心にイギリス・フランス・アメリカ合衆国・ドイツ・オーストリア・イタリアの8カ国が共同で出兵した。

58 19世紀後半～20世紀前半の中国・朝鮮

解答

(1)	(2)	(3)	(4)	(5)	(6)	(7)	(8)	(9)
b	a	b	c	a	c	a	a	c

設問A．北京議定書（辛丑和約）
設問B．大隈重信

解説 (1)②ドイツが租借したのは山東半島南西岸の**膠州湾**。広東省西端の**広州湾**はフランスの租借地。(2)**a**．1860年頃から始まった**洋務運動**の説明。(3)**a**．**孫文**は，1895年の広州蜂起の失敗後や，1913年の第二革命の失敗後，日本に亡命した。**c**．**梁啓超**は，戊戌の政変により変法派が弾圧されると日本に亡命した。**d**．**魯迅**は，1902年に官費留学生として仙台医学専門学校（現・東北大学医学部）で医学を

学んだ。(4) **a**．「蒼天已死」は，後漢末に黄巾の乱を指導した，太平道の張角が用いたスローガン。「蒼天(漢)已に死す。黄天(黄巾)当に立つべし」ととなえ，184年に蜂起した。(5) **b**．韓国の軍隊の解散は1907年の**第3次日韓協約**による。**c**．朝鮮民衆による反日武装闘争は**義兵闘争**。**d**．**江華島**での武力衝突により日朝修好条規を認めさせた。(7) **a**．1897年の大韓帝国への改称で，朝鮮国王の高宗が皇帝を称した。(8)できごとを古い順に並べると，四川暴動(1911年9月)→武昌蜂起(1911年10月)→孫文の臨時大総統就任(1912年1月)→宣統帝退位(1912年2月)。

第14章　二つの世界大戦

59　第一次世界大戦

解答　**A**．**イ**．イタリア　**ロ**．三国協商　**ハ**．ベルギー　**ニ**．マルヌ　**ホ**．ヴェルダン　**ヘ**．総力戦　**ト**．ペトログラード　**チ**．レーニン　**リ**．ブレスト＝リトフスク　**ヌ**．ヴィルヘルム2世　**ル**．ヴェルサイユ　**ヲ**．アルザス・ロレーヌ

B．1－d　2－c　3－b　4．サイクス・ピコ協定　5－b　6．ケレンスキー　7－a　8－b　9．キール　10－b　11－a　12－d　13．サダト

解説　**A**．**イ**．1881年のフランスによるチュニジアの保護国化に反発した**イタリア**がドイツに接近し，翌82年に**三国同盟**が結成された。**ヲ**．1870～71年に起きたプロイセン＝フランス(普仏)戦争(ドイツ＝フランス戦争)の結果，ドイツがフランスから**アルザス・ロレーヌ地方**を獲得していた。**B**．**1**．**d**．南スラヴ人に属する**セルビア人**は，領土拡大をめざすオーストリアと対立を深め，スラヴ系諸民族の統一と連帯をめざす**パン＝スラヴ主義**を支持した。**2**．**c**．ロシアのあと押しで1912年に，セルビア・ブルガリア・モンテネグロ・ギリシアが**バルカン同盟**を結成した。**5**．**b**．前イギリス首相**チャーチル**が，1946年にアメリカでおこなった演説で，バルト海のシュテッティンからアドリア海のトリエステを結ぶラ

インを境にソ連が勢力圏をつくっていると，非難を込めて「**鉄のカーテン**」と表現した。**6**．臨時政府の改組で，1917年7月から社会革命党右派の**ケレンスキー**が首相となった。**7**．**a**．1910年からの**メキシコ革命**に際し，自由主義者マデロの武装蜂起に呼応して，**サパタ**は南部地域で農民軍を組織して農民革命を指導した。**10**．**b**．1920年の連合国とオスマン帝国間のセーヴル条約で，**シリア**はフランスの委任統治領，**イラク・トランスヨルダン・パレスチナはイギリス**の委任統治領となった。**12**．**d**．イギリスでは1918年の**第4回選挙法改正**で，はじめて30歳以上の女性に選挙権が与えられた。

60　ロシア革命とその後のソ連

解答　**問1**．

1	2	3	4	5	6	7	8	9
20	10	19	5	18	16	13	8	7

問2．①－12　②－15

問3．

①	②	③	④	⑤
14	10	6	20	2

問4．①－3　②－1

問5．①－8　②－18　③－19　④－4

問6－11

問7．①－3　②－18　③－1　④－15

問8－(ウ)　**問9**－(エ)　**問10**－12

解説　**問1**．**1・2・3**．1917年の**ロシア二月革命**によるロマノフ朝の滅亡後，**立憲民主党**を中心に，**社会革命党**，メンシェヴィキの代表も加わって**臨時政府**が成立した。**4**．社会革命党右派のケレンスキーは，二月革命後に臨時政府に入閣し，1917年7月の改組で首相となった。第一次世界大戦の継続に専心したが，十月革命で失脚して亡命した。**6**．内戦と諸外国による干渉戦争による危機に対処するため，ボリシェヴィキ政権は**戦時共産主義**を実施した。**7**．内戦がほぼ終了した1921年からレーニンは，穀物徴発の廃止，小規模の私企業や小農の自由経営を認める**新経済政策(ネップ)**に政策を転換した。**8**．土地・家畜・農具を共有することで農場の共同経営化をはかった集団農場は**コルホーズ**。他方，農

民が賃金農業労働者となった国営農場を**ソフ ホーズ**という。**問2.** ① ②ロマノフ朝の**ピョートル1世**は，スウェーデンとの北方戦争で獲得した土地に**ペテルブルク**を建設し，1712年にモスクワから遷都した。1914年に第一次世界大戦が始まると，同市はロシア語風に**ペトログラード**と改められ，さらにソヴィエト連邦が成立すると，24年に**レニングラード**と改称された。しかし，91年にソ連が崩壊すると，ペテルブルクに戻された。**問7.** ①イギリスは，1924年に成立した労働党政権のもとで正式にソ連との国交を樹立した。②第一次世界大戦後，国際的に孤立するドイツは，1922年にラパロ条約を締結してソヴィエト政権を承認した。③主要国で最後にソ連を承認したのは，1933年のアメリカ合衆国。④合衆国は，恐慌克服をはかる**フランクリン=ローズヴェルト**大統領がソ連を市場として期待したことと，ドイツでのナチ党の台頭を警戒したことを背景に，ソ連を承認した。

61 1920年代の欧米諸国

解答

問1.

1	2	3	4	5	6	7
16	5	12	3	19	18	7(10)

問2.

A	B	C	D	E	F
2	10	11	1	8	14

問3 - c　問4 - d

問5.

ア	イ	ウ	エ	オ
2	3	7	6	4

問6 - b　問7 - b

問8. ア - 3　イ - 6　ウ - 7

問9 - d　問10 - c

解説 **問1. ⑤**建国以来，アメリカの支配的な地位にいるとみなされた人々を，白人・アングロ=サクソン系・プロテスタントの頭文字の略称である **WASP(ワスプ)** と呼んだ。**⑥**第一次世界大戦後，孤立主義と保守的風潮が高まったアメリカで，人種差別的な秘密結社**クー=クラックス=クラン(KKK)** が復活し，勢力を拡大した。**⑦**この設問は二つの解答が考えられる。一つは，「1918年に行われた総選挙」を，イギリスで12月に実施されたものと解釈すれば，戦後に成立したのがロイ

ド=ジョージ内閣であることから「7. 自由」となる。もう一つは，「1918年に行われた総選挙」をアイルランドで実施されたものと解釈すると，「10. シン=フェイン党」となる。**問2. C.** このときポーランドに編入された地域を，その後ドイツはポーランド回廊と呼んだ。**問3. c. 十四カ条**では，「植民地問題の公正な解決」の際に，植民地の権利だけではなく，植民地をもつ国の権利にも考慮すべきであると規定されており，民族自決に反する内容も含まれていた。**問4. d.** 「**民族自決**」とは，各民族がみずからの意思でその帰属などを決定するべきとの主張であったが，民族自決の原則は東ヨーロッパに限定され，**アジア・アフリカには適用されず**，現地の人々を失望させた。**問5. ア.** 連合国とオーストリアの講和条約が**サン=ジェルマン条約**であり，領内からチェコスロヴァキア・セルブ=クロアート=スロヴェーン王国(ユーゴスラヴィア)・ハンガリー・ポーランドが独立した。**イ.** チェコスロヴァキア共和国の初代大統領マサリクは，国内の民主化・少数民族問題の解決・経済の発展などに尽力した。**ウ.** セルブ=クロアート=スロヴェーン王国は，1929年にアレクサンダル国王が「南スラヴ」の民族意識による国家統合をめざして**ユーゴスラヴィア**と改称した。**エ.** ポーランドは独立後に**ピウスツキ**を元首とする共和国となり，1920年にはウクライナに侵入してソヴィエト=ロシアと**ポーランド=ソヴィエト戦争**(〜21年)をおこして領土を拡大した。**問6. a.** 国際連盟の**非常任理事国**は，設立当初4カ国で，22年に6カ国，26年から9カ国となった。**c. 理事会**は国際連盟の執行機関。最高決議機関は**総会**であり，全加盟国の代表により構成されている。**d.** 紛争について裁定する権限をもつのは**常設国際司法裁判所**。**問7. a. ワシントン海軍軍備制限条約**は，アメリカ・イギリス・日本・フランス・イタリアの五国で調印された。**c.** フランスとポーランド間の相互援助条約は，1925年のロカルノ条約締結の際に両国の軍事援助条約として調印されていた。**d. 九カ国条約**は，

アメリカの主張にもとづき，中国の主権と独立の尊重，領土保全，門戸開放，機会均等の原則を約し，日本の特殊権益を実質的に否定した。しかし，当事国である中国の主張は無視され，外国軍の撤退や関税自主権の回復などは認められなかった。**問9.** **a**．ワイオミング州など，州によっては第一次世界大戦以前に女性参政権が認められていた。**b**．アメリカの女性参政権運動の端緒とされる，ニューヨーク州セネカ＝フォールズで開催された会議は1848年におこなわれた。**c**．国際連盟では，女性差別に対する法的措置は決定されていない。ちなみに，国際連合では，1979年の第34回の総会で，女性差別撤廃条約が採択されている。**問10.** **c**．ロイド＝ジョージ首相のもとで**第4回選挙法改正**がおこなわれ，イギリスにおいてはじめて30歳以上の女性に選挙権が認められた。

62 戦間期のアメリカ合衆国とソ連

解答 問1.

1	2	3	4	5	6	7
a	j	b	c	p	k	l

問2. (A)九カ国条約　(B)－3　(C)ワグナー法
(D)善隣外交　(E)戦時共産主義　(F)－6　(G)トロツキー
(H)急激な工業化による社会主義建設を進め，重工業化を推進した。また，農業の機械化と集団化を進め，農民を強制的に集団農場か国営農場に組織し，移動の自由も奪った。(77字)

解説 問2. **(B)3**．1924年の**移民法**は「国別割当て法」とも呼ばれ，東欧・南欧からの「新移民」を制限し，アジア諸国からの移民を全面的に禁止した。**(C)全国産業復興法**（NIRA）が違憲とされたことから，労働者の団結権・団体交渉権を保障する部分は，1935年に**ワグナー法**として分割して立法化された。**(F)6**．第一次世界大戦後，国際的に孤立するドイツとソヴィエト政権が，1922年に**ラパロ条約**を締結した。イギリスは1924年の労働党政権時代に正式にソ連を承認した。アメリカは，1933年に大恐慌下で市場の拡大をめざす**フランクリン＝ローズヴェルト**大統領がソ連を承認した。**(H)**ソ連では，**第1次五カ年計画**（1928〜32年）中に世界恐慌がおきたが，その影響を受けずに工業生産が順調に進展した。その一方，ソ連は農業の集団化に抵抗する多数の農民を逮捕・投獄し，生産物の強制供出を実行した。そのため，1932〜33年には農民に多くの餓死者が出たが，集団化はほぼ完了した。

63 中国の国共合作

解答 問1.

	①	②	③	④	⑤
	d	a	e	b	g

問2.

ア	イ	ウ	エ	オ
d	f	h	e	c

解説 問1. ①**中国共産党**の初代委員長は**陳独秀**。彼は，1915年に上海で『青年雑誌』（翌年に『**新青年**』と改称）を発刊して新文化運動を指導し，17年に蔡元培のまねきで北京大学教授に就任した。五・四運動後はマルクス主義に関心をもち，21年に上海で**中国共産党**を組織したが，27年に国共合作失敗の責任を追及され委員長を辞任し，29年にはコミンテルンを批判して党を除名された。②北伐の途上で，国民党左派の**汪兆銘**は共産党員とともに1927年1月に**武漢政府**を樹立し，主席に就任した。③国民党右派の**蒋介石**は，1927年4月に**上海クーデタ**をおこなって多数の共産党員や労働者を虐殺し，まもなく**南京政府**を樹立した。上海クーデタ後，武漢政府と南京政府は対立するが，7月には武漢政府主席の汪兆銘も反共を表明し，9月には南京政府に合流した。④父である張作霖を関東軍に爆殺された**張学良**は，国民政府を支持するも，「安内攘外」を掲げて抗日へ向かわない蒋介石を1936年に監禁した（**西安事件**）。⑤当初，蒋介石は張学良らによる内戦停止と抗日戦の要求を拒んでいたが，黄埔軍官学校時代に知り合っていた共産党の**周恩来**が解決に乗り出すと，その説得に応じた。**問2.** 問題文中の地名は，(ア)がdの上海，(イ)がfの武漢，(ウ)がhの広州，(エ)がeの南京，(オ)がcの西安である。なお，aは奉天（現在の瀋陽），bは北京，gは重慶。

64 20世紀前半～半ばのインドの民族運動

解答 問1.

	(1)	(2)	(3)	(4)	(5)	(6)
	b	a	c	a	d	b
	(7)	**(8)**	**(9)**	**(10)**	**(11)**	**(12)**
	d	a	b	d	a	c

問2.

(1)	(2)	(3)	(4)	(5)	(6)	(7)	(8)
d	d	b	c	a	a	c	d

問3 - a

解説 問1. (2)a. 第一次世界大戦後にインドの民族運動を高揚させるきっかけとなったのは，1919年にイギリスが発布した**ローラット法**による弾圧の強化。(3)c. ガンディーは，イギリスの塩の専売打破のため，第2次非暴力・非協力運動として「**塩の行進**」と呼ばれる運動を開始した。(5)d. **ジンナー**を指導者とする全インド＝ムスリム連盟は，第二次世界大戦中の1940年，**イスラーム国家パキスタンの建設**を目標に掲げた。(8)a. **カシミール地方**は住民の多数がムスリムであったが，ヒンドゥー教徒の藩王がインドへの帰属を選択した。(9)b. 1947年の独立直後に第1次**インド＝パキスタン戦争**が，その後65年に第2次インド＝パキスタン戦争がおこった。なお，カシミール地方の帰属問題は，現在でもインド・パキスタン間で未確定である。問2. (1)d. 1914年にドイツ軍がロシア軍を破ったのがタンネンベルクの戦い。アメリカはドイツの無制限潜水艦作戦を理由に，17年に国交を断絶して参戦した。(2)a. **ガンディー**は社会運動家であるが，社会主義者ではない。b. 南アフリカでは弁護士として，移民したインド人労働者の権利のために活動した。c. ガンディーは独立後の1948年，急進派ヒンドゥー教徒によって暗殺された。(3)b. サティヤーグラハ運動とは，ガンディーが南アフリカで差別・迫害と戦うなかで形成した，「真理の把握（堅持）」という理念にもとづくもので，具体的には**非暴力・非協力運動**として展開された。(5)a. イスラーム国家パキスタンの独立は，ムスリム住民の居住地と使用言語の違いから，**ベンガル地方**に位置してビルマ（ミャンマー）と国境を接した**東パキスタン**（ベンガル語を使用）と，**パンジャーブ**地方を

含む**西パキスタン**（ウルドゥー語を使用）とに分立した。(6)a. 毛沢東を主席とする中華人民共和国の建国は，1949年10月1日に宣言された。b. 朝鮮戦争で中華人民共和国は，1950年北朝鮮側に人民義勇軍を送った。c. 中ソ友好同盟相互援助条約の締結は1950年。d. 「大躍進」政策は1958年に実施されたが，性急な大規模集団化や専門技術の軽視などで失敗した。(7)c. セイロンは1948年にイギリス連邦内の自治領として独立し，72年に国名を**スリランカ**と改称して，完全独立を達成した。同地では，人口の多数を占める**仏教徒のシンハラ人**と，大農園労働者として移入してきた少数派の**ヒンドゥー教徒のタミル人**が対立した。なお，両者の内戦は2009年に終結した。(8)d. 「ワルシャワ条約機構の結成」が1955年。ほかの三つの年代は，a. 「朝鮮戦争の休戦協定締結」が1953年，b. 「アルジェリア独立」が1962年，c. 「エジプトによるスエズ運河の国有化宣言」が1956年。問3. a. 1998年，ヒンドゥー至上主義を掲げる**インド人民党**が政権を獲得し，核実験を再開した。これに対抗して，同年にパキスタンも核実験をおこなった。なお，インド最初の核実験は，1974年にインド国民会議政権（インディラ＝ガンディー首相）下でおこなわれた。

65 19世紀末～世界恐慌期のアメリカ合衆国

解答 問1.

(1)	(2)	(3)	(4)	(5)	(6)	(7)	(8)	(9)	(10)
15	48	45	11	27	38	42	37	24	25
(11)	**(12)**	**(13)**	**(14)**	**(15)**	**(16)**	**(17)**	**(18)**	**(19)**	
20	13	39	40	30	34	50	22	14	

問2. クーリー（苦力） 問3. シャーマン反トラスト法（シャーマン法）

問4. グアム，フィリピン，プエルトリコ

問5. 「棍棒外交」 問6. 社会保障法

問7. ケインズ 問8. スターリング＝ブロック（ポンド＝ブロック）

解説 問1. (1)カーネギーは鉄鋼会社を創設し，1900年には世界の鉄鋼生産の4分の1を占め「鉄鋼王」と呼ばれた。(2)ロックフェラーは石油精製業に進出して**スタンダード石油会**

社を創設し，競争相手をつぎつぎに買収してトラストを形成したため，「石油王」と呼ばれた。(3)モーガン(モルガン)は，買収で有力鉄道会社を次々と支配下におくとともに，カーネギー鉄鋼会社を買収しUSスチールを設立するなどして，世界最大の金融財閥を形成した。(4)1886年に職業別労働組合の連合組織としてアメリカ労働総同盟(AFL)が設立された。この組織は会長ゴンパースの指導のもと，労働条件の改善をめざす経済闘争を重視した。(5)1905年にアメリカの社会主義者は，急進的労働組織の世界産業労働者同盟(IWW)を結成した。同盟は「新移民」の非熟練労働者を中心に組織を拡大し，激しいストライキ闘争を展開したため，政府に弾圧されて消滅した。(12)民主党のウィルソン大統領は，「宣教師外交」のもとで，ラテンアメリカ進出を拡大した。国内では「新しい自由」を掲げ，関税引下げや反トラスト法の強化などを実施した。(18)産業別組織会議(CIO)は，1935年にアメリカ労働総同盟(AFL)内で組織された，非熟練労働者中心の民主的な労働組合。38年にAFLから分離したが，55年に再び合同してAFL・CIOとなった。問3．1890年に制定されたシャーマン反トラスト法において最大の対象とされたのがスタンダード石油会社であり，会社は1911年に解体・分立された。問7．経済学者ケインズは，政府による積極財政政策による有効需要の創出を理論化した。TVA法とそれにともなう事業は，その典型例とされる。また彼の理論は，1970年代の石油危機発生の頃まで多くの先進諸国で採用された，「大きな政府」の理論的根拠とされた。

66)(戦間期のヨーロッパ

解答 問1．

	①	②	③	④	⑤	⑥	⑦	⑧
	a	t	m	b	s	i	p	f

問2．

	I	II	III	IV	V
	t	u	d	v	r

問3．1－p　2－g　3－b
問4－イ　問5．A－エ　B－カ　問6－イ
問7－イ

解説　問1．②フランスのルール占領後，激

しくなったインフレーションを克服するため，シュトレーゼマン首相によって新通貨レンテンマルクが発行された。⑥世界恐慌発生後，アメリカでは農産物価格を引き上げるため，1930年に関税率50％をこえるスムート＝ホーリー関税法が制定された。しかし，対抗して各国も高関税策をとったため，恐慌がさらに深刻化した。問2．II．1925年にドイツ西部国境の現状維持に関する集団安全保障条約としてロカルノ条約が結ばれ，ラインラントの非武装化も再び確認された。V．ヒトラーは，1935年の仏ソ相互援助条約が，中欧での現状維持と紛争の平和的解決を規定した25年のロカルノ条約に反する対ドイツ軍事同盟であると主張し，36年にラインラント進駐を実行した。問3．2．ハンザ都市として建設されたダンツィヒ(ポーランド名グダンスク)は，ヴェルサイユ条約で国際連盟管理下の自由市となった。問4．ア．アメリカ合衆国は上院の反対で国際連盟には参加していない。ウ．ソ連は1934年に国際連盟へ加入した(～39年)。エ．日本はイギリス・フランス・イタリアとともに，国際連盟発足時の常任理事国である。問5．ロカルノ条約締結による平和協調外交への功績から，1926年にドイツのシュトレーゼマンとフランスのブリアンの2人がノーベル平和賞を受賞した。問7．イ．ナチ党は，1932年7月の選挙では230議席を獲得して第1党であったが，同年11月の選挙では，第1党を守ったものの，共産党の勢力拡大などから196議席へと議席数を減らした。

67)(第二次世界大戦前後のドイツと日本

解答　設問．

1	2	3	4	5	6	7	8
ロ	イ	ハ	ニ	ハ	イ	ロ	ハ

解説　設問1．ロ．選択肢のできごとを時系列で並べると，オーストリア併合(1938年3月)→ミュンヘン会談(同年9月)→チェコスロヴァキア解体(1939年3月)→独ソ不可侵条約(同年8月)→ポーランド侵攻(同年9月)となる。設問2．ロ．プロイセンはスペイン継承戦争の際に神聖ローマ皇帝(オーストリアのハプスブルク家)を支援した結果，1701年

王国に昇格した。フリードリヒ2世は，在位が1740〜86年。**ハ．ズデーテン地方**は，ドイツ・ポーランドと国境を接する，チェコスロヴァキアの北部地帯。**ニ．コーカンド゠ハン国**は，中央アジア南部にあったウズベク系3ハン国の一つ。**エカチェリーナ2世**は，1780年代にクリミア半島の**クリム゠ハン国**を併合した。なお，ドイツ出身のエカチェリーナ2世は政権初期の1760年代，ヴォルガ川の中・下流域にドイツ人を中心に約6300家族を入植させている。**設問3．イ．** 18世紀末，プロイセンはオーストリア・ロシアと結び，**ポーランド分割**をおこなった。ワルシャワ大公国は，ナポレオンが1807年に旧ポーランド領に建てた傀儡国家。**ロ．コシューシコ（コシチューシコ）**はポーランドの軍人で，アメリカ独立戦争では植民地軍に義勇兵として参加し活躍した。18世紀末の第2回ポーランド分割では，義勇軍を組織して民族運動を先導して戦ったが，最終的には敗れた。**ニ．ダンツィヒ**は1939年9月のドイツのポーランド侵攻で併合された。なお，**東ヨーロッパ相互援助条約**にもとづく安全保障機構（**ワルシャワ条約機構**）の本部（統一軍司令部）はモスクワにおかれていた。**設問5．イ．** アウシュヴィッツ強制収容所は，1940年にナチ党の指令のもとで建設された。**ロ．** 1933年の**国会議事堂放火事件**は，ナチ党によって共産党などの左翼弾圧に利用された。**ニ．** 親衛隊（SS）の指導者はヒムラー。レームは突撃隊（SA）を率いていたが，1934年ヒトラーによって処刑された。**設問6．ロ．** ベルリン゠ローマ枢軸の成立は1936年。ムッソリーニは1922年の「**ローマ進軍**」後，国王に命じられて首相に就任している。**ハ．** ドイツ軍とイタリア軍は，1940年に北アフリカのエジプト・リビアなどに進軍したが，43年にチュニジアで連合軍に敗北し，北アフリカから撤退した。**ニ．** 日本は1940年9月に**日独伊三国同盟**を成立させ，41年4月に**日ソ中立条約**を結んだあと，同年12月の**真珠湾攻撃**によって**太平洋戦争**を開始した。**設問8．イ．** 1950年6月，北朝鮮軍の韓国侵攻によって**朝鮮戦争**が始まった。**ロ．** 1972年

に訪中した田中角栄首相と中国の周恩来首相とのあいだで日中共同声明が発表され，残留孤児帰国の道も開かれた。**ニ．** 日本人の引き揚げ事業のピークは敗戦後から1940年代末までであり，自衛隊が創設されたのは1954年。

第15章 冷戦と第三世界の成立

68 1950〜60年代の世界

解答 (1)ナセル　(2)イスラエル　(3)**a**．ナジ゠イムレ　**b**．人間の顔をした
(4)ブレジネフ　(5)コミンフォルム
(6)平和共存政策の提唱（スターリン批判）
(7)スペイン　(8)善隣外交　(9)グアテマラ
(10)ブレトン゠ウッズ体制
(11)貿易障壁撤廃（関税引き下げ）

解説 (2)**スエズ戦争**の際にイギリス・フランス両国は，第1次中東戦争でエジプトと戦ったイスラエルとはかって侵攻させ，その後に自らが出兵する策をとった。(3) **a**．1956年，ソ連共産党第20回大会での「平和共存政策の提唱」の影響下に，**ハンガリー**で民主化運動が発生した。事態収拾役を期待された**ナジ゠イムレ**首相は，ワルシャワ条約機構からの脱退を表明したため，介入したソ連軍によって逮捕・処刑された。**b**．1968年に**チェコスロヴァキア**で市民による「プラハの春」と呼ばれる民主化運動がおき，改革派の**ドプチェク**が共産党第一書記に就任して「**人間の顔をした社会主義**」を掲げて自由化を進めた。しかし，ソ連・ワルシャワ条約機構軍の介入により改革は挫折した。(5)**ティトー**の指導するパルチザン運動でナチス゠ドイツからの自力解放に成功した**ユーゴスラヴィア**は，冷戦初期からソ連に対して自主的な姿勢をとっていたため，1948年に**コミンフォルム**から除名された。(6)中ソ論争は，1956年の**ソ連共産党第20回大会**での**平和共存政策**の提唱と**スターリン批判**をきっかけに非公開で始まり，62年のキューバ危機，63年の部分的核実験禁止条約を経て公然たる中ソ対立へと発展した。(9)中米**グアテマラ**の民族主義的なアルベンス政権（1951〜54年）が農地改革やアメリカ資本の接収をお

こなうと，アメリカの中央情報局（CIA）に支援された反政府軍のクーデタによって倒された。**⑩**第二次世界大戦後～1970年代前半までの国際金融体制は，**国際通貨基金（IMF）**と**国際復興開発銀行（IBRD，世界銀行）**の設立に合意した1944年の会議開催地の名前にちなんで，**ブレトン＝ウッズ体制**と呼ばれた。**⑪**「関税と貿易に関する一般協定（GATT）」では，自由貿易体制の維持・拡大をめざして，関税の引下げや関税障壁撤廃などが推進された。

69 第二次世界大戦後の東アジアと東南アジアの独立

解答 設問．

1	2	3	4	5	6	7	8
イ	ニ	ハ	イ	ロ	ロ	ロ	ニ

解説 **設問1．イ**．東京裁判が開かれたのは1946～48年。ほかの選択肢の年代は，**ロ**．自衛隊創設が1954年，**ハ**．原水爆禁止世界大会の第1回開催が1955年，**ニ**．国連加盟が1956年12月（10月の日ソ国交回復直後）。**設問2．イ**．**朝鮮総督府**は1910年の韓国併合後に設けられ，当初から天皇直属の機関であった。**ロ**．1965年**日韓基本条約**に調印した大韓民国の大統領は**朴正煕**。**ハ**．1948年に朝鮮民主主義人民共和国（北朝鮮）を建国した**金日成**は，72年までが首相，72年から死去の94年までが国家主席。**設問3．イ**．**中華人民共和国の承認**は，日本が1972年，アメリカはニクソン訪中による接近後，カーター大統領時代の1979年。**ロ**．「農民の土地所有権を保護した」のが1950年の**土地改革（法）**。その後，53年からの**第1次五カ年計画**による農業集団化で農民の土地所有権は失われ，58年の「**大躍進**」政策で農民たちは**人民公社**に組織・編成された。**ニ**．**朝鮮戦争**は1950～53年で，当時は台湾の中華民国が国連の中国代表（かつ常任理事国）だった。また，朝鮮戦争への国連軍派遣を主導したのはアメリカ合衆国で，中華人民共和国は50年に北朝鮮を支援して人民義勇軍を派遣した。なお，**中華人民共和国に国連代表権が移ったのは71年**。**設問4．ロ**．台湾総督府は，日本が下関条約後に台湾統治のために設置した行政機関。**ハ**．蔣介石の**中華民国政府**は，東アジ

アにおける反共安全保障網の一つとして，1954年には米華相互防衛条約を結んでいる。**ニ**．1988年に**李登輝**が台湾出身者（本省人）として初の総統に就任し，民主化を進めた。**設問5．イ．ホセ＝リサール**はスペイン留学から帰国後，19世紀末に啓蒙主義による民族独立運動を開始した。**ハ**．日本は，1942年にアメリカ合衆国を破ってフィリピンを占領したが，44年の**レイテ沖海戦**で敗北し，45年アメリカ軍によって同地を奪回された。**ニ**．フィリピンは，1944年に亡命先のアメリカから帰還していた独立準備政府（親米政権）のもとで，46年に共和国として独立した。なお，**ロ**の文章は，「キューバの領有をめぐってスペインに勝利したアメリカ」の箇所を，キューバの独立運動に乗じて**アメリカ＝スペイン（米西）戦争**に勝利して**キューバを保護国化**した点を考えて，「適切なもの」と判断する。**設問6**．選択肢のできごとの年代順は，インドネシア共産党結成（1920年）→インドネシア国民党結成（1928年）→オランダ当局によるスカルノ逮捕（1929・33年）→日本軍侵攻・オランダ軍撤退・日本軍によるスカルノ釈放（1942年）→日本降伏・スカルノによる独立宣言（1945年）→国連による独立承認（1949年）→東ティモール併合（1976年）。**設問7．イ**．ベトナム民主共和国を建国したのは**ホー＝チ＝ミン**。バオダイはフランスの傀儡国家ベトナム国の元首に迎えられた人物。**ハ**．ホー＝チ＝ミンは第二次世界大戦終了後，1945年にベトナム民主共和国の独立宣言とともに大統領に就任した。**ニ**．ゴ＝ディン＝ジエムは，アメリカの軍事・経済援助を受けた，**ベトナム共和国**の初代大統領。

70 冷戦体制下の欧米諸国（雪どけまで）

解答 問．

1	2	3	4	5	6	7	8	9	10
3	3	1	2	4	1	4	4	1	3

解説 **問1．3**．「**赤狩り**」とは，共和党上院議員**マッカーシー**が中心となっておこなった，共産主義者だけでなく進歩的なリベラル派をも多数弾圧した運動。**問4．2**．**公民権運動**

は，アフリカ系住民を中心に南部の人種差別制度の廃止を求める運動。**問5**．**4**．西欧諸国は，二度も世界大戦の戦場となり，米・ソの狭間で影響力を低下させていったことの反省から，地域統合によってヨーロッパの再生をはかろうとした。**問10**．**3**．「雪どけ」の名称は，東西対話の国際協調路線を表現した言葉で，ソ連の作家エレンブルクの作品『雪どけ』に由来する。1953年にスターリンが亡くなると，55年には**ジュネーヴ四巨頭会談**が実施され，東西首脳が戦後はじめて会談を実現した。56年のソ連共産党第20回大会では，**フルシチョフ**第一書記が「スターリン批判」を展開し，資本主義国との平和共存を提唱して，「雪どけ」がさらに進んだ。

71) ヨーロッパ統合史

解答 **設問1**．**1**．マーシャル＝プラン **2**．ローマ **3**．ヨーロッパ原子力共同体（EURATOM） **4**．ド＝ゴール **5**．先進国首脳会議（サミット） **6**．マーストリヒト
設問2 － ④ **設問3** － ③
設問4．シューマン＝プラン
設問5．OAPEC の原油輸出制限と OPEC の原油価格引き上げで第1次石油危機がおこった。（40字）
設問6．サッチャー **設問7**．フランコ
設問8 － ② **設問9**．アルザス
設問10．全欧安全保障協力会議（CSCE）
設問11．ベルリン条約

解説 **設問1**．**4**．ド＝ゴールは「フランスの栄光」を掲げて，**アルジェリア独立の承認**，**核開発推進**，**NATO 軍事機構からの脱退**，**中国承認**，イギリスの EEC（1967年以降は EC）への加盟拒否など，独自外交を推進した。**設問2**．④1945年のポツダム会談中におこなわれたイギリス総選挙で**労働党**が勝利し，チャーチルにかわって**アトリー**が首相となった。**設問3**．選択肢の年代は，①「国際連合の成立」が1945年，②「ワルシャワ条約機構の設立」が1955年，③「ドイツ連邦共和国の成立」が1949年，④「パリ協定の締結」（これにより西ドイツが主権を回復）が1954年，⑤「ベルリ

ンの壁の建設」が1961年。**設問5**．**第4次中東戦争**に際して，アラブ石油輸出国機構（OAPEC）はイスラエル支援国に対して原油輸出の停止や制限処置を，石油輸出国機構（OPEC）は原油価格の大幅引上げを決定した。その結果，**第1次石油危機**が発生したことを指摘する。**設問6**．イギリス首相**サッチャー**は，市場統合や規制緩和などの新自由主義的政策には同調したが，移民の自由な移動，国境をこえた社会福祉政策の調和，通貨統合などには，国家主権を優先する立場から消極的（むしろ拒否）だった。**設問7**．フランコは，スペイン内戦（1936～39年）勝利後から75年の死去まで独裁体制を続けた。**設問8**．関連事項を年代順に整理する。④「西ドイツの再軍備実現（パリ協定の発効による）」が1955年で**アデナウアー**政権時代。③「ポーランドとの国交正常化」が1970年，①「東西ドイツ基本条約の締結」が1972年，⑤「東西ドイツの国連加盟」が1973年で**ブラント**政権時代。②「**東西ドイツの統一実現**」が1990年で**コール**政権時代。**設問10**．全欧安全保障協力会議は，1975年，アルバニアを除く全ヨーロッパ諸国とアメリカ合衆国・カナダの参加で，ヨーロッパの緊張緩和と相互安全保障を目的に開かれ，冷戦時代の東西対話に大きな役割を果たした。1995年に会議は常設の全欧安全保障協力機構（OSCE）となり，安全保障に関する協力を継続している。

72) 第二次世界大戦と戦後の核軍縮

解答 **A**．**イ**．ホロコースト **ロ**．第五福竜丸 **ハ**．キューバ
B．**1**．ニューディール **2**．b→d→c→a **3**．三光作戦 **4**．「ローマ進軍」 **5**．マッカーシズム **6**．核拡散防止条約（NPT） **7** － d **8** － c

解説 **A**．**イ**．19世紀末から南ロシアなどでおこなわれたユダヤ人迫害事件をポグロムと呼ぶが，ナチス＝ドイツによるユダヤ人虐殺は**ホロコースト**と呼ばれる。**B**．**2**．選択肢を年代順に並べると，江華島事件（1875年）→甲申政変（1884年）→甲午農民戦争（1894年）→

韓国併合(1910年)。**3**．三光作戦とは，日中戦争後半期に，中国共産党勢力下の農村部の抗日拠点に対して日本軍がとった破壊・掃討作戦を，中国側が非難した呼称。三光とは「焼きつくす，殺しつくす，奪いつくす」を意味した。**6**．アメリカ合衆国・ソ連・イギリス・フランス・中国の5カ国以外の核保有を禁止した**核拡散防止条約(NPT)**が1968年に締結され，70年に発効した。しかし，核保有国のインド・パキスタン・イスラエルは非加盟で，北朝鮮は脱退を表明している。**7．d**．第一次世界大戦後のヴェルサイユ条約によって，旧ドイツ領の南洋諸島のうち，赤道以北のミクロネシア地域が日本の委任統治領とされた。なお，**ビキニ環礁**はミクロネシア東部地域のマーシャル諸島に属する。

73 ▌第二次世界大戦後の二つの中国

解答 問1．国民　問2-1　問3-3
問4．大躍進　問5-3　問6-2
問7．インド　問8-4　問9-2
問10-3　問11．江青　問12-1
問13-2　問14-4　問15-4
問16-3　問17-1　問18-3
解説 **問3**．**3**．1949年9月，中国共産党は中華人民共和国の建国を準備するため，蔣介石派以外の党派・グループを民主諸党派と呼び，北京に招集して**人民政治協商会議**を開いた。なお，**2**の全国人民代表大会(全人代)は，54年から中国における国家の最高権力機関と位置づけられている機関。**問5**．**3**．劉少奇は，毛沢東の後の国家主席に選ばれて経済再建を進めたが，毛沢東が権力奪取をはかって1966年にプロレタリア文化大革命を開始すると，「資本主義の道を歩む者(**走資派**)」と批判され，失脚・獄死した。**問6・7**．1951年の中国によるチベット領有以降，中国政府により漢人への同化や社会主義化が強制されると，チベット各地で反乱が発生し，1959年にはラサ市民が反乱をおこした(**チベット反乱**)。人民解放軍がこれを鎮圧するも，**ダライ=ラマ14世はインド**へ亡命した。インドのネルー首相はダライ=ラマを支持し，**中印国境紛争**へ

発展した。**問10**．**3**．**プロレタリア文化大革命**開始後，**毛沢東**支持の青少年・学生による**紅衛兵**運動が激しくなると，毛沢東はこれを鎮静化する目的で「知識青年は農村へ行き，貧しい下層中層の農民から再教育を受けるのは大いに必要なこと」と述べ，知識青年を地方の農村に送り，労働を通して思想改造をはかった。これを「下放」という。**1**．紅衛兵は実権派とみなした共産党幹部を批判・攻撃した。**2**．1981年の中国共産党による歴史決議で，文化大革命は完全に否定された。**4**．第1次天安門事件は文化大革命末期の1976年におきた。**問13**．「四つの現代化」とは，**農業・工業・国防・科学技術**の四分野での近代化を指す。**問14**．**4**．中国政府(中国共産党)は，社会主義を掲げながら，そのもとで市場経済(実質的には資本主義)に移行する体制を，**社会主義市場経済**と称している。**問15・16**．1947年に外省人の警官がヤミタバコ密売を横暴に摘発したことが契機となり，台湾の台北で反国民党の暴動である二・二八事件が発生した。国民政府は大陸から援軍を送り，民衆の行動はきびしく弾圧された。大陸での内戦の帰趨が明らかになった49年には戒厳令が布告され，87年まで続いた。

74 ▌第三勢力の形成とその後の展開

解答 問1．

1	2	3	4	5	6	7	8	9
d	n	s	w	v	e	q	k	a

問2．(A)①ベトナム民主共和国　②フランス
(B)スカルノ，ネルー(または周恩来，ナセル)
(C)領土の保全と主権の尊重，相互不侵略(または内政不干渉，平等互恵，平和的共存)
(D)①ティトー　②コミンフォルム(共産党情報局)　(E)インド，中華人民共和国
(F)アスワン=ハイダム　(G)1956年
(H)バグダード条約機構(中東条約機構，METO)
解説 **問1**．**4・5**．1961年，指導者ティトーのもとで「独自の社会主義」をとる**ユーゴスラヴィア**の呼びかけにより，その首都ベオグラードにおいて，第1回**非同盟諸国首脳会議**

がアジア・アフリカ・ラテンアメリカなど25カ国の参加で開かれた。**問2.** (B)1955年の**アジア＝アフリカ会議**は，インドネシアの**バンドン**で開かれ，同国の**スカルノ**大統領が議長をつとめ，インドの**ネルー**首相，中華人民共和国の**周恩来**首相，エジプトの**ナセル**大統領らが中心となった。(F) (G)エジプトは近代化をはかり，ナイル川中流に**アスワン＝ハイダム**の建設をめざした。当初援助を予定していたイギリス・アメリカ合衆国は，**ナセル**大統領がソ連への接近をはかると援助計画を撤回した。その結果，ナセルは建設資金を確保するため**スエズ運河の国有化を宣言**すると，1956年にイギリス・フランスがイスラエルとともに軍事介入し，**スエズ戦争（第2次中東戦争）**が勃発した。国際世論の批判に加えて，アメリカとソ連も国連などで非難したため，3カ国は撤退した。その結果，ナセルはアラブ世界の指導者的地位を確立した。(H)イギリスは，スエズ運河以東の地域での影響力を維持するため，歴史的に関係の深い4カ国とともに，1955年に**バグダード条約機構（中東条約機構，METO）**を設立した。なお，58年の**イラク革命**によりイラクが脱退し，59年に**中央条約機構（CENTO）**として再編された。

75 第二次世界大戦後の世界経済の動き

解答 **問1**－③　**問2.** ブレトン＝ウッズ
問3. ウルグアイ　**問4.** プラザ　**問5**－①
問6－②　**問7**－④　**問8**－②　**問9**－③
問10－④　**問11**－⑦　**問12**－⑤
問13－③（または「解なし」）
問14. IBRD　**問15**－②
問16. 「関税と貿易に関する一般協定」
問17－④　**問18**－④　**問19**－④　**問20**－③
問21－①　**問22**－②　**問23**－③
問24－②

解説　**問3. GATTのウルグアイ＝ラウンド**とは，1986～94年におこなわれた多角的貿易交渉を指す。貿易の複雑化にともない，モノだけでなく，サービスや知的財産権も交渉の対象となり，また**世界貿易機関（WTO）**の創設（95年）も合意された。**問13.** ③の説明文

には，正・誤いずれとも解答できる要素が含まれている。まず，「フラン＝ブロック」とは，フランスが自国の植民地を囲い込んだ経済ブロックのこと。これとは別に，フランスは金本位制の維持をはかろうとしたヨーロッパ6カ国と「**金ブロック**」（1933～36年）を結成した。ともにフランスが関わっているものの，「**フラン＝ブロック」と「金ブロック」は別のものである。**したがって，「ベルギーとイタリアという金本位制を維持していた国とフラン＝ブロックを形成した」は「誤り」であり，③を解答できる。なお，多くの『資料集』や『図説集』が，「フラン（金）＝ブロック」または「金（フラン）＝ブロック」の名称で二つを合体させた区分図として示している。こうした区分図を学習した生徒は，ほとんどが上記③の引用文を「正しい」と判断し，「正答なし」と考えることになる。**問15.** ②GHQの指導のもとで，1951年のサンフランシスコ条約締結による日本の主権回復以前，1949年に**1ドル＝360円**の為替レートが決定された。**問17.** ④1975年のサイゴン陥落でベトナム戦争が終結し，76年の南北統一選挙で**ベトナム社会主義共和国**が成立した。**問18.** ①③**南ベトナム解放戦線**は，ゴ＝ディン＝ジエム政権打倒をめざして1960年にベトナム共和国（南ベトナム）で結成された。②ホー＝チ＝ミンは南ベトナム解放戦線の結成メンバーではない。**問19.** ④アメリカの貿易収支は1971年に赤字となり，**金とドルの兌換停止**が発表され，為替は73年から**変動相場制**に移行した。**問20.** ①イスラエルが勝利してシナイ半島などを占拠したのは，1967年の**第3次中東戦争**。②**第4次中東戦争**の際，イスラエルに奇襲をかけたのは**エジプトとシリア**。④第4次中東戦争の際，「原油輸出の停止や制限の処置」をとったのは**アラブ石油輸出国機構（OAPEC）**。**問21.** ①1985年の**プラザ合意**でもアメリカ合衆国の貿易収支は改善せず，合衆国では87年に株価大暴落が発生した。**問22.** ②2020年現在，東ティモールは**東南アジア諸国連合（ASEAN）**に加盟していない。東南アジア諸国連合の構成国は，東ティモールを除いて10カ国。

問23.①アジア通貨危機の発生は1997年。②この危機はタイの通貨であるバーツの急落から発生した。④国際通貨基金(IMF)の融資で危機は軽減されたが，各国は融資の代償として経済改革を要求された。問24.②「四つの現代化」は，1975年周恩来によって提起され，文化大革命終了後，70年代末から鄧小平中心の政権下で本格的な実施が開始された。

第16章　現在の世界

76 ペレストロイカとソ連の解体

解答 問1. 1. ペレストロイカ　2. レーガン　3. アフガニスタン　4. ブッシュ（父）　5. （第1次）戦略兵器削減条約（START，START Ⅰ）　6. ティトー　7. 独立国家共同体(CIS)　問2. チェルノブイリ原子力発電所　問3. 湾岸戦争　問4. 社会主義陣営全体の利益のためには，各国の主権は制限されるという理論。(34字)　問5. (1)ワレサ　(2)チャウシェスク　(3)ホネカー　(4)ベルリン

解説 問1. 2.1987年にアメリカ大統領レーガンとソ連共産党書記長ゴルバチョフが，核軍縮を取り決めた中距離核戦力(INF)全廃条約に合意した。これは，国内経済事情を優先するゴルバチョフからの提案で，アメリカ合衆国とソ連がヨーロッパに配備している中距離核兵器を廃棄するという，はじめて核兵器の削減に同意した条約であった。4・5.1991年，アメリカのブッシュ(父)とソ連のゴルバチョフ両大統領によって，戦略核運搬手段と核弾頭の削減に関する(第1次)戦略兵器削減条約が合意された。問2.1986年にソ連の構成国であったウクライナのチェルノブイリ原子力発電所で事故がおき，多数の死傷者を出し，周辺諸国へも甚大な被害がおよんだ。この事故はソ連の情報統制の弊害を露呈し，グラスノスチ(情報公開)推進に影響を与えた。問4.ブレジネフ＝ドクトリンとは，ソ連共産党書記長のブレジネフが，1968年のチェコスロヴァキアへの軍事介入を正当化するためにとなえた「制限主権論」のこと。問5.(1)ポ

ーランドで1980年に自主管理労組「連帯」の議長にワレサが選ばれた。しかし，81年にソ連の圧力によりヤルゼルスキ政権が戒厳令を施行し，「連帯」は非合法化された。ワレサも軟禁状態におかれたが，82年に解放された。東欧革命後，初の自由選挙で圧倒的支持を得て大統領に就任した。(2)ルーマニアでは東欧革命中の1989年，反政府デモが広がるなか，独裁政治を続けてきたチャウシェスク夫妻が逮捕・処刑された。(3)・(4)1989年，民主化・自由化運動が高揚するなか，東ベルリンで大規模デモが発生し，社会主義を堅持する党書記長ホネカーが失脚して，東西ドイツの分断を象徴するベルリンの壁の開放へと向かった。

77 20世紀後半のアジア諸国の経済成長

解答 問1.

(1)	(2)	(3)	(4)	(5)	(6)	(7)	(8)	(9)	(10)
46	62	16	44	19	57	28	53	18	47

(11)	(12)	(13)	(14)	(15)	(16)	(17)	(18)	(19)	(20)
21	33	26	56	50	48	40	34	39	13

問2. (ア)新興工業経済地域(NIES)　(イ)－2　問3. (ア)品種改良や技術革新による食料の増産　(イ)フィリピン　問4. 「ドイモイ」(刷新)　問5. 反共的な軍事同盟から，経済中心の協力機構へと変化した。(27字)

解説 問1. (1)国連の仲介により1949年にハーグ協定が結ばれ，インドネシア連邦共和国としてオランダからの独立を達成した。(2)「フィリピン独立法」は，フランクリン＝ローズヴェルト大統領時代の1934年に，アメリカ議会で成立した。(4)1962年に軍部を率いるネ＝ウィンがクーデタで全権を握り，「ビルマ式社会主義」を標榜する軍事政権を樹立した。(9)1960年に成立した池田勇人内閣(～64年)は，「所得倍増計画」をとなえて高度経済成長を推し進めた。(11)1965年の独立直後のシンガポールは，労働力・土地・国内市場など生産資源にとぼしく，「金融」「自由貿易港」と並んで，選択肢21の「観光」による収益で開発を推進した。なお，開発独裁下で67年末に経済拡大奨励法が整備され，70年代から造船業

や石油業などの工業が発展しはじめる。設問が70年代を含む時代までと考えるならば、**36**の「造船」を選ぶこともできるだろう。🄬マレーシアの**マハティール**首相は、「アジアの先進国，日本に学べ」とする**ルック＝イースト政策**を推進した。🄯**カンボジア内戦**の解決のため，1991年にパリで**カンボジア和平協定**が結ばれた。協定では，**国連カンボジア暫定統治機構（UNTAC）**による行政管理，国連監視下での統一選挙の実施などが決められた。🄰1997年の**アジア通貨危機**は，タイ通貨バーツの急落をきっかけに発生し，東南アジア諸国や韓国に広がった。🄱🄲中国では鄧小平の指導下におこなわれた改革・開放政策のもとで，**人民公社の解体や農業生産の請負制**が実行された。後者は，農家が政府から一定の生産を請け負い，余剰生産物は自由に販売できる制度であり，農民の生産意欲向上につながった。🄳共産党の一党支配の持続や民主化なき経済改革への不満から，1989年6月，天安門広場に集まった学生や市民のデモ隊が人民解放軍により武力で鎮圧される第2次**天安門事件**が発生した。🄴中国は2001年に**世界貿易機関（WTO）**に加盟した。**問2.（ア）**1970年代から工業化が進み，高い経済成長率を達成した国や地域を**新興工業経済地域（NIES）**と呼ぶ。アジアでは**韓国・台湾・香港・シンガポール**を指す。**（イ）**2．1970年代に，韓国では大統領**朴正煕**による民主化運動の弾圧，台湾では国民党以外の新規政党の結成禁止，シンガポールでは首相**リー＝クアンユー**率いる人民行動党による事実上の一党独裁がおこなわれた。**問3.**「緑の革命」とは，食料問題の解決をはかるため，品種改良や技術革新で高収穫の農産物を生産しようとする動き。1960年にアジアで最初の国際稲研究所がフィリピンに設立された。**問5.東南アジア諸国連合（ASEAN）**は，ベトナム戦争中の1967年に，共産主義の東南アジアへの浸透を警戒する軍事同盟という性格のもと，タイ・インドネシア・マレーシア・フィリピン・シンガポールの5カ国で結成された。ベトナム戦争後は，政治・経済協力の性格を強め，84年の

産油国ブルネイの加盟に続き，95年にベトナム，97年に**ラオス・ミャンマー**，99年に**カンボジア**が加盟し，東南アジア10カ国による地域協力機構となった。

78 現代の食糧飢饉関連史

解答 問1－（ニ） 問2－（ニ） 問3．ソマリア 問4．「環境と開発に関する国連会議」（国連環境開発会議，地球サミット）

解説 **問2.（ニ）エチオピア**は，1936年イタリアに併合されたが，41年のイギリス軍による解放で亡命先のイギリスから**ハイレ＝セラシエ**が帰国し，独立を回復している。**（イ）民族解放戦線（FLN）**が1954年から**アルジェリア戦争**を展開し，フランス第五共和政の**ド＝ゴール**大統領のもと，1962年の**エヴィアン協定**で独立を承認された。**（ロ）コンゴ**は，1884〜85年の**ベルリン会議**でベルギー国王レオポルド2世の私有領（**コンゴ自由国**）となり，1908年にはベルギー王国の植民地となった。第二次世界大戦後，1960年に**コンゴ共和国**として独立を達成し，独立運動の指導者ルムンバが初代首相に就任した。独立直後のコンゴでは，旧宗主国ベルギーの支援のもとカタンガ州が独立を宣言し，内乱となった（**コンゴ動乱**）。**（ハ）イギリス**は，20世紀初めまでにアシャンティ王国を征服して植民地とした。この地域は，1957年に**ガーナ**として独立を達成した。独立運動の指導者**エンクルマ（ンクルマ）**が，首相，ついで60年には大統領に就任した。**問3.** アフリカ大陸北東部に位置する「アフリカの角」のなかでの内戦・飢饉の深刻化に対して，1991年にアメリカ合衆国を中心とする国連軍が介入し，95年に撤退した国は，**ソマリア連邦共和国**。**問4.** 1992年ブラジルのリオデジャネイロで**「環境と開発に関する国連会議」**（**「国連環境開発会議」**，**「地球サミット」**）が開かれた。同会議は，**「持続可能な開発」**に関する具体的な方策が話し合われ，環境保全に関する原則としての**リオ宣言**を採択し，それを実行するための**行動計画（アジェンダ21）**を策定した。また，気候変動枠組み条約も採択された。

解答 問.

1	2	3	4	5	6	7	8	9	10
④	④	②	②	③	④	④	①	③	④

解説 **問1.** ①**相対性理論**の提唱者**アインシュタイン**は，1921年にノーベル物理学を受賞した。②アインシュタインはナチス＝ドイツの迫害を避けて，1933年**アメリカに亡命**した。彼は要請を受けて，ナチス＝ドイツに先立つ原子爆弾の開発を説くフランクリン＝ローズヴェルト大統領への書簡に署名したが，開発計画そのものには関与しなかった。なお，第二次世界大戦後は，**反核・平和運動**に熱心に取り組み，1955年にはイギリスの哲学者・数学者バートランド＝ラッセルらとともに**ラッセル・アインシュタイン宣言**を出した。これを受けて，57年には世界の科学者がカナダでパグウォッシュ会議を開き，核兵器廃絶を訴えた。③アインシュタインによって発表された相対性理論は，ニュートン力学に大きな変革をもたらした。**問5.** ③アメリカのアポロ計画によって月面着陸に成功した宇宙ロケットは1969年のアポロ11号。**問7.** ④「環境保護」に関する国際的連帯として，1972年にスウェーデンの**ストックホルム**で「**国連人間環境会議**」が開かれ，「人間環境宣言」が採択された。①「世界女性会議」は，1975年に第1回会議がメキシコで開かれ，男女平等についての国家の責任と，性的役割分業の変革を強調した。②「**国連貿易開発会議（UNCTAD）**」は，発展途上国の開発を目的に，貿易・援助を中心とした国際協力のための国連常設機関。第1回会議は1964年に開かれた。③「国連開発計画（UNDP）」は，1965年に設立された国連総会の自立的補助機関。発展途上国への開発協力活動の中核となり，160以上の国・地域に駐在事務所をおいている。**問8.** 空欄直前の「1973年」と直後の「経済停滞」から，**第4次中東戦争**の際のアラブ石油輸出国機構（OAPEC）の石油戦略によって発生した「**石油危機**」だとわかる。**問10.** 1992年の「**地球サミット（環境と開発に関する国連会議）**」は，③ブラジル・リオデジャネイロで開催され，

①気候変動枠組み条約を採択し，②各国が二酸化炭素の排出量減少の必要性に合意した。しかし，その法的拘束力はなかった。④「二酸化炭素などの温室効果ガス削減目標と，取組に対する法的拘束を決めた」のは，気候変動枠組条約締約国会議（COP）の1997年の第3回会議（京都）で制定された**京都議定書**。

1 香港の歴史

解答 問1．〈反乱〉白蓮教徒の乱 〈地図〉c
問2．マカートニー 問3．〈嗜好品〉茶
〈貴金属〉銀 問4．林則徐 問5．（イ）
問6．〈地名〉寧波 〈地図〉ヘ
問7．アロー戦争（第2次アヘン戦争）
問8．〈地名〉威海衛 〈地図〉ハ
問9．戊戌の政変 問10．ブール人
問11．（ロ） 問12．プロレタリア文化大革命
問13．サッチャー 問14．台湾

解説 問1．土地不足による農民の貧困化や，新開地の開墾による環境破壊からの社会不安を背景に，**白蓮教徒**が四川地方で反乱を起こした。問3．茶の輸入超過により，イギリスは対価の銀支払いで大きな貿易赤字となった。問4．三角貿易によるインド産アヘンの密輸量急増で清から大量の銀が流出し，その取締りのため**林則徐**が広州に派遣された。問5．（イ）清はアロー戦争後の**北京条約**で「外国公使の北京駐在」を認めた。（ロ）（ハ）（ニ）は，清がアヘン戦争後の南京条約と不平等条約で認めた項目。問6．日明貿易で栄えた浙江省の港は地図（ヘ）の寧波（ニンポー）。問7．イギリスは香港およびその周辺地域を3段階で獲得した。第1段階が1842年の南京条約による**香港島**の割譲，第2段階が1860年の北京条約による**九竜半島南端**の割譲，第3段階が三国干渉後の1898年の**新界**（九竜半島北部と付属の島嶼）の租借（99年間）である。問8．ロシアの遼東半島南部（旅順・大連）租借に対抗して，イギリスは対岸の山東半島の（ハ）**威海衛**を租借した。問9．1898年に光緒帝と康有為らの若手官僚が，「立憲君主制を施行する改革」＝**変法運動**（戊戌の変法）を試みた。問10．義和団戦争と同時期，イギリスは南アフリカでオランダ移民の子孫＝**ブール人**の2国（トランスヴァール共和国・オレンジ自由国）との戦争をおこした。問11．（ロ）中国共産党は新文化運動（文学革命）を推進した**陳独秀**を委員長として，1921年に上海で設立された。（イ）辛亥革命の推進力となったのは中国同盟会を中心とした革命派勢力。（ハ）**毛沢東**は，1931年の中華ソヴィエト共和国臨時政府で主席となり，34年から開始された**長征**中に指導力をさらに高めた。（ニ）中国共産党は，1927年の国共分裂後，中国国民党と敵対していたが，日中戦争開始後の1937年9月に第2次国共合作をおこなった。また中国共産党は，農民・農村地帯を基盤として社会主義政権の樹立をめざしていた。問13．1984年，鄧小平とイギリス首相サッチャーとのあいだで**香港返還協定**が調印され，97年に返還された。この時，返還後50年間は香港の社会経済システムの維持を認める，「一国二制度」が採用された。なお2020年6月，中国政府が香港での反体制的な言動を取り締まる「香港国家安全維持法」を制定したため，この制度の今後が注目されている。問14．1971年に**中国の国連代表権交替**が実現し，香港のあとの99年にポルトガルからマカオが返還された。しかし1949年以降，中華民国が台湾に逃れて政権を維持している。中国共産党は，台湾を含めて「一つの中国」＝「祖国の完全な統一」と称している。

2 朝鮮史（古代～19世紀末）

解答 問．

1	2	3	4	5	6	7	8	9	10	11	12
D	B	C	A	B	A	C	D	A	B	D	C

解説 問1．Dの**楽浪郡**は前漢の武帝が現在の平壌に設けた朝鮮4郡の中心。Aの交趾郡は前漢の武帝がベトナム北部に設けた南海9郡の一つ。Bの帯方郡は，楽浪郡を支配した公孫氏が，3世紀初めにその南部を割いて設けた郡。Cの日南郡は前漢の武帝がベトナム中部に設けた漢代最南の郡。問2．A．高句麗は中国東北地方～朝鮮半島北部からおこった。C．半島南西部の馬韓と呼ばれた地域からおこったのが**百済**。D．半島南東部の辰韓と呼ばれた地域からおこったのが**新羅**。問3．C．新羅は唐と連合して高句麗を滅した。問4．A．渤海は926年に契丹（遼）に滅ぼされた。問5．**高麗**の首都は**開城**。地図

中の都市は，**A**が安東都護府のおかれた平壌，**B**が開城，**C**が朝鮮の首都漢城(現ソウル)，**D**が新羅の首都金城(慶州)。**問6．A**．高麗を代表する焼き物は**青磁**。「青花」とは，日本では染付と呼ばれる，元代に景徳鎮でつくられはじめた，コバルトブルーの顔料の下絵に透明な釉薬をかけて焼いた白磁。**問7．C**．遼(契丹)の建国者は耶律阿保機。耶律大石は西遼(カラキタイ)の建国者。**問8．A**．雲南地方にあった南詔は，10世紀初めに滅亡した。**B**．元軍のジャワ遠征直前に滅んだシンガサリ朝にかわり，同王朝の王の娘婿が，元の干渉を退けてマジャパヒト王国を建国した。**C**．モンゴル・元の侵入もあって滅んだビルマ(ミャンマー)の王朝はパガン朝。**問11．D**．朝鮮の支配階層を形成したのは**両班**。なお**B**の内容が「小中華」思想に該当する。**問12．A**．攘夷思想の大院君は鎖国政策を続けた。**B**．**東学**は，民間信仰に儒教・仏教・道教などを融合して，**崔済愚**が創始した新宗教。**D**．日本に接近してクーデタを決行した急進改革派の指導者は**金玉均**。全琫準は甲午農民戦争の際の東学の指導者。

3 ▌東南アジア史(古代～20世紀初め)

解答 　**問1．**(ア)モン　(イ)スーフィー　**問2**－B　**問3**．揚州　**問4**－D　**問5**．カーリミー商人　**問6**．イスラーム同盟(サレカット＝イスラーム)　**問7**．(1)ガレオン船(2)アカプルコ　**問8**．D→A→C→B　**問9**－C　**問10**．黒旗軍　**問11**．ラタナコーシン朝(チャクリ朝)

解説 　**問2．B**．竜樹(ナーガールジュナ)は大乗仏教を理論化した。**問3**．アラブ人が**カンツー**(江都)と呼んだ都市は，長江北岸に位置する大運河沿いの**揚州**。唐代に海路でやってきたムスリム商人が居留地(蕃坊)をつくった。**問4．A**．広州にはじめて市舶司が設けられたのは唐代。**B**．明代に**ポルトガル人**の居住権が認められたのは**マカオ**。**C**．1757年，ヨーロッパ船の来航を広州1港に制限したのは**乾隆帝**。**問5**．アイユーブ朝・マムルーク朝時代に，紅海と地中海を結ぶ中継貿易に活

躍したムスリム商人団は，**カーリミー商人**と呼ばれる。**問6**．20世紀初めにジャワの商人の相互扶助を目的に組織され，その後はインドネシアの民族運動を進めた団体の中心は**イスラーム同盟(サレカット＝イスラーム)**。なおこれに先だち，知識人中心の組織ブディ＝ウトモがつくられた。**問7**．(1)スペインが開いた太平洋横断航路で使用された帆船は**ガレオン船**。(2)メキシコ側の港は**アカプルコ**。**問8**．オランダに関係するできごとは，**D**．「東インド会社の設立」が1602年，**A**．「台湾統治の開始」が1624年，**C**．「マタラム王国の消滅」が1755年，**B**．「強制栽培制度の導入」が1830年。**問9．C**．東南アジアへ華僑として出ていった人々の出身地は，耕地が少なく，また反清意識の強かった華中・華南地域が中心。**問10**．太平天国の乱で中国からベトナムに逃れてきた劉永福が，**黒旗軍**を指揮した。**問11**．ビルマのコンバウン朝を追い出したのち，バンコクを首都に**ラタナコーシン朝(チャクリ朝)**が創始され，現在まで続いている。

4 ▌ベトナム史(ドンソン文化～ドイモイ)

解答 　(1)銅鼓　(2)林邑　(3)マルクス＝アウレリウス＝アントニヌス　(4)字喃　(5)永楽帝　(6)ホイアン　(7)ピニョー　(8)チャクリ改革　(9)ドンズー　(10)コミンテルン　(11)ベトナム独立同盟会(ベトミン)　(12)インドネシア国民党　(13)ディエンビエンフー　(14)ジョンソン　(15)ドイモイ

解説 　(2)中国では林邑と表記されていたが，7世紀以後チャンパーと自称した。なお中国ではチャンパーを，8世紀半ばから環王，9世紀後半から占城と表記した。(4)モンゴルの侵攻を撃退した陳朝で，民族意識の高揚を背景に**字喃**(チュノム)が作成された。(6)ベトナム中部のフエ(ユエ)の南方に位置し，17世紀に日本町がつくられ，現在世界遺産に登録されている町はホイアン。(7)ピニョーは，布教活動中に**阮福暎**から救援依頼を受けたためいったん帰国し，1789年個人的にフランス義勇兵を連れ帰り，阮福暎を支援した。(8)ラタナコーシン朝は創始者名から別名チャクリ朝と

も呼ばれ，チュラロンコン（ラーマ5世）の近代化政策（改革）はチャクリ改革とも呼ばれる。⑽⑾当時コミンテルンでグエン＝アイ＝クォック（阮愛国）を名乗って活動していた人物が，1941年に帰国してベトナム独立同盟会を組織し，翌年ホー＝チ＝ミンに改名した。⒀1954年，ジュネーヴ休戦会議が開催されるなか，ラオスに近いベトナム北西部のディエンビエンフーでフランス軍が大敗した。⒁1965年に北爆を開始して，ベトナムに本格介入した時のアメリカ大統領はジョンソン。⒂ベトナムのドイモイ（刷新）は，ソ連におけるペレストロイカ開始の影響下で始まった。

5 ┃イラン史（7世紀～20世紀）

解答 問1.

1	2	3	4	5	6	7	8	9
p	i	r	n	a	j	k	c	u

問2．A．マワーリー　B．マムルーク
C．イクター制　D．ウマル＝ハイヤーム
E．ティムール　F．領事裁判権を認めたこと，関税自主権を喪失したこと　G．立憲革命　H．白色革命

解説 問1．2．9世紀後半，アム川の南に成立したのは，中央アジア最初のイラン系王朝のサーマーン朝。3．10世紀に生まれた，君主がアッバース朝カリフから大アミールの称号を受けたシーア派の王朝はブワイフ朝。4．セルジューク朝の創始者トゥグリル＝ベクは，アッバース朝カリフからはじめてスルタンの称号を授けられた。6・7．サファヴィー教団のイスマーイール1世によって樹立されたサファヴィー朝は，シーア派の十二イマーム派を国教に定めた。8．18世紀末，イランの歴史上でテヘランを首都とする最初の王朝であるカージャール朝が成立した。9．パフレヴィー朝時代の1951年，モサデグ首相が石油国有化を宣言した。問2．A．ウマイヤ朝時代，「イスラームに改宗した非アラブ人」はマワーリーと呼ばれた。B．トルコ系に代表される白人系の軍人奴隷はマムルークと呼ばれる。C．それまでの俸給で支払うアター制にかわって，一定の土地の徴税権を与

えるイクター制が導入された。D．セルジューク朝に仕え，太陽暦（ジャラーリー暦）を作成し，『ルバイヤート（四行詩集）』を著したのはウマル＝ハイヤーム。E．トルコ系軍人で，アンカラの戦いにおいてオスマン軍を破った人物はティムール。F．トルコマンチャーイ条約は，「領事裁判権を認めたこと」と「関税自主権を喪失したこと」で，その後ヨーロッパ諸国がアジア諸国と結んだ不平等条約の先がけといわれる。H．パフレヴィー2世が進めた，非イスラーム的な上からの広範な近代化・西洋化政策を「白色革命」と呼ぶ。

6 ┃エジプト史（前4世紀～20世紀）

解答 問1．1．フィリッポス　2．プトレマイオス　3．カルケドン　4．コプト
5．セリム　6．ムハンマド＝アリー
7．スエズ　8．ウラービー（オラービー）
問2．アレクサンドリア
問3．サラディン（サラーフ＝アッディーン）
問4．アッバース朝以来，軍人として重用されたトルコ人などの白人奴隷
問5．カピチュレーション

解説 問1．2．プトレマイオス朝は，アクティウムの海戦で敗れた翌年（前30年），ローマ帝国によって滅ぼされた。3・4．キリストの神性のみを尊重する単性論は，451年のカルケドン公会議で異端とされた。その後はエジプト・シリアなどで存続し，エジプトでは単性論の立場に立つ多くのコプト教会が形成され，現在まで至っている。5．1517年，オスマン帝国のセリム1世によってマムルーク朝は滅ぼされた。6．ムハンマド＝アリーはオスマン帝国から派遣された軍人で，ナポレオンのエジプト遠征の際に混乱をしずめ，民衆の支持を受けてエジプト総督となった。オスマン帝国がこれを認めたため，1805年以降のエジプトをムハンマド＝アリー朝（～1952年）と呼ぶ。7．スエズ運河はフランス人レセップスの指導で建設され，1869年に完成した。8．財政悪化で国家財政がイギリス・フランス両国の管理下におかれると，軍人ウラービー（オラービー）が「エジプト人の

ためのエジプト」をスローガンに武装蜂起した。**問２.** エジプトのアレクサンドリアは，ヘレニズム時代に経済・文化の中心として栄えた。**問３.** アイユーブ朝は，12世紀後半，クルド人武将の**サラディン(サラーフ＝アッディーン)** によって建てられた。**問５.** オスマン帝国は，セリム２世時代の1569年，フランス商人に認めていた居住と通商の自由の慣習を**カピチュレーション**として制度化し，その後ほかのヨーロッパ諸国の商人にも認めた。

7 ┃南アフリカ史(17世紀〜20世紀末)

解答 **問１.**

(ア)	(イ)	(ウ)	(エ)	(オ)	(カ)	(キ)	(ク)
c	b	b	b	a	c	d	d

問.

2	3	4	5	6	7	8	9	10	11	12
d	d	b	b	b	d	a	b	d	b	c

解説 **問１.** **(ア)c.** オランダ東インド会社は，本国とバタヴィアとを結ぶ貿易航路の中継地として，1652年にケープ植民地を建設した。**(イ)b.** ブール人とは，イギリス側からのオランダ系移民の子孫に対する蔑称。**(ウ)b.** オランダ系移民の子孫はアフリカーナーと自称した。**(エ)b.** 南アフリカがイギリスの植民地になったのち，同じイギリス植民地のインドから商人・労働者などが南アフリカに渡った。**(オ)a.** 南アフリカ連邦時代，白人が結成した政党は国民党。**(カ)c.** **アフリカ民族会議(ANC)** は，南アフリカ先住民民族会議を1923年に改称した組織。反人種主義やアフリカ人の権利擁護を目標とした。**(キ)d.** 国際連合によるアパルトヘイト非難のあと，国際的批判が高まるなか南アフリカ連邦(問５)は1961年に国名を**南アフリカ共和国**と改称し，イギリス連邦から離脱した。**問２.** **d.** アフリカーナー(ブール人)の建てた国はオレンジ自由国とトランスヴァール共和国。ここで発見され，イギリスが獲得しようとした資源は金とダイヤモンド。**問３.** **d.** アフリカ民族会議の指導者**マンデラ**は，1964年に投獄され，アパルトヘイト撤廃政策が進むなか，90年に釈放された。**問４.** **b.** デク

ラークは，国民党党首・南アフリカ共和国大統領として91年にアパルトヘイト諸法を撤廃し，マンデラとともに93年にノーベル平和賞を受賞した。**問６.** **d.** 最初の自治領は1867年のカナダ。その後，1901年のオーストラリア，07年のニュージーランドと続いた。**問７.** **a.** ローデシア植民地だった地域は，地図中の①とその南の無番号の地域(ここは現在のジンバブエ)。したがって北ローデシアに該当する地域は①の地域(現在のザンビア)。**問８.** **b.** 地図中の⑤は1884〜85年からドイツ領南西アフリカであった(現在のナミビア)。**問９.** **d.** 地図中の⑥はポルトガル領東アフリカ。1975年，モザンビークとして，地図中④のアンゴラとともに独立した。**問12.** **c.** アルジェリアがフランスから独立したのは1962年。

8 ┃ポーランド史(10世紀〜20世紀末)

解答

(1)	(2)	(3)	(4)	(5)	(6)	(7)	(8)
09	19	22	26	36	44	08	20

(ア)	(イ)	(ウ)	(エ)	(オ)
31	03	12	04	03

解説 **(1)** 14世紀前半ポーランドに繁栄をもたらしたのは**カジミェシュ(カシミール)大王**。**(2)** 第２回のポーランド分割後，義勇軍を組織して抵抗運動を指導したのは**コシューシコ**(コシチューシコ)。**(3)** 1830年にポーランドで独立を求める民族運動が起こった際，留学に旅立っていたピアニスト・作曲家のショパンは支援を表明した。**(4)** 国際連盟管理下の自由市とされたのは，旧ハンザ都市の**ダンツィヒ**(ポーランド名グダンスク)。**(5)** 1926年にクーデタで実権を掌握した軍人は**ピウスツキ**。**(6)** 第一次世界大戦末からのハンガリー革命鎮圧の中心となった軍人ホルティは，1920年に国王不在の状態で摂政となり，権威主義的体制を樹立した。**(7)** 第二次世界大戦後，ドイツとポーランドの国境線とされたのは，**オーデル川・ナイセ川**であった。**(8)** 1956年，ポーランドは民衆の民主化要求に対して，**ゴムウカ政権**のもとで自由化路線をとって運動を終息さ

せた。⑦ノヴゴロド国を建てたリューリクの一族は，ドニエプル川水系を南下して，9世紀後半にキエフを中心としてキエフ公国を建国した。⑦[01]ロマノフ朝が開かれたのは17世紀前半(1613年)。[02]コペルニクスは地動説を主張したが，『天球回転論』の刊行時すでに臨終の床にあった。[04]スウェーデンがウェストファリア条約で獲得した地域は西ポンメルンなど，バルト海沿岸の北ドイツ地域。ケーニヒスベルクは，バルト海沿岸の東プロイセン東隣りの旧ハンザ都市(現ロシアのカリーニングラード。哲学者カントが生まれ，生涯を過ごした都市)。⑦1905年の「血の日曜日事件」の際，民衆を率いたロシア正教の司祭はガポン。⑦イタリアはアルバニアを1926年に保護国とし，39年には併合して同君連合とした。⑦[01]ゴルバチョフは1990年に人民代議員大会で選出され，大統領に就任した。[02]グルジア(ジョージア)は1993〜2009年に独立国家共同体(CIS)に加盟していた。[04]NATO軍は1999年，国際連合の決議を得ずにセルビアを空爆した。

9 〕中世〜現代のバルト海沿岸の国家と都市

解答

(1)	(2)	(3)	(4)	(5)	(6)	(7)	(8)	(9)	(10)
d	a	b	b	b	b	c	d	b	d

設問A．ア．トリエステ　イ．鉄のカーテン

解説 (1)d．オーストリアは，**マジャール人**(ハンガリー人)の要求を受けて，アウスグライヒ(妥協)に同意した。(2)a．アウクスブルクはフッガー家で有名な南ドイツの都市で，ハンザ同盟には加入していない。(3)b．自主管理労組「連帯」は1980年に組織された。(4)b．ロシア皇帝**エカチェリーナ2世**が，18世紀後半に**クリミア半島**を併合した。(5)a．シュタインとハルデンベルクは農民(農奴)解放をおこなった。c．ビスマルクは議会の反対をおしきって軍備拡大(鉄血政策)を実行した。d．シュレスヴィヒ・ホルシュタインをめぐって，オーストリアとプロイセンは**デンマーク**と戦った。(6)a．アメリカ合衆国は19世紀末のアメリカ=スペイン(米西)戦争でプエルトリコ

を獲得した。c．アンボイナ事件がおきたのは1623年。d．ヴィクトリア女王がインド皇帝に即位したのは1877年。(7)c．ワルシャワ大公国は，1807年のティルジット条約の結果，ポーランド地域につくられた。ティルジットの地図上の位置はY。(8)できごとの生じた年月は，aが1918年1月，bが1918年11月，cが1914年4月，dが1918年3月。(9)②日本は日英同盟を理由にドイツに宣戦した。(10)a．ロシアはサン=ステファノ条約でブルガリアを保護下においた。b．日本にラクスマンを派遣したのはエカチェリーナ2世。c．ニコライ2世は1917年の二月(三月)革命で退位した。**設問A**．これは「鉄のカーテン」演説に関する文章。したがってアの都市はトリエステ，イが「鉄のカーテン」。

10 〕シチリア史(前8世紀〜19世紀後半)

解答　設問．

1	2	3	4	5	6	7	8	9
4	1	1	4	1	3	4	2	4

解説 **設問1**．4．ヴェントリスが解読したのはミケーネ文明時代の**線文字B**。線文字Aはクレタ文明期の文字で未解読。**設問2**．1．スパルタ中心がペロポネソス同盟，アテネ中心がデロス同盟。**設問3**．1．**アルキメデス**は第2回ポエニ戦争中，シチリア島のシラクサ(設問8)でローマ兵に殺害された。**設問4**．4．**プロノイア制**はビザンツ帝国で11世紀末から導入された。**設問5**．1．11〜15世紀の神聖ローマ皇帝は，ハインリヒ4世(1077年のカノッサの屈辱)→フリードリヒ1世(1189〜92年の第3回十字軍)→カール4世(1356年の金印勅書)→ジギスムント(カール4世の子。1414〜18年のコンスタンツ公会議)の順。**設問6**．3．**シモン=ド=モンフォール**は，ヘンリ3世に対して反乱をおこし，1265年に**イギリス議会の起源**を開いた。**設問7**．4．1861年に成立を宣言したイタリア王国は，その後，66年にヴェネツィアを併合し，70年に教皇領を占領した。**設問8**．2．ギリシア人の植民市でシチリア最大の都市は，東岸に位置するシラクサ。**設問9**．4．「シ

チリアの晩鐘」後にシチリアを支配したのは，地中海進出をはかっていたイベリア半島のアラゴン王国。

11 ┃ オセアニア関連史（18世紀〜1950年代）

解答 A. **(イ)**タスマン **(ロ)**クック
(ハ)ビキニ
B. 1. マオリ人 2. ヴィルヘルム 2 世
3. リリウオカラニ 4. ロカルノ条約
5 – d 6. d→c→a→b 7 – c
8 – c 9. パグウォッシュ会議

解説 A. **(イ)**17世紀にオーストラリアを探検したオランダ人は**タスマン**。**(ロ)**18世紀にハワイを含め，太平洋全域を探検したイギリス人は**クック**。**(ハ)**ビキニ環礁での水爆実験に関係して第五福竜丸事件がおきた。B. **1.** ニュージーランドの先住民は**マオリ人**。**2.** 1890年，ヴィルヘルム 2 世が社会主義者鎮圧法を廃止した。**3.** 退位させられたハワイ王国最後の女王は**リリウオカラニ**。**4.** 1925年の**ロカルノ条約**でラインラントの非武装化が再確認された。**5.** **d**。「太平洋（おだやかな海）」と命名したのは，風と波のきびしい海峡（のちにマゼラン海峡と命名）を乗り越えた**マゼラン**（マガリャンイス）。**c**のバルボアは，パナマ地峡を横断して初めて太平洋を目にしたヨーロッパ人。**6.** **d**の露仏同盟が1894年，**c**の日英同盟が1902年，**a**の英仏協商が1904年，**b**の英露協商が1907年。**7.** **c**。チャーチルは四つの会談に出席。ただし，ポツダム会談では，イギリス総選挙の結果，途中から新首相アトリー（労働党）と交替した。**a**の蔣介石はカイロ会談だけに出席。**b**のスターリンはテヘラン会談・ヤルタ会談・ポツダム会談に出席。**d**のフランクリン＝ローズヴェルトはカイロ会談・テヘラン会談・ヤルタ会談に出席。なお彼はヤルタ会談後に病死したため，ポツダム会談に出席したアメリカ大統領はトルーマン。**8.** **c**。東南アジア条約機構が1954年の発足。**a**の太平洋安全保障条約は1951年に発足，**b**の中東条約機構（バグダード条約機構，METO）は1955年に発足，**d**の米州機構は1948年に発足。**9.** 1957年に科学者が核兵器の脅威について協議した会議は，カナダの開催地の名前から**パグウォッシュ会議**と呼ばれる。その後も科学者たちの会議は，開催地にかかわらずパグウォッシュ会議と呼ばれている。

第 Ⅲ 部 テーマ史

中国史関係

1 中国史上の分裂期と統一期

解答 問1. ア－c　イ－d　ウ－c

問.	2	3	4	5	6
	e	f・g	d・h	a・h	d・g

	7	8
	d・h	e

解説 問1. ア. 秦の統一が前221年, 後漢の滅亡が220年。イ. 魏の建国が220年, 南朝陳の滅亡が589年。ウ. 元の建国が1271年, 清の滅亡が1912年。問2. e. **春秋時代**の有力者(覇者)は, 周王室の権威のもとで**尊王攘夷**を掲げた。問3. f. 漢の高祖は封建制と郡県制を併用した**郡国制**を採用した。g. 呉楚七国の乱を平定したのは**景帝**。武帝は彼のつぎの皇帝。問4. d. 五胡十六国は北魏の太武帝による華北統一(439年)で終わった。h. 楊堅による**隋の建国**は581年, 彼による**南朝陳の征服**は589年。問5. a. 安史の乱の勃発は8世紀半ばの755年。h. 唐を滅ぼして梁(後梁)を建てたのは**朱全忠**。問6. d. 北宋の建国は960年, 金の建国は1115年。金は1126～27年の靖康の変で北宋を滅ぼした。g. チベットの吐蕃は9世紀半ばから内紛で衰退した。問7. d. 明の洪武帝(朱元璋)は**中書省を廃止**して, 六部を直属させた。h. 呉三桂は康熙帝の支配強化に対して反乱(三藩の乱)をおこした。問8. e. 中央アジアのソグディアナ地域は, 清朝時代, ウズベク人の建てた3ハン国の領域だった。

2 唐～清の朝貢体制

解答 問1.

1	2	3	4	5	6	7
m	k	e	l	q	s	b

問2. (A)骨品制　(B)ソグド人
(C)征服地に中央から都護を派遣するが, 実際の統治はその地の有力者に任せた間接統治策。(40字)　(D)市舶司　(E)鄭和　(F)李成桂　(G)アルタン＝ハン(または王直)　(H)袁世凱

解説 問1. 1～4. 唐代に雲南で自立していた国は**南詔**。ベトナム中部にあった国は**チャンパー**。スマトラ島で栄えていた国は**シュリーヴィジャヤ**。チベットで栄えた国は**吐蕃**。5. 14世紀に東南アジアで明の艦隊の寄港地(拠点)になったのは**マラッカ王国**。6. 永楽帝による明の支配後, それを追い出して成立したベトナムの王朝は**黎朝**。7. 明軍を破って皇帝を捕らえたのは**オイラト**のエセン＝ハン(1449年の土木の変)。問2. A. 新羅の氏族的身分制度は**骨品制**。B. 突厥・ウイグル・唐などで, 貿易・外交・軍人として活躍したイラン系オアシス住民は**ソグド人**。D. **市舶司**は最初, 唐代の広州に設けられ, 宋代に広州以外にも設けられた。G. 16世紀における「北虜」の指導者は韃靼(タタール)のアルタン＝ハン。「南倭」の指導者は倭寇の頭目の王直。H. 朝鮮での開化派のクーデタ(甲申政変, 1884年)を鎮圧した清の軍人は, 李鴻章の幕僚だった**袁世凱**。李鴻章の死後, 彼はその後継者として軍を引き継ぎ, 北洋軍の指導者となった。

3 中国と騎馬遊牧民の対立・融合

解答 問.

1	2	3	4	5	6	7
C	C	B	D	A	A	C

8	9	10	11	12	13
D	B	C	A	B	D

解説 問1. C. 前漢時代, 匈奴はその圧迫を受けて東西に分裂し, さらに後漢時代に東匈奴が南北に分裂すると, **後漢**が南匈奴を服属させた。問2. A. **仏図澄**は, 布教活動につとめ多くの寺院を建てたが, 仏典の翻訳はおこなわなかった。B. 『仏国記』を著したのは**法顕**。鳩摩羅什は, 5世紀初めに長安にやってきて, 多くの仏典を漢訳した。D. 北魏は平城近郊の**雲崗**, 洛陽近郊の**竜門(龍門)**に石窟寺院を造営した。問3. B. 北魏の華北統一は439年。江南では420年から南朝最初の宋朝の時代であった。問4. A. 女真人の金の本拠地は中国東北地方。B・C. 金の建国者である完顔阿骨打の在位は1223年まで。金は**太祖**(阿骨打の弟)のときの1225年に北宋と結んで**遼**を滅ぼし, 1226～27年の**靖康の変**で

53

北宋を滅ぼした。**問5**．**A**．遼は，遊牧・狩猟民を北面官，農耕民を南面官が統治する二重統治体制をとった。**問6**．図版の文字は，**A**が漢字の要素を組みあわせた，複雑な字体の西夏文字，**B**がウイグル（モンゴル）文字，**C**がパスパ文字，**D**が契丹文字。**問7**．**A**．オゴタイの時に金を滅ぼした。**B**．オゴタイの時に首都カラコルムを建設した。**D**．キプチャク＝ハン国を建てたのはバトゥ。ハイドゥはオゴタイの孫でフビライの即位に反対した人物（ハイドゥの乱）。**問8**．**D**．**南宋**で使用された紙幣は**会子**。交鈔はおもに金・元での紙幣の呼称。**問10**．**C**．鄭氏台湾降伏は1683年，ネルチンスク条約締結は1689年，キャフタ条約締結は1727年，ジュンガル征服は1758年。**問11**．四つの図書の完成時期は，**C**．『永楽大典』が永楽帝時代の15世紀初め，**B**．『康熙字典』が康熙帝時代の18世紀前半，**D**．『古今図書集成』が雍正帝時代の18世紀前半，**A**．『四庫全書』が乾隆帝時代の18世紀後半。**問12**．**B**．辮髪は満州人の習俗であるが，纏足は漢人の習俗。**問13**．**D**．北魏で漢化を推進したのは孝文帝，国号を元としたのはフビライ。

4 諸子百家と儒教の形成〜朱子学の成立

解答 **問1**．ア．墨子　イ．韓非　ウ．老子　エ．陰陽　オ．孔子　カ．武　キ．春秋　ク．律令　ケ．朱熹　コ．洪武　サ．プラトン　**問2**．司馬遷　**問3**．班固　**問4**．漢委奴国王印　**問5**．陸九淵　**問6**．王守仁　**問7**．アーリマン

解説 **問1**．ア．兼愛と非攻を説いたのは**墨子**。イ．『韓非子』の著者は**韓非**。ウ．無為自然を説き道家の祖とされるのは**老子**。エ．鄒衍は陰陽説・五行説の大成者。オ．儒家の祖とされるのは**孔子**。カ．前漢時代に儒教化を進めた君主は武帝。キ．五経の一つであり，時代の呼称とされたのは『**春秋**』。ケ．宋学と呼ばれる儒学の新展開を大成したのは**朱熹**（その尊称が**朱子**）。サ．ソクラテスの弟子で『国家』を著したのはプラトン。**問2**．『史記』の著者は**司馬遷**。**問3**．『漢書』の著者は**班固**

（彼が獄死したため妹が完成させた）。**問4**．金印の通称で知られるのは「漢委奴国王印」。**問5**．朱熹の説を批判して「心即理」を説いた南宋の儒学者は**陸九淵**（陸象山）。**問6**．「**知行合一**」を説いて陸九淵の「心即理」説を大成した儒学者は，明の**王守仁**（**王陽明**）。そのため陽明学と呼ばれる。**問7**．ゾロアスター教の「悪の神」の呼び名はアーリマン。

5 ユーラシアの遊牧民と定住民

解答 **A**．（イ）ウズベク　（ロ）ジュンガル　**B**．**1**－d　**2**－c　**3**．ⅰ．ムガル朝　ⅱ．セルジューク朝　**4**．「陶磁の道」　**5**．アッティラ　**6**．ⅰ．牙軍　ⅱ．八旗　**7**．ⅰ－c　ⅱ．モスクワ大公国　**8**．ⅰ．イヴァン3世　ⅱ．トルコマンチャーイ条約　ⅲ．アブデュルハミト2世　ⅳ．チェチェン紛争　**9**．コーカンド＝ハン国

解説 **A**．（イ）16世紀から中央アジアに三つのハン国を建てたのは**ウズベク人**（遊牧ウズベク）。（ロ）明代のオイラトから派生した勢力は，清代に**ジュンガル**と呼ばれた。なおジュンガルは18世紀半ばに**乾隆帝**によって征服された。**B**．**1**．**d**のパミール高原は中央アジアのトルキスタンに位置する，「世界の屋根」とも呼ばれる地域。**2**．**c**の女真人は中国東北地方を根拠地として金を建てた。**3**．ⅰ．ティムールの子孫の**バーブル**は，ティムールにならってモンゴル帝国の再興をはかり，モンゴル（モゴル）にちなんで王朝名を**ムガル**と称した。ⅱ．11世紀にアッバース朝カリフから，**セルジューク朝**の建国者トゥグリル＝ベクが**スルタン**の称号を授かった。**4**．「ある手工品」は陶磁器を指し，「海の道」は「陶磁の道」とも呼ばれる。**5**．5世紀にゲルマン人の大移動の要因となったフン人の指導者は**アッティラ**。**6**．ⅰ．節度使の統率下には3種の軍事機関が存在し，その主力の最精鋭部隊は「**牙軍**」と呼ばれた。**7**．ⅰ．**c**．カラキタイ（西遼，1132〜1211年）は，遼の滅亡後，耶律大石によって建国された国家。ⅱ．**モスクワ大公国**は1480年にキプチャク＝ハン国への貢納をやめて自立した。**8**．ⅰ．ツァーリ

の称号をはじめて用いたのは**イヴァン3世**。
ⅱ．ロシアは1828年，カージャール朝と不平
等な内容の**トルコマンチャーイ条約**を締結し
た。ⅲ．19世紀後半にロシア＝トルコ（露土）
戦争の勃発を口実に，**アブデュルハミト2世**
はミドハト憲法を停止した。ⅳ．1994年から
北カフカスのイスラーム系**チェチェン人**がと
った独立の動きに対して，ロシア政府が武力
制圧をおこなった。ロシア政府は2009年に制
圧を宣言した。**9**　ウズベク系3ハン国のな
かで一番東側に位置し，1876年にロシアに併
合されたのは**コーカンド＝ハン国**。

アジア諸地域関係

6 古代〜中世のインド洋海域史

解答　(1)レパントの海戦　(2)『エリュトゥラ
ー海案内記』　(3)ヴィジャヤナガル王国
(4)シュリーヴィジャヤ　(5)モンテ＝コルヴィ
ノ　(6)ダウ船　(7)〈記号〉d，〈名称〉マリンデ
ィ　(8)ディナール金貨　(9)スワヒリ語
(10)〈記号〉b，〈名称〉ゴア

解説　(1)スペインはフェリペ2世時代の1571
年，ローマ教皇・ヴェネツィアと同盟して**レ
パントの海戦**でオスマン帝国艦隊に勝利した。
(2)ギリシア人によって記された紅海〜インド
洋にかけての地理・物産の著作は，『エリュ
トゥラー海案内記』。(3)14世紀デカン高原に
誕生した**ヴィジャヤナガル王国**は，北方のイ
スラーム勢力に対抗するため，インド洋交易
を通じて西アジアから馬（軍馬）を入手したこ
とでも知られる。(4)**シュリーヴィジャヤ**は，
7〜14世紀にスマトラ島南部のパレンバンを
中心に栄えた港市国家。なお，シュリーヴィ
ジャヤを含むマラッカ海峡の港市国家群を，
宋代以降，中国側では三仏斉と総称した。(5)
大都の初代大司教として教皇から派遣された
人物は**モンテ＝コルヴィノ**。(6)ムスリム商人
が用いた帆船は**ダウ船**。(7)**マリンディ**は赤道
より少し南に位置する現在のケニアの港町
（**d**）。なお，15世紀前半には鄭和の遠征艦隊
も来航したことで知られる。(8)インド洋一帯
で流通したイスラーム世界の金貨は，ウマイ
ヤ朝以降鋳造されたディナール金貨。(9)東ア

フリカ沿岸において，現地民の言語にアラビ
ア語など外来の言語が融合して成立したのが
スワヒリ語。(10)ポルトガルが1510年に占領し，
その後総督府をおいてアジア進出の拠点とし
た港町は**ゴア**（**b**）。なお，地図上の**c**がカリ
カット。

7 16世紀〜20世紀インドの政治・経済

解答　1．シク　2．ペルシア語　3．ライ
ヤットワーリー制　4．南アフリカ　5．ベ
ンガル分割令　6．スワデーシ　7．全イン
ド＝ムスリム連盟　8．塩の行進　9．サ
ティヤーグラハ　10．ジンナー　11．コロンボ
会議　12．平和五原則　13．スリランカ
14．ヒンドゥー至上主義と自由化促進を掲げ
るインド人民党が台頭し，世俗主義と貧困対
策を重視する国民会議派とともに二大勢力と
なった。この状況下で経済自由化を進めて新
興経済国となる一方，貧富の差が拡大した。
(98字)

解説　**1**　16世紀前半，**ナーナク**によってパ
ンジャーブ地方を中心に**シク教**が誕生した。
2　ムガル帝国では，王朝の基盤となった中
央アジアやアフガニスタンとの盛んな交流を
背景に，**ペルシア語**が公用語となった。**3**
イギリスがインド南部で導入した地税徴収制
度は**ライヤットワーリー制**。この制度では，
個々の農民に土地所有権を認めるかわり，彼
らから直接に徴税した。**4**　ガンディーはイ
ギリス留学で弁護士資格を獲得したのち南ア
フリカに渡り，インド人労働者の権利を守る
活動をおこなった。この時に非暴力・非協力
の理念にもとづく行動様式を生み出し，第一
次世界大戦の勃発を機に1915年インドへ帰国
した。**5**　イギリスはインド地域の宗教間対
立（コミュナリズム）を利用して統治しようと
考え，1905年に**ベンガル分割令**を出した。
6　ベンガル分割令に反対するインド国民会
議は，1906年の**カルカッタ大会**で四綱領を決
議した。そのなかの一つが国産品愛用を意味
する**スワデーシ**。**7**　イギリスは国民会議に
対抗させる意図で，1906年に**全インド＝ムス
リム連盟**の結成を支援した。なお，1920年代

初めまでは全インド=ムスリム連盟も国民会議と協力して運動をおこなっていた。**8.** 1930年から始まった第2次非暴力・非協力運動において，ガンディーのとった方法が「**塩の行進**」。**9.**「真理の把握(堅持)」という理念にもとづき，非暴力・非協力を意味した造語がサティヤーグラハ。**10.** 全インド=ムスリム連盟の指導者**ジンナー**は，第二次世界大戦勃発後，1940年にパキスタンの建設を目標に掲げた。**11.** 1954年，インド・パキスタン・スリランカ(セイロン)・ビルマ・インドネシアの首脳により，**コロンボ会議**が開かれた。**12.** ネルーと周恩来は，「領土保全と主権の尊重，不侵略，内政不干渉，平等と互恵，平和共存」からなる**平和五原則**を発表した。**13. スリランカ**では仏教徒の多数派シンハラ人とヒンドゥー教徒の少数派タミル人との内戦が続き，2009年に終結した。**14.** 1990年代以降(東西冷戦体制の終了後)のインドの特徴として，**インド人民党**が台頭して国民会議派と2大政党体制を築いた点を踏まえて，両党の政治的特徴と経済政策の特徴を比較して述べればよい。

8 13世紀〜20世紀のマレー半島・ジャワ島

解答 問1.

1	2	3	4	5	6	7	8	9
g	i	o	q	b	a	m	h	p

問2. A−h B−d C−e D−l
問3. Ⅰ−g Ⅱ−c 問4−ウ
問5. あ. スカルノ い. マルコス
う. ゴ=ディン=ジエム え. マハティール
お. シハヌーク
問6−a・c 問7−イ 問8−ウ

解説 問1. **2.** 13世紀にジャワ島で成立した国は**シンガサリ王国**。**3.** 13世紀末にシンガサリ王国が消滅したあと成立したのが**マジャパヒト王国**。**5.** マラッカ王国は明の後ろ盾を得ることでタイのアユタヤ朝への従属を断ち切った。**6・7・8.** ポルトガルの進出でマラッカが占領されるとムスリム商人は周辺地域に移り，スマトラ島北部に**アチェ王国**，ジャワ島西部に**バンテン王国**，マレー半島南

部にジョホール王国が生まれた。**9.** 16世紀初めにはジャワ島中部にイスラームの(新)**マタラム王国**が生まれた。問2. **A.** フランス革命軍に占領されたオランダでは，バタヴィア共和国が誕生した。**B.** イギリスは獲得したペナン・マラッカ・シンガポールを**海峡植民地**とした。**C.** オランダのジャワ支配に対して，現地の王族が1825〜30年に**ジャワ戦争**をおこした。**D.** オランダ以前にインドネシア諸島の東部を支配していた国はポルトガル。なお1975年，東ティモールがポルトガルから独立をめざした時，これを併合したのがインドネシアであり，その後東ティモール紛争が生じた。問3. **Ⅰ.** 20世紀に入ると，最初に知識人がジャワ島でブディ=ウトモを組織した。**Ⅱ.** 1911年に商人のほか幅広い人々によってつくられたのが**イスラーム同盟(サレカット=イスラーム)**。問4. **ア.** 東南アジア条約機構は，1954年に結成されたアメリカ・イギリス・フランスなども加盟した反共産主義の地域安全保障機構。**イ.** 東南アジア諸国連合は，はじめ5カ国によって結成された。**エ.** 東南アジア諸国連合に10番目に加盟した国はカンボジア。ベトナムは1995年に7番目の国として加盟した。問5. **い.** フィリピンで開発独裁をおこなった大統領はマルコス。**え.**「ルック=イースト」政策をとなえたマレーシアの首相は**マハティール**。問6. ウィーン会議で，イギリスはオランダから**a**のケープ植民地と**c**のセイロンを獲得した。問7. イギリス商人が1786年，マレー半島北西部のクダー(ケダー)王国のスルタンからペナン(島)を獲得した。問8. **ア. 強制栽培制度**は，1830年にオランダによって**ジャワ島**で導入された。**イ.** 強制栽培制度のもと，ジャワ島ではコーヒー・サトウキビ・藍などが栽培された。**エ.** 強制栽培制度のもとでは，耕地の5分の1に指定作物の栽培が義務づけられた。

9 ユダヤ人関連史（前1500年頃〜19世紀末）

解答　問1.

A	B	C	D	E	F	G	H	I
c	k	s	e	r	g	u	v	a

問2−b　問3．東方貿易（レヴァント貿易）
問4−a　問5−d　問6−a　問7．啓蒙
思想　問8−c　問9−b　問10．ナショナ
リズム　問11．反ユダヤ主義（反セム主義）
問12−a　問13．シオニズム

解説　問1．**E**．13世紀にポーランドはバト
ゥ率いるモンゴル軍の侵略を受け，ヨーロッ
パ連合軍が**ワールシュタットの戦い**で大敗し
た。**F**．14世紀にポーランドは**カジミェシュ
3世（大王）**のもとで繁栄した。**G**．1780年代
に宗教寛容令を出したオーストリア（神聖ロー
マ帝国）の皇帝は**ヨーゼフ2世**。**H**．フラ
ンクフルトにおいて商業や銀行業で成功した
ユダヤ人は**ロスチャイルド家**。やがて兄弟が
ロンドン・パリ・ナポリ・ウィーンに支店を
出して，ヨーロッパの大財閥を形成した。
I．1881年に暗殺されたロシア皇帝はアレク
サンドル2世。**問2**．**a**．ユダヤ人の一部が
移住した前13世紀頃のエジプトは**新王国**時代。
c．前6世紀にユダ王国が新バビロニア王国
に征服され，住民の一部が首都のバビロニア
に連れ去られた（「**バビロン捕囚**」）。**d**．前1
世紀，クラッススはパルティアとの戦争で戦
死した。**問3**．中世イタリア諸都市による東
地中海沿岸との貿易は東方貿易（レヴァント
貿易）。**問4**．**a**．サラディンは12世紀後半
にイェルサレムを奪回したが，イェルサレム
王国の滅亡は1291年のアッコン陥落を指す。
問5．**d**．『君主論』はマキャヴェリの死後，
1530年代に刊行された。**問6**．**a**．初代神聖
ローマ皇帝**オットー1世**は，アジア系**マジャ
ール人**の進入を撃退した。なお，チェック人
によるボヘミア（ベーメン）は11世紀に神聖ロー
マ帝国に編入された。**問8**．**c**．プロイセ
ン欽定憲法は1848年革命後の1850年に制定さ
れた。**問9**．**a**．第2回選挙法改正は，1867
年に保守党ダービー内閣のもとでおこなわれ
た。**c**．東インド会社のインド貿易独占権の

廃止は1813年。**d**．アイルランド人の権利擁
護につとめた政治家は自由党のグラッドスト
ン。**問10**．ナポレオン戦争後の19世紀，ヨー
ロッパ各地でナショナリズム（国民主義）が広
まった。**問12**．**b**．第1回オリンピック大会
はアテネで開かれた。**c**．知事**オスマン**は**第
二帝政**時代にパリの大改造をおこなった。**d**．
レセップスの努力で**スエズ運河**が開通したの
も第二帝政時代の1869年。

10 キリスト教史（成立期〜宗教改革）

解答　設問.

1	2	3	4	5	6	7	8
ロ	ハ	イ	ロ	イ	ニ	ニ	ハ

解説　**設問1**．**ロ**．イエスは，ユダヤ教の祭
司やパリサイ派を形式主義と批判した。
設問2．**ハ**．五本山と呼ばれたのは，ロー
マ・コンスタンティノープル・アンティオキ
ア・イェルサレム・アレクサンドリアの教会。
設問3．**イ**．1世紀に迫害をおこなったのは
ネロ帝，4世紀初めに大迫害をおこなったの
はディオクレティアヌス帝，313年にキリス
ト教を公認したのはコンスタンティヌス帝，
380年に国教化を開始したのはテオドシウス
帝。**設問4**．**ロ**．アリウス説は異端とされた
のち，民族移動前のゲルマン人に広まった。
設問5．**イ**．ビザンツ皇帝**レオン3世**がイス
ラームに対抗するため**聖像禁止令**を出したが，
ローマ教会は異教徒への布教の必要から聖像
の使用を認めていた。**設問6**．**ニ**．アヴィニ
ョンに教皇と教皇庁を移したのはフランス国
王**フィリップ4世**。**設問7**．**ニ**．カルヴァン
派はフランスではユグノー，オランダではゴ
イセンと呼ばれた。**設問8**．**ハ**．新旧両派の
調停をはかろうとして公会議が開かれた場所
は，北イタリアの都市**トリエント**（トレント）。

11 16世紀〜19世紀ヨーロッパの社会と経済

解答　問1.

(1)	(2)	(3)	(4)	(5)	(6)	(7)	(8)
29	24	13	49	22	16	25	32

(9)	(10)	(11)	(12)	(13)	(14)	(15)
20	43	11	27	37	31	35

問2．貿易差額主義

問3．ノーフォーク農法
問4．商人が職人や農民に原材料や道具を前貸しし，加工賃を支払って，製品を引き取った。（39字）
問5．オコンネル　問6．レッセ＝フェール
問7．科学的社会主義　問8．疾病保険・失業保険　問9．シャーマン反トラスト法

解説　問1．(1)絶対王政下での経済政策は重商主義。(2)ルイ14世代の財務総監は**コルベール**。(3)アンボイナ島は，現在のインドネシアのモルッカ（マルク）諸島にある島。(4)イギリスはマドラスをインド進出の最初の拠点とした。(5)(6)1651年制定の航海法をきっかけに，その後3回にわたりイギリス＝オランダ（英蘭）戦争がおこった。(7)資本主義経済は，産業革命によって工場経営者＝産業資本家の時代に移った。(8)宗教的差別の解消として，イギリスでは1828年に審査法が廃止された。(9)(10)重商主義政策を批判して，フランスでは『経済表』の著者**ケネー**や，その弟子でルイ16世時代に財務総監を務めた**テュルゴー**ら重農主義者が，自由放任主義をとなえた。(15)第2次産業革命では，石油と電力が動力源として登場した。問2．貿易差額主義は，おもに17世紀にオランダ・イギリス・フランスなどが東インド会社を通じておこなった。問3．イギリスで開発された輪作農法は**ノーフォーク農法**。農地を4区画に分け，異なる作物を4年で一巡するように植える農法。問5．カトリック教徒解放法成立の指導者は**オコンネル**。問6．自由放任主義はフランス語でレッセ＝フェールと呼ばれる。問7．マルクスとエンゲルスは，彼ら以前の社会主義思想を空想的社会主義と批判し，自分たちの思想を科学的社会主義と称した。

12 アメリカ合衆国の大統領

解答　A．トマス＝ジェファソン　B．グラント　C．セオドア＝ローズヴェルト　D．ウィルソン　E．マッキンリー　F．フーヴァー　G．フランクリン＝ローズヴェルト　H．ニクソン　I．トルーマン　J．レーガン

問．ケネディは冷戦が頂点に達したキューバ危機を乗り越え，ソ連との対話を重視する一方，ニューフロンティア政策のもと公民権運動に理解を示して国内の結束をはかり，<u>公民権法</u>を準備した。ケネディが暗殺されると，後継のジョンソンが<u>人種差別の禁止を含む公民権法</u>を成立させ，「<u>偉大なる社会</u>」をとなえて社会改革を進めた。（149字）

解説　B．南北戦争で北軍の勝利に貢献した軍人はグラント。C．「棍棒外交」と呼ばれるカリブ海政策をおこなった大統領はセオドア＝ローズヴェルト。D．ウィルソンはドイツの無制限潜水艦作戦を受けて，国交を断絶して第一次世界大戦に参戦した。E．1900年前後のアメリカ大統領は共和党のマッキンリー（在任1897〜1901）。F．「暗黒の木曜日」がおこった時の大統領は共和党のフーヴァー。G．世界恐慌克服策として，フランクリン＝ローズヴェルトはニューディール政策を実行した。H．ニクソン大統領時代，外交において中国の国連代表権交替，訪中，和平協定によるベトナム戦争からの撤退などが実現された。I．トルーマン大統領時代の1947年のトルーマン＝ドクトリンとマーシャル＝プランによって冷戦が始まった。J．共和党のレーガン大統領は「小さな政府」をとなえ，新自由主義的な経済政策をおこなった。問．キング牧師を指導者とする**公民権運動**に対しては，ケネディ大統領の時から公民権法の準備が進められていた。彼が在任中に暗殺されたため，大統領に昇格したジョンソンのもとで1965年に**公民権法**として制定された。

13 アメリカ合衆国におけるマイノリティ問題

解答	(1)	(2)	(3)	(4)	(5)	(6)
	33	24	39	10	18	35
設問.	1	2	3	4	5	6
	03	02	03	03	02	04

解説　(1)アメリカ合衆国の初代財務長官となったのは連邦派の中心のハミルトン。(2)**ジャクソン**大統領の出した**強制移住法**のため，「涙の旅路」で多数の死者を出した先住民集団はチェロキー族。(3)南北戦争中の1862年，リ

ンカン大統領はホームステッド法を出した。(4)南北戦争の勝敗をわけたとされる激闘はゲティスバーグの戦い。(5)**ジム＝クロウ法**とは，アメリカ南部における公共施設での人種隔離などを定めた黒人差別法の総称。(6)1929年にフーヴァー大統領がアメリカ資本主義の繁栄を賞賛した直後，世界恐慌が発生した。**設問1.**［03］合衆国で初代国務長官となったのは，反連邦派の指導者**トマス＝ジェファソン**。彼の大統領時代の1803年，ミシシッピ川以西の**ルイジアナ**をフランスから購入した。**設問2.**［02］ジャクソン政権の成立は1829。これ以前のできごとは1823年のモンロー教書の発表。**設問3.**［03］ミズーリ州は奴隷州であったが，アメリカ合衆国（連邦）に残留した。**設問4.**［03］チャップリンの映画「モダンタイムス」が公開されたのは1936年。**設問5.**女性の参政権獲得を年代順にあげると，1893年のニュージーランド，1902年のオーストラリア，1903年のフィンランド，1917年のオランダ，1934年のトルコ，1945年の日本，1971年のスイス（連邦＝国レベルでの承認）。よって［02］オランダ。**設問6.**［04］19世紀後半の中国人移民排斥運動と同じで，日露戦争後の日系移民排斥運動においても，白人のなかで経済的に競合する下層に位置したアイルランド系や南欧・東欧系の移民が先頭に立った。

14 ▶ アメリカ合衆国における経済格差

解答　問.

A	B	C	D	E	F	G	H	I	J	K	L
1	2	4	1	3	3	4	2	1	2	3	3

解説　問A. 1．マリウスはイタリア中部の農民出身。**問B.** 2．17世紀後半以降，タバコ生産の主要労働力となったのは，アフリカから導入された黒人奴隷。**問C.** 4．アメリカ独立宣言での「すべての人」は自由な白人男性だけを意味した。**問D.** 1．**サッコとヴァンゼッティ**はイタリア移民。**問E.** 3．イギリスにおける2016年の国民投票でEU離脱派が過半数を占めた背景として，ポーランド移民の増大がある。**問F.** 3．テネシー川流域開発公社（TVA）は，ニューディール政策で

1933年に設立された。**問G.** 4．**国際連盟の**本部はジュネーヴにおかれた。**問H.** 2．**ラオス愛国戦線（パテ＝ラオ）**は，1960年代から右派と内戦を続けて勝利し，75年にラオス人民民主共和国を樹立した組織。**問I.** 1．黒人高齢者に対する医療費の補助は含まれない。**問J.** 2．アメリカ自動車産業の中心だった都市はデトロイト。**問K.** 3．アジア通貨危機の際にIMFから緊急支援を受けた国はタイ・韓国・インドネシア。**マレーシアは**受けなかった。**問L.** 3．サウジアラビアは「アラブの春」の影響を大きくは受けなかった。

政治・社会・経済的テーマ関係
15 ▶ 混合政体論と後代への影響

解答　設問.

1	2	3	4	5	6	7	8	9
エ	イ	ウ	ア	エ	エ	エ	ア	イ

解説　設問1.　エ. トゥキディデスは史料批判をおこなって，ペロポネソス戦争を『歴史』に著した。**設問2.　イ.** ソクラテスは問答法によって「無知の知」を人々に自覚させようとした。そのため著作を残さなかった。**設問3.　ウ.** ヘイロータイ（ヘロット）は征服された先住民で，完全市民が共有した奴隷的農民。貢納・従軍の義務を負うが，参政権をもたなかった不完全市民はペリオイコイ。**設問4.　ア.** 第2回ポエニ戦争中，ハンニバルは前216年にカンナエ（カンネー）の戦いでローマ軍に勝利した。**設問5.　エ.** キケロはポンペイウス側に立ったが，カエサルによって暗殺されていない。第2回三頭政治の成立によって失脚した。**設問6.　エ.** ダンテはフィレンツェ地方の口語である**トスカナ語**で『神曲』を書いた。**設問7.　エ.** 16世紀初めに『ローマ史論』を著したのは**マキァヴェリ**。**ウ.** サヴォナローラは15世紀末，メディチ家が追放されたフィレンツェで神権政治をおこなった聖職者。その後，教皇から異端とされ，火刑に処せられた。**設問8.　ア.** イギリス王立協会は1660年に設立され，62年にチャールズ2世の勅許を得た学術団体。**設問9.　イ.** 反連邦派の中心はトマス＝ジェファソン。ハミルトンは連邦派の

中心の一人で初代財務長官。

16 「基本的人権」の歴史

解答 問1．世界人権宣言 問2．フランクフルト国民議会 問3．ドイツ 問4．大憲章（マグナ＝カルタ） 問5．ジョン王 問6．ボリシェヴィキ 問7．ソヴィエト 問8．ラ＝ファイエット 問9．ルソー 問10．C→E→B→D→A

解説 問1．本部がニューヨークにおかれ，第3回総会がパリで開かれた国際機構は国際連合。1948年の第3回総会で採択された史料[A]は**世界人権宣言**。問2・問3．設問文の「（イ）の統一と憲法制定を話し合うために招集された」，「（イ）統一の方式をめぐって深刻な対立」から，（イ）に該当する語句はドイツ。したがって，この会議は1848年の**フランクフルト国民議会**。問4・問5．史料[C]の設問文の「隣国との戦争で領土を失い」，「ローマ教皇との対立から破門も経験」「課税に対する貴族の同意や法による支配を明文化」から，①の国王は**ジョン**，史料[B]の文書は1215年の**大憲章（マグナ＝カルタ）**。問6・問7．史料[D]の「共産党の前身である（Y）が強制的に議会を解散させた」から，これは1918年の憲法制定会議の封鎖・解散であり，（Y）が**ボリシェヴィキ**，（ロ）が**ソヴィエト**。問8・問9．史料[E]は教科書でも抜粋文が載っている1789年の**フランス人権宣言**。問8の人物は**ラ＝ファイエット**，問9の『人間不平等起源論』の著者は**ルソー**。

17 近世～現代のグローバリゼーション

解答 問.

1	2	3	4	5	6	7	8	9	10	11	12
A	D	B	A	C	A	C	B	B	B	D	B

解説 問1．**B**．**エンコミエンダ制**を採用したのはスペイン。**C**．ラス＝カサスは先住民の奴隷化を批判した。**D**．西回りで世界周航に成功したのはマゼラン艦隊。マゼラン自身はフィリピンで戦死した。問2．**D**．スペインの宮廷画家は**ベラスケス**。問3．**B**．オランダは1648年の**ウェストファリア条約**で独立

を正式に認められた。問4．**A**．ファルツ（継承）戦争時の北米大陸での戦争はウィリアム王戦争。問5．**A**．ノーフォーク農法は休耕地をなくした輪作農法。**B**．農業革命は穀物増産のための囲い込みとともにおこなわれた。**D**．第2次囲い込みと資本主義的農場経営の促進で工場労働者が増加した。問6．**A**．飲酒を理由に月曜日に仕事を休んだ慣習を指した言葉が「**聖月曜日**」。問7．**C**．1848年，パリ二月革命の影響で**ベルリン**や**ウィーン**で**三月革命**がおきた。問8．**A**．1924年の移民法では，日本人を含むアジア系移民が禁止された。**C**．白人至上主義をとるクー＝クラックス＝クラン（KKK）は移民規制に賛成した。**D**．1880年代以降，「新移民」と呼ばれる東欧や南欧からの移民が増大した。問9．**B**．できごとは，（あ）が1961年，（い）が1963年，（う）が1968年，（え）が1956年。問10．**A**．**チャウシェスク**の処刑は**ルーマニア**。**B**．NATOはセルビアを空爆した。**C**．一時，新ユーゴスラヴィア連邦を結成したのはセルビアとモンテネグロ。問11．**B**．国際連合教育科学文化機関の略称は UNESCO。問12．**A**．ヨーロッパ石炭鉄鋼共同体の原加盟国はイギリスではなく**イタリア**。**C**．EU加盟国のうち，**イギリス**は2002年の一般流通開始から2020年の正式脱退時までユーロを導入していない。**D**．ヨーロッパ自由貿易連合（EFTA）は1960年にイギリス主導で結成された。

18 近代以降のアフリカ人・アジア人の移住

解答 問1．A．アステカ B．インディオ（インディアン） C．武器 D．砂糖（または綿花） E．ガンディー F．シンガポール 問2．ベニン王国（またはダホメ王国，アシャンティ王国） 問3−ウ 問4．白蓮教徒の乱 問5．錫

問6．孫文は1894年にハワイで興中会を，1905年に東京で中国同盟会を組織し，革命諸勢力をまとめた。1911年に辛亥革命がおこると，帰国した孫文は臨時大総統となるが，宣統帝の退位と引き換えにその地位を袁世凱に

譲った。（100字）

解説　問1．**D**．西インド諸島なら砂糖，アメリカ大陸なら綿花。問2．奴隷貿易で栄えたアフリカ沿岸部の国としては，**ベニン王国**（現ナイジェリア西部），**ダホメ王国**（現ベナン）のほか，アシャンティ王国（現ガーナ）などがあった。問4．乾隆帝退位の翌年から，四川地方などで**白蓮教徒の乱**が始まった。問5．缶詰用ブリキのために必要だった地下資源は錫。問6．指定字数の点から，孫文による興中会の設立（1894年），中国同盟会の設立（1905年），辛亥革命（1911年），臨時大総統就任（1912年），袁世凱への臨時大総統位の譲渡（1912年）を，時系列に注意して正しく述べるだけでよい。

19 19世紀の移民・難民関連史

解答　A．イ．ジャクソン　ロ．涙の旅路　ハ．バグダード
B．1．アイルランド　2．クーリー（苦力）　3．i．c→b→a→d　ii．明白な天命（マニフェスト＝デスティニー）　4．b→a→d→c　5．i．マムルーク朝　ii．ミドハト憲法　6．ヴィルヘルム2世　7．d→a→b→c　8−c　9．ルワンダ内戦　10．i−c　ii．エチオピア

解説　A．ロ．ジャクソン大統領の強制移住法によって，チェロキー族がおこなった移動は「**涙の旅路**」と呼ばれた。B．1．1845年頃から「ジャガイモ飢饉」がおこり，多くの移民が生じた地域は**アイルランド**。2．中国人をはじめアジア系の移民は，安い賃金で肉体労働に従事したところから欧米では**クーリー（苦力）**とも呼ばれた。3．i．できごとは**c**が1803年，**b**が1819年，**a**が1846年，**d**が1867年。4．できごとは**b**が1869年，**a**が1877年，**d**が1891年（露仏同盟の交渉開始），**c**が1896年。5．i．1517年オスマン帝国の**セリム1世**がマムルーク朝を滅ぼした。ii．オスマン帝国最初の憲法はミドハト憲法。6．ドイツの**ヴィルヘルム2世**は「世界政策」と称した帝国主義政策を展開した。7．同盟・協商の締結は，**d**が1891・94年，**a**が

1902年，**b**が1904年，**c**が1907年。8．**c**．ハイデガー（ハイデッガー）は，一時ナチ党に同調したといわれる哲学者。9．フツ人とツチ人との対立から内戦がおこったアフリカの内陸国は，**ルワンダ**。10．i．**c**．国連難民高等弁務官事務所の略称はUNHCR。ii．「1930年代にイタリアに併合された」からわかるように，その国は**エチオピア**。

20 大西洋における奴隷売買・奴隷交易

解答　問1．㋐ダホメ（またはアシャンティ王国）　㋑砂糖　㋒アシエント　㋓リヴァプール　㋔1833　㋕スタンリー　問2．ヘイロータイ（ヘロット）　問3．エンリケ　問4．トスカネリ　問5．ラス＝カサス　問6−D　問7−C　問8．3C政策

解説　問1．㋐17世紀に成立して奴隷貿易で栄えた国はダホメ王国。なお，17世紀末に成立したアシャンティ（連合）王国も，奴隷貿易で栄えた。㋑西インド諸島からヨーロッパ商人がもちかえったおもな物産は砂糖。㋒イギリスは1713年のユトレヒト条約で，スペインから**アシエント**と呼ばれる，スペイン植民地への奴隷供給請負契約を獲得した。㋓奴隷貿易に関わったイギリス中西部の港湾都市はリヴァプール。㋔イギリスでの奴隷制度廃止法は，当初植民地地主（プランテーション経営者）の猛反対にあったが，政府が彼らに補償することで1833年に制定された。㋕ベルギー国王の支援でコンゴ地域を探検・調査したのはスタンリー。問3．ポルトガルのアフリカ西海岸探検を支援したのは，「航海王子」と称された**エンリケ**。問4．地球球体説でコロンブスに影響を与えた天文・地理学者はトスカネリ。問5．先住民に対する不正を告発したドミニコ会聖職者は**ラス＝カサス**。問6．A．オコンネルは**カトリック教徒解放法**の成立に尽力した。B．穀物法には労働者のみならず，産業資本家（工場経営者）も反対した。C．腐敗選挙区は第1回選挙法改正で廃止された。問7．C．できごとがおこったのは，ベルリン会議が1884〜85年，ファショダ事件が1898年，南アフリカ戦争が1899〜1902年，モロッ

コ事件が1905・1911年。**問8**．カイロ・ケープタウン・カルカッタを結ぶイギリスのインド洋安全確保政策は，それぞれの都市の頭文字をとって３Ｃ政策と呼ばれる。

21 ┃貨幣の歴史

解答 Ａ．（イ）ソリドゥス（ノミスマ）
（ロ）ワット＝タイラー　（ハ）アントウェルペン（アントワープ）　Ｂ．**1**．メディチ家
2．ⅰ－ｂ　ⅱ－ａ　ⅲ．イスラエル
3．ｃ→ａ→ｂ　**4**－ｂ　**5**－ｃ
6．アンティゴノス朝　**7**．リウィウス
8．カール＝マルテル　**9**－ｄ　**10**－ｂ
11．カーナティック戦争
12．ⅰ．エセン＝ハン　ⅱ．スコータイ朝
13．チューリップ　**14**．バンテン王国
15．ラ＝ファイエット　**16**．カボット
17．プリマス　**18**．アシエント
19．シュトレーゼマン

解説 Ａ．（イ）ソリドゥス金貨はコンスタンティヌス帝時代以降にローマ帝国でつくられた貨幣の総称。のちのビザンツ帝国では**ノミスマ**と呼ばれた。（ハ）中継貿易で栄えた港町のアントウェルペン（アントワープ）は，ネーデルラント独立戦争中にスペインに占領され，衰退した。Ｂ．**2**．ⅰ．**ｂ**．1922年にイギリスが保護権を放棄した結果，エジプト王国が成立した。ⅱ．**ａ**．アラブ連盟はセム語系のアラブ人の民族運動を推進した地域機構で，インド＝ヨーロッパ語系のイラン人を中心とするイランは参加していない。ⅲ．第１次中東戦争は**イスラエル**の建国を認めないことからおこった。**3**．半両銭は秦，五銖銭は前漢，宋銭は北宋で製造された。**4**．**ｂ**．古代ギリシアのポリスで市民に分配された世襲耕地はクレーロス。**5**．**ｃ**．イギリスは1878年のベルリン条約でキプロス島の行政権を獲得した。**6**．ディアドコイの一人がマケドニアに建てた王朝はアンティゴノス朝。**7**．アウグストゥス時代の『ローマ建国史』の著者はリウィウス。**9**．**ｄ**．ムスリム商人は**ダウ船**を利用した。**10**．**ｂ**．エルベ川下流に位置したハンザ同盟の有力都市は**ハンブルク**。**11**．南インド

でイギリス・フランスは３回のカーナティック戦争をおこなった。**12**．ⅰ．土木の変をおこしたオイラトの君主はエセン＝ハン。ⅱ．インドシナ半島部最初のタイ人国家はスコータイ朝。**13**．18世紀前半のアフメト３世による文化振興時代は，チューリップ愛好熱が高かったこともあり，チューリップ時代と称される。**14**．17世紀にコショウ貿易で栄えた西部ジャワのイスラーム国家は**バンテン王国**。**16**．ヘンリ７世の命で北米探検をおこなったのはカボット（父子）。**18**．スペインが歴代諸外国に認めた植民地への奴隷供給請負契約は**アシエント**（これに関しては，1494年のトルデシリャス条約で，スペインがアフリカに勢力圏・植民地をもてなかったことを想起するとよい）。**19**．1920年代にレンテンマルクを発行して，ハイパー＝インフレーションを克服したドイツ首相は**シュトレーゼマン**。

┃学問・文化・宗教的テーマ関係

22 ┃近世～現代の情報伝達手段の発展

解答　**問1**．

(1)	(2)	(3)	(4)	(5)	(6)	(7)	(8)	(9)	(10)
21	31	37	12	50	17	23	51	52	42

(11)	(12)	(13)	(14)	(15)	(16)	(17)	(18)
40	53	22	49	44	28	43	15

問2．火薬・羅針盤
問3．書物は写本によるもので数が少なかった。羊皮紙などを用いたため高価であった。
問4．西インド諸島
問5．冷戦を背景に，周辺諸国への社会主義の拡大を防ぐ正義の戦いと位置づけたから。（37字）
問6．（ア）イギリス（イギリス・エジプト）
（イ）マフディー派の抵抗（またはファショダ事件）

解説　**問1**．⑶ホイッグ党側のジャーナリストだった**デフォー**の晩年の小説が『ロビンソン＝クルーソー』。⑷コーヒーハウスは16世紀にイスタンブルで誕生し，その後17世紀中頃からイギリスの都市にも広がった。⑸ロイズは1688年に設立されたロンドンの保険業者の組合。海上保険業を中心に発展した。⑹

1660年設立の王立協会は，62年にチャールズ2世の勅許を受けた。ニュートンは18世紀に会長をつとめた。(7)1848年にウィーンで三月革命がおこり，言論の自由が認められた。(9)フランスのリュミエール兄弟が1895年に映画の上映をはじめておこなった。(10)1920年の大統領選挙で当選したのは共和党のハーディング。(11)ジャズは，20世紀初めにニューオーリンズで演奏されるようになった黒人音楽が始まり。(12)**フランクリン＝ローズヴェルト**は世界恐慌克服のため，ラジオ放送を活用した「炉辺談話」で国民に政策の説明をおこなった。(13)(14)ベトナム戦争中，日本人カメラマン沢田教一が撮影した，母子が川のなかを逃れようとする「安全への逃避」が世界中に衝撃を与えた。(15)ピューリッツァー賞とは，アメリカの新聞人の名を冠して1917年に設けられた，すぐれたジャーナリストを支え，育成するための賞。新聞から始まり，現在では報道全般・小説・戯曲・音楽などのメディアも対象とされている。(16)(17)**ピカソ**はナチス＝ドイツによる空爆に抗議して作品「ゲルニカ」を描いた。(18)アンディー＝ウォーホルは，ニューヨークで活躍し，1960年代から彼の用いた絵画・版画手法がポップアートとして有名になったアーティスト。**問2**．残る二つは火薬・羅針盤。**問4**．イギリスにとっての砂糖生産の中心は，ジャマイカのある西インド諸島。**問6**．スーダンでは19世紀末にムハンマド＝アフマドが「マフディー（救世主）」を名乗り，宗教運動および反英武力闘争（1881～98年）を展開した。鎮圧後にスーダンは，イギリス・エジプト共同統治領とされた。なお，設問文の「事件」に的を絞って判断すれば，1898年の**ファショダ事件**という解答も可能である。

23 感染症関連史

解答　**1**．ヒクソス　**2**－d　**3**．タスマン　**4**．パリ条約　**5**－d　**6**．ナスル朝　**7**－d　**8**．ライプツィヒの戦い（諸国民戦争）　**9**．ギゾー　**10**－b　**11**．コルベール　**12**－a　**13**．コッホ　**14**．メフメト2世　**15**．アウクスブルク　**16**－d　**17**．テンプル騎士団　**18**．リリウオカラニ　**19**．スウェーデン

解説　**1**．中王国時代の終わりにエジプトへ流入した集団はヒクソス。**2**．d．アメリカ大陸の古代文明では鉄器は使用されなかった。**3**．17世紀半ばにオーストラリア地域を探検したオランダ人はタスマン。**5**．d．WMOは国際連合の世界気象機関の略称。**6**．イベリア半島最後のイスラーム王朝は**ナスル朝**。**7**．d．イタリア戦争を拡大した君主は，フランス国王フランソワ1世と神聖ローマ皇帝カール5世。**9**．二月革命でイギリスに亡命したフランス首相は，「改革宴会」を取り締まったギゾー。**10**．b．スムート＝ホーリー関税法は，世界恐慌発生後の1930年に制定された高関税法。**11**．1664年にフランス東インド会社を再建したのは財務総監コルベール。**12**．a．茶の自生地が発見されたアッサム地方は，19世紀初めまでタイ系の小王国が支配していた。その後コンバウン朝の支配下に入り，イギリスが1826年にこの地を獲得した。**13**．結核菌やコレラ菌を発見したドイツ人医学者・細菌学者はコッホ。**14**．1453年にビザンツ帝国を滅ぼした**メフメト2世**は，その後クリミア半島（クリム＝ハン国）にも支配を広めた。**16**．d．東ヨーロッパ地域のユダヤ人はアシュケナージと呼ばれた。**セファルディーム**とは，古代の離散後にパレスチナから地中海地域に移住したユダヤ人を指していた。現在では，1492年のスペインでのユダヤ人追放令（b）によってポルトガルやイスタンブル，さらにアムステルダムなどに移住したユダヤ人やその子孫への呼称としても用いられる。**17**．イェルサレムのソロモン神殿跡で結成されたことから**テンプル騎士団**と呼ばれた。のち，その財力がねたまれ，フランス国王フィリップ4世によって廃絶された。**18**．親アメリカ系白人のクーデタによって1893年，カメハメハ王朝の女王リリウオカラニが廃位させられた。**19**．1815年，ノルウェーはウィーン会議でデンマーク領から**スウェーデン**領とされたが，1905年に平和的に独立した。

解答 問1.

1	2	3	4	5	6	7	8	9	10
c	a	a	c	b	a	e	b	a	a

11	12	13	14	15
a	e	a	d	c

問.

2	3	4	5	6
b	d	a	a	a

解説 問1. **1**. **c**. アンコール゠ワットの建設者はスールヤヴァルマン2世。**3**. **a**. アンコール朝を15世紀に滅ぼしたタイ人王朝は**アユタヤ朝**。**4**. **c**. バーブルは1526年にパーニーパットの戦いでロディー朝を滅ぼした。**5・6**. **b**. **アクバル**は新都アグラを建設し、非イスラーム教徒への**a**. ジズヤ（人頭税）を廃止した。**7・8・9**. イェルサレム→キプロス島→ロードス島→マルタ島へと拠点を移したのは**e**. **ヨハネ騎士団**。**b**. スレイマン1世によってロードス島を追われた騎士団は、1530年に**a**. カール5世によってマルタ島を与えられたため、このあとヨハネ騎士団は**マルタ騎士団**と呼ばれることになった。**10・11・12**. 8世紀に**a**. **コルドバ**に建てられた大モスクは、スペイン語でメスキータと呼ばれ、**a**. 後ウマイヤ朝の繁栄を物語る建造物である。また**e**. 1492年の**グラナダ**陥落で、イベリア半島最後のイスラーム王朝であるナスル朝が滅んだ。**13・14・15**. (E)の文章最後の「第2回対仏大同盟が解消された」（**c**. 1802年）はアミアンの和約を指すので、ここから**a**. アミアン大聖堂とわかる。第6回・第7回十字軍の主導者はフランス国王の**d**. ルイ9世。**問2**. **b**. 16世紀後半のビルマ人王朝は**タウングー（トゥングー）朝**。**問3**. **d**. イブン゠ルシュド（アヴェロエス）は**アリストテレス**の著作を注釈した。**問4**. できごとは、**e**が1115年、**c**が1198年、**a**が1206年、**d**が1241年、**b**が1265年。**問5**. **a**. パーニーパットは北インドに位置する。**問6**. **a**. 大聖堂のあるアミアンは北フランスに位置する。

解答 問1.

ア	イ	ウ	エ	オ	カ	キ
D	A	F	J	B	G	C

問.

2	3	4	5	6	7
B	C	D	C	C	A

解説 問1. **ア**. 古代メソポタミアの民族のうち内陸交易で活躍したのは**アラム人**。**エ**. アラム文字は、中央アジアで交易に従事したソグド人にも受け継がれ、**ソグド文字**がつくられた。この文字から北方遊牧民で最初の文字である突厥文字が生まれた。**オ**. トルコ系のウイグル人がソグド文字から**ウイグル文字**をつくった。**カ**. モンゴル人はウイグル文字をもとにモンゴル文字をつくった。また**モンゴル文字**から、清代に満州文字がつくられた。**キ**. 大モンゴル国の一部となった中国の**元朝**では、フビライがチベット文字を利用して、公文書用に**パスパ文字**をつくらせた。ただしこの文字は普及しなかった。**問2**. **B**. キープを使ったのはインカ帝国。**問3**. **C**. 秦の**始皇帝**が隷書体への文字の統一をおこなった。**問4**. **D**. **顔真卿**は、王羲之以来の典雅な書体を一風して、力強い書体を確立した。**問5**. **C**. 表音文字は日本の仮名文字。**A・B・D**はすべて表意文字。**問6**. **C**. ケマル゠アタテュルク**はトルコ文字からローマ字使用への文字改革をおこなった。**問7**. **A**. 漢字をほぼ全廃したのが韓国とベトナム。簡略化する道を選択したのが日本（例：現在日本では正字体の「國」はほぼ使われず、簡略字体の「国」が使われる）と中国大陸。正字体を常用しているのが台湾と香港。

1 唐～宋代の社会経済上の変化

解答

貴族の勢力の衰えは安史の乱後から進行していたが，戦乱が続いた五代十国時代，貴族はその経済的基盤である荘園を失い，没落が決定的になった。かわって，開発の進んだ江南地方を中心として新興地主層が台頭し，宋では形勢戸と呼ばれた。彼らは，それまでのように荘園を直接経営して自給的生活を送るのではなく，貨幣経済進展のなかで買い集めた広大な土地を小作人である佃戸に貸し，小作料をとる方式で経済力を伸ばした。(195字)

解説　中国史においては，大きな画期が三つあるといわれる。最初が**春秋・戦国時代**で，世襲的身分制や氏族制の統制が崩壊して実力主義の時代に移った。2番目が**唐宋変革**で，唐末～五代十国～宋(北宋)において貴族が没落し，身分制が消滅した。3番目が**中華人民共和国の成立**で社会主義の建設が掲げられた，とする説である(3番目に関しては諸説あり)。この設問は2番目の唐宋変革に関する論述である。なお，入試問題において**唐宋変革は頻出テーマ**であることを指摘しておく。指定用語の荘園は，貴族の没落の説明で使用する。地主は，この時期に勢力をのばした新興地主として用いる。形勢戸は宋代における名称なので使用に注意する。佃戸は，地主のもとでの小作人であることを説明する。なお，唐の政治・社会は，安史の乱までと，乱後で大きくかわる点を念頭におくこと。なお論述問題では，出題テーマと意図を正しく把握したうえで，指定用語(またはキーワード)がある場合は，指定用語を記述すべき内容のヒントと考えて記述すること。

2 明・清代の税制

解答

16世紀に国際商業が活発となり，中国では商工業が発展した。世界各地に陶磁器や生糸を輸出した代価として，中国に日本銀やメキシコ銀が流入した。銀が農村にも広まると，明は万暦帝時代に諸税を一括して銀納させる一条鞭法を採用した。17世紀後半に清が海禁を解除すると海上交易が復活し，アメリカ大陸原産の新作物が栽培され，新開地の拡大が人口の急増を支えた。こうした状況下で明以来の銀納化・簡略化の流れを受け，18世紀になると清は，人頭税を土地税に繰り込む地丁銀制を採用し，課税対象を土地に一本化した。(240字)

※下線の指示がない指定用語には波線を付してある(以下，同)。

解説　これは**一条鞭法**から**地丁銀制**への変化を，その背景となった社会・経済的な動きとの関係から考察させる設問。16世紀は，**大航海時代**の影響が世界各地に現れた時期である。中国には，アカプルコ貿易とマニラでの中国商人の交易によりメキシコ銀(あわせてポルトガル商人の南蛮貿易による日本銀)が流入した。それにともなう**銀経済**の農村への普及が，税を銀納させる一条鞭法につながる点を述べる。さらに，アメリカ大陸原産の作物の普及が人口の急増を支えた点を指摘したうえで，それにともない丁税(人頭税)の改訂などが煩雑になり，簡潔化のため丁税の定数(固定)化がなされて地丁銀制が導入される点につなげる。なおここでもう一度，中国の税制が，租調庸制→両税法→一条鞭法→地丁銀制と変遷した点も確認しておこう。

3 洋務運動～辛亥革命期の中国

解答

太平天国滅亡後，一時的な安定を得た清では，ヨーロッパの技術導入で富国強兵をめざす洋務運動が開始された。しかし日清戦争の敗北で中体西用の限界が明らかとなり，明治維新をモデルに立憲政治をめざす戊戌変法がおこなわれたが，保守派のクーデタで失敗した。その後，義和団事件で列強に敗れた清は，立憲主義にもとづく光緒新政で立て直しに取り組んだが，清朝打倒をめざす革命勢力が台頭し，1911年の辛亥革命で滅亡した。(197字)

この設問も入試では頻出テーマの一つである。指定用語の**洋務運動**については，何をおこなおうとしたのか，その目的を述べること。**日清戦争**との関連では，**中体西用**の考えにもとづく洋務運動の限界が露呈したことを指摘したうえで，立憲政治をめざす**戊戌変法**につなげる。従来は，洋務運動と戊戌変法の類似点と相違点を比較させるテーマが多かった。しかし現在では，変法運動を弾圧した側が**日露戦争**後に開始した立憲主義をめざす**光緒新政**，その立て直し失敗後の**辛亥革命**と**清朝の滅亡**につながる視点からの設問にかわってきている。この設問もその一つである。アロー戦争の敗北と太平天国平定後に始まる洋務運動〜辛亥革命までの近代中国史を，清朝政府(官僚)側と民衆側の動きの視点から整理しておこう。

4 共和政ローマの変質

解答

ポエニ戦争など長期の征服戦争で没落した中小農民は無産市民となって，属州からの安価な穀物を必要とし征服戦争を望んだ。また，属州を統治する元老院議員や徴税請負をおこなう騎士階級は，奴隷を使った<u>ラティフンディア</u>による農業経営をおこなった。経済格差が広がり，市民の平等を原則とするローマの性格は変質し，政治家も元老院の伝統的支配を守ろうとする閥族派と，無産市民や騎士が支持する平民派にわかれて争った。(197字)

解説 三つの指定用語から，いわゆる「内乱の1世紀」に移る前の共和政ローマの社会と政治の変質に対する理解力が問われる設問。「長期の征服戦争」の結果，中小農民(平民)の多くが没落して**無産市民**となり，**属州からの安価な穀物**を必要とするため，さらに属州を獲得することが征服戦争を望むことにつながる。一方，元老院議員や騎士階級が属州からの奴隷を使った**ラティフンディア経営**をおこなうことで，経済格差が広がり，**ローマ社会の変質**が生じた。この変質が政界にもおよび，閥族派と平民派の対立を生み出すこととなり，「内乱の1世紀」に移る。

5 中世ドイツにおける聖職叙任権闘争

解答

962年，ザクセン朝の**オットー1世**がローマ教皇からローマ皇帝位を授けられ，神聖ローマ帝国の起源となった。歴代の皇帝は帝国教会制をとり，教会組織を帝国統治体制に組み込んだ。その後これを世俗権力が教会に介入する聖職売買にあたると批判して，クリュニー修道院を中心に改革運動がおこった。教皇<u>グレゴリウス7世</u>がこれを推し進め，ハインリヒ4世とのあいだで叙任権闘争がおこった。彼は改革を無視しようとしたが，教皇から破門されて謝罪した。この<u>カノッサの屈辱</u>を経て教皇権は伸張し，1122年のヴォルムス協約で妥協が成立して，聖職叙任権が教皇に認められ，教会の権威が西ヨーロッパ社会全体におよぶようになった。(295字)

解説 「**叙任権闘争**」は入試問題や論述問題において**頻出テーマ**である。この設問を典型例と考えて，叙任権闘争の背景・経過・結果および影響についての学習を整理してほしい。指定用語の「**オットー1世**」から**神聖ローマ帝国**を想起するのは容易であるが，ここでは彼が始めた**帝国教会制**を指摘し，ドイツで叙任権闘争がおこる背景にこれがあったことを指摘することが重要。「**グレゴリウス7世**」に関連しては，最初に教会刷新運動を開始したクリュニー修道院とのつながりを想起して論述することが必要である。「**カノッサの屈辱**」に関連しては，教皇権の伸長とともに，**ヴォルムス協約**で教皇権の扱いがどのように変化したのかを記述する。その影響として，教会の権威が西ヨーロッパ社会で高まっていく点を指摘するとよい。

6 14世紀〜15世紀の百年戦争

解答

毛織物産地フランドルなどの支配権を争う英仏は，フランス王位継承権を主張するイギリス国王エドワード3世の大陸侵攻により1339年に開戦した。戦争は，イギリスがカレーを除く大陸の所領を失って1453年に終結し，以後両国の中央集権化が進んだ。(115字)

解説 こうした**小字数の論述**は事項解説と考えること。そのため小論述は，記述したい事象のうち，**ポイントになる事象・用語を選択して記述することが重要**。百年戦争勃発の要因としては，①フランドルをめぐる英仏の対立，②イギリス王による仏王位継承権の主張，③フランスにある英王領ギエンヌ地方の支配圏争いがあるが，教科書の記述内容から判断して①②を指摘する。結果としては，カレーを除く**イギリスの大陸側領土の喪失**と，国王による**両国の中央集権化の進展**を指摘することが原則となる。

7 】 啓蒙専制主義
解答

西ヨーロッパと異なり，社会改革の担い手となる市民層の成長が十分ではなかった東ヨーロッパや中央ヨーロッパの経済的後発地域で，啓蒙思想の影響を受けた君主自身が，農民の身分改善や負担軽減などを試み，上からの近代化を主導した絶対王政。(112字)

解説 これも事項解説に近い小論述。**啓蒙専制主義**のポイントは，市民層の成長が十分ではなかった**経済的後発地域（東欧・中欧地域）**において，啓蒙思想の影響を受けた**君主自身が上からの近代化を主導した政治体制**である。啓蒙が使われているものの，対外的な政治手法が戦争による領土拡大であるように，絶対王政の君主と同じである点もおさえておこう。

8 】 大西洋の三角貿易
解答

ヨーロッパ商人が武器・綿製品などをアフリカに運び，交換で得た黒人奴隷をプランテーションの労働力としてアメリカ大陸や西インド諸島に運び，そこで生産された砂糖・コーヒー・綿花・タバコなどの農産物をヨーロッパに運んだ。この貿易はイギリスなどに利益をもたらして産業革命のための資本の蓄積をうながし，ヨーロッパ人の消費生活をも大きく変化させた。一方，アフリカの西海岸地方に大きな社会的被害を与えた。(193字)

解説 17・18世紀の「**大西洋三角貿易**」と19世紀の「**アジア三角貿易**」は，ともに論述の頻出テーマ。**大西洋の三角貿易**は，ヨーロッパ商人がおこなった点を念頭において，ヨーロッパからアフリカへ，アフリカからアメリカ大陸・西インド諸島へ，アメリカ大陸・西インド諸島からヨーロッパへ，**それぞれ何が運ばれたのかをふまえて論述**する。そのうえで，ヨーロッパとアフリカの双方にもたらした影響を指摘する。ヨーロッパにとっての影響は，**産業革命に必要な資本の蓄積**と，**消費生活の変化**がもたらされたこと，アフリカ側にとっては，奴隷供給地域に**莫大な人的被害**がもたらされたことである。なお，このテーマに関連して「アシエント」が指定されることもあり，この用語の内容は《貨幣の歴史》の解説（p.62）で確認しておこう。

9 】 神聖ローマ帝国の解体〜ドイツ帝国の成立
解答

西南ドイツ諸邦がナポレオンにより<u>ライン同盟</u>に再編され，神聖ローマ帝国は消滅し，領邦の統廃合がおこなわれた。<u>ウィーン体制</u>下ではオーストリアを盟主にドイツ連邦が組織されたが，プロイセンは関税同盟を結成し，オーストリアを除く経済的統合を進めた。<u>1848年革命</u>時にフランクフルト国民議会で小ドイツ主義が勝利してプロイセン王をドイツ皇帝に推したが，統一は失敗した。以後，統一の主導権は自由主義者からユンカー層に移った。プロイセンは首相ビスマルクの鉄血政策のもと，普墺戦争でオーストリアを破ってドイツ連邦を解体し，北ドイツ連邦を組織した。さらに普仏戦争に際して南ドイツ諸邦を統合し，ドイツ帝国を成立させた。(299字)

解説 19世紀の**ドイツ統一**に関する論述では，**ドイツ連邦の成立〜関税同盟の成立〜1848年革命時の動向〜ビスマルクの鉄血政策**による統一が，一般的である。この設問の特色は，指定用語「**ライン同盟**」があるため**神聖ローマ帝国の解体（消滅）**からになっている点と，「オーストリアの役割に留意」しながら述べることである。ウィーン体制下では，ドイツ連邦と関税同盟に対するオーストリアの立ち位

置を記述すること。主題がドイツ統一なので，1848年革命以降の動向は，統一の主導権が自由主義者からユンカー層に移ったことを指摘したうえで，**プロイセン中心**に整理する。オーストリアについてはプロイセン＝オーストリア(普墺)戦争での敗北とドイツ連邦の解体にとどめる。ドイツ統一に関する説明が求められている論述なので，「オーストリアの役割に留意」にとらわれて，オーストリア＝ハンガリー帝国を指摘する必要はない。この設問を利用して，19世紀のドイツ統一の過程を再確認しよう。

10 ロシアの南下政策の経緯と東アジア進出

解答

18世紀後半，ロシアはオスマン帝国からクリミア半島を奪った。19世紀に入り，ギリシア独立戦争やエジプト＝トルコ戦争に介入したが，イギリスなどの干渉で南下を阻止され，クリミア戦争で英仏の支援を受けたオスマン帝国に敗れ，黒海の中立化を認めた。露土戦争でオスマン帝国を破り，サン＝ステファノ条約でバルカンでの勢力拡大に成功したが，墺英の強い反発によりベルリン条約で南下は失敗した。一方東アジアでは，アロー戦争に際してアイグン条約で黒竜江以北を領有し，北京条約で沿海州を獲得した。さらに日清戦争後には三国干渉の代償として東清鉄道の敷設権を獲得，遼東半島南部を租借し，大陸進出をはかる日本との対立を深めた。(300字)

解説 この設問は，「ロシアの南下政策」と「東アジア進出」といった，二つのテーマを一緒にして出題している点に特色がある。四つの指定用語は19世紀半ばすぎから同世紀末に関係しているが，問題文に「18世紀から19世紀末まで」とある。指定用語のうち三つが「南下政策」関係である点はすぐ判断がつくが，問題文の「18世紀から」を考慮すれば，18世紀後半のクリミア半島獲得から記述することが求められている。なお，19世紀の「南下政策」は，指定用語を時系列にそって用いると同時に，**イギリスによってそのたびごとに阻止さ**

れた点を指摘する。「東アジア進出」は，指定用語の北京条約からではなく，その直前の**アイグン条約**から記述する必要がある。さらに「19世紀末まで」に注意すれば，日清戦争後に**三国干渉**の代償として獲得した内容を記述したうえ，日本との対立が深まることでまとめる。内容的にあれもこれも書けそうと思われる論述でも，300字程度の字数ではすぐ字数オーバーとなる。設問主旨にそって事象の重要度を考えて選択したうえで構成すること。

11 19世紀～20世紀のメキシコ・アメリカ関係

解答

アメリカは，「明白な天命」説が流布した1840年代に，テキサス併合後のメキシコとの戦争でカリフォルニアなどを奪った。ナポレオン3世のメキシコ介入に際してアメリカは抗議し，フランス軍が撤退した。外資を積極導入する一方で独裁を長期化させたディアス政権に対して，20世紀初めにメキシコ革命がおこった。この時アメリカは合法的政権の樹立を求めて軍を派遣したが，結局撤退した。世界恐慌期にメキシコはアメリカ資本などの石油会社を国有化した。冷戦期のメキシコはアメリカ主導の米州機構に加わり，キューバ革命の際にも「進歩のための同盟」に参加した。冷戦終了後は，北米自由貿易協定を結んでアメリカとの経済関係を強化した。(299字)

解説 19世紀半ばから20世紀末までのメキシコとアメリカの関係を問う論述テーマは，比較的珍しい。指定用語のうち，テキサス併合については**アメリカ＝メキシコ戦争とカリフォルニアの割譲**は書きやすい。メキシコ革命に対するアメリカの対応は，教科書を丁寧に読んでいれば書ける内容である。関連する指定用語は示されていないが，世界恐慌期の「**石油会社の国有化**」を指摘できるとよい。キューバ革命がおこった際のメキシコの対応について，専門書を調べて，当時のメキシコ政権の「中立的対応」を書くことは可能であるが，教科書に書かれてないことを受験生諸君が書くことは，まず無理なことである。ここも教科書に出てくる，アメリカが主導して設立し

きればよい。20世紀末の「北米自由貿易協定」は指定用語としては珍しい。したがって、これについても、教科書で記述されている内容を指摘すればよい。アメリカとメキシコの関係は、教科書ではアメリカ史で触れられる部分と、メキシコ史で触れられる部分にわけて記述されているため、この設問を利用して両国間の関係の変遷史を整理してほしい。

12 ヴェルサイユ体制とヨーロッパの覇権

解答

ロシア革命の「平和に関する布告」が無併合・無償金・民族自決の原則を打ち出すと、大戦中に民族資本の成長した植民地における独立要求が強まった。この民族運動は、ソヴィエト政権が設立したコミンテルンの活動によっても促進された。また、大戦中に世界最大の債権国となったアメリカ合衆国は、アジア・太平洋方面での秩序維持をはかるワシントン体制の中心となった。このようにヨーロッパの覇権がゆらぐなか、「十四カ条の平和原則」を基本とした英仏中心のヴェルサイユ体制は、東欧以外の民族自決を認めず、ドイツに対して報復的で、合衆国が参加せず、ソヴィエト政権も除外されるなどの問題を抱えていた。さらに、旧オスマン帝国領に対しては、サイクス・ピコ協定をもととして、国際連盟からの委任統治を英仏が受けるという、植民地支配の再編成がなされた。(352字)

解説 上智大学のTEAP利用型の入試問題は、毎年、資料文・引用文・図表などを読み取る力が問われる良問である。

第一次世界大戦がヨーロッパから米・ソへの覇権交替の始まりであることを考察させる、思考力を問う問題。最初に、植民地における民族運動と、ソヴィエト政権・アメリカ合衆国の台頭によって、ヨーロッパの覇権がゆらいだことを指摘する。なお、植民地における民族運動との関係では、問題文中のヴァレリーの秤の比喩をふまえて、植民地における民族資本の成長も指摘するとよい。続いてイギリス・フランスを中心とするヨーロッパが、

諸問題を内包するヴェルサイユ体制によって覇権の立て直しを試みたこと、そして旧オスマン帝国領においては委任統治という名称で、実質的な植民地支配の再編をおこなったことを指摘する。

13 スペイン内戦期のイタリアと枢軸国

解答

イタリアは1935年にエチオピアに侵攻し、翌年全土を征服した。国際連盟はこれを侵略と認め、連盟初の経済制裁を実行したが、効果はあがらず、連盟の威信がそこなわれた。その後、イタリアはドイツに急接近し、36年にベルリン=ローマ枢軸を結成して、スペイン内戦ではフランコ側を支援した。37年、イタリアは日本とドイツの防共協定に参加して三国防共協定を成立させ、日本・ドイツにならって国際連盟を脱退した。(191字)

解説 スペイン内戦に関しては、諸勢力・諸外国の関わり方が問われることが多い。この設問は、内戦直前～内戦期のイタリアの動きに関する知識(情報)を、時系列にそって正しく把握しているかを問うている。指定用語に経済制裁がある点から、その原因となったエチオピア侵略から記述する。さらに指定用語に三国防共協定がある点から、イタリアのドイツへの接近として、ベルリン=ローマ枢軸の結成を指摘したうえで、スペイン内戦でのイタリアの動きを述べる。最後に、防共協定への参加と国際連盟からの脱退でまとめる。この設問に解答することで、第二次世界大戦前の枢軸国の集結過程を再確認しよう。

14 20世紀半ばの核開発と核軍縮

解答

1940年代末にソ連が原子爆弾の製造に成功し、50年代に入るとイギリスも核保有国となった。さらに、アメリカとソ連があいついで破壊力の高い水素爆弾を保有するなど核開発競争が激化した。一方、50年代の半ばにアメリカがビキニ環礁でおこなった水爆実験の際に第五福竜丸が被爆したことを受けて、日本で原水爆禁止運動が始まった。また、アイン

シュタインらの提言を受けて，科学者がパグウォッシュ会議で核兵器廃絶を求めた。（197字）

解説 この設問は「**核開発と核軍縮**」に関して，その開始期に関する理解力を問うものである。設問文の「1940年代末からの核開発競争」に関しては，**ソ連の原爆保有，イギリスの核開発，米ソの水爆保有**を指摘する。指定用語の**第五福竜丸**から，アメリカのビキニ環礁での水爆実験と日本での**原水爆禁止運動の始まり**を指摘すること。とくに後者が「1950年代の反核運動」の始まりにつながる。こうした流れを受けて，アインシュタインらの提言に答えて科学者による**パグウォッシュ会議**が開かれることになる。なお，「核開発と核軍縮」に関して，入試問題一般では，このあとの「**1960年代～1980年代末**」の動向が問われることが多い。あわせて，**部分的核実験禁止条約**から**中距離核戦力（INF）全廃条約**成立までの「核開発と核軍縮」の動向と変遷を，教科書で確認して整理することを勧める。

15 ヨーロッパ統合とイギリスのEU離脱
解答

設問1． 加速要因としては，米国・イギリスによるソ連圏の西進防止と防波堤としてのドイツの復活案が画策されるなか，ドイツ問題が切実なフランスが西ドイツの主権回復に同意しながらも主権の制限を考え，シューマン外相が石炭と鉄鉱石の採掘権を複数国で共同管理する経済的国際機関の創設を提案した点を指摘できる。これは，敗戦国西ドイツにとってもソ連に対する自国の安全保障の拠りどころを意味した。一方，抑制要因は軍事面での共同体化であった。これは各国主権の根幹に関わるため，権限委譲によるヨーロッパ防衛共同体の創設は挫折し，米国・カナダも加盟する，国家間協力にもとづく国際組織である北大西洋条約機構による共同防衛体制となった。（299字）
設問2． 超国家機関の発展によるヨーロッパのさらなる一体化・連邦制化まで視野に入れているドイツ・フランスに対し，イギリスは

国家主権を最優先に考〔　　　　　〕追求する現実主義路線に固〔　　　〕にECが域内の市場統合を最優〔　　〕た際，規制緩和による市場経済の活〔　　〕針としていたイギリス政府はヨーロッパ〔　〕調した。しかし，自国を利する市場統合や経済・社会規制の緩和による自由市場経済に賛同するものの，移民の自由な移動や国境をこえた社会福祉政策などには賛成せず，共通通貨ユーロの使用にも参加しなかった。そして2016年の国民投票では，移民問題が大きな争点となり，EU離脱が選択された。（292字）

解説 二つの設問は，**問題文を丁寧に読み取る力**と，**比較の視点から整理する力**を求めている。**設問1．** 問題文の前半部分に述べられている内容から，**冷戦開始期**のヨーロッパで「**ドイツ処理**」問題が根底にあったことを読み取る。そのうえで，加速要因としてドイツを包摂したうえでの経済復興策をとりあげ，抑制要因としては国家主権の移譲に関わる軍事面での防衛共同体の不成立を指摘して，整理すればよい。**設問2．** 問題文の後半部分に述べられている内容から，ヨーロッパ統合についての「**2つの異なる形態**」を，**ドイツ・フランスの理想主義とイギリスの現実主義**の違いと読み取る。そのうえで，サッチャー首相時代から「イギリスのそれまでのヨーロッパ政策」が独自化する動きを，指定用語をヒントにして論述内容の具体化をはかり，2016年の動きを説明すればよい。

関東難関私大世界史問題集　解答・解説

2021 年 4 月 15 日　第 1 版 1 刷印刷
2021 年 4 月 25 日　第 1 版 1 刷発行

編者　　今泉　博
　　　　濱野　勇介
　　　　増元　良英

発行者　野澤　武史
印刷所　明和印刷株式会社
製本所　有限会社　穴口製本所
発行所　株式会社　山川出版社
　　　　〒 101-0047　東京都千代田区内神田 1-13-13
　　　　電話　03-3293-8131（営業）　03-3293-8134（編集）
　　　　https://www.yamakawa.co.jp/
　　　　振替口座　00120-9-43993